Meinem Freund Thomas
in herzlicher, politischer
und kulinarischer
Verbundenheit! Uwe
Köln, 15. Juni 2007

Uwe Becker

Sabbat und Sonntag

Plädoyer für eine sabbattheologisch
begründete kirchliche Zeitpolitik

Neukirchener

© 2006
Neukirchener Verlag
Verlagsgesellschaft des Erziehungsvereins mbH, Neukirchen-Vluyn
Alle Rechte vorbehalten
Umschlaggestaltung: Hartmut Namislow
Druckvorlage: Andrea Siebert
Gesamtherstellung: Hubert & Co., Göttingen
Printed in Germany
ISBN 10: 3-7887-2166-9
ISBN 13: 978-3-7887-2166-4

Bibliografische Information Der Deutschen Bibliothek

Die Deutsche Bibliothek verzeichnet diese Publikation in der Deutschen Nationalbibliografie; detaillierte bibliografische Daten sind im Internet über http://dnb.ddb.de abrufbar.

Inhalt

Kapitel 3
Kirchliche Zeitpolitik 229

Vorwort

Die vorliegende Arbeit ist die leicht überarbeitete Fassung der im Oktober 2005 an der Evangelisch-Theologischen Fakultät der Ruhr-Universität Bochum eingereichten Dissertation. Erste Ansätze zu dieser Arbeit entstanden Ende der 90er Jahre im Rahmen des Projektes „Arbeit:Leben:Zeit – Forum von Kirche und Gewerkschaft". Dieses in der Hans-Böckler-Stiftung angesiedelte Projekt zielte auf eine offensive und öffentliche Debatte über die Entwicklung der Arbeitszeit, wünschenswerte Aspekte des Zeitwohlstandes und zu diagnostizierende Phänomene der Zeitnot. Einer der Hintergründe war die im Sommer 1998 von Klaus Zwickel und anderen Gewerkschaftsvertretern angekündigte Strategie einer weiteren kollektiven Arbeitszeitverkürzung in Richtung 32-Stunde-Woche. Schon innerhalb weniger Monate wurde jedoch diese Strategie wieder aufgegeben.

Für diese Kurskorrektur gab es gewichtige Gründe, etwa die gewerkschaftliche Einschätzung, dass eine solche Strategie in der betrieblichen Basis nicht durchsetzungsfähig sein würde. Ihre mangelnde gesellschaftliche Akzeptanz spiegelte sich kirchlicherseits in einem wenig ausgeprägten Verständnis dafür, dass es bei der Arbeitszeitgestaltung und dem Verhältnis von Arbeit, Leben und Zeit um Zeitgestaltungsfragen geht, die aus theologischer Perspektive für die Kirchen relevant sind. Auszunehmen von dieser Einschätzung sind die Katholische Arbeitnehmer-Bewegung (KAB) und, auf evangelischer Seite, der Kirchliche Dienst in der Arbeitswelt (KDA).

Aus diesen Arbeitszusammenhängen heraus entstanden intensive Reflexionen über die Konstruktionsmechanismen der gesellschaftlichen Zeit, die Rolle der Kirche, die sie in diesem Zeitgestaltungsprozess spielen könnte, und die theologischen Grundlagen einer derartigen „kirchlichen Zeitpolitik".

Dass aus diesen Reflexionen innerhalb der letzten drei Jahre ein „Endprodukt" in Form der vorliegenden Dissertation hat berufsbegleitend entstehen können, liegt an der zähen Leidenschaft zum Thema. Aber die Leidenschaft alleine hätte nicht ausgereicht, wenn nicht andere diese immer wieder geweckt, mich mit ihren engagierten und inspirierenden Gedanken angestoßen oder mir schlichtweg zu einer Gelassenheit verholfen hätten, dem Thema „Zeit" die angemessene Zeit zu geben.

Mein Dank gilt daher vielen, die an dem Entstehen dieser Arbeit Anteil hatten: Walter Fuchs-Stratmann, Dr. Martina Heitkötter, Irmgard Herrmann-Stojanov, Franziska Hirschmann, Dr. Kurt A. Holz, Prof. Dr. Bertold Klappert, Volker König, Marten Marquardt, Dr. Thomas Münch, Prof. Dr. Franz Segbers und meinem Projektgefährten, Michael Wiedemeyer, mit dem die Reflexionen über den Verlauf des genannten Projektes so intensiv wie prägend waren. Prof. Dr. Traugott Jähnichen sei gedankt für die kritisch-konstruktive Begleitung und die mit dem Erstgutachten verbundene Arbeit. Das Zweitgutachten erstellte dankenswerterweise Prof. Dr. Dr. Günter Thomas. Besonders danken möchte ich drei Menschen: Dr. Jürgen P. Rinderspacher für die beständige Bereitschaft, spontan am Telefon oder mit Muße in Kölner Cafés meine „Zeitanliegen" zu diskutieren; Ernst-Wilhelm Schröder für seine unablässige Ermutigung, den Abschluss dieser Arbeit voranzutreiben, und Gabi Delorette-Becker, ohne die das Ende dieser Arbeit noch lange nicht in Sicht wäre.

Köln/Düsseldorf, April 2006   Uwe Becker

Einleitung

Die Anzahl der Publikationen zum Thema „Zeit" ist innerhalb der vergangenen Dekade exorbitant gestiegen. Schlagworte wie Zeitnotstand, Zeitwohlstand und Zeitsouveränität, Beschleunigungskultur, Nonstop-Gesellschaft oder infinitessimale Verwendungslogik der Zeit, Zeitkonten und Vertrauensarbeitszeit, Zeitfenster, Zeitmuster und Zeitkonflikte – das sind nur einige zentrale, die gegenwärtigen Zeit-Debatten prägende Begrifflichkeiten.
Diese neu entstehende Nomenklatur ist ein Indiz für das Bemühen, den Veränderungsprozess der gesellschaftlichen Organisation von Zeit begrifflich zu schärfen, ihn begreifbar zu machen, und damit ein bislang eher abstraktes, im theologisch-philosophischen Diskurs beheimatetes Phänomen, nämlich die „Zeit", in seiner sozialen, lebensweltlichen und auch ökonomischen Dimension zu beschreiben. Die fast einhellig den diesbezüglichen Publikationen zu Grunde liegende Theorie der Zeit fokussiert auf ihren konstruktiven Charakter: Zeit wird als ein Konstruktionsmoment der sozialen und gesellschaftlichen Beziehungen begriffen, das sowohl orientierende, koordinierende und synchronisierende Funktionen haben, als auch ins Gegenteil umschlagen kann: Die gesellschaftliche Organisation von Zeit kann sich ebenso auch destruktiv, asynchron und insofern belastend auf die Lebenswelt des Einzelnen oder das gesellschaftliche Gefüge insgesamt auswirken.
Es ist eine der im ersten Hauptteil dieser Arbeit ausführlich dargelegten Grundthesen, dass diese Effekte der gesellschaftlichen Organisation der Zeit nicht willkürlich entstehen, sondern – durchaus nachvollziehbar – bestimmten Gestaltungsfaktoren unterliegen, die sowohl von der gelebten Praxis der Menschen, dem internalisierten Zeitverständnis, den Naturzyklen als auch von Institutionen bestimmt werden (Kap 1.2–1.4). Eine Instanz, der in dieser Arbeit eine nahezu monopolartige Gestaltungskraft beigemessen wird, ist die der ökonomischen Rationalität, die zwar überwiegend in ökonomischen Wertschöpfungsprozessen der Arbeitswelt generiert wird, aber erhebliche Auswirkungen auf die zeitliche Organisation der Gesellschaft als ganzer (Kap 1.5–1.8) hat.
Die erkenntnisleitende Frage dieser Arbeit gilt der Rolle, die die evangelische Kirche im Kontext dieser Konstruktionsprozesse der gesellschaftlichen Zeit de facto gehabt hat und welche sie im Rahmen einer „kirchlichen Zeitpolitik" haben könnte. In einer zweiteiligen historischen Behandlung des Themas wird zunächst die Zeit gestaltende Rolle

der Kirche von ihren Anfängen bis zum Ende des nationalsozialistischen Regimes – anhand von Sekundärliteratur – dargestellt und bewertet (Kap 2.1–2.2). Dabei kommt die Arbeit zu dem eindeutigen
Ergebnis, dass sich die Kirche nicht nur auf ihre institutionelle Zuständigkeit für den Sonntag reduziert hat, sondern selbst innerhalb dieser
nur sehr zögerlich eine positive Bewertung der sonntäglichen Arbeitsunterbrechung und Kultur der Muße vorzunehmen in der Lage war. Die
theologische Ursache dieser „Angst vor der Ruhe" (Kap 2.2.1), deren
Begleiterscheinung eine Hervorhebung lediglich des Gottesdienstes als
Proprium kirchlicher Lebensäußerung war, wird in einer kirchlichen
Identifikation nachgewiesen, die sich primär in einer antijüdischen und
gegen die Praxis des Sabbats abgrenzenden Weise profiliert hat.
Überwiegend auf der Quellen-Basis der Landessynoden und EKD-
Synoden, aber auch einiger ökumenischer Verlautbarungen, gilt im An-
schluss daran der zweite historische Teil dem Beleg, dass nach 1945 im
Kontext einer erheblichen Veränderungsdynamik der gesellschaftlichen
Organisation der Zeit (Kap 2.3 und Kap 2.5) das Engagement für eine
zu gewährleistende Gottesdienstkultur nahezu die einzige Argumentationsbasis für die zeitpolitischen Voten der Evangelischen Kirche in
Deutschland war (Kap 2.4–2.7). Die explizite Warnung vor einem
Rückfall in einen „Sabbatarianismus" (Günther Dehn) ist dabei kennzeichnend für eine theologisch basierte und durchaus verbreitete kirchliche Position, die meinte, den Sabbat als ein von Jesus überholtes, jüdisches Relikt begreifen zu können. Auch wenn andererseits kirchliche
Stimmen einer Gleichwertigkeit der Kultur der Unterbrechung gegenüber dem sonntäglichen Gottesdienst das Wort redeten, so blieb die
Verhältnisbestimmung von Sabbat und Sonntag dennoch oftmals theologisch fragwürdig: Sie war geprägt von einer geschichtstheologisch
hergeleiteten Theologie der „Aufhebung" des Sabbats im Sonntag.
Insofern wird in dieser Arbeit deutlich, dass der historisch zu verifizie-
rende Tatbestand eines zeitpolitischen Reduktionismus letztlich theologische Ursachen hat. Deren Aufarbeitung, so wird im letzten Teil dieser
Arbeit zu zeigen sein, bietet zugleich die Chance, einer „kirchlichen
Zeitpolitik" neue Zugänge zu erschließen (Kap 3). Dass auch aus jüdi-
schem Munde der Völkerwelt das „Gedenken" des Sabbats zugestanden
wird, das „Halten" des Sabbats jedoch nur für Israel gilt, ist dabei ein
Argument, das im größeren Kontext der Frage nach der Relevanz der
Tora für die Christen in dieser Arbeit differenziert zu bewerten ist. Es
geht für die Kirche nicht darum, den Sabbat zu feiern, sondern angesichts einer von Jesus bestätigten Dimension der alttestamentlichen
Lebensdienlichkeit des Sabbats zu reflektieren, welche sabbattheologischen Kriterien für eine „kirchliche Zeitpolitik" handlungsleitend relevant werden können. Dass die Theologie des Sabbats zugleich eine
umfassende theologische Qualifizierung der Zeit als Gabe Gottes vor-
nimmt, ist dabei der theologische Nährboden des diesbezüglichen Plädoyers für eine kirchliche Politisierung eines anderen Zeitverständnisses.

Zwei letzte Anmerkungen gelten den Formalien dieser Arbeit. Kurztitel, die in den Fußnoten und dem nach Kapiteln sortierten Literaturverzeichnis jeweils am Ende stehen, sind nur dann gewählt, wenn auf die Literatur mehrfach und nicht unmittelbar aufeinander folgend Bezug genommen wird. Die kursiven Passagen innerhalb der Zitate sind ausnahmslos auf die jeweiligen Verfasser zurückzuführen, was daher nicht eigens gekennzeichnet wird.

1. Zeiten der Gesellschaft –
Verantwortung der Kirche

1.1 Einleitung – Kirche als Zeittaktgeberin im Wandel

Wesentliche Elemente unserer mitteleuropäischen Zeitordnung sind ohne kirchlichen Einfluss undenkbar. Auf unterschiedlichen Ebenen haben die katholische und auch die evangelische Kirche über Jahrhunderte die zeitstrukturellen Bedingungen des gesellschaftlichen Zusammenlebens, das Empfinden von Zeit wie auch die Vorstellung über die Zeit, soweit sie explizit vorhanden war, geprägt. Ihre zeitordnenden Impulse gingen weit über die Feier des Gottesdienstes und die damit gesetzte Trennung von „heiliger" und „profaner" Zeit hinaus. Was beispielsweise die Tagesstruktur anbelangt, so blieb die klösterliche Tagesrhythmik nicht ohne Einfluss auf die säkulare Umwelt. Die synchrone Organisationsleistung eines standardisierten Tagesbeginns hat zumindest erste Maßstäbe gesetzt für eine disziplinierende Form der Pünktlichkeit, wie sie in späteren Jahrhunderten besonders durch die Schulen breite Wirkung entfalten sollte.[1]

Die aus dem babylonischen Kulturerbe stammende und durch das Ju-

---

1 Die von Lewis Mumford verbreitete These, in den Klöstern sei zu eiserner Disziplin herangezogen worden, die für die Ausbildung einer mechanischen Zeitauffassung prägend war, ist von anderen Autoren in Frage gestellt worden. Günter Dux gesteht durchaus zu, dass gewisse zeitbezogene Organisationskompetenzen im klösterlichen Leben errungen wurden, aber keineswegs ein neues Verständnis von Zeit. Vgl. Dux, Günter: Die Zeit in der Geschichte. Ihre Entwicklungslogik vom Mythos zur Weltzeit, Frankfurt/M. 1998, S. 320ff. Ähnlich argumentiert Gerhard Dohrn-van Rossum, der die Funktion der klösterlichen Uhren lediglich darin sieht, das Wecken zum Morgengebet zu gewährleisten, nicht aber eine strenge Disziplinierung des Tagesverlaufs. „Alle übrigen Gebete mussten lediglich in der richtigen Reihenfolge vonstatten gehen, aber ihre Dauer musste nicht genau fixiert werden. Sie ergab sich aus der vorgeschriebenen Zahl der Hymnen und Psalmen. Arbeits- und Rekreationsphasen füllten die zeitlichen Zwischenräume. Für Mahlzeiten bestimmten die Regel Tageszeiten, dies aber in recht vager Form: Sext, Non, Vesper. Verkürzungen und Verlängerungen innerhalb der sequentiellen Ordnung erzeugten organisatorisch kaum Probleme und waren auch theologisch unbedenklich." Dohrn-van Rossum, Gerhard: Zeit der Kirche – Zeit der Händler – Zeit der Städte: Die mechanische Uhr und der Wandel des Zeitbewusstseins im Spätmittelalter, in: Zoll, Rainer (Hrsg.): Zerstörung und Wiederaneignung von Zeit, Frankfurt/M. 1988, S. 89–119, S. 101.

dentum weiter überlieferte Struktur des Siebenerrhythmus wurde von der Kirche im Laufe der Jahrhunderte durch die – wenn auch innerkirchlich keineswegs unumstrittene – Hervorhebung des Sonntags als Ruhetag mit eigenem Profil versehen. Ergänzt durch zeitweilig über einhundert Feiertage war der kirchliche Jahreskalender auf je eigene Weise dominanter Zeitordnungsfaktor des städtischen als auch des ländlichen Lebens.

Jenseits dieser unmittelbar zeitstrukturellen Gestaltungskraft hat die Kirche auch – untrennbar damit verbunden – auf der geistigen und psychomentalen Ebene die Vorstellung über die Zeit geprägt. Die kirchliche Lehre eröffnete den Individuen die Möglichkeit, ihre irdische Frist nur als Vorspiel einer viel umfassenderen Ewigkeit begreifen zu können, deren Wahrnehmung allerdings durch Tausende von Jahren schmerzhaftesten Fegefeuers qualvoll verzögert werden konnte. Mit der Systematisierung der mittelalterlichen Lehre vom purgatorium hatte die Kirche ein Disziplinierungsmittel zur Entfaltung gebracht, das unter Zuhilfenahme des Faktors Zeit eine furchteinflößende Dimension gewann.[2] Das Tauschangebot – Geld gegen den Erlass einer Zeit im Fegefeuer – trug nicht nur zur Einflussnahme auf die Lebensführung der Einzelnen bei. Es stabilisierte auch die machtvolle Mittlerfunktion der Kirche, Herr über die Zeit zu sein und angstschürende Zeiten erlassen zu können.[3]

Über diese individuelle Zeitperspektive hinaus hat die Kirche als Institution systematisch für sich den Anspruch erhoben, Monopolträger einer irgendwie gearteten Zeit- und Zukunftsansage zu sein. Das 5. Laterankonzil (1512 bis 1517) entzog jedweder Veröffentlichung einer Zukunftsvision, die nicht kirchlich autorisiert war, nicht nur die Legitimation. Wer ohne kirchliche Autorisierung solche Visionen verbreitete, dem drohte auch die kirchliche Inquisition, wie das Schicksal der Jeanne d'Arc gezeigt hat.[4] Das kirchliche Selbstbewusstsein, das hier zu Tage trat, hat seine zeittheoretische Grundlage in der Tatsache gehabt, dass innerhalb der christlichen Theologie spätestens seit Augustinus der Faktor Zeit zu einem wichtigen Gegenstand theologischer Reflexion geworden war.[5] Anders gesagt: In den Aussagen über die Zeit, wie sie beispielsweise in jenem Kontroll- und Autoritätsanspruch über außerkirchliche Visionen zur Geltung kommen, schwingt auch ein institu-

---

2 Vgl. Le Goff, Jacques: Wucherzins und Höllenqualen. Ökonomie und Religion im Mittelalter, Stuttgart 1988.

3 Diese Form der organisierten „Zeitersparnis" einer zudem qualvollen Zeit, eingekauft durch einen Verlust an materiellem Wohlstand, könnte man als eine historisch erste Form des Eintausches von mehr Zeitwohlstand gegenüber weniger Güterwohlstand beschreiben.

4 Vgl. Koselleck, Reinhart: Vergangene Zukunft. Zur Semantik geschichtlicher Zeiten, Frankfurt/M. 1992, S. 22 (I.F.: Vergangene Zukunft).

5 Vgl. Nassehi, Armin: Die Zeit der Gesellschaft. Auf dem Weg zu einer soziologischen Theorie der Zeit, Opladen 1993, S. 24ff.

tionelles Herrschafts- und Selbstverständnis mit, das sich längst theoretisch der eigenen Rolle als Zeitdeutungsmonopolist durch entsprechende Begründungsmuster vergewissert hat.

Luther hat theologisch hinsichtlich des Zeitverständnisses mehr Kontinuität gegenüber der katholischen Kirche aufzuweisen, als man vielleicht unterstellen mag. Sowohl die Naherwartung des Jüngsten Gerichts, die theologische Nähe zu Augustinus[6] als auch die einvernehmlich mit der katholischen Kirche vorgenommene Verurteilung des Zinsnehmens als ein unrechtmäßiger Handel mit der Gottesgabe Zeit sind Indizien für deutliche Gemeinsamkeiten. Die von Max Weber konstruierte und populär gewordene Theorie, der zufolge sich auf protestantischer Seite im Laufe der Jahrhunderte ein rational gestalteter Umgang mit der Zeit als Inbegriff eines protestantisch geprägten „Geistes des Kapitalismus" ausgebildet haben soll, wäre an anderer Stelle kritisch zu reflektieren. Richtig ist sicher, dass auch das protestantische Gedankengut und die alltägliche Lebensführung jener Christen das Zeitverständnis geprägt haben. Die „Geist-des-Kapitalismus-Theorie" muss jedoch, so viel sei klar gestellt, als eine, historisch betrachtet, zumindest fragwürdige Konstruktion angesehen werden.[7]

Insgesamt aber kann gesagt werden, dass die beiden großen Kirchen über Jahrhunderte einen kaum zu überschätzenden Einfluss auf das Zeitempfinden des Einzelnen wie auch auf die Zeitstruktur des gesellschaftlichen Lebens insgesamt hatten.[8] Sie haben, etwa durch die Etablierung der Sonntags- und Feiertagsruhe, verlässliche und auch sozial verträgliche Zeitstrukturen geboten. Die Zeit war zudem, wie das Kirchenjahr vermittelt hat, mit Sinngehalt gefüllt, der entsprechend in den Festtagsriten seine sozial verbindliche Bestätigung erfuhr. Schließlich fand der Einzelne seine eigene Lebenszeit eingebunden in einen übergeordneten zeitlichen Zusammenhang, der ihm angesichts der eigenen Vergänglichkeit Trost und Vergewisserung einer von Gott gefügten Ordnung schenkte, die zudem mit der Referenzkraft einer mächtigen und den Sinn dieser Zeitordnung zelebrierenden Institution gestützt war. Die Kehrseite dieses Auftritts der Kirchen als Inhaber eines Zeitdeutungsmonopols war eine im Grunde gnadenlose, den eigeninstitutionel-

---

6 Vgl. Wendorff, Rudolf: Zeit und Kultur. Geschichte des Zeitbewusstseins in Europa, Opladen 1985, S. 166ff. (I.F.: Zeit).
7 Vgl. Schellong, Dieter: Wie steht es um die ‚These' vom Zusammenhang von Calvinismus und ‚Geist des Kapitalismus'? Paderborner Universitätsreden 47, Paderborn 1995.
8 Vgl. Hohn, Hans-Willy: Zyklizität und Heilsgeschichte. Religiöse Zeiterfahrung des europäischen Mittelalters, in: Zoll, Rainer (Hrsg.): Zerstörung und Wiederaneignung von Zeit, Frankfurt/M. 1988, S. 120–142. Er spricht von der „Definitionskompetenz" der Kirche „über Zeit, die sich mit dem Glauben an die Identität von Heils- und Kirchengeschichte legitimiert" und durch die „die Kirche ein wichtiges Herrschafts- und Sanktionsmittel" verwaltete, „das so lange Gültigkeit besaß, wie diese Identität nicht angezweifelt wurde". A.a.O., S. 131.

len Vorteil suchende Zeitherrschaft, der sich zu entziehen kaum oder nur unter Inkaufnahme von Sanktionen möglich war, etwa bei Leugnung des Jüngsten Gerichts. Reinhart Koselleck hat die These vertreten, dass mit der kirchlichen Verwaltung der Eschatologie, also der Lehre von den letzten Dingen, letztlich eine institutionelle Bestandspflege betrieben wurde:

„Der Bestand der Kirche durfte nicht gefährdet werden, ihre Einheit war – wie die Existenz des Reiches – Garant der Ordnung bis zum Ende der Welt. Diesem Sachverhalt entspricht es, dass die Zukunft der Welt und ihr Ende in die Geschichte der Kirche hineingeholt wurden, wodurch neu aufflammende Prophetien zwangsläufig unter Häresieverdikt fielen. Das ausbleibende Weltende konstituierte nämlich die Kirche derart, dass sie sich unter der Drohung des jederzeit möglichen Weltendes und in der Hoffnung auf die Parusie stabilisieren konnte. Das unbekannte Eschaton ist zu verstehen als ein Integrationsfaktor der Kirche, die sich dadurch als Welt setzen und als Institution gestalten konnte."[9]

Im Nachhinein ist deutlich, dass eine solchermaßen gestützte „Zeitherrschaft" von äußerster Labilität war und dem sukzessiven Emanzipationsprozess des Individuums, der Aufklärung und beginnenden Industrialisierung nicht standhalten konnte. In dem Maße, in dem die eschatologische Gewissheit, eingebunden zu sein in eine religiös gedeutete Weltzeit, wankte und durch die Erwartung von Sinn und Lebensfülle an die eigene zeitlich reduzierte Frist der irdischen Lebenszeit ersetzt wurde, bröckelte auch die Deutungs- und Bindungskraft der Institution, die jenes Eschaton repräsentierte.[10] Aber nicht nur auf der metaphysischen Ebene von zeitrelevanten Deutungsmustern, sondern auch auf der ganz praktischen Ebene des Lebensvollzugs, in dem Kirche als Organisation präsent war, zeichneten sich eklatante Relevanz- und Plausibilitätseinbrüche ab. Man kann zu Recht fragen, ob nicht für das über lange Jahrzehnte andauernde Versagen der beiden Kirchen, sich im Zeitalter der Industrialisierung im 19. Jahrhundert eindeutig gegen die zeitliche und materielle Ausbeutung der Industriearbeiter gewehrt zu haben, paradoxerweise gerade eigeninstitutionelle Anliegen eine erheblich Rolle gespielt haben, die aus der Zeitgestaltungsrolle der Kirche resultierten. Jedenfalls galt der Einsatz für den arbeitsfreien Sonntag bis weit in das 19. Jahrhundert, wenn er denn überhaupt erfolgt ist, entweder der Sorge um die drohende sittliche Verrohung und Kirchendistanz der Arbeiter oder aber um einen von Maschinenlärm ungestörten Gottesdienstverlauf. Das heißt, dass hier eine sehr eng auf den Besuch des Gottesdienstes und die Kirchenbindung bezogene Parteinahme kirchlicher Zeitgestaltung vorlag.[11] Letztendlich kontraproduktiv war diese Form

---

9   Koselleck, Reinhart: Vergangene Zukunft, S. 22.
10   Vgl. Blumenberg, Hans: Lebenszeit und Weltzeit, Frankfurt/M. 1986 (I.F.: Lebenszeit).
11   Vgl. Heckmann, Friedrich: Arbeitszeit und Sonntagsruhe. Stellungnahme zur Sonntagsarbeit als Beitrag kirchlicher Sozialkritik im 19. Jahrhundert, Essen 1986

des eigeninstitutionellen Interesses, da es verbunden war mit einem Relevanzverlust der Institution Kirche für die Lebenssituation der Menschen.

Insofern ist mit dem letzten Beispiel aber auch schon angedeutet, dass die Zuschreibung einer monopolistischen Zeitgeberfunktion der Kirchen sich ausdrücklich auf ihre historische Rolle bezieht. Spätestens von der Zeit der Industrialisierung im frühen 19. Jahrhundert an ist ein Prozess reduzierter Wirkmächtigkeit der Kirche als zeittaktgebender Institution zu verzeichnen. Seitdem sind „Konkurrenzen" auf dem Markt der zeitlichen Sinnanbieter, des Zeitverständnisses oder der Zeitgestaltung gewachsen, wobei ein sicherlich prägender Einfluss auf die gesellschaftliche Zeitordnung den ökonomischen Zeittaktgebern zukommt.[12] Die extensiven Arbeitszeiten des 19. Jahrhunderts waren, was die Auswirkungen auf die gesellschaftliche Zeitordnung anbelangt, wie erwähnt, auch gegenüber den kirchlichen Zeitgestaltungsimpulsen dominant. Trotz der inzwischen erheblichen Verkürzung der kollektiven Arbeitszeit bleibt zu fragen, ob diese Dominanz der ökonomischen Zeittaktgeber im Zuge der forcierten Flexibilisierungsstrategien der Betriebsorganisation seit der Mitte der 80er Jahre des 20. Jahrhunderts nicht auf andere Weise enorm vorangeschritten ist.

Der Rückgang der zeitrelevanten Rolle der Kirchen erklärt sich über die genannten Faktoren hinaus auch mit der im Zeitalter demokratischer Verfassungen opportunen Verhaltensweise, jedes Zeitordnungs- oder Zeitdeutungselement lediglich als *ein* Angebot unter vielen in einer Gesellschaft pluraler Werte- und Lebensstilkulturen begreifen zu können. Eine quasi autoritär verordnete Zeitverwendung in Form sonntäglicher Gottesdienste widerspricht ebenso demokratischen Spielregeln eines selbstbestimmten Freizeitverhaltens, wie auch christlich-eschatologische Vorstellungen eben nur ein Angebot neben anderen darstellen, den „Lauf der Zeit" und die eigene Rolle darin zu verorten. Kirchliche Mitwirkung in den Fragen der gesellschaftlichen Zeitordnungen hat glücklicherweise nicht mehr autoritären Gebots-, sondern inhaltlich zu begründenden und auf Plausibilität und Einverständnis angelegten Angebotscharakter. Dahinter gibt es kein Zurück mehr. Das heißt auch: Die Kirche muss sich mit ihrem inhaltlich geprägten Zeitverständnis, mit der von ihr favorisierten Stabilisierung der Zeitinstitution „Sonntag" wie auch mit lebensweltlich bezogenen Aussagen über den Charakter von oder auch den Umgang mit Zeit als eine „Stimme" neben anderen durch die Kraft der überzeugenden Argumente Gehör verschaffen.

(I.F.: Sonntagsruhe); Nuß, Berthold S.: Der Streit um den Sonntag. Der Kampf der Katholischen Kirche in Deutschland von 1869–1992 für den Sonntag als kollektive Zeitstruktur. Anliegen – Hintergründe – Perspektiven, Idstein 1996 (I.F.: Streit).
12 Eberling, Matthias; Henckel, Dietrich: Kommunale Zeitpolitik, in: Bundesforschungsanstalt für Landeskunde und Raumordnung (Hrsg.): Stadträume und Zeitpolitik. Informationen zur Raumentwicklung, Heft 10 (1997), S. 691–698, S. 692 (I.F.: Kommunale Zeitpolitik).

Dieser kurze historische Verweis auf die Zeittakt gebende Rolle der Kirche und ihren diesbezüglich wachsenden Bedeutungsverlust soll nicht eine nostalgische Erinnerung in Kraft setzen, die nach Mitteln und Wegen einer Neukonstruktion jener dominanten Rolle unter dem Signum der Moderne suchen lässt. Dann wäre die Leitfrage dieser Arbeit: Wie kann die Kirche ihre Rolle als Zeitbestimmungsmonopolist zurückgewinnen? Trotz eines soliden Vertrauens in die durchaus positive Gestaltungskraft kirchlicher Organisation und ihrer Akteure, ist das Anliegen dieser Arbeit weit weg von einer solchen institutionellen „Ehrenrettung", die zudem die zu kritisierenden Aspekte jener historischen Zeitgestaltungsrolle ausblenden müsste.

Der Impuls zu dieser Arbeit liegt stattdessen zunächst in der Überzeugung begründet, dass die gesellschaftliche Organisation der Zeit einer der maßgeblichen Markierungspunkte ist, an dem sich Fragen der alltäglichen Lebensführung, der Lebensqualität, der sozialen Gerechtigkeit und der ökonomischen, ökologischen und kulturellen Entwicklung unserer Gesellschaft festmachen. Mit anderen Worten: Wenn wir den Gestaltungs- und Strukturwandel der gesellschaftlichen Organisation von Zeit in den Blick nehmen, dann geht es dabei um eine – wenn nicht sogar *die* – zentrale Dynamik des gesellschaftlichen Lebens. Aus der Perspektive christlicher Verantwortung heraus ist diese Dynamik nicht passiv und ohne positionell konturierte Gestaltungsrichtung der Kirche sich selbst zu überlassen. Sie braucht Korrekturen und Diskurssteuerung. Hinter dieser Einschätzung tritt zudem ein Theorem zutage, das grundsätzlich den sozialwissenschaftlichen Ansätzen verpflichtet ist, die die Zeitverfasstheit einer Gesellschaft als eine soziale Konstruktion begreifen, die also stets im Wandel begriffen, veränderbar, manipulierbar und nicht zuletzt dem Wechselspiel gesellschaftlicher Macht- und Herrschaftsstrukturen ausgesetzt ist.

Diese soziologische Ausgangstheorie, dass die zeitliche Verfasstheit der Gesellschaft sozial konstruiert wird, wird, wenn auch noch sehr anfänglich, verschiedentlich unter dem Aspekt diskutiert, wie denn eine diskursiv ausgehandelte, koordinierte und Ziel führende Politik der Zeitgestaltung profiliert werden kann. Die vorliegende Arbeit versteht sich als ein spezifischer Beitrag zu diesen Ansätzen einer „Zeitpolitik" unter der besonderen Berücksichtigung der diesbezüglichen institutionellen Möglichkeiten der evangelischen Kirche.

An dieser Stelle sei eine grundlegende These dieser Arbeit vorab eingeführt, die sowohl in der praktischen als auch theoretischen Auseinandersetzung mit diesem Thema in den vergangenen Jahren gereift ist: Es ist die Überzeugung, dass die ökonomische Definition der Zeit als knappe, zu bewirtschaftende Ressource eine monopolartige Position erlangt und sich beispielsweise über die Aushandlung betrieblicher Arbeitszeitorganisation bis in die alltägliche Lebensführung verankert hat. Es hat sich im Zuge dessen ein Zeitverständnis eingestellt, dass primär Struktur bildend auch bestimmte Zeitordnungen und Zeitinstitutionen in Frage stellt und in manchen, nicht in allen Bereichen, durchaus konfliktträchtig dem gegenüber steht, was aus biblisch-theologischer und kirchlich-sozial-ethischer Perspektive zu positionieren ist. Damit ist kein negatives, kulturpessimistisches Pauschalurteil beispielsweise über die anhängigen Tendenzen zur Flexibilisierung des erwerbsbezogenen und privaten Lebens gefällt. Aber zugestandenermaßen fokussiert diese Arbeit in der Analyse der gegenwärtigen Dynamik der gesellschaftlichen Organisation der Zeit auf die fragwürdigen und als negativ zu bewertenden Latenzen und Tendenzen der zeitlichen Verfasstheit unserer Gesellschaft. Das Bemühen um eine „kirchliche Zeitpolitik" steht dabei in dem Spagat, sich einerseits kritisch mit den „Zeittendenzen" unseres gesellschaftlichen Lebens auseinanderzusetzen und andererseits eine kirchliche Positionierung und einen kirchlichen Gestaltungsansatz im zeitpolitischen Sinne zu begründen, die so umfassend und explizit noch nicht vorhanden sind.

Die Evangelische Kirche in Deutschland hat sich zwar schon sehr früh nach dem Zweiten Weltkrieg und dann in den folgenden Dekaden zu zeitpolitischen Themen geäußert, aber diese Voten sind verständlicherweise nicht Ausdruck einer expliziten „kirchlichen Zeitpolitik". Deshalb wird in Auseinandersetzung mit diesen kirchlichen Verlautbarungen weiter zu fragen sein, wo und inwieweit sie den unterstellten Herausforderungen der dynamischen Entwicklung der zeitlichen Organisation unserer Gesellschaft gerecht werden und wo sie weiter geführt werden müssen.

In diesem ersten Kapitel wird es zunächst darum gehen, die theoretische Verortung transparent zu machen bezüglich der Frage, was denn eigentlich gemeint sein soll, wenn von „Zeit" die Rede ist. Sodann wird anhand der Unterscheidung von Zeitordnungen, Zeitinstitutionen und Zeitverständnis ein Strukturierungsversuch bezüglich der phänomenologischen Ebene der gesellschaftlichen Organisation der Zeit unternommen, um weiter nach den bestimmenden Faktoren der gesellschaftlichen Verfasstheit der Zeit zu fragen. Die bereits angedeutete These von der Dominanz der ökonomischen Strukturierungskraft wird anschließend ausgeführt und an den Tendenzen zur Flexibilisierung, der Kontinuisierung und der Informalisierung der Arbeitszeit verifiziert.

Für die Systematik hilfreich und plausibel erscheint es, die entstehenden externen Effekte dieser Ökonomisierung als „Nebenfolgen" zu definieren. Damit wird an das Vokabular und die Theorie der von Ulrich Beck und Anthony Giddens in die Diskussion gebrachten „Reflexiven Modernisierung" angeknüpft. Eine Kernthese dieses theoretischen Ansatzes, dass jene Nebenfolgen letztendlich nach einem neuen, integrativen und Folgen abschätzenden politischen Ansatz verlangen, mündet bei den genannten Autoren in die These, dass die „Erfindung des Politischen" notwendig sei. Eine These, die – auf unseren Kontext angewandt – für die „Erfindung des Zeitpolitischen" spricht, also einem Desiderat, dem sich bereits einige Publikationen, Forschungsarbeiten und praktische Politikansätze gestellt haben. Erste Überlegungen über Aspekte eines institutionellen zeitpolitischen Ansatzes, wie sie im Konzept der „Kirchlichen Zeitpolitik" zu berücksichtigen sind, werden in diesem Kapitel abschließend dargestellt.

1.2 Über die Zeit als Orientierungsmittel

Die bereits begrifflich mehrfach erfolgte Bezugnahme auf die Thematik der gesellschaftlichen Zeitordnung hat ihre zeittheoretischen Implikationen überwiegend aus dem wissenssoziologischen Ansatz von Norbert Elias, wie er sie für seine Zeittheorie fruchtbar gemacht hat. In aller Kürze, soweit es das Verständnis dessen, was unter Zeit zu verstehen ist, sinnvoll einführt, sollen im Folgenden einige zeittheoretische Inhalte und Begrifflichkeiten geklärt werden.

Elias' hermeneutischer Ansatz distanziert sich ausdrücklich von einer verobjektivierenden, erkenntnistheoretischen Fixierung des Zeitbegriffs, wie er etwa in der Kantschen Kategorienlehre vorliegt. Nicht was Zeit an sich ist, interessiert ihn, sondern die Frage, „wozu eigentlich Menschen Zeitbestimmung brauchen".[13] Damit eröffnet er ein funktionales Verständnis von „Zeit", bei dem sie als ein dynamisches, dem jeweiligen Entwicklungsstand der Gesellschaft adäquates *Orientierungsmittel* fungiert.[14] Je nach Koordinations- oder Synchronisationsbedarf seien unterschiedliche Geschehensabläufe in Beziehung zueinander gesetzt und damit Zeit bestimmt worden. So etwa seien die natürlichen Rhythmen von Ebbe und Flut, Tag und Nacht sowie Mondverlauf lange Zeit völlig ausreichend gewesen, gesellschaftliche Organisationsleistungen wie zum Beispiel Saat und Ernte zu gewährleisten.[15] Je komplexer nun die erforderlichen Koordinations- und Synchronisationsleistungen sozialer Zusammenhänge, desto ausdifferenzierter und allgemein gültiger wurden nach Elias auch die Formen des Zeitbestimmens. Erst im späten Verlauf eines langen Zivilisationsprozesses stehe das, was wir in Form einer abstrakten Synthese als Zeit mit Kalender, Uhren und den sonstigen Symbolen der Zeitbestimmung identifizieren.[16]

Auch wenn diese symbolhaften Formen des Zeitbestimmens nicht mehr sind als soziale Orientierungsmittel zur Deckung eines gesellschaftlichen Synchronisationsbedarfs, neige das Individuum doch dazu, das Symbol mit der Realität zu identifizieren. Denn wenn „Symbole im

---

13 Elias, Norbert: Über die Zeit. Arbeiten zur Wissenssoziologie II, Frankfurt/M. 1992, S. XVII (I.F.: Zeit).
14 Diese tätigkeitsorientierte Zeitbestimmung ließe es nach Elias daher eigentlich sprachlich angemessener erscheinen, statt den Begriff der Zeit zu gebrauchen, dem immer noch eine verobjektivierende Tendenz innewohnt, eine verbale Form des Begriffs, wie „zeiten" zu wählen. Vgl. a.a.O., S. 8.
15 Vgl. a.a.O., S. 11ff.
16 Vgl. a.a.O., S. 70.

Laufe ihrer Entwicklung einen sehr hohen Grad von Realitätsangemessenheit gewonnen haben, dann ist es für die Menschen zunächst oft besonders schwer, zwischen Symbol und Realität zu unterscheiden".[17] Das Individuum eignet sich also unter Umständen die kollektiv standardisierte Form des Zeitbestimmens in dem Bewusstsein ihrer objektiven Gültigkeit an und trägt damit selbst zu seiner Reproduktion und Verfestigung bei. Oder weit reichender gesagt: Es besteht immer die Gefahr, das, was gerade als dominantes Phänomen gesellschaftlicher Organisation von Zeit inklusive des damit verbundenen Zeitverständnisses in Erscheinung tritt, normativ als unhinterfragbares Faktum absolut zu setzen.

Im Umkehrschluss bedeutet dies aber – ohne von Elias ausdrücklich erwähnt zu werden –, dass Änderungen der jeweiligen Form zeitlicher Bestimmung sich auch im individuellen Bewusstsein von Zeit durchsetzen müssen, um sich Bahn zu brechen. Der Versuch etwa, im Zuge der Französischen Revolution den Gregorianischen Kalender gegen ein neues Zehnersystem der Zeitrechnung auszutauschen, scheiterte nicht zuletzt an der tief sitzenden Alltagspragmatik individueller und sozialer Orientierung, mit der die bis dato etablierte Kalenderzählung verbunden war.[18]

Die Attraktivität des Ansatzes von Elias liegt in der entwicklungsgeschichtlichen Verankerung und ontologischen Zurückhaltung bei der Erklärung dessen, was Zeit bedeutet. Denn dieser Ansatz hat gegenüber der transzendentalphilosophischen Kategorisierung der Zeit, der Elias den Vorwurf macht, permanent mit der Frage beschäftigt zu sein „wie weit die Erkenntnis ,in' Menschen den Objekten ,draußen'" entspricht,[19] den Vorzug, grundsätzlich zur Erklärung der Dynamik gesellschaftlicher Zeitphänomene ein hilfreiches methodisches Instrumentarium zu bieten. Methodisch ist dieser Denkansatz, bestimmte Zeitordnungsphänomene, wie kalendarische Bestimmungen, den Wochenrhythmus oder die Segmentierung von Arbeits- und Freizeit in ihrem Funktionscharakter für soziale Zusammenhänge zu begreifen, sehr offen dafür, detaillierter zu analysieren, welche Faktoren für die Ausgestaltung der jeweiligen Phänomene gesellschaftlicher Zeitorganisation verantwortlich sind. Allerdings hat Elias sich selber kaum auf die Auseinandersetzung mit der konkreten Phänomenologie gesellschaftlicher Zeitgestaltung – wie etwa Fragen der Arbeitszeitstruktur – eingelassen, was ihm denn auch den Vorwurf eingehandelt hat, Schüler einer

---

17 A.a.O., S. XXXII. Ähnlich spricht schon Otthein Rammstedt davon, dass die zeitliche „Herrschaft als die Zwang ausübende Verinnerlichung der Zeitrechnung, der Uhrzeit, in die Menschen selbst eingewandert" sei. Vgl. Rammstedt, Otthein: Alltagsbewusstsein von Zeit, in: Kölner Zeitschrift für Soziologie und Sozialpsychologie, 27. Jahrgang 1975, S. 47–63, S. 55.
18 Vgl. Wendorff, Rudolf: Tag und Woche, Monat und Jahr. Eine Kulturgeschichte des Kalenders, Opladen 1993, S. 187ff. (I.F.: Tag).
19 Elias, Norbert: Zeit, S. 102.

„transzendentalen Verklärung der Zeit" zu bleiben, die er selber zu überwinden versucht hat.[20] Positiv verstanden kann man das beklagte Defizit der theoretischen Ausführungen, sich nicht sonderlich um eine Analyse konkreter, gesellschaftlicher Zeitphänomene bemüht zu haben, auch als Desiderat an die Zeitsoziologie der folgenden Generation begreifen, Elias' grundlegende These systematisch zu vertiefen und in konkretere Anwendung zubringen. Eine dafür sachlich und begrifflich hilfreiche Ausdifferenzierung, wie sie bereits an unterschiedlichen Stellen vorgenommen worden ist, soll hier systematisch zusammengeführt werden.

Zur diesbezüglich sinnvollen Differenzierung sind drei Ebenen von Interesse. Zum einen geht es um die Erfassung der realen Strukturen zeitlicher Organisation, wie sie sich an den Begriffen der *Zeitordnung* und der *Zeitinstitution* festmachen. Sodann soll ausführlich auf das wesentlich schwieriger zu erfassende Phänomen des in den Strukturen teilweise zum Ausdruck kommenden *Zeitverständnisses* eingegangen werden. Schließlich gilt es, die Frage zu beantworten, welche Faktoren bei der konkreten Ausgestaltung und *Organisation gesellschaftlicher Zeit* zum Tragen kommen.

1.3 Zeitordnung, Zeitinstitution, Zeitverständnis

Nach Andrea Maurer bezeichnet der Begriff der *Zeitordnung* die strukturelle Ebene der zeitlichen Organisation einer Gesellschaft und meint – sehr allgemein – ein „System zeitlicher Verhaltensregelmäßigkeiten und der daraus entstandenen Zeiteinrichtungen, die dem Handeln der Menschen Orientierung ermöglichen, aber auch Verbindlichkeiten auferlegen".[21] Demnach sind der morgendliche Zeitpunkt des Schulbeginns, die betriebliche Regelung der Arbeitszeit, der Fahrplan der öffentlichen Verkehrsmittel, die Öffnungszeiten der Arztpraxen oder auch die wöchentlichen Markttage als Bestandteile gesellschaftlicher Zeitordnung mit je lokalen oder zielgruppenorientierten Bezügen zu begreifen.

Im Einzelfall sehr differenzierte Zeitordnungsphänomene können dabei einem gesamtgesellschaftlich gemeinsamen Trend mit weit darüber hinausgehender Geltungskraft unterliegen. Zeitkontenmodelle beispielsweise sind erstens auf der Ebene der davon Betroffenen als individuelle und jeweils differenzierte Anforderung zu bewältigen, die Arbeitszeiten mit den sozialen Zeiten zu arrangieren, zweitens sind sie auf der betrieblichen Ebene Organisationsmodelle eines effektiven saison- und konjunkturangepassten Personal- und Ressourceeinsatzes und drittens auf der Ebene der gesamtgesellschaftlichen Zeitordnung

---

20 Vgl. Maurer, Andrea: Alles eine Frage der Zeit? Die Zweckrationalisierung von Arbeitszeit und Lebenszeit, Berlin 1992, S. 51 (I.F.: Frage der Zeit).
21 Maurer, Andrea: Frage der Zeit, S. 55f.

Ausdruck eines breiten Trends zur Flexibilisierung der Arbeitszeiten. Das heißt also: Die im Einzelfall eher partikular erscheinende und kaum der öffentlichen Aufmerksamkeit zugängliche Zeitordnung kann sich durchaus als ein Zeitordnungsphänomen von aufdringlicher gesamtgesellschaftlicher Präsenz darstellen, das nicht weniger bedeutsam ist für die Organisation der gesellschaftlichen Zeit und die Prägung des individuellen und sozialen Lebensstils als die wesentlich bekannteren Zeitinstitutionen.

Zeitinstitutionen sind als spezifisches Phänomen gesellschaftlicher Zeitordnung zu betrachten. Ihre innerhalb der Zeitordnung hervorgehobene Position verdanken sie dem Grad ihrer überindividuellen und überregionalen Bekanntheit und Verbindlichkeit, mit der sie das soziale Verhalten normieren, Verlässlichkeit und Sinn stiften und dadurch zur entlastenden Reduktion von Komplexität beitragen. Letzteres lässt sich am wöchentlichen Siebenerrhythmus verdeutlichen. Er ist eine kulturell erwachsene und keineswegs zu allen Zeiten gültige, natürliche Zeitinstitution. Durchgängig über Epochen hinweg hat die Woche offensichtlich aber eine unverzichtbare Ordnungsaufgabe übernommen, „nämlich die Strukturierung der Zukunft, aber auch der Vergangenheit in handhabbare, übersichtliche Einheiten. Soziologisch gesprochen: die Reduktion von Komplexität durch Entlastung über Institutionen".[22] Zeitinstitutionen zeichnen sich auch durch eine entsprechende Resistenz gegenüber dem abweichenden Verhalten Einzelner aus.[23] Obwohl der Rosenmontag kein gesetzlicher Feiertag ist, steht seine institutionelle Verankerung gerade durch seine Referenzkraft der gelebten Praxis außer Frage. Nicht ohne Grund stand in der Diskussion um die Finanzierung der Pflegeversicherung niemals an, statt des Buß- und Bettages den Rosenmontag preiszugeben. Dennoch geriert auch der Rosenmontag ein Verhalten Einzelner, das sich anbietende verlängerte Wochenende zur Karnevalsflucht zu nutzen. Indem aber dieses quasi von der Norm des Tages abweichende Verhalten zugleich den durch den Karneval gesetzten Zeitwohlstand eines arbeitsfreien Tages verwertet, stabilisiert es zugleich diese Zeitinstitution, da nur durch seine Aufrechterhaltung dieser Mitnahmeeffekt eines langen Wochenendes gewahrt bleibt.

---

22 Rinderspacher, Jürgen P: „Ohne Sonntag gibt es nur noch Werktage". Die soziale und kulturelle Bedeutung des Wochenendes, Bonn 2000, S. 23 (I.F.: Ohne Sonntag). Die theoretischen Grundlagen der Soziologie, auf die hier Bezug genommen wird, stammen von Niklas Luhmann, der grundsätzlich den Sinn vermittelnden Vorgängen die Funktion zuschreibt, „eine besondere Form der Reduktion von Komplexität" herzustellen. Als solche Sinninstanz kann nach Rinderspacher also auch die Strukturierung der Woche verstanden werden. Vgl. Luhmann, Niklas: Funktion der Religion, Frankfurt/M. 1992, S. 20.
23 Vgl. Maurer, Andrea: Frage der Zeit, S. 87f.; vgl. Rinderspacher, Jürgen P.: Ohne Sonntag, S. 23.

Der Sonntag ist die einzige Zeitinstitution, deren Herausgehobenheit sogar per Grundgesetz – als „Tag der Ruhe" und der „seelischen Erhebung" – juristisch verankert ist. Am Beispiel des Sonntags lässt sich verdeutlichen, dass die besondere Stabilität einer Zeitinstitution sich auch durch die Integrationskraft auszeichnet, mit der sie in der Lage ist, unterschiedliche Nutzungsmöglichkeiten von Zeit in sich zu vereinen. Trotz eines Wandels einer stark kirchlich geprägten, auf den Besuch des Gottesdienstes zielenden Normierung der Sonntagspraxis hin zu einer breiten Palette von Optionen der Freizeitgestaltung, hat die Herausgehobenheit dieses Tages weiterhin eine hohe Akzeptanz. Maßgeblich manifestiert sich die Kontinuität und Stabilität jener Zeitinstitution in ihrer Eigenschaft, einen Tag weitgehender Arbeitsunterbrechung zu bieten, allerdings sind diesbezügliche Erosionstendenzen nicht zu übersehen. Grundsätzlich ist davon auszugehen, dass eine Zeitinstitution besonders resistent gegenüber den Versuchen ihrer Eliminierung ist, je mehr Gestaltungsraum sie für individuelle Lebensstilpflege lässt. Allerdings ist auch die Grenzmarkierung deutlich zu definieren, an der die Nutzung einer Zeitinstitution übergeht in ihre Destruktion.

Mit dem *Zeitverständnis* schließlich ist die ständig gesellschaftlich reproduzierte Vorstellung von Zeit gemeint. Die klassische, aber zugleich auch relativ grobe Differenzierung ist die zwischen einem zyklischen, eher am Kreislauf des natürlichen Jahresrhythmus orientierten Zeitverständnis und einem linearen, zukunftsorientierten.[24] Jedoch ist weder die Unterscheidung beider Formen eines internalisierten Zeitverständnisses immer trennscharf vorzunehmen, noch stehen sich beide jeweils exklusiv gegenüber.

Ein lebendiges zeitgenössisches Beispiel dafür ist der, historisch betrachtet, noch junge Nationalstaat Indonesien. In ihm führen unterschiedliche religiös-kulturelle Einflussströmungen – archaisch-animistische, hinduistische, islamische und, durch die Kolonialisierung vermittelt, christliche Elemente – zur Ausprägung sehr differenzierter Zeitordnungen. Unterschiedlich geprägte, zeitliche Höhepunkte, die peak-periods, sind teilweise ebenso schwer miteinander vereinbar wie das dahinter stehende Verständnis von Zeit.[25] Die animistische Batak-

---

24 Auf hohem Niveau diskutiert wurde die entwicklungsgeschichtliche Ausprägung eines zukunftsgerichteten, linearen Zeitverständnisses in der Auseinandersetzung zwischen Karl Löwith und Hans Blumenberg. Während Löwith jenes Zeitverständnis als säkularisierte Form des biblisch-eschatologischen Denkens konstruierte, hat Blumenberg sich ausführlich kritisch gegen diese Form der Zuschreibung von Illegitimität des neuzeitlichen Denkens gewehrt. Vgl. Löwith, Karl: Weltgeschichte und Heilsgeschehen, Stuttgart/Berlin/Köln 1953; Blumenberg, Hans: Die Legitimität der Neuzeit, Frankfurt/M. 1988.

25 Karl-Wilhelm Dahm berichtet sehr anschaulich von der problematischen Zelebrierung eines mehrtägigen Ahnenfestes, dessen Ritual in der vorchristlichen Kultur der „Adat" verankert ist. Das nur alle zehn Jahre stattfindende Fest versammelte wie häufig eine große Zahl von Großfamilienmitgliedern, die zum großen Teil Christen,

Kultur beispielsweise kennt zwar die Einteilung des Mondjahres in zwölf Monate, hat aber weder die Sieben-Tage-Woche noch rhythmisch wiederkehrende Feiertage im Monats- und Jahresverlauf. Dennoch steht offiziell der Wochenrhythmus mit einem zumindest von Samstagmittag bis Sonntagabend dauernden Wochenende als Symbol für die Anschlussfähigkeit an die westlich „moderne Kultur" staatlicherseits in Geltung.[26] Gesellschaftlich etabliert ist zudem ein buntes Konglomerat von vier Feiertagen: das christliche Weihnachtsfest, das Neujahrsfest, das den Abschluss des Ramadan anzeigende Fest des Fastenbrechens (Idul Fitri) sowie, als politischer Feiertag, der Tag der Unabhängigkeit am 17. August.

Dieser Minimalkonsens einer übergreifenden Feiertagskultur kann jedoch nicht darüber hinwegtäuschen, dass es erhebliche Konflikte gibt an der Bruchlinie zwischen einem modernen, rationalistischen Zeitverständnis, das Pünktlichkeit und kalkulierende Zeitplanung verlangt, und einem aus archaischen Quellen gespeisten Zeitempfinden, wie es sich in der bäuerlichen Alltagerfahrung der althinduistisch geprägten Gebiete der Insel Java widerspiegelt. Dazu schreibt Karl-Wilhelm Dahm:

„Der javanische Bauer lebt in einem elementaren Gefühl von ‚Heute', wie es eher dem so genannten ‚zyklischen' als dem ‚linearen' Zeitverständnis entspricht. Er lebt in der Erfahrung einer ewigen Wiederkehr gleicher Vorgänge, des Wechsels von Regenzeit und Trockenzeit, von Tag und Nacht. Er kennt aber nicht den langfristig strukturierten Wandel von Frühling, Sommer, Herbst und Winter; er braucht keine Vorratsbeschaffung für lange Wintermonate. Zwar muss er heute wie früher kräftig arbeiten, um aus seinem kleinen Stück Land genügend Nahrung für sich und seine (meist große) Familie herauszuwirtschaften. Doch gibt ihm die Natur das ganze Jahr hindurch genügend Möglichkeiten für den Anbau und die Ernte von Früchten des Feldes. Er hatte darum ebenso wie seine indonesischen Landsleute insgesamt, die noch in der letzten Generation zu über 90 Prozent in der Landwirtschaft tätig waren, wenig Anlass zu exakter oder sogar minutiöser Zeitplanung. Seine Arbeitszeit und sein Arbeitstempo richten sich nach dem Sonnenaufgang, nach der Hitze der Mittagszeit, nach Dämmerung und Sonnenuntergang, der in den Breitengraden um den Äquator immer zur gleichen Stunde eintritt. Fremd ist dieser durch Unmittelbarkeit geprägten Kultur darum das auf ein bestimmtes, vielleicht in weiter Zukunft liegendes Ziel gerichtetes ‚lineares' oder ‚teleologisches' Denken, aus dem sich Unterscheidungen zwischen kurzfristigen, mittelfristigen und langfristigen Teilzielen und Planungen ergeben. Fremd ist ihr auch die im christlichen Sinne ‚eschatologische'

zum kleineren Teil Muslime waren. Mit Rücksicht auf die Empfindungen wie auch kirchlichen Verpflichtungen der Christen war geplant, das Adat-Ritual bis zum Samstagabend zu beschließen. Da aber die zum Freitagsgebet ausgerückten muslimischen Familienmitglieder entgegen der Erwartung aller nach fünf Stunden immer noch nicht zurückgekehrt waren, wurde zum Ärger der gesamten Familie deutlich, dass eine fristgerechte Beendigung des Festrituals nicht mehr möglich sein würde. Vgl. Dahm, Karl-Wilhelm: Einheit in Gegensätzen: Indonesien, in: Rinderspacher, Jürgen P.; Henckel, Dietrich; Hollbach, Beate (Hrsg.): Die Welt am Wochenende. Entwicklungsperspektiven der Wochenruhetage – Ein interkultureller Vergleich, Bochum 1994, S. 215–227, S. 215f.
26   Vgl. a.a.O., S. 222ff.

auf Wiederkunft Christi oder Anbruch des Reiches Gottes angelegte Perspektive, die das abendländisch-‚lineare' Zeitgefühl so stark beeinflusst hat ...“[27]

Dieses Beispiel des von Dahm geschilderten javanischen Bauerntums verdeutlicht, dass es einen inneren Zusammenhang zwischen den Zeitordnungen und Zeitinstitutionen und dem dahinter stehenden Zeitverständnis gibt, der nicht unabhängig ist von ökonomischen Faktoren. So hat der javanische Bauer eine gewisse Resistenz gegenüber den linearrationalistischen Zeitanforderungen bewahrt, weil sein – kulturell und religiös vermitteltes – Zeitempfinden oder Zeitverständnis sozusagen der mentalen Innenseite einer entsprechenden ökonomischen Bedarfslage entspricht. Das Leben im „Heute", das sich durch das zyklische naturverbundene Zeitverständnis ergibt, verweigert sich schlechterdings einem linearen, fortschrittsorientierten Verständnis von Zeit und reproduziert auf diese Weise beispielsweise ein Arbeitsethos – und infolge dessen auch eine Arbeitszeitstruktur, die sich modernen Effektivitätskalkülen entzieht. Erst wo dieses Zeitverständnis zerbricht, kann auch eine neue Rationalität der Zeitgestaltung Oberhand gewinnen. Das Zeitverständnis ist demzufolge nicht ein über der konkreten gesellschaftlichen Zeitorganisation schwebender Bewusstseinszustand. Vielmehr trägt es selber zur Konstituierung oder Destabilisierung der zeitlichen Organisation der Gesellschaft bei, wie es umgekehrt auch nicht unabhängig ist von den realen Bedingungen der Wirtschafts- und Arbeitsprozesse.

Schon Hans Blumenberg hat darauf hingewiesen, dass die Vorstellung eines fortschrittlichen, linearen Geschichtsverlaufs in unmittelbarem Zusammenhang mit einer Kultur der Beschleunigung steht, in der es gilt, soviel Erlebnis wie möglich jener offenen Zukunft in die Gegenwart hineinzuholen.[28] Dieses Zeitverständnis reproduziert eine auf beschleunigte Kommunikation und Mobilität setzende Zeitordnung. Diese wiederum verfestigt – durch zeitrational organisierte Produktionswellen von Gütern und Dienstleistungen, die in Bedienung von Beschleunigungsfantasien als Symbole des Fortschritts abgefeiert und vermarktet werden – jenes Zeitverständnis.

Mit dieser knappen Skizzierung des Ineinanderwirkens von Zeitordnung, Zeitinstitutionen und dem Zeitverständnis ist zumindest grundsätzlich deutlich gemacht, dass alle drei Dimensionen bei der Orga-

---

27 A.a.O., S. 220.

28 „Beschleunigung unter der Idee des ‚Fortschritts' konnte und sollte nicht nur heißen, dessen innere Logik zu sichern und irreversibel zu machen, sondern auch, eine unbestimmte, offene Zukunft in lebenszeitliche Proportionen zurückzuholen. Zumindest dem Maß der individuellen Lebenszeit so viel an Möglichkeiten zuzuführen, wie immer erreichbar (...) In der Spannung, die durch Dissoziation von Lebenszeit und Weltzeit entstand, kam es darauf hinaus, mehr und schließlich vielleicht alles in die Lebenserwartung des konkreten und hinfälligen Subjekts hereinzuziehen oder hineinzuzwingen." Blumenberg, Hans: Lebenszeit, S. 239.

nisation von gesellschaftlicher Zeit prägend sind. Im Folgenden soll der Frage nachgegangen werden, welche Faktoren auf die Organisation der gesellschaftlichen Zeit einwirken. Hier wird es sowohl um die Frage nach den gestaltenden Akteuren als auch um die nach den inhaltlich dominanten Strukturierungsmomenten gehen.

1.4 Zur Organisation gesellschaftlicher Zeit

1.4.1 Fremdzwangmechanismen und die gesellschaftliche Organisation von Zeit

Die Erkenntnis, dass die zeitliche Organisation grundsätzlich eine Funktion für soziale Aktivitäten übernimmt, ist der verdienstvolle systematische Kerngedanke der zeittheoretischen Bemühungen von Elias. Zeit ist also kein statisches, dem sozialen Geschehen gegenüber unabhängiges und ihm als äußerlicher Rahmen gegenüberstehendes Gebilde, sondern in sozialer Beziehung sich vollziehendes Geschehen des Zeitbestimmens.

Interessanterweise differenziert Elias, wie schon erwähnt, durchaus kritisch, indem er diesem instrumentellen Charakter des Zeitbestimmens zur Orientierung sozialer Beziehungen im Laufe der Zivilisationsentwicklung auf einer „relativ späten Stufe" den Charakter eines „sozialen Zwangs" zuschreibt, dem sich der Einzelne kaum noch entziehen kann.[29] Konkret verbindet er dies mit der Entwicklung und allgegenwärtigen Präsenz von Uhren in der urbanen Gesellschaft: „Man weiß, dass sie von Menschen gemacht sind, aber sie werden erlebt, als ob sie eine außermenschliche Existenz repräsentieren."[30] Das dadurch allgegenwärtig vermittelte Zeitgefühl wird geradezu zwangsläufig zum „Teil unserer eignen Persönlichkeit", was bestätigt, dass auf der gegenwärtigen Stufe des Zivilisationsprozesses sich der „individuelle Selbstzwang" noch nicht gegen die Führung der „Fremdzwangmechanismen" zur Wehr setzen kann.[31]

Mit dieser gewissermaßen fortschrittskritischen These von der Dominanz der Fremdzwangmechanismen bei der Durchsetzung von gegenwärtigen, gesellschaftlichen Zeitphänomenen hat Elias indirekt in Frage gestellt, dass das dominante Zeitverständnis jeweils durch einen individuellen Prozess reflektierter Aneignung internalisiert wird.[32] Dies könnte zum Beispiel geschehen, wenn sich ein Raum des öffentlich ge-

---

29 Vgl. Elias, Norbert: Zeit, S. XXX.
30 A.a.O., S. 95.
31 Vgl. a.a.O., S. 146f.
32 Stattdessen könnte diese Aneignung als eher *reflexiv* bezeichnet werden, womit eine gedankliche Brücke zwischen Elias' und Ulrich Becks Theorie der „reflexiven Modernisierung" geschlagen ist, die an späterer Stelle bezüglich ihres zeitpolitisch relevanten Bezuges erläutert werden soll.

führten Diskurses anbietet, der – möglicherweise auf dem Weg der Diskussion über konkrete alltagsbezogene Zeitregelungen – reflektierte Entscheidungen über Fragen der Zeitorganisation provoziert und Vergewisserung über ein bestimmtes Zeitverständnis schafft. Angesichts der Tatsache, dass dies sicher nicht der Regelfall ist, liegt es nahe, das vollständige Gefüge der gesellschaftlichen Zeitorganisation zumindest darauf hin zu befragen, inwieweit auch hier Zwangs- oder Macht- und Herrschaftsgefüge greifen. Hier ist jedoch die Differenzierung wichtig. Zunächst ist ein gewisser Zwang für Teilbereiche gesellschaftlicher Zeitorganisation nicht zu leugnen. Nicht jeder Zeitordnung, wie das Beispiel der wöchentlichen Siebenerrhythmik zeigt, kann man sich individuell verweigern. Und vermutlich werden die meisten Menschen sie auch kaum als kulturelle Errungenschaft, sondern als quasi unhinterfragbare, natürliche Ordnung begreifen. Ein solcher „Zwangsmechanismus", der in noch stärkerem Maße für natürliche Zeitordnungen, wie – trotz künstlicher Beleuchtung – dem Tag-Nacht-Rhythmus gilt, ist jedoch unschädlich und deshalb zu unterscheiden von einer „Zeitherrschaft", die nahezu unentrinnbar mit allen negativen Folgen für die Lebensqualität oktroyiert wird. Eine solche Fremdherrschaft, wie sie beispielsweise von den wirtschaftlichen Zeittaktgebern während der industriellen Revolution im 19. Jahrhundert durch extensive Arbeitszeiten praktiziert wurde, hat die Zeitordnung als Herrschaftsmittel instrumentalisiert.

Das heißt, anknüpfend an Elias wäre zu fragen, inwieweit bestimmte Formen des dominierenden Zeitverständnisses oder bestimmte Einstellungen zu Zeitordnung und Zeitinstitutionen faktisch in Geltung stehen, ohne – was der sozial-konstruktive Charakter der gesellschaftlichen Verfasstheit von Zeit nahe legen würde – diskursiv über plausible Begründungszusammenhänge legitimiert und auch zur Disposition gestellt zu werden. Im Vorgriff auf spätere Ausführungen sei bereits die These angedeutet, dass meines Erachtens eine solche latente Zwangsdynamik in einer bestimmten Form des ökonomischen Zeitverständnisses und der daraus resultierenden Bewirtschaftung von Zeit zu Tage tritt, die überdies im Konflikt steht zu einem biblisch-theologisch geprägten Zeitverständnis und den daraus resultierenden Zeitinstitutionen – wie dem arbeitsfreien Sonntag.

So lange die verschiedenen Organisationen, ob Parteien, Gewerkschaften, Arbeitgeberverbände, kommunale Taktgeber, Sportverbände oder Kirchen – sei es durch die Plausibilität ihrer Argumente, durch die Bündelung kollektiver Interessen oder durch die Erwirkung gesetzlicher Regelungen – der von ihnen jeweils favorisierten Organisationsform der gesellschaftlichen Zeit Geltung zu schaffen versuchen, ist das Individuum nicht rein reaktiv einem statischen Fremdzwangmechanismus ausgesetzt. Im Gegenteil, je mehr die Aushandlung der gesellschaftlichen Organisation von Zeit diskursiv vonstatten geht und auf Einverständnis angelegt ist, anstatt autoritär verordnet zu werden, wächst auch die Optionalität, mit der das Individuum grundsätzlich die Zeitordnungen, Zeitinstitutionen und auch unterschiedliche Varianten des Zeitverständnisses wählen kann, die seiner Meinung nach legitim in Geltung stehen sollten.

Andererseits gibt es eine Vielzahl von Bereichen der zeitlichen Organisation, bei denen man zu Recht anfragen kann, ob sich ihr Status quo im Ergebnis durch Begründungsmuster ausgewiesen hat, die mehrheitlich überzeugen. Wenn beispielsweise in einem bestimmten Wohngebiet abends ab 23.00 Uhr kein Busverkehr mehr vorgehalten wird, so sind für dieses Faktum unter Umständen rein ökonomische Gründe ausschlaggebend, die sich möglicherweise aber nicht am Mobilitätsbedarf der Anwohner orientieren. Elias hat mit seinen Ausführungen sensibilisiert für die Suche nach (Zwangs-)Mechanismen und Strukturierungsaspekten, die bei der Konstruktion oder Destruktion gesellschaftlicher Zeitorganisation eine Rolle spielen.

Das banale Beispiel des Zeittaktes öffentlicher Verkehrsmittel zeigt, dass es Formen der Fremdbestimmung gesellschaftlicher Zeitordnungen geben kann, die Konkurrenzen unterschiedlicher Zeitverwendungsmuster in Erscheinung treten lassen. In diesem Fall wären es ökonomische Verwendungsmuster (kein Busverkehr zu unrentablen Zeiten) gegenüber Mobilitätswünschen Einzelner, die auch nicht frei sind von ökonomischen Interessen (günstige Verkehrsanbindung auch am späten Abend). Latent oder auch ganz offensichtlich können sich diese Nutzerkonkurrenzen von Zeit als Zeitkonflikte entladen. Jürgen P. Rinderspacher hat in diesem Zusammenhang die These aufgestellt, dass wir vorhandene Strukturierungen der Zeit oftmals erst überhaupt wahrnehmen, wenn sie zur Disposition stehen und folglich ihre Änderung oder Beibehaltung zum Konfliktfall wird.[33] Diese Zeitkonflikte werden umso gravierender und öffentlicher, je mehr in ihnen die konkurrierenden Interessen von Organisationen zu Tage treten, die von ihnen bei der Gestaltung der gesellschaftlichen Organisation von Zeit jeweils für eine große Gruppe von Bürgern und Bürgerinnen vertreten werden.

---

33 „Die Einsicht in den Nutzen wie auch die Grenzen der Bewirtschaftung von Zeit resultiert aus der Erfahrung des Konflikts und Widerstreits mit der Zeit. Zeit besitzt die Eigenschaft, nur als Konflikt erfahrbar zu sein." Rinderspacher, Jürgen P.: Gesellschaft ohne Zeit. Individuelle Zeitverwendung und soziale Organisation der Arbeit, Frankfurt/M. 1985, S. 14 (I.F.: Gesellschaft).Vgl. auch Maurer, Andrea: Zeit, S. 88. Ähnlich beschreibt dies Martina Heitkötter mit Blick auf die Strukturierungsprozesse lokaler Zeiten. Vgl. Heitkötter, Martina: Lokale Zeitpolitik und die Bedingungen der Gestaltbarkeit lokaler Zeitkonflikte. Untersucht am Beispiel des Modellprojekts ZeitBüro, Bremen Vegesack, Dissertation HWP, Hamburg 2003, S. 17ff. (I.F.: Lokale Zeitpolitik).

1.4.2 Die Konkurrenz der Zeittakt gebenden Organisationen

Auch hinsichtlich dieser Akteure, die maßgeblichen Einfluss nehmen auf die gesellschaftliche Organisation der Zeit, hat Elias bereits gedankliche und begriffliche Vorarbeit geleistet. Denn ihm ist noch ein weiterführender Differenzierungsaspekt zu verdanken, wenn er, eher am Rande, auf die personalisierte und auch institutionalisierte Vermittlung der Zeitbestimmung verweist. So sei in den frühen Kulturen diese soziale Integrationsfunktion durch Zentralfiguren wie Priester oder Könige erfolgt, die durch rituelle Vorgaben Aussaat-, Ernte- und Festzeiten für alle verbindlich angezeigt hätten. Dieses Zeitbestimmungsmonopol sei mit zunehmender Erweiterung des Zeitbestimmungsraums – von der zyklischen Erlebbarkeit des Einzelnen zu nicht wiederkehrenden Zeitskalen von Hunderten von Jahren – von Institutionen übernommen worden, die damit zugleich ihre eigene Legitimität stabilisierten.[34]

Wie eingangs beschrieben lag das Zeitbestimmungs- und Zeitdeutungsmonopol viele Jahrhunderte bei der Kirche. Erst der sukzessiv erfolgte Bedeutungsverlust kirchlicher Zeittaktgeberfunktion hat eine Entwicklung ermöglicht, durch die auch andere Organisationen Zeit strukturierenden Einfluss gewonnen haben. Schon der Augsburger Religionsfriede von 1555, in dem die Stände sich als Zielgröße auf einen für „ewig" währenden Frieden verständigten, selbst wenn die Religionsparteien zu keiner Einigung kommen sollten, signalisierte ein Zeitverständnis, das sich von der kirchlichen Dominanz zu lösen begann.[35]

Neben der Kirche gewannen auf der einen Seite die wirtschaftlich formierten Kräfte des Unternehmertums zunehmend an Zeit gestaltendem Einfluss, wofür die extensiven Arbeitszeiten der industriellen Entwicklung ein negatives Indiz sind. Auf der anderen Seite waren es gegenläufige Kräfte, wie die neu entstehenden Arbeitervereine und Gewerkschaften sowie Sukzessive auch der Gesetzgeber, der mit staatlichen Rahmenbedingungen der Arbeitszeitbegrenzung seine Rolle als Zeittakt gebender Akteur ausfüllte.[36] Hinzu traten Zeittakt gebende Indikatoren wie die wissenschaftliche und technische Entwicklung, die Dynamik neuzeitlichen Denkens oder die Ausprägung von Zins- und Kapitalver-

---

34 Vgl. Elias, Norbert: Zeit, S. 21f. „Gegenwärtig ist weithin eine Äraskala in Gebrauch, die Jahrhunderte und Jahre nach ihrer Position vor und nach ‚Christi Geburt' zählt. Die Entwicklung eines derartigen Maßstabs für lange, nicht-wiederkehrende Zeitsequenzen war erst möglich, als soziale Einheiten wie Staat oder Kirchen den Charakter eines langdauernden Wandlungskontinuums gewannen, innerhalb dessen lebende Gruppen – gewöhnlich herrschende Gruppen – es um der Funktionsfähigkeit ihrer Institution willen für nötig erachteten, die Erinnerung an die Kontinuität dieser Institutionen in einer präzisen und artikulierten Weise lebendig zu halten." A.a.O., S. 24.
35 Vgl. Koselleck, Reinhart: Vergangene Zukunft, S. 23.
36 Vgl. Heckmann, Friedrich: Sonntagsruhe, S. 116ff.

kehr, auf deren zeitrelevanten Einfluss an dieser Stelle nicht näher eingegangen werden soll.[37]
Der knappe Verweis darauf, dass es eine Reihe von Faktoren und Organisationen war, die sich im historischen Prozess als zeitrelevante Ge-
staltungsgrößen herausgebildet haben, deren Bedeutung jeweils einer
gesonderten Bewertung zu unterziehen wäre, verdeutlicht, dass die gesellschaftliche Organisation von Zeit Ergebnis eines dynamischen Prozesses ist, über dessen Status nicht zuletzt auch das Kräfteverhältnis der
konkurrierenden, Zeit gestaltenden Organisationen entscheidet. Die
ausbeuterische Monopolisierung von Zeitordnungen im 19. Jahrhundert,
wie sie am 16-Stunden-Tag massenhaft ihre entwürdigende Konkretion
erfuhr, konnte sich auf Dauer gegen den organisierten Widerstand der
Arbeitervereine und neu entstandenen Gewerkschaften nicht durchsetzen. Alleine, ohne organisierte Assoziation der Interessen hätte das
Individuum diesbezüglich allerdings nichts bewegen können. Dies ist
ein prominentes Indiz dafür, dass im Wandel der gesellschaftlichen Organisation von Zeit einerseits die großen, Kollektivinteressen vertreten-
den Organisationen eine entscheidende Funktion hatten und andererseits
dies nicht nur zu Missbrauch, sondern auch zu Emanzipationsprozessen
von Fremdzwangmechanismen führen konnte.
Dieser Gestaltungsprozess der gesellschaftlichen Organisation von Zeit
ist keineswegs zum Abschluss gekommen, sondern steht – bei allen
Gestaltungsräumen, die allein der Verantwortung des Individuums
überlassen bleiben – in vielen Bereichen für ein in positiver wie negativer Richtung offenes Konfliktfeld. Die Konflikte auf der organisations-
politischen oder institutionellen Ebene werden umso offensichtlicher, je
großflächiger Gestaltungsfragen für breite Zielgruppen ausgehandelt
werden. So ist beispielsweise die Institution des arbeitsfreien Wochenendes seit ihrer Etablierung in den 60er Jahren des vergangenen Jahrhunderts – insbesondere was den Samstag anbelangt – nur für wenige
Jahre eine weitgehend unangegriffene Institution gewesen und schon
sehr bald der dazu konkurrierenden Zeitverwendungsstrategie der Arbeitgeberverbände ausgesetzt gewesen, diesen Tag wieder in einen Regelarbeitstag zu überführen. Dies hat mehrfach zu intensiven und breit
angelegten öffentlichen Debatten geführt.[38] Ähnlich verhält es sich mit
der 35-Stunde-Woche, deren Akzeptanz auf der Arbeitgeberseite niemals wirklich gegeben war und die bis in die jüngste Zeit zum ständigen
Konfliktstoff über die Ausdehnung der ökonomisch verwertbaren wö-

---

37 Eine umfassende Darstellung der multiplen Faktoren, die allein für die Ausprägung der zeitrelevanten Orientierungsgröße verantwortlich sind, wie sie unter
dem Begriff des Fortschritts subsumiert wurde, bietet Friedrich Rapp. Vgl. Rapp,
Friedrich: Fortschritt. Entwicklung und Sinngehalt einer philosophischen Idee,
Darmstadt 1992.
38 Vgl. Fürstenberg, Friedrich; Herrmann-Stojanov, Irmgard; Rinderspacher Jürgen P. (Hrsg.): Der Samstag. Über Entstehung und Wandel einer modernen Zeitinstitution, Berlin 1999 (I.F.: Samstag).

chentlichen Arbeitszeit geführt hat.[39] Ein drittes Beispiel ist die regelmäßig zu verfolgende Auseinandersetzung über eine weitere Deregulierung der Ladenschlusszeiten bis hin zur Forderung nach einer völligen Abschaffung des Ladenschlussgesetzes sowie der grundgesetzlich geschützten Sonntagsruhe, was nicht zuletzt auch den Protest der Kirchen provoziert hat.

In diesen Konfliktfeldern werden Lösungsversuche bestenfalls durch eine auf Einverständnis und Zustimmung angelegte Gewinnung der Individuen gesucht. Wenn betriebliche Arbeitszeitstrukturen durch Tarifparteien ausgehandelt werden, dann fließen in diese Bemühung um einen arbeitszeitpolitischen Konsens betriebsökonomische, mehrwertorientierte, aber ebenso auch solche Begründungsmuster ein, die die wirtschaftlichen und sozialen Belange der Beschäftigten betreffen. Die Tatsache, dass, wie auch die Diskussion über den Ladenschluss oder den verkaufsoffenen Sonntag zeigt, teilweise versucht wird, die Änderung der zeitlichen Organisation der Gesellschaft durch solche Begründungsmuster der jeweiligen Zeittakt gebenden Organisationen zu implementieren, ist Ausdruck dessen, dass sich in Teilen die zeitliche Organisation der Gesellschaft durch den öffentlichen Diskurs und die Kraft der Argumente legitimieren muss. Es ist eine Tendenz abzusehen, dass sich diese argumentativen Aushandlungsprozesse im Rahmen eines dominant an ökonomischer Logik ausgerichteten Zeitkonflikts abspielen und diejenige Seite, die sich gegen eine Ausweitung der ökonomischen Verwertungszeiten wendet, zunehmend unter Legitimationsdruck steht. Die Dominanz dieses ökonomischen Zeitverständnisses gewinnt dabei gegenwärtig auf vielfältige Weise in den anhängigen Zeitordnungsstrategien Gestalt, was an späterer Stelle ausführlich am Beispiel der Flexibilisierung, der Kontinuisierung und der Informalisierung von Arbeitszeit verdeutlicht werden soll. Gerade in der Diskussion um die Arbeitszeitfrage ist zu beobachten, dass sowohl bei der Strategie der Verkürzung der kollektiven Arbeitszeit wie auch bei der Begrenzung ihrer forcierten Flexibilisierung der gewerkschaftliche Versuch unternommen wird, die Auswirkungen auf die sonstigen Lebensbezüge vor Augen zu führen. Das heißt, die Plausibilitätsbemühungen setzen bei Leitbildern an, die familiäre Aspekte und Aspekte der ganzheitlichen Lebensqualität argumentativ in den Vordergrund stellen und rein ökonomisch orientierte Denkweisen durchbrechen. So etwa bei der Argumentation zur Durchsetzung des arbeitsfreien Samstags in den 60er Jahren oder der 35-Stunden-Woche in den 80er Jahren. In beiden Kampagnen wurde ein Verständnis von Wohlstand deutlich, das diesen eben auch als ein

---

39 So etwa in der Frage der „Arbeitszeitangleichung Ost", die im Sommer 2003 durch einen Streik ostdeutscher IG-Metall-Regionen durchgesetzt werden sollte. Statt dass dies auch nur ansatzweise gelungen ist, entfachte das Scheitern der Verhandlungen die gegenteilige Diskussion, ob denn nicht in den alten Bundesländern wieder die 38-Stunden-Woche eingeführt werden sollte.

Zuwachs an frei verfügbarer Zeit statt nur als materiellen Zugewinn definierte.[40] Die Zeit strukturierenden Organisationen oder Institutionen repräsentieren nicht nur bestimmte Formen der gesellschaftlichen Organisation von Zeit, wie etwa die Kirche „den Sonntag", die Gewerkschaften „die Arbeit", der Sport „die Freizeit".[41] Darüber hinaus konkurrieren sie teilweise auch auf dem Markt der zeitrelevanten „Anbieter" und sind bemüht, die Referenzkraft ihrer diesbezüglichen Zeitverwendungsansprüche oder ihres Zeitverständnisses zu stärken. Dies geschieht teilweise in Form öffentlicher Begründungsmuster, was aber nicht heißen soll, dass die zeitliche Organisation der Gesellschaft sich quasi eins zu eins ausrichtet an der Evidenz der durch die Zeittakt gebenden Institutionen eingeführten Argumente.[42] Rinderspacher hat hier eine begrifflich und sachlich sinnvolle Systematik entfaltet, die das Theorie-Praxisgefälle, also das Gefälle zwischen dem begründenden Legitimationsversuch für eine Zeitordnung oder Zeitinstitution und ihrer faktischen Erscheinung, zu erfassen versucht. Ersteres bezeichnet er als Begründungstyp, letzteres als Erscheinungstyp einer Zeitordnung, und ergänzt beide noch um einen Regelungs- und einen Applikationstyp.[43]

So entscheidet sich ihm zufolge die mögliche Durchsetzbarkeit einer

40 So lautete der familienorientierte IG-Metall-Slogan der 60er Jahre „Samstags gehört Vati mir!". In den 80er Jahren setzte die IG Metall neben dem Aspekt der Beschäftigungsförderung und der Humanisierung unter dem Leitwort „Leben und Gesellschaft gestalten" auch auf lebensweltliche Bezüge außerhalb der Erwerbsarbeitszeit. Eine der gegenwärtigen Strategien der „Besinnung" angesichts der Einführung von Vertrauensarbeitszeit und flexiblen Arbeitszeitmustern lautet: „Meine Zeit ist mein Leben!". Vgl. Becker, Uwe; Wiedemeyer, Michael: Zwischen Verunsicherung und Gestaltungsanspruch: Gewerkschaftliche Arbeitszeitpolitik am Scheideweg, in: WSI-Mitteilungen, 10/2001, S. 595–601 (I.F.: Verunsicherung).

41 Dass auch diese Trennlinien nicht (mehr) so zutreffend sind und die Entgrenzung von Arbeit und Leben schon breite Bereiche der gesellschaftlichen Zeitordnung umfasst, wird an späterer Stelle ausgeführt.

42 Zumal bei weitem nicht alle gesellschaftlich Zeit gestaltenden Impulse öffentlich diskutiert erfolgen. Die betrieblichen Arbeitszeiten, die öffentlichen Dienstleistungszeiten und Ladenschlusszeiten des Einzelhandels, die öffentlichen Betreuungszeiten, die Schulferien und beweglichen Ferientage, die Fahrplangestaltung bei Bahn und öffentlichem Nahverkehr – dies alles sind Module gesellschaftlicher Zeitordnung, die nicht nur auf zahlreiche Akteure zurückzuführen sind, sondern auch mit unterschiedlichem Grad an Transparenz, diskursiver Offenheit und gesamtgesellschaftlichen Effekten eingeführt werden.

43 Rinderspacher bezieht seine Ausführungen allerdings auf die Erklärung von so genannten peak-periods, zeitlichen Höhepunkten, zu denen beispielsweise auch das Wochenende zählt. Diese Typologie scheint aber grundsätzlich auch zur Erfassung des komplexen Entstehungsprozesses von Zeitphänomenen hilfreich. Vgl. Rinderspacher, Jürgen P.: Wochenruhetage im interkulturellen Vergleich, in: Rinderspacher, Jürgen P.; Henckel, Dietrich; Hollbach, Beate (Hrsg.): Die Welt am Wochenende. Entwicklungsperspektiven der Wochenruhetage – Ein interkultureller Vergleich, Bochum 1994, S. 259–282, S. 274ff. (I.F.: Wochenruhetage).

bestimmten Zeitordnung oftmals an der überzeugenden Plausibilität und breiten Akzeptanz, die die jeweilige Begründung zu mobilisieren in der Lage ist. Diese inhaltlich oft normative Begründung (etwa die kirchliche Argumentation für den arbeitsfreien Sonntag) ist jedoch in der Regel keineswegs identisch mit dem faktischen Erscheinungstyp einer Zeitordnung (beispielsweise mit ausdifferenzierten Ausnahme- und Sonderregelungen bei der Sonntagsarbeit), besonders dann nicht, wenn Begründungstypen kursieren, die im Konflikt stehen, ein und dieselbe Zeitordnung etablieren oder destruieren zu wollen. Damit aber akzeptierte Begründungsmuster nicht beliebig und nach individuellem Ermessen in entsprechende Erscheinungstypen einer Zeitordnung aufgenommen werden, bedürfen sie der verbindlichen und eindeutigen Flankierung durch Regeln, beispielsweise in Form gesetzlicher Festlegungen und Ausführungsbestimmungen.

Obwohl schließlich die Begründungs-, Erscheinungs- und Regelungsfragen eindeutig geklärt sind, kann auf der Applikationsebene die tatsächliche Anwendung der Regelungen – trotz einklagbarer Rechte und Schutzbestimmungen – unterbleiben, weil Sanktionierungen durch den sozialen Bezugsrahmen die rechtlichen Freiräume nicht voll zur Geltung kommen lassen. Beispielsweise, wenn aus Sorge um den Verlust des Arbeitsplatzes die Ausschöpfung des kompletten Jahresurlaubs, das Recht auf Verweigerung von Sonntagsarbeit oder auch auf den Abbau von Überstunden trotz formaler Rechtsbekräftigung nicht in Anspruch genommen wird.

Damit wird zwar nicht bestritten, dass Begründungsmuster oftmals die Plattform sind, auf der Fragen der Zeitordnung ausgehandelt werden. Bezweifelt wird aber mit diesen Ausführungen, dass noch so überzeugende Begründungsmuster für eine bestimmte Zeitordnung oder Zeitinstitution Gestaltungskraft haben müssen, zumal, wenn sie von Phänomenen konterkariert werden, die quasi außerhalb der öffentlichen Legitimationszusammenhänge und jenseits der Regelungstiefe stehen. Rinderspacher und andere Autoren und Autorinnen haben auf solche Instanzen verwiesen, denen, ob nun innerhalb oder außerhalb des Handlungsbezugs der Zeittakt gebenden Organisationen, ebenfalls ein nicht zu übersehender Einfluss auf die zeitliche Organisation der Gesellschaft zuzuschreiben ist.

Diese Pluralität der Instanzen haben sie am Beispiel des arbeitsfreien Samstags veranschaulicht, also einem Bestandteil der Zeitinstitution „Wochenende". So sei die Referenz- und Resistenzkraft einer Zeitordnung umso stabiler, je mehr ihre Tatsache fest im öffentlichen Bewusstsein quasi als „kollektives Gedächtnis" verankert ist. Rinderspacher spricht diesbezüglich vom Prozess der „soziokulturellen Internalisierung".[44] Die Durchsetzung des arbeitsfreien Samstags sei beispielsweise

---

44 Vgl. Rinderspacher, Jürgen P.: Der freie Samstag: Ein Phänomen als Untersuchungsgegenstand, in: Fürstenberg, Friedrich; Herrmann-Stojanov, Irmgard; Rin-

vom kollektiv bekannten Vorbild des amerikanischen weekend als Element des American way of life ebenso gestützt worden wie von der Tatsache, dass der arbeitsfreie Samstag symbolisch als Überlegenheitsbeweis gegenüber dem kommunistischen Osten von den Medien in Szene gesetzt wurde.[45] Zu der Instanz der Organisationen und der Instanz der soziokulturellen Internalisierung, also der öffentlichen Bekanntheit, trete die der gelebten Praxis der Menschen hinzu, die nicht unerheblich ist für die Frage, welche Zeitordnung bleibt und welche an Rückhalt verliert. Eine Zeitordnung, die – nochmals sei auf das prominente Beispiel des Rosenmontags hingewiesen – mit einem Ritual von großer Integrationskraft in der gelebten Praxis dieses Tages eine ganze Region uniform erfasst, wartet mit einer Resistenz gegen Veränderung auf, die selbst durch gesetzliche Regelungen kaum zu überbieten ist.
Am Beispiel des arbeitsfreien Samstags haben die Autorinnen und Autoren exemplarisch die multiple Einwirkung unterschiedlicher Instanzen auf die Entstehung einer Zeitordnung aufgewiesen. Auf eine Instanz, die noch nicht genannt wurde, soll im Folgenden wegen ihrer dominant Zeit strukturierenden Bedeutung gesondert eingegangen werden.

1.5 Die Instanz der ökonomischen Rationalität

Entscheidend für die Durchsetzung des arbeitsfreien Samstags war das aus dem amerikanischen Kontext zu beobachtende Phänomen, auf die entstehende Institution Wochenende als verheißungsvoller Wirtschaftsfaktor kalkulieren zu können.[46] Denn die gewonnene freie Zeit, so die amerikanische Erfahrung, diente nicht nur erhöhter Leistungsfähigkeit

derspacher, Jürgen P. (Hrsg.): Der Samstag. Über Entstehung und Wandel einer modernen Zeitinstitution, Berlin 1999, S. 17–68, S. 41ff. (I.F.: Der freie Samstag).
45 Vgl. Klein, Martina; Worthmann, Georg: Das Weekend und der „American Way of Life", in: Fürstenberg, Friedrich; Herrmann-Stojanov, Irmgard; Rinderspacher, Jürgen P. (Hrsg.): Der Samstag. Über Entstehung und Wandel einer modernen Zeitinstitution, Berlin 1999, S. 323–352 (I.F.: Weekend). Dazu kommentiert Rinderspacher: „Die Bedeutung der Konkurrenz der Systeme für die Herausbildung moderner Zeitinstitutionen, die immer auch als Ikonen des besseren Wohlstandsmodells des jeweiligen Systems interpretiert wurden, ist unseres Erachtens bislang viel zu wenig berücksichtigt worden. (…) Für diese Vermutung spricht nicht zuletzt die Infragestellung des freien Samstags in Gesamtdeutschland fast genau in dem Augenblick, als mit der Vereinigung die Systemkonkurrenz aufgehoben war und eine diesbezügliche Profilierung aus übergeordneten gesellschaftlichen Gesichtspunkten nicht mehr erforderlich schien." Rinderspacher, Jürgen P.: Der freie Samstag, S. 43f.
46 Vgl. Herrmann-Stojanov, Irmgard: Der gesellschaftliche Diskurs über den Samstag in seiner Entstehungsphase, in: Fürstenberg, Friedrich; Herrmann-Stojanov, Irmgard; Rinderspacher, Jürgen P.: Samstag. Über Entstehung und Wandel einer modernen Zeitinstitution, Berlin 1999, S. 101–163, S. 104ff. (I.F.: Diskurs).

und einem geringeren Krankenstand, sondern auch dazu, den Konsum anzukurbeln. Sowohl eine Expansion der Automobilbranche durch die wachsende Kultur des Reisewochenendes als auch eine die Heimwerker fördernde Kultivierung der „Mach-es-selbst-Bewegung" waren nachweisliche Effekte, die auch für die deutsche Wirtschaft erwartet wurden. Die Rheinische Post schrieb dazu im Oktober 1957:

„In Amerika hat die Fünf-Tage-Woche weite Kreise der Wirtschaft revolutionär umgestaltet. Sie hat zu ganz neuen Bedürfnissen geführt. Sie hat in der Industrie der Camping-Artikel, aber auch in der Industrie, die Bastelgeräte herstellt, zu ungeahnten Umsätzen geführt. Auch das will bedacht sein, wenn einmal in Westdeutschland die Fünf-Tage-Woche Wirklichkeit wird."[47]

Das wirtschaftliche Wachstum jener Jahre war folglich die ökonomische Basis für den am amerikanischen Wohlstandsmodell des freien Samstags orientierten Traum vom besseren Leben. Darüber hinaus war der erwartete und auch eingetretene Effekt dieses Zeitwohlstandes ein Zugewinn ökonomischer Prosperität. Oder anders formuliert: Die Entlastung des Samstags als ökonomisch verwertbare Zeit der Produktion diente quasi der Nutzung dieses Tages als ökonomisch verwertbaren Zeitraum der Konsumption. Wenn auch damit ein Zeitwohlstandsgewinn eines zusätzlichen freien Tages für einen Großteil der Bevölkerung verbunden war, so blieb die Entstehung dieser neuen Zeitinstitution doch letztendlich der Logik ökonomischer Rationalität verbunden, ohne sich freilich auf diese zu reduzieren. Dieses historisch junge Beispiel zeigt, dass die Ökonomie sowohl die reale Ermöglichungssubstanz der neu entstandenen Zeitinstitution als auch ihre ideelle Begründungsinstanz hergab.[48]

Nun ist dieser Konnex von Ökonomie und Zeitstruktur eine gewachsene, soziale Konstruktion und er hat sich historisch erst allmählich ausgebildet. So verlangte die Arbeit als ordnendes Prinzip in der Kultur der Jäger und Sammler noch keine festgelegte zeitliche Struktur, die ihre Lage und Dauer einheitlich geregelt hätte, sondern gestaltete sich spontan und ungeplant nach den individuellen Bedürfnissen der Subsistenz und endete zugleich mit ihrer Befriedigung. Von „Zeit" im Sinne einer „außerhalb konkreter Handlungsbezüge bestehenden Synchronisationsregelung zur Feststellung periodisch wiederkehrender Interaktionsprozesse, wie Markttage in Form von Kalendern, Wochentagen o.ä.", konnte noch keine Rede sein kann.[49] Diese „Ökonomie der be-

---

47 A.a.O., S. 107.
48 „Die *Instanz*, die den freien Samstag ideell rechtfertigt, ist – als notwendige, jedoch nicht zureichende Bedingung – zugleich die *Substanz*: der ökonomische Erfolg, ohne den der freie Samstag überhaupt nicht denkbar wäre." Rinderspacher, Jürgen P.: Der freie Samstag, S. 35.
49 A.a.O., S. 27.

grenzten spezifischen Ziele"[50] kannte folglich auch keine planende Vorratshaltung, die zugleich Katalysator einer Rhythmik oder auch zukunftsorientierten Linearität des Zeitverständnisses gewesen wäre. Hingegen sind in der babylonischen Kultur die Ausprägungen eines differenzierten, bis in den Stundentakt reichenden Kalendersystems durchaus als die Frucht des Zusammenspiels von Wissenschaft, Religion, aber eben auch Ökonomie zu werten.[51] Rudolf Wendorff hat sehr anschaulich dargelegt, dass die damalige Entwicklung des Wochenrhythmus als ökonomisch bedarfsgerechte Synchronisationsleistung einer Hochkultur nachvollziehbar wird.[52] Zu vermuten ist, dass besonders die komplizierte Aufgabe der Entwicklung eines umfassenden Bewässerungssystems und die Bewältigung der Grundversorgung einer stetig wachsenden Bevölkerung und ihre Sicherung durch die Anlage riesiger Verteidigungsmauern die zeitlich präzise Koordination von Arbeitsleistungen (Produktion, Lagerung und Distribution, systematische Einziehung von Tributen, Pacht und Steuern und massenhafter Arbeitskräfteeinsatz im Bergbau) erforderlich machten.[53]

Ein solchermaßen zyklisches Zeitverständnis prägte sich also erst aus, als es für ökonomische Austauschprozesse einer stärker arbeitsteilig organisierten Gesellschaft mit regelmäßig stattfindenden Markttagen zur Bedürfnisbefriedigung die sinnvolle zeitliche Organisationsstruktur hergab. Dies war aber keineswegs notgedrungen an eine Siebenerrhythmik gebunden, sondern wies kulturspezifische Schwankungen der rhythmischen Intervalle auf.[54] Man wird also für die damaligen Verhältnisse

---

50 A.a.O., S. 26.

51 Vgl. Wendorff, Rudolf: Tag, S. 23.

52 Mit erheblich systematischerem Anspruch, als die eher rein phänomenologisch orientierte Analyse Wendorffs dies beabsichtigte, haben andere Autoren den Versuch unternommen, den Nachweis explizit zu erbringen, dass die Organisation der gesellschaftlichen Zeit als Variable ökonomischer Rationalität kulturgeschichtlich erst sukzessive in Erscheinung tritt. Vgl. dazu: Rinderspacher, Jürgen P.: Gesellschaft; Scharf, Günter: Zeit und Kapitalismus, in: Zoll, Rainer (Hrsg.): Zerstörung und Wiederaneignung von Zeit, Frankfurt/M. 1988, S. 143–159, (I.F.: Zeit und Kapitalismus); Maurer, Andrea: Frage der Zeit.

53 Vgl. Wendorff, Rudolf: Zeit, S. 18.

54 Die Selbstverständlichkeit, mit der man landläufig den zyklischen Siebenerrhythmus des Wochenintervalls als natürliche Zeitstruktur begreift, relativiert sich bei genauerer Betrachtung. Ein entwicklungs- und kulturgeschichtlicher Vergleich der Kalender zeigt eine hier nicht ausführlich darzustellende Vielfalt hinsichtlich der Ausgestaltung und zeitlichen Ausdehnung von Zyklen. Wie der Vergleich beispielsweise zwischen der babylonischen und griechischen Kalenderentwicklung zeigt, ist für die Koordination derartiger Kulturleistungen der Siebenerrhythmus keineswegs zwingend. Während in Ägypten die Rezeption der babylonischen 7-Tage-Woche immerhin noch sehr spät erfolgte, teilte das klassische griechische Kalendersystem die Monate konsequent in drei Dekaden auf, ohne jemals zu einer 7-Tage-Woche zu gelangen. Dies ist nur ein Beispiel dafür, dass die 7-Tage-Einheit keineswegs einer natürlichen Gesetzmäßigkeit zu verdanken ist, zumal sie sich nicht ohne Probleme in das Schema der Mondzyklen von nahezu 30 Tagen einbetten ließ.

konstatieren müssen, dass die ökonomische Bedarfslage ihre adäquate zeitliche Organisation begründet hat. Aber die ökonomische Grundantriebskraft zu jenen Synchronisationsleistungen war noch nicht der neuzeitliche Trend der Rationalisierung von Zeit. Zeit an sich kam noch nicht als zu bewirtschaftende Ressource in den Blick.

Dies änderte sich erst im Laufe des späten Mittelalters und der beginnenden Neuzeit, als ein lineares Zeitverständnis dominant wurde. Faktoren wie der allmähliche Bedeutungsverlust klassischer, apokalyptischer Endzeiterwartungen für das Alltagsbewusstsein, die Durchsetzung der Prognose als Instrument des politischen und ökonomischen Kalküls gegenüber der religiös motivierten Prophetie und besonders die vom merkantilen Italien ausgehende Entwicklung Zins vermittelnder Kapitalakkumulation, erhoben die Zeit zu einer kalkulierbaren und daher profitabel zu machenden Ressource und kreierten eine fortschrittsorientierte „Wendung zur Zukunft" unter besonderer Fokussierung ihrer planbaren Gestaltbarkeit.[55] Innerhalb dieser Linearität war die Zukunftsfixierung deshalb von besonderer Durchsetzungskraft beseelt, weil sie die fortschrittsoptimistische Perspektive einer stetigen qualitativen Steigerung hin zum Besseren eröffnete.[56]

Besonders das italienische Kreditwesen war signifikant für ein Zeitverständnis, durch das Zeit instrumentell unter einen „Verwendungsimperativ" gestellt wurde, in möglichst knappen Zeiträumen eine möglichst hohe, zinsvermittelnde Effizienz zu erzielen.[57] Diese „infinitesimale Verwendungslogik der Zeit" gewann ihre Stabilität aus einer Dynamik, die später in der industriellen Revolution des 19. Jahrhunderts weite Teile des gesellschaftlichen Lebens in ihren Bann zog: Je kostbarer, weil profitabler, die bewirtschafteten Zeiträume wurden, desto stetiger stieg ihr Wert, was im Effekt zu einem endlosen Zirkel systematischer

---

Zwar hat sich der Versuch, die Wochenrhythmik im kosmischen Kontext der Gestirne zu spiegeln, indem man sie nach den Wandelsternen unter Einschluss von Sonne und Mond (Saturn, Sonne, Mond, Mars, Merkur, Jupiter, Venus) benannt hat, durchgesetzt, aber diese kosmische Parallelisierung kann nicht darüber hinwegtäuschen, dass wir hier kein astronomisches Naturgesetz, sondern eine kulturgeschichtliche Entwicklung vorfinden, deren uniformierende Dominanz, wie andere Kulturen zeigen, auch Grenzen hatte. Vgl. Wendorff, Rudolf: Tag, S. 33ff.
55　Vgl. Koselleck, Reinhart: Vergangene Zukunft, S. 315.
56　Vgl. Becker, Uwe; Fischbeck, Hans-Jürgen; Rinderspacher, Jürgen P. (Hrsg.): Zukunft. Über Konzepte und Methoden zeitlicher Fernorientierung, Bochum 1997; Rapp, Friedrich: Fortschritt.
57　Vgl. Rinderspacher, Jürgen P.: Gesellschaft, S. 58; Ähnlich schreibt Günter Scharf: „Mit der Herausbildung des Handelskapitalismus begann ein qualitativer Wandel der Zeit, dem die Tendenz des Kapitals zu ihrer Ökonomisierung zugrunde lag. Dieser Rationalisierungsprozess erschien in der Zirkulationssphäre als Zwang zur Beschleunigung der Bewegungen, des Umschlags von Waren und Kapital sowie der exakten Berechnung dieser Umschlagzeiten, in der Produktionssphäre in Form erster Arbeitszeitverlängerungen." Scharf, Günter: Zeit und Kapitalismus, S. 146.

Zeiteinsparungsmechanismen führte, dem schonungslos alle Ressourcen an Natur und menschlicher Arbeitskraft dienstbar gemacht wurden.[58] Populär wurde diese Tendenz zur ökonomischen Rationalisierung der Zeit durch das viel zitierte Wort von Benjamin Franklin „Zeit ist Geld".[59] Mit diesem Satz hat Franklin ein Verständnis von Zeit popularisiert, das Zeit prinzipiell als ein knappes Gut begreift, dem ein möglichst hoher ökonomischer Nutzen zuzuführen ist. Entsprechend entwickelte sich aus dieser Art des Zeitverständnisses auch die Anwendung des in der Ökonomie geläufigen Opportunitätskostenprinzips, nach dem für das ökonomische Kalkül auch die Kosten und Erträge zu bilanzieren sind, die aus einer alternativen Zeitverwendung resultieren.[60] Gemäß solcher Opportunitätskostenkalkulationen hat beispielsweise BMW errechnet, dass durch staubedingte Zeiten ein jährlicher volkswirtschaftlicher Schaden von 10 Milliarden Euro (Multiplikation von Staustunden mit der Anzahl der betroffenen Personen und die Monetarisierung dieser Stundenzahl mit den nicht erwirtschafteten Durchschnittsumsätzen) entsteht.[61] Da aber Zeit grundsätzlich als knappe Ressource definiert wird, ist eine optimale Bewirtschaftung – deren Potenzial durch die Opportunitätskostenrechnung vor Augen geführt wird – anzustreben. Dem Knappheitsprinzip liegt eigentlich eine negative Konnotation des Gutes zu Grunde, das knapp ist. Knappheit bedeutet latenter Mangel, und Mangel ist in der Regel negativ. Rinderspacher hat darauf hingewiesen, dass die negative Konnotation von Zeit schon theologisch durch Augustinus präfiguriert war. Die Ewigkeit sei schon von Augustinus als der Ort gefasst worden, an dem auch die Zeit aufhöre zu existieren. Folglich müsse das Ziel des Christen sein, das Zeitliche und Vergängliche hinter sich zu lassen und jenem Ziel der Ewigkeit zuzustreben.[62] Interessanterweise gilt sein Hinweis darüber hinaus der Tatsache, dass es die moderne Ökonomie verstanden hat, diese negative Konnotation von Zeit positiv zu wenden:

„In der modernen Ökonomik wie in der Moderne überhaupt, seit dem Fortschrittsdenken der Aufklärung, (…) wird nun diese Angst vor der Vergänglichkeit positiv gewendet. Sie wird vom Kopf auf die Füße gestellt, indem die Vorzeichen ausgetauscht werden: während Augustinus das Heil in der Flucht aus der Zeit hinein in die zeitlose Ewigkeit Gottes sucht, identifiziert sich die moderne Ökonomik gewissermaßen positiv mit der Negativität der Zeit. Sie betrachtet den Kampf gegen die

---

58 Vgl. Rinderspacher, Jürgen P.: Gesellschaft, S. 60ff.
59 Vgl. Held, Martin: Zeitwohlstand und Zeitallokation. Eine Einführung in die ökonomische Diskussion, in: Rinderspacher, Jürgen P. (Hrsg.): Zeitwohlstand. Ein Konzept für einen anderen Wohlstand der Nation, Berlin 2002, S. 15–36, S. 17f.
60 Vgl. a.a.O., S. 18.
61 Vgl. Rinderspacher, Jürgen P.: Zeitwohlstand – Entstehungszusammenhänge eines erweiterten Verständnisses vom Ziel des Wirtschaftens, in: Rinderspacher, Jürgen P. (Hrsg.): Zeitwohlstand. Ein Konzept für einen anderen Wohlstand der Nation, Berlin 2002, S. 59–93, S. 81 (I.F.: Entstehungszusammenhänge).
62 Vgl. a.a.O., S. 64f.

Zeit einfach nicht mehr als äußere Bedrohung, der man mit Buße und Reue defensiv beizukommen hätte, um schließlich der Zeitlosigkeit zuzustreben. Sie internalisiert stattdessen die Negativität der Zeit, indem sie sie nutzbar machen will, sie gewissermaßen vor ihren Karren spannt. Die moderne Ökonomik betrachtet die Zeit nun als beherrschbares Ding, mit dessen Hilfe man die innerweltliche Befreiung des Menschen im Sinne der vorausgegangenen Freiheits- und Wohlstandsutopien verwirklichen kann – Zeit als Herausforderung, als Chance zum besseren Leben."[63]

Das heißt aber, dass die Auseinandersetzung mit der eigenen Vergänglichkeit – und der von Rinderspacher in diesem Zusammenhang nicht erwähnten Herauslösung aus lange Zeit selbstverständlichen, theologisch-eschatologischen Sinnzusammenhängen – zu einem Habitus des aktiven Zugriffs auf Zeit, zur Strategie ihrer ökonomischen Bewirtschaftung, Beherrschung und Beschleunigung geführt hat, ein Mechanismus, den keiner so intensiv und tiefsinnig analysiert hat wie der Philosoph Hans Blumenberg.[64]

Die von Franklin eingeführte monetaristische Definition von Zeit reflektiert weder, dass die Äquivalenz von Zeit und Geld für historisch frühe Kulturen nicht gilt, noch entspricht sie dem hier vertretenen zeittheoretischen Konzept, Zeit als soziale Konstruktion und Orientierungsgröße zu begreifen. Danach müsste man jenen Satz lediglich als Ausdruck eines gerade dominanten Deutungsmusters von Zeit begreifen, das aber keine Aussagekraft über das Wesen der Zeit schlechthin hat. Die geradezu ontologische Zeitdefinition als knappes Gut, wie sie in der Ökonomie vorherrschend ist, hebt also ein durchaus legitimes Zeitverständnis in den Status einer absolut gültigen Aussage über das Wesen der Zeit, dem geradezu zwangsläufig nun auch eine Strategie ihrer Bewirtschaftung zu folgen hat.

Diese Sachzwangslogik ist für den St. Gallener Wirtschaftsethiker Peter Ulrich geradezu bezeichnend für eine Form des Ökonomismus, der den eigenen Denk- und Handlungsstrukturen einen quasi naturgesetzlichen Status zuschreibt. Jede Abweichung von diesen Denk- und Handlungsmustern durch Infragestellung ihrer theoretischen Grundlagen wird unter Legitimationsdruck gestellt.[65]

Bezogen auf die konfliktträchtige Auseinandersetzung über die gesellschaftliche Organisation der Zeit verifiziert sich die These von Ulrich in zweifacher Hinsicht: Zum einen stehen diejenigen zeitpolitischen Akteure unter Legitimationsdruck, die zeitliche Areale für Produktionszwecke nicht zur Verfügung stellen wollen. Wenn jede „Unterbrechung der Produktion etwas kostet (...) muss der Sinn einer organisierten

---

63 A.a.O., S. 65.
64 Vgl. Blumenberg, Hans: Lebenszeit; die Grundthesen von Blumenberg sind von Marianne Gronemeyer popularisiert worden. Vgl. Gronemeyer, Marianne: Das Leben als letzte Gelegenheit. Sicherheitsbedürfnisse und Zeitknappheit, Darmstadt 1993.
65 Ulrich, Peter: Integrative Wirtschaftsethik, Grundlagen einer lebensdienlichen Ökonomie, Bern, Stuttgart, Wien 1997, S. 127ff.

Nicht-Produktionszeit erklärt und die bewusste Inkaufnahme des Verlustes von Produktionskapazität einer Deutung zugeführt werden."[66] Hinter dieser Auseinandersetzung steht also die Frage nach plausiblen Begründungs- und Deutungsmustern von Zeit, die sich entweder gänzlich gegen ein monetaristisches Zeitverständnis wenden oder zumindest fordern, dass diesem Zeitverständnis nicht die komplette Organisation der gesellschaftlichen Zeit untergeordnet wird. Exemplarisch dafür steht der variantenreiche Konflikt um den arbeitsfreien Sonntag, wie er schon sehr früh im Nachkriegsdeutschland von den Kirchen eingegangen wurde. Zum Zweiten bestätigt sich die konsequente Dynamik, mit der ein monetaristisches Zeitverständnis in Form einer intensiven und extensiven Zeitbewirtschaftung Raum gewinnt, an den forciert vorangetriebenen Tendenzen zur Flexibilisierung, Kontinuisierung und Informalisierung der Arbeitszeit, die im Folgenden dargestellt werden sollen.

1.6 Ökonomische Strukturierungsmomente gesellschaftlicher Zeit

1.6.1 Flexibilisierung

In seinem Buch „Der flexible Mensch" erschließt der amerikanische Kulturkritiker und Publizist Richard Sennett die Bedeutung, unter der das Wort „Flexibilität" im 15. Jahrhundert im englischen Wortschatz Einzug gehalten hat. Danach wurde es „aus der einfachen Bedeutung abgeleitet, dass ein Baum sich zwar im Winde biegen kann, dann aber zu seiner ursprünglichen Gestalt zurückkehrt". „Flexibilität", so Sennett, „bezeichnet zugleich die Fähigkeit des Baumes zum Nachgeben, wie die, sich zu erholen, sowohl die Prüfung als auch die Wiederherstellung seiner Form."[67] Führt man sich diese botanische Beheimatung des Begriffs vor Augen, so mag man seine Bedeutung für völlig neutral oder gar – mit Blick auf die bezeichnete Schutzfunktion – für positiv halten, beschreibt der Begriff doch einen elementaren Bestandteil der Lebensdienlichkeit: Geht die flexible Bewegungsfähigkeit mit zunehmendem Alter und morscher Stammsubstanz verloren, ist das Ende des Gehölzes eingeleitet.

Auch wenn sicher keine traditionsgeschichtliche Linie dieser biologischen Verortung des Begriffs bis zu seiner gegenwärtigen Rezeption zu erschließen ist, so ist doch seine grundsätzlich positive Konnotation auffällig. Die Fähigkeit zu flexibler Verhaltensweise wird quasi zur anthropologischen Tugend erhoben. Flexibel zu sein, klingt geradezu wie die

---

66 Rinderspacher, Jürgen P.: Entstehungszusammenhänge, S. 81.
67 Sennett, Richard: Der flexible Mensch. Die Kultur des neuen Kapitalismus, Berlin 1999, S. 57.

selbstverständliche Einlösung anthropologischer Bestimmung.[68] Die gestalterische Sogkraft, wie sie dieser Begriff innerhalb der letzten zwanzig Jahre entfaltet hat, hätte dieses kaum in Frage gestellte kulturelle Leitwort vermutlich nicht ohne jenen voraus laufenden Bonus entfalten können. „Ähnlich wie Globalisierung hat der Begriff der Flexibilisierung in kurzer Zeit einen rasanten Aufstieg in der Skala soziologischer Schlüsselbegriffe hinter sich gebracht, wobei er im Gegensatz zu diesem ganz überwiegend positiv besetzt ist."[69] Oskar Negt führt die Durchsetzung dieser sozialpsychologischen Wirkung darauf zurück, dass Flexibilisierung von unternehmerischer Seite erfolgreich als Kriseninterventionsbegriff gehandelt wurde. Nach dieser Logik ist nicht

„das Kapitalverhältnis, das ja seine Vitalität und historische Überlebenskraft bereits unter Beweis gestellt hat, (…) Krisenverursacher; die eigentlichen Krisenherde liegen in der nationalstaatlichen Verkrustung und der chronischen Inflexibilität des Menschen (…) Wer also eine Krisenlösung auf dem Niveau der Zweiten Moderne will, einer bewussten Weltläufigkeit unserer Gesellschaft, die dem Konservativismus und dem trägen Beharren des Alten widerspricht, der muss sich auf dem Feld einer seelischen, bewußtseinsmäßigen, ja genetischen Bearbeitung des Menschen begeben. Nur wenn die Menschen anpassungsfähig, bescheiden, marktbewusst werden, sind Krisenlösungen zu erwarten, die der revolutionären Kraft des modernen Kapitalismus angemessen werden."[70]

Mit anderen Worten: Das Defizit einer in die Krise geratenen Arbeitsgesellschaft, wie es sich an den steigenden Arbeitslosenzahlen auf hohem Niveau festmachte, wurde anthropologisiert und als ein Mangel an Flexibilität ausgelegt.

Was aber ist nun eigentlich gemeint, wenn von Flexibilität die Rede ist. Sicherlich wird jenes Phänomen verkannt, wenn damit die geforderte Reaktion auf jedwede Abweichung vom vermeintlichen Standard einer 5x8-Stunden-Woche beschrieben werden soll. Denn gelegentliche Überstunden, Schichtarbeit in bestimmten Branchen, Samstags- und in gewissem Umfang auch Sonntagsarbeit, Teilzeit sowie Kurzarbeit sind als historisch etablierte Arbeitzeitmuster nachweisbar, die auch schon in den 60er und 70er Jahren selbstverständlich waren.[71]

Sinnvoller ist hingegen unter Flexibilisierung die Erosion jedweden Arbeitszeitstandards zu begreifen, die sich nicht nur auf die differenzierte

---

68 Vgl. Becker, Uwe: Flexible Arbeitszeiten – veränderte Zeitrhythmen – Arbeitsumverteilung. Perspektiven für eine neue arbeitszeitpolitische Initiative, in: Becker, Uwe; Segbers, Franz; Wiedemeyer, Michael (Hrsg.): Logik der Ökonomie – Krise der Arbeit. Impulse für eine solidarische Gestaltung der Arbeitswelt, Mainz 2001, S. 119–145, S. 119f.
69 Negt, Oskar: Arbeit und Menschenwürde, Göttingen 2001, S. 171 (I.F.: Arbeit).
70 A.a.O., S. 172f.
71 Vgl. Kurz-Scherf, Ingrid: Normalarbeitszeit und Zeitsouveränität. Auf der Suche nach den Leitbildern für eine neue Arbeitszeitpolitik, in: Seifert, Hartmut (Hrsg.): Jenseits der Normalarbeitszeit. Perspektiven für eine neue bedürfnisgerechtere Arbeitszeitgestaltung, Köln 1993, S. 9–79.

Lage der Arbeitszeit und die Ausdehnung auf das Wochenende bezieht. Bedroht ist auch die Stetigkeit und Verlässlichkeit von Arbeitszeiten, was mit erheblichen Folgen für die Koordinierung sozialer Zeiten belastet ist.[72] Die wöchentliche oder gar tägliche Variabilisierung der Arbeitszeit ist das konsequente Ergebnis einer Betriebsorganisation, bei der die Zeitverfügung über die Beschäftigten vollends in die Logik von Kapital und Markt eingebunden ist.[73] Die flexible Strukturierung der Arbeitszeit fungiert quasi als der nachgeordnete Effekt einer vom Fordismus emanzipierten Produktionsform, zu der „elastische Organisationsformen der Betriebe, Aufsuchen von Marktnischen, Ausgliederung von Produktionsteilen in Kleinfirmen" ebenso gehören wie „das schnelle Reagieren auf Nachfragen des Marktes, wenn es um die Erweiterung der Produktpalette geht".[74] Wenn man so will, liegt mit der Flexibilisierung der Arbeitszeiten also eine zeitorganisatorische Anpassungsleistung an den Strukturwandel von Produktion und Dienstleistung vor. Insofern setzt auch hier die ökonomische Rationalität Zeit strukturierende Maßstäbe.

Wenn aber die Flexibilisierung mit diesen für die Beschäftigten eher negativ zu verbuchenden Effekten behaftet ist, stellt sich doch die Frage, wie denn eine solche Entwicklung hat eintreten können. Hierauf gibt es eine historische und psychologische Antwort.

Historisch betrachtet, kann man paradoxerweise sagen, dass die Geschichte der Gewerkschaftsbewegung seit Ende des 19. Jahrhunderts bis in die 90er Jahre des 20. Jahrhunderts zentral geprägt war von der erfolgreichen Bemühung, die oben beschriebene Tendenz zur völligen Ökonomisierung der Zeit hinsichtlich des Zugriffs der Arbeit auf die Lebenszeit der Beschäftigten deutlich zu begrenzen. Bis Mitte der 80er Jahre des 20. Jahrhunderts konnte insbesondere die Entwicklung der industriellen Beziehung im Nachkriegsdeutschland als Erfolgsgeschichte einer sukzessiven Verstetigung und Standardisierung der Arbeitszeit verbucht werden.

Von der 48-Stunden-Woche, über die 40-Stunden-Woche schien der 1984 eingeläutete Einstieg in die 35-Stunden-Woche die Dominanz der „Freizeitkultur" endgültig zu bestätigen. Eine fortan tägliche Arbeitszeit von sieben Stunden verhieß ein hohes Maß an individuellem Zeitwohlstand. Schon die erfochtene 40-Stunden-Woche der 60er Jahre brachte den Gewerkschaften als maßgebliche Initiatoren eines Wohlstandsmodells, das sich in Freizeit- und Konsumgestaltung der nunmehr entstandenen Institution des arbeitsfreien Wochenendes konkretisierte, einen enormen Renommeegewinn. Der Einstieg in die 35-

---

72 Vgl. Herrmann, Christa; Promberger, Markus; Singer, Susanne; Trinczek, Rainer: Forcierte Arbeitszeitflexibilisierung. Die 35-Stunden-Woche in der betrieblichen und gewerkschaftlichen Praxis, Berlin 1999 (I.F.: Arbeitszeitflexibilisierung).
73 Vgl. Negt, Oskar: Arbeit, S. 171.
74 A.a.O., S. 179.

Stunden-Woche wirkte wie die konsequente Fortsetzung einer auf Verkürzung der Arbeitszeit und Freizeitgewinn zielenden Politik. Nebenbei angemerkt sei, dass auch jene zeitpolitischen Errungenschaften stets angefragt waren, sich auch ökonomisch zu legitimieren. Das galt nicht nur, wie erwähnt, für die Durchsetzung des freien Wochenendes mit dem Kalkül eines prosperierenden Freizeitkonsums. Auch die innergewerkschaftliche Mobilisierungsstrategie in Richtung 35-Stunden-Woche gewann ihre Plausibilität neben den beiden Aspekten „Leben und Gesellschaft gestalten" und „Arbeit humanisieren" besonders durch die beschäftigungspolitische Komponente: „Arbeit und Beschäftigung sichern".[75] In Zeiten wachsender Arbeitslosigkeit mit damals mehr als zwei Millionen Erwerbslosen hatte das Argument der Verteilung der Arbeit auf mehr Menschen nicht nur solidarisierende Effekte, sondern war auch volkswirtschaftlich eine – wenn auch umstrittene – Bedienung einer ökonomischen Logik, durch eine Veränderung der Arbeitszeitordnung Beschäftigung und damit vermehrte Kaufkraft und eine Entlastung der sozialen Sicherungssysteme zu bewirken. Insofern hat sich die gewerkschaftliche Arbeitszeitpolitik auch durch den zu erwartenden ökonomischen Effekt legitimieren müssen, wenngleich dabei die Gewinnung individuellen Zeitwohlstands durch Arbeitszeitverkürzung über Jahrzehnte insgesamt eine win-win-Situation zu ermöglichen schien.

Allerdings war mit dem 1984 im Schlichtungsverfahren maßgeblich von Georg Leber ausgehandelten so genannten Leber-Kompromiss eine Entwicklung der Arbeitszeit eröffnet, deren Folgen zum damaligen Zeitpunkt kaum in den Blick kamen. Entscheidend dafür war, dass die Arbeitgeberseite als Gegenleistung für den Einstieg in die – erst zehn Jahre später vollzogene 35-Stunden-Woche – von den Gewerkschaftsvertretern eine Entkopplung von Maschinenlauf- und Arbeitszeit, mithin eine Ausdehnung der wöchentlichen Betriebsnutzungszeit, die nunmehr „gleichmäßig oder ungleichmäßig auf fünf Werktage verteilt" werden konnte, erwirkte.[76] Die konkrete Umsetzung wurde zum Gegenstand von Vereinbarungen zwischen Unternehmensleitung und Betriebsräten, wobei die zur Disposition stehende Arbeitszeit nach Maßgabe der betrieblichen Erfordernisse auch über den Zeitraum von Montag bis Freitag hinausgehen konnte. Dies bedeutete zum einen, dass sich die Arbeitszeitregelung, statt überbetrieblich standardisiert zu sein, im Rahmen der betrieblichen Gestaltungshoheit sehr stark ausdifferenzierte. Zweitens hatte die nun mögliche Ausdehnung der Betriebsnut-

---

75 Jansen, Hans; Lang, Klaus: Überwintern oder Überleben? Gewerkschaftspolitische Schlussfolgerungen aus dem Arbeitskampf um Arbeitszeitverkürzung, in: Ferlemann, Erwin; Jansen, Hans u.a. (Hrsg.): Existenz sichern, Arbeit ändern, Leben gestalten. Gewerkschaften im Kampf um Arbeitszeitverkürzung, Hamburg 1985, S. 7–37 (I.F.: Überwintern).
76 Vgl. Herrmann, Christa; Promberger, Markus; Singer, Susanne; Trinczek, Rainer: Arbeitszeitflexibilisierung, S. 9.

zungszeit auch auf den Samstag bei gleichzeitiger Reduzierung der individuellen Arbeitszeit eine systematische Entkopplung beider Zeiten zur Folge, die sich auch auf die Institution des bis dato weitgehend arbeitsfreien Wochenendes auswirkte. Die – wenn auch nicht nur hierauf zurückzuführende – Folge ist eine seitdem deutliche Zunahme der regelmäßigen Samstagsarbeit.[77] Schließlich und entscheidend hat diese Entkopplungsstrategie im Laufe der Jahre zu einer Vielzahl von Modellen gängiger Betriebspraxis geführt, bei denen es bis heute gilt – je nach saisonalen oder konjunkturellen Schwankungen der Auftragslage – die Arbeitszeit der Beschäftigten flexibel in die betrieblich vorgehaltene Produktions- oder Dienstleistungszeit einzufügen.

Zumindest symbolisch ist jener Tarifvertrag der Startschuss für eine Veränderungsdynamik betrieblicher und gesamtgesellschaftlicher Zeitordnung gewesen, wie sie unter den Begriff der Flexibilisierung subsumiert wird. Zu unterstellen ist, dass sich faktisch jener Trend auch ohne diesen Tarifvertrag durchgesetzt hätte. Zwar wurde hier der Einstieg in eine neue Qualität der Flexibilisierung festgeschrieben, allerdings wuchs auch latent der betriebswirtschaftliche Druck, auf diese Strategie zu setzen. Mit anderen Worten: Der Wandel der tarifpolitischen Strategie der Arbeitgeber, sich nicht mehr nur mit einem Kompromiss über die Länge der Arbeitszeit und Lohnerhöhung aufzuhalten, sondern selber aktiv mit einer eigenen Tarifforderung in die Domäne der Gewerkschaften einzugreifen, war „kein historischer Zufall".[78]

Die zunehmende Kapitalintensität der mikroelektronischen Hochtechnologie, die Verbreitung von Just-in-time-Logistikkonzepten, die die Arbeitszeit unter einen flexiblen, kunden- und auftragsorientierten Gestaltungsdruck setzten und die massive Preiskonkurrenz, besonders durch die asiatischen Konzerne, verstärkten seit Mitte der 80er Jahre die Nachfrage nach Konzepten der Arbeitszeitgestaltung, die effizienter und den Marktschwankungen gegenüber disponibler auftraten.[79] Die anfängliche Zurückhaltung vieler Arbeitgeber gegenüber flexiblen Arbeitszeitmustern wich gerade aus diesen Gründen sehr schnell der Einsicht in ihre betriebsökonomische Notwendigkeit.

Hinzu tritt nun ein weiteres, eher psychologisches Phänomen: Die von der Arbeitgeberseite erfolgreich platzierte Verheißung, wonach flexible Arbeitszeitmuster unmittelbar an den Zeitgestaltungswünschen der Beschäftigten anknüpfen. Mehr individuelle Zeitsouveränität als Mitnahmeeffekt einer sich ändernden betrieblichen Arbeitszeitstruktur, Gleitzeit mit individuell bedarfsorientierten Anfangszeiten alltäglicher

77 Bauer, Frank; Groß, Hermann; Munz, Eva; Sayin, Suna: Arbeits- und Betriebszeiten 2001. Neue Formen des betrieblichen Arbeits- und Betriebszeitmanagements. Ergebnisse einer repräsentativen Betriebsbefragung, Köln 2002, S. 127ff. (I.F.: Arbeits- und Betriebszeiten 2001).
78 Herrmann, Christa; Promberger, Markus; Singer, Susanne; Trinczek, Rainer: Arbeitszeitflexibilisierung, S. 32.
79 Vgl. a.a.O., S. 33ff.

Arbeit, Samstags- oder auch Sonntagsarbeit für Menschen, die diesen freien Tagen eher mit gelangweilter Verlegenheit entgegensehen – dieses vermeintliche Angebot von individuell und biografiebezogen passgenauen Arbeitszeiten warteten mit einer Attraktivität auf, gegen die die Dammbruchargumente von Gewerkschaften mit der Warnung vor einer drohenden Rund-um-die-Uhr-Ökonomie eher wie der reaktive Rückzug auf einen antiquierten Kulturpessimismus wirkten. Treffend formuliert Oskar Negt:

„In der sich formierenden Kampffront entstand der Eindruck, als würden die Unternehmer Vorschläge vom Standpunkt des Konkret-Individuellen machen, die Arbeitszeitverhältnisse also auf die qualitativen Zeitbedürfnisse der Menschen zuschneiden, während die Gewerkschaften mit ihrer Forderung nach einer generellen Arbeitszeit von 35 Stunden eher eine Politik des Abstrakt-Kollektiven betrieben, die sich weder auf die jeweiligen Produktionserfordernisse und die entsprechende Marktsituation der Betriebe noch auf die Wunschvorstellungen der einzelnen einlässt. Das Konkrete und das Abstrakte, das Individuelle und das Kollektive standen sich in dieser Kampffront, auseinandergerissen und von den einzelnen Parteien monopolisiert, unvermittelt gegenüber. In diesem Spiel der Kräfte hatten die Unternehmer bis zum heutigen Tag Realitätsvorteile, es entstanden ganz neuartige Fronten, auf die die Gewerkschaften nicht vorbereitet waren. Nie zuvor in der Geschichte der Bundesrepublik fühlten sich die Unternehmer den arbeitenden Menschen näher, und sie waren stolz darauf, dass sich in dieser Art Arbeitskampf alles zu ihren Gunsten zu wenden schien, bevor es überhaupt richtig begonnen hatte: ‚Der arbeitende Mensch denkt mehrheitlich nicht wie der Gewerkschaftsfunktionär‘."[80]

Bei der Beurteilung faktischer Flexibilisierungsmodelle gilt es daher genau zu analysieren, inwieweit hier Möglichkeiten einer an den Bedürfnissen der Beschäftigten orientierten Zeitgestaltung eingelöst werden. Das theoretisch denkbare Potenzial, flexible Arbeitszeiten individuell nutzbar zu machen für die Vereinbarkeit von Arbeit und den Ansprüchen an die Organisation der sonstigen sozialen Zeit im Bereich familialer Bindungen, der Freizeitgestaltung, dem Vereinsleben oder dem bürgerschaftlichen Engagement ist sicher zu konstatieren. Faktisch aber ist gegenwärtig eher das Gegenteil zu vermelden. Die Dynamik der Flexibilisierung erfasst soziale Zusammenhänge des gesamten gesellschaftlichen Lebens.

Das heißt, die Aushandlung betrieblicher „Fleximodelle" hat eine Regelungstiefe, die auch weite Bereiche der Organisation gesellschaftlicher Zeit betrifft. Entrhythmisierung und Erosion von Stetigkeit und Planbarkeit der Arbeitszeit ziehen auch soziale Zeiten der Familie, der Feierabendkultur, des Vereinswesens und der politischen, bürgerschaftlichen Arbeit in Mitleidenschaft.

Es legt sich der Verdacht nahe, dass die betriebswirtschaftlich inhärente Logik der Flexibilisierung im grundsätzlichen Widerspruch zur zeitsouveränen Verfügungspraxis steht. Ein Widerspruch als Regelfall, von

---

80 Negt, Oskar: Arbeit, S. 177.

dem wir lediglich abweichende Einzelfälle gelingender Harmonisierung zu verzeichnen haben. Zu fragen ist, inwieweit hier miteinander im Konflikt stehende Zeitverwendungsmuster harmonisiert werden, ohne dass der Konflikt wirklich öffentlich ausgetragen und einer Lösung zugeführt wird. Im Folgenden soll diese Ambivalenz der Flexibilisierung hinsichtlich der potenziellen Spielräume für die individuelle Zeitsouveränität und ihrer faktischen Organisation am Beispiel der Zeitkonten verdeutlicht werden.

Exkurs: Zeitkonten – Die knappe Zeit sparen

Zeitkonten bezeichnen ein sich seit Mitte der 90er Jahre schnell verbreitendes Organisationssystem von Arbeitszeit, bei dem die tarifliche Regelarbeitszeit lediglich ein normatives Durchschnittsvolumen angibt. Die tatsächliche Arbeitszeit kann davon phasenweise nach oben oder unten abweichen, muss aber idealtypischerweise innerhalb bestimmter, klar geregelter Zeiträume ausgeglichen werden.[81] Obergrenzen von Zeitguthaben oder -schulden beziffern die Plus- und Minusstunden, die maximal angesammelt werden dürfen.[82] Auffällig ist, dass

81 Vgl. Seifert, Hartmut: Modellwechsel durch Arbeitszeitkonten, in: Klenner, Christina; Seifert, Hartmut (Hrsg.): Zeitkonten – Arbeit à la carte? Neue Modelle der Arbeitszeitgestaltung (I.F.: Zeitkonten), Hamburg 1998, S. 9–26 (I.F.: Modellwechsel).
82 Wir folgen hier der Differenzierung, wie sie Hartmut Seifert vorgenommen hat. Danach ist das älteste, schon seit Ende der 60er Jahre praktizierte Modell das System der Gleitzeit. Hier können Beginn und Ende der Arbeitszeit eine in der Regel von den Beschäftigten selbst verantwortete, variable Schwankung erfahren, die sich um eine fest fixierte Mindestarbeitszeit (Kernarbeitszeit) legt. Der mögliche Grad der Variabilität hängt ab von der zeitlichen Erstreckung der Kernarbeitszeit, der Spanne der Rahmenzeiten und den vereinbarten Ausgleichszeiträumen für die Differenz zwischen täglicher oder wöchentlicher Ist- und Sollarbeitszeit. Wegen ihrer relativ hohen Gestaltungsfreiheit durch die Beschäftigten und der dadurch eröffneten Möglichkeit, die Erwerbsarbeit mit dem außerberuflichen Zeitbedarf abzustimmen, wird Gleitzeitarbeit von 87 Prozent der Beschäftigten eindeutig positiv bewertet. Die Überstundenkonten haben, wie schon das Wort vermuten lässt, die Intention, Überstunden nicht finanziell zu vergüten, sondern sie auf einem Zeitkonto gut zu schreiben und per Freizeitausgleich abzubauen. Sie zielen betriebswirtschaftlich auf die Einsparung von Mehrarbeitszuschlägen und erhöhen den Gestaltungsspielraum der Unternehmen, auf konjunkturelle und saisonale Schwankungen der Auftragslage mit flexibler Arbeitszeitgestaltung zu reagieren. Eher statischen Charakter haben die so genannten Ansparmodelle, deren Prinzip darin besteht, die Arbeitszeit nicht um das tariflich geregelte Maß zu verkürzen, sondern – auf der Basis des ursprünglichen Niveaus – die Differenz zwischen effektiver und tariflicher Arbeitszeit auf einem Zeitkonto zu verbuchen. Die Entnahme dieses Zeitguthabens ist dabei entweder in Form einzelner freier Tage, mehrerer Wochen oder mehrmonatiger Blöcke am Ende der Erwerbstätigkeit vorgesehen. Schließlich liegt in der noch relativ seltenen Ausprägung von Langzeitkonten die konsequente Umsetzung

die Entwicklung von Arbeitszeitkonten fast ausschließlich durch die Initiative der Unternehmensleitung forciert vorangetrieben wurde und sich innerhalb weniger Jahre enorm verbreitet hat.[83] Laut einer Untersuchung des Instituts zur Erforschung sozialer Chancen (ISO) verfügten Ende der 90er Jahre 37 Prozent der Beschäftigten über ein Arbeitszeitkonto, wobei an erster Stelle mit 46 Prozent die Überstundenkonten rangierten.[84]

Auf den ersten Blick könnte man bestreiten, dass die Idee der Zeitkonten historisch betrachtet etwas Neues bringt. Die Arbeitsverhältnisse der agrarischen Kultur des Mittelalters sind geprägt von einer Flexibilität der täglichen Arbeitsdauer, wie sie durch den natürlichen Rhythmus des Lichttages bedingt ist. Geleisteten „Überstunden" im Sommer mit einer täglichen Arbeitsdauer von bis zu 17 Stunden, stehen kurze Arbeitstage im Winter gegenüber, die quasi zur Entlastung des „Zeitkontos" mit einer durchschnittlichen täglichen Arbeitsdauer von zehn bis elf Stunden führen. Insofern kann zu Recht mit Blick auf die Zeitkonten von einer „Renaturalisierung" der Arbeitszeitentwicklung gesprochen werden. Allerdings wird die Variabilität der Arbeitszeit durch die zweite „Natur des Menschen", nämlich die des Marktes, eingefordert, dessen Unstetigkeit nicht mit den einigermaßen kalkulierbaren Rhythmen der Natur vergleichbar ist.[85]

Damit ist ein entscheidender betriebsökonomischer Aspekt benannt, der die weitere Entwicklung von Arbeitszeitkonten zur favorisierten Unternehmensstrategie erhebt. Gemeint ist das Kosteneinsparungspotenzial, das durch den flexiblen, an saisonale und konjunkturelle Schwankungen der Auftragslage gebundenen Einsatz der Arbeitskräfte entsteht. Denn

---

der Zeitkonten auf ein bis mehrere Jahre oder gar auf die gesamte Lebensarbeitszeit. Ein derartiges Modell stellt die bei der Volkswagen AG praktizierte Einrichtung von Zeitkonten dar, die in Zeitwertpapiere umgewandelt, verzinst und wie finanzielle Vermögen gehandhabt werden. Vgl. Seifert, Hartmut: Modellwechsel, S. 9ff. Zu den Daten vgl. Munz, Eva; Bauer, Frank; Groß, Hermann: Regelung und Praxis von Arbeitszeitkonten, in: WSI-Mitteilungen 6/2002, S. 334–340, S. 335 (I.F.: Regelung).

83 Vgl. Klenner, Christina: Diktat der Ökonomie oder mehr Selbstbestimmung? Eine Analyse neuer betrieblicher Regelungen und Ansatzpunkte für eine sozialverträgliche Gestaltung von Zeitkontenmodellen, in: Klenner, Christina; Seifert, Hartmut (Hrsg.): Zeitkonten, S. 111–139 (I.F.: Diktat). „Die Chancen für mehr Zeitsouveränität, die mit flexiblen Arbeitszeiten unter anderen Rahmenbedingungen erreichbar sein könnten, waren in keinem Betrieb der Ausgangspunkt für flexible Arbeitszeit." A.a.O., S. 128.

84 Vgl. Bundesmann-Jansen, Jörg; Groß, Hermann; Munz, Eva: Arbeitszeit '99. Ergebnisse einer repräsentativen Beschäftigtenbefragung zu traditionellen und neuen Arbeitszeitformen in der Bundesrepublik Deutschland, Köln 2000, S. 123 (I.F.: Arbeitszeit '99).

85 Vgl. Rinderspacher, Jürgen P.: Das Zeitkonto als Zeitproblem. Überlegungen zur Haltbarkeit von Langzeitkonten, in: Klenner, Christina; Seifert, Hartmut: Zeitkonten, S. 27–52, S. 51.

unnötige Überkapazitäten der zur Verfügung stehenden Arbeitskräfte werden dadurch weitgehend vermieden, Mehrarbeitszuschläge radikal reduziert, teure Lagerhaltung durch kurzzyklische Reaktion von Produktion und Logistik abgebaut und insgesamt eine optimale Ausnutzung kapitalintensiver Technologie gewährleistet.

Möglicherweise genährt durch die erwähnte, positive Erfahrung mit der zeitsouveränen Gestaltung von Gleitzeitmodellen durch die Beschäftigten, hat nun auch die Regelung von Überstundenkonten sowie Ansparmodellen die Erwartung geweckt, diese betriebsökonomischen Anreize für die Einrichtung von Zeitkonten mit einem Zuwachs an selbstbestimmter Zeitgestaltung zusammenführen zu können. Latent in Aussicht steht eine den eigenen Zeitpräferenzen gegenüber variable Verfügung über die „angesparte" Arbeitszeit, um sozialen Zeitanforderungen besser Genüge leisten zu können. Blockfreizeiten und so genannte „Sabbaticals", freie Tage zur Ausrichtung des Kindergeburtstags, für Bildungszwecke oder Kurzreisen, bessere Koordination der Zeitgestaltungsanforderungen bei der Berufstätigkeit beider Partner – all dies sind Erwartungen der Beschäftigten, die Einrichtung von Zeitkonten für ihre Zwecke nutzbar zu machen. Hinzu kommt, dass gelegentlich Hoffnungen genährt werden, der durch die Arbeitszeitkonten bedingte Rückgang von Überstunden könne eine beschäftigungseffektive Wirkung haben und über eine reine Beschäftigungssicherung hinaus zu Mehreinstellungen beitragen.[86]

Der potenzielle Konflikt zwischen der oben beschriebenen Logik der betrieblichen Ökonomie und den Wünschen der Beschäftigten, über Aufbau und Entnahme der Konten weitgehend frei verfügen zu können, liegt allerdings auf der Hand. Zumindest ist zu fragen, ob der offensichtliche Widerspruch zwischen der eigentlichen Funktion der Zeitkonten, variabel auf Marktschwankungen zu reagieren, und dem Anliegen der Beschäftigten, über Aufbau und Entnahme des Kontos selbstbestimmt zu verfügen, als Gestaltungsproblem betrieblicher Arbeitszeitstruktur offensiv und transparent angegangen wird.[87]

Der gegenwärtige Regulierungsstand bei der Zeitkontenpraxis erlaubt jedenfalls nicht das Fazit, Zeitkonten als Trittbrett vermehrter Zeitsouveränität zu propagieren. Nicht einmal die Festlegung von täglichen und wöchentlichen Höchst- und Mindestarbeitszeiten, noch die Vereinbarung über Ausgleichszeiträume oder über die maximale Anzahl von

---

86 Vgl. Fels, Gerhard; Heinze, Rolf G.; Pfarr, Heide; Streeck, Wolfgang: Arbeitszeitpolitik. Bericht der Benchmarking-Gruppe des Bündnisses für Arbeit, Ausbildung und Wettbewerbsfähigkeit, 2000.

87 Die Ambivalenz zwischen erhofftem Zuwachs an selbstbestimmter Zeitstrukturierung und realistischer Wahrnehmung der effektiven Gestaltungszwänge der Arbeitszeit mag sich auch in der relativ hohen Prozentzahl derer ausdrücken, die den Arbeitszeitkonten indifferent gegenüberstehen (45 Prozent), während 13 Prozent eindeutig die Nachteile sehen und 42 Prozent eher Vorteile diagnostizieren. Vgl. Bundesmann-Jansen, Jörg; Groß, Hermann; Munz, Eva: Arbeitszeit '99, S. 12.

Plus- und Minusstunden sind betriebsorganisatorischer Standard. Lediglich in 17 Prozent der Betriebe war bis Ende 2001 „sowohl ein Ausgleichszeitraum, innerhalb dessen sich das Arbeitszeitkonto vollständig saldieren muss, als auch eine Obergrenze für die Zeitguthaben vereinbart".[88] Die Hälfte der Betriebe weist weder Ausgleichszeiträume noch Obergrenzen für die Zeitguthaben auf. Und selbst da, wo jene Grenzen vorgegeben wird, ist signifikant, dass ihre Überschreitung in 91 Prozent dieser Betriebe einen geregelten Ausgleich von Zeitguthaben problematisch macht. In mehr als einem Viertel dieser Betriebe verfallen jene Stunden ersatzlos, wenn sie nicht rechtzeitig ausgeglichen werden können.[89]

Dieser Befund markiert deutlich, dass die gängige Praxis weit davon entfernt ist, eine zeitsouveräne Verfügung der Beschäftigten über ihre Zeitkonten zu eröffnen. Wenn schon der rein quantitative Ausgleich von Zeitguthaben oftmals auf betriebsorganisatorische Umsetzungsprobleme stößt und effektive, unbezahlte Mehrarbeit das Ergebnis ist, wie sehr gerät dann erst die Möglichkeit einer nach individuellen Präferenzen gestalteten Arbeitszeit und Zeitkontenentnahme außer Reichweite.

Ist damit angezeigt, dass schon die „pauschale These, dass Arbeitszeitkonten generell zu einem Abbau definitiver Überstunden führen", fraglich ist,[90] gilt dies umso mehr für die Behauptung, Zeitkonten hätten beschäftigungswirksame Effekte.[91] Der Rationalisierungscharakter der Zeitkonten, der auf die intensive flexible Disposition der Arbeitszeit einer möglichst knapp kalkulierten Personaldecke abzielt, erklärt, warum diesbezüglich den Zeitkonten kein oder allenfalls ein beschäftigungssichernder Einfluss zugebilligt wird.[92] Diese betriebliche Denkweise verlagert die Risiken der Produktionsunterbrechungen wie auch der Bewältigung akut steigender Auftragslage auf die Beschäftigten, statt Chancen auf eine vergrößerte Beschäftigtenquote zu eröffnen.[93]

Ein weiterer Gesichtspunkt, der nun das durch Zeitkonten transportierte Zeitverständnis betrifft, soll mit einem trefflichen Zitat von Kurt Tucholsky eingeführt werden, das er mit der ihm eigenen bissigen Zeitdiagnostik bereits 1914 unter der Überschrift „Der Zeitsparer" zu Papier brachte:

„Der deutsche Professor Gottlieb Friedrich Waltzemüller hatte den Zeitsparer erfunden. Der Apparat hob die Zeit auf. Er war nicht so kompliziert, und wenn Sie Ihrer-

---

88 Munz, Eva; Bauer, Frank; Groß, Hermann: Regelung, S. 336.
89 Vgl. a.a.O., S. 337f.
90 A.a.O., S. 339.
91 Vgl. Klenner, Christina: Diktat, S. 126f.
92 Vgl. Munz, Eva; Bauer, Frank; Groß, Hermann: Regelung, S. 340.
93 Vgl. Hielscher, Volker: Entgrenzung von Arbeit und Leben? Die Flexibilisierung von Arbeitszeiten und ihre Folgewirkungen für die Beschäftigten. Eine Literaturstudie, Berlin 2000, S. 35 (I.F.: Entgrenzung), erhältlich im Wissenschaftszentrum Berlin für Sozialforschung.

seits aufs Patentamt gehen, werden Sie sehen, dass ich Recht habe: denn da bekommen Sie die Erklärung zu dem Ding, das aussah – damals, heute sind sie ja anders – wie ein zugedecktes Bett aus Stahl. Man legt sich hinein, und was man da an Zeit ersparte – denn drinnen liefen ja die Uhren nicht, nicht die elektrischen und nicht die Sanduhren –, das konnte man beliebig irgendwo in seinem Leben wieder ankleben und einfügen – wo man es gerade brauchte. (...) Das gab ein Hallo! Mit dem Herumtrödeln auf der Erde war es auf einmal vorbei. Niemand hatte mehr Zeit zu verlieren (...) Sie sparten! Keiner tat noch etwas anderes, als im Eiltempo die wenige Nahrung zu sich zu nehmen und sich dann befriedigt in den Apparat zu packen. Da drinnen sparte er nun Zeit und legte sie auf die hohe Kante. Wer ging noch spazieren? Wer hatte noch Augen zu sehen, was auf der Welt vor sich ging? Sie lasen nicht, sie liebten nicht, sie freuten sich nicht mehr – sie sparten."[94]

Worüber Tucholsky sich damals als Zeitzeuge einer beginnenden Automobilisierung, Schnelllebigkeit und sich ausprägenden Zeitdisziplin mokierte, mag mit einer Frage auf den Begriff gebracht werden, die in ihrer Grundsätzlichkeit auch das hinter der gegenwärtigen Diskussion um Arbeitszeitkonten liegende Zeitverständnis aufwirft: Kann man Zeit sparen? Der dem Umgang mit Geld entlehnte Begriff Arbeitszeitkonto entwirft zumindest ein Zeitverständnis, das eine dem Geld vergleichbare Praktikabilität im Umgang mit Zeit suggeriert, als ließe sie sich für spätere Lebensmöglichkeiten aufsparen, kurz- oder langfristig angelegt verzinsen und nach Belieben abheben.

Ein Zeitverständnis, das mit Benjamin Franklins Satz „Zeit ist Geld" auf den Begriff gebracht wurde, setzt sich hier also als Grundlage für ein betriebliches Organisationsmuster von Zeit durch. Die Ambivalenz, Zeit einerseits als quantitative Addition von Tagen, Wochen, Monaten und Jahren zu abstrahieren, um sie andererseits für die spontanen Erfordernisse der sozialen „Eigenzeiten"[95] zur Verfügung zu haben, besteht jedoch nur scheinbar gleichwertig. Denn de facto majorisiert das mit der ökonomischen Rationalität der Zeitkonten entworfene numerische Zeitverständnis jeden Geltungsanspruch, die Lebensgestaltung auch an den Erfordernissen besonderer, qualitativer Zeiten zu orientieren.

Ein in der alltäglichen Lebensführung sich aufdrängendes Zeitverständnis davon, dass Zeiten nicht beliebig austauschbar sind, sondern jeweils hervorgehoben sind durch besondere Erlebnisse, biografische Höhen und Tiefen, Menschen, die nicht zu jeder Zeit da sind, Elternzeiten, Pflegezeiten für Angehörige und Zeitaufwendung für die Partnerschaft und soziale Beziehungen, tritt in Konkurrenz zu einer betrieblichen Zeitökonomie, die ihre zeitgestaltende Rationalität nahezu ausschließlich an betrieblichen Belangen ausrichtet. Damit diese Rationalität in ihrem Konkurrenzcharakter zu jenen sozialen Eigenzeiten nicht in aller

---

94 Tucholsky, Kurt: Der Zeitsparer. Grotesken, in: Gesammelte Werke 1, 1907–1918, Reinbek 1989, S. 146.
95 Der Begriff stammt von Helga Nowotny. Vgl. Nowotny, Helga: Eigenzeit. Entstehung und Strukturierung eines Zeitgefühls, Frankfurt/M. 1995.

Härte in Erscheinung tritt, entwirft die Suggestion der Unschädlichkeit angesparter Zeitguthaben letztlich die Fiktion, ein Leben in Raten führen zu können. Diese Konkurrenz der jeweiligen Zeitverwendungsansprüche ist letztlich auch eine des jeweils darin zur Geltung kommenden Zeitverständnisses.

Es sollte deutlich werden, dass die Entwicklung von Zeitkonten ein prägnantes Beispiel der beschriebenen ökonomischen Rationalisierung von Zeit darstellt, das zudem nicht nur die betriebsorganisatorische Zeitgestaltung, sondern auch die sozialen Bereiche zeitlicher Organisation wie auch das Zeitverständnis insgesamt betrifft. Der Konflikt zwischen dem Anspruch individueller Planbarkeit und Verfügung über die Arbeitszeit steht dabei im systematischen Widerspruch zur rationalen Logik betrieblicher Zeitorganisation.

In diesem Zusammenhang richtet sich eine letzte grundsätzliche Anfrage an die von Oskar Negt analysierte Strategie der Arbeitgeberverbände, Flexibilität unter dem Gesichtspunkt individuell zugeschnittener Arbeitszeitmuster Attraktivität zu verleihen. Diese Zielperspektive einer souveränen Gestaltungsvorgabe von Arbeitszeit liegt im Modernisierungstrend einer von Schranken und Regulierungen befreiten Individualisierung der Lebenswelt. Die Gewerkschaften haben sich in breiten Teilen der Einlösung dieses Leitbildes verschrieben, auch wenn sie – wie am Beispiel der Zeitkontenpraxis hinreichend deutlich geworden sein sollte – noch fernab von dessen Realisierung primär befasst sind mit Regelungsaspekten, die die transparente Erfassung der Zeitkonten, die Sicherung der Kontenentnahme, die Ankündigungsfristen von Mehrarbeit und die Abwicklung der Kontenstände bei Insolvenzverfahren betreffen. Die Anfragen, inwieweit das Leitbild selber überhaupt dazu angetan ist, ungebrochen übernommen zu werden, wird zwar hier und da aufgeworfen, steht aber in großer Distanz zu den alltäglichen Bemühungen der Betriebsräte, sich primär mit der Beschäftigungssicherung ihrer Kolleginnen und Kollegen zu befassen.[96] Gleichwohl ist die Frage zu stellen, in welchem Verhältnis eine nur an den individuellen Bedürfnissen orientierte Arbeitszeitlage in der Summe zu Effekten führt, die das gesamtgesellschaftliche Zeitgefüge nachhaltig tangieren und unter der Dominanz jenes Individualisierungsleitbildes nicht ausreichend in den Blick geraten.

Die Entstandardisierung von kollektiven Freizeiträumen, die Zunahme von Samstagsarbeit, der konjunkturell- oder saisonbedingte Anstieg der wöchentlichen Arbeitszeit, die Vorhaltung von modernen Dienstleistungen, wie den Call-Center-Angeboten am Sonntag – all dies mag auch individuellen Arbeitszeitpräferenzen von Beschäftigten zur Geltung verhelfen, aber gesamtgesellschaftlich sind damit zugleich neue Bedarfe

---

96 Vgl. Becker, Uwe: Arbeit ohne Grenzen, in: Neue Wege wagen. Dokumentation des IG Metall Zukunftskongresses vom 13.-15. Juni 2002 in Leipzig, S. 45–47, S. 46f. (I.F.: Arbeit ohne Grenzen).

der Synchronisierung und zeitlichen Ausdehnung flankierender Dienstleistungen aufgeworfen, wie die Vorhaltung von öffentlichen Betreuungs- und sonstiger Dienstleistungszeiten am Wochenende, die Ganztagsschule als Standard oder – wie in Schweden der Fall – Öffnungszeiten von Kindergärten sogar in der Nacht.

Damit ist zweierlei angezeigt: Erstens sind die Effekte der forciert vorangetriebenen Flexibilisierung nicht innerbetrieblich begrenzt, sondern betreffen auch zeitliche Strukturierungsfragen der alltäglichen Lebensführung wie auch der nachgeordneter Dienstleistungen. Zweitens steht die Flexibilisierungsdynamik in engem Zusammenhang mit der Tendenz zur Kontinuisierung, also zu einer vollkontinuierlichen Ausbreitung arbeitsbezogener Aktivitäten einer Rund-um-die-Uhr-Ökonomie.

1.6.2 Kontinuisierung

Die durch den Leber-Kompromiss in die Gestaltungskompetenz der Betriebsparteien gelegte Entscheidung, die Betriebesnutzungszeit über die Werktage von Montag bis Freitag hinaus zu legen, folgte einer Tendenz, dem „inneren Zwang zur Kontinuisierung der betrieblichen Arbeitszeit" nachzugeben, der sich primär aus dem internationalen Wettbewerbsdruck ergab, die kapitalintensive Technologie der Produktionsanlagen einem optimalen betriebswirtschaftlichen Nutzen zuzuführen.[97] Mit der 1994 erfolgten Novellierung des Arbeitszeitgesetzes wurde dieser Trend auch auf den Sonntag ausgedehnt. Nach § 13,5 kann seitdem Sonn- und Feiertagsarbeit bei weitgehender Auslastung der zulässigen wöchentlichen Betriebszeit genehmigt werden, wenn „bei längeren Betriebszeiten im Ausland die Konkurrenzfähigkeit unzumutbar beeinträchtigt ist". Die Zahl der bei den Gewerbeaufsichtsämtern eingegangenen Genehmigungsanträge ist verhältnismäßig gering und seitdem ist im produzierenden Bereich ein nur verhältnismäßig leichter Anstieg der Sonntagsarbeit zu verzeichnen.[98] Dies kann jedoch nicht darüber hinwegtäuschen, dass hier erstmals rein wirtschaftliche Überlegungen ausreichen, um Ausnahmen vom Verbot der Sonntagsarbeit zu begründen. Dies ist signifikant für die Dominanz ökonomischer Rationalität bei der Organisation der gesellschaftlichen Zeit, wie sie sich im Zuge der betrieblichen Flexibilisierungsstrategien radikal durchsetzt.

Dabei erfolgt die ökonomische Rationalität oftmals unter Zuhilfenahme der Angabe von technischen Gründen. So gehören etwa die Chemische

---

97 Herrmann Christa; Promberger, Markus; Singer, Susanne; Trinczek, Rainer: Arbeitszeitflexibilisierung, S. 27.
98 Vgl. Bauer, Frank; Groß, Hermann; Schilling, Gabi: Arbeitszeit '95. Arbeitszeitstrukturen, Arbeitszeitwünsche und Zeitverwendung der abhängig Beschäftigten in West- und Ostdeutschland, Köln 1996, S. 108 (I.F.: Arbeitszeit '95); Bauer, Frank; Groß, Hermann; Mutz, Eva; Sayin, Suna: Arbeits- und Betriebszeiten 2001, S. 137f.

Industrie und die Montanindustrie zu den klassischen, technischen Anwendungsbereichen, die für eine kontinuierliche Produktion stehen, allerdings wird die Definition notwendiger Kontinuität nicht zuletzt an den Kosten bemessen, die eine Produktionsunterbrechung mit sich bringen würde. Darüber hinaus bleibt zu fragen, ob nicht inzwischen die Kapitalintensität der Technologie kalkulierend auf vollkontinuierliche Bedienung angelegt ist und folglich schon in der Entwicklungsphase vermeintlich technische Sachzwänge konstruiert werden, die letztendlich aber am Kriterium ökonomischer Zumutbarkeit orientiert sind.

Inzwischen hat die Telematik eine Dynamik entfaltet, die den rein produktionsgebundenen Technologien hinsichtlich ihrer Auswirkung auf kontinuierliche Vorhaltung längst den Rang abgelaufen hat. Was ihre Anwendungslogik anbelangt, so ist ihre grundsätzlich kontinuierliche Verfügbarkeit, beispielsweise bei der Internet- und E-Mailnutzung, ein Vehikel für vollkontinuierliche Dienstleistungen. Dabei kann die Kontinuität teilweise durch Erstreckung über mehrere Zeitzonen gewährleistet werden.

In der Entwicklung bei VW sind beispielsweise drei Teams in verschiedenen global verteilten Zeitzonen an demselben Projekt beteiligt, so dass bei nachtbedingter Auszeit des einen Teams ein anderes in der entsprechenden Tageszeit der versetzten Zeitzone weiterarbeiten kann.[99] Bezeichnenderweise gibt es bei der Informationstechnologie Ansätze, sich von der nach Sekunden, Minuten und Stunden strukturierten Zeiteinteilung zu lösen. Bestritten wird, dass diese Zeitintervalle noch adäquat nutzbringend sind für eine Wissensgesellschaft, die die Effektivität ihrer ökonomischen Prozesse primär durch einen beschleunigten Daten- und Informationsaustausch gewährleistet sieht.

Der Präsident der Schweizer Uhrenfirma Swatch schlägt stattdessen vor, für einen von der Ortszeit unabhängigen Kommunikationsstandard eine neue Internetzeitskala einzuführen, die den Tag an allen Orten zeitgleich identisch in 1000 Beats aufteilt. Uhren, die mit einer entsprechenden Zeitskala programmiert sind, fanden reißenden Absatz, weil sie offenbar dem Bedürfnis nach einem vom Raum unabhängigen Zeitstandard einer digital vernetzten „Welt ohne Grenzen" entgegenkamen.[100]

Matthias Eberling und Dietrich Henckel resümieren ähnlich wie die hier vorliegende Arbeit, dass der Ökonomie bei den Ausdehnungstendenzen der Arbeits- und Konsumzeit gegenüber diesen technologischen Möglichkeiten das Primat zukommt:

„Zusammenfassend wird man nun feststellen können, dass die neuen Techniken weitreichende Voraussetzungen für die Ausdehnung der Zeiten bieten. Wenn sie die

---

99 Vgl. Eberling, Matthias; Henckel, Dietrich: Alles eine Frage der Zeit? Die Städte auf dem Weg zur kontinuierlichen Aktivität, Berlin 2002, S. 59f. (I.F.: Alles).
100 Revolte gegen die Zeit. Ein Gespräch mit Swatch-Präsident Nicolas Hayek jun., der ein neues Zeitmaß vorschlägt, in: DIE ZEIT Nr. 1, 30. Dezember 1998, S. 22f.

Ausdehnung nicht vorantreiben, dann erweitern sie zumindest die Optionalität in Richtung Ausdehnung und Kontinuierlichkeit sehr deutlich. Folgen für die Ausdehnung ergeben sich daher nicht unmittelbar durch die Existenz der Technologien an sich, sondern durch ihre spezifische, vor allem ökonomische Anwendung."[101]

Der Prozess der Kontinuisierung ist aber keineswegs auf den Produktionsbereich und den produktionsnahen Dienstleistungsbereich beschränkt. Er betrifft ebenso den an Konsumption gebundenen Handel und Dienstleistungssektor, die Medien, die Verkehrsentwicklung wie auch die häuslichen Aktivitäten.[102] Was die Konsumption anbelangt, so hat die lang diskutierte Novellierung des Ladenschlussgesetzes vom 1. November 1996 eine Regelung geschaffen, die Ladenöffnungszeiten von Montag bis Freitag auf 20.00 Uhr und samstags auf 16.00 Uhr auszudehnen. Lanciert wurde diese Gesetzesänderung durch Erwartungen einhergehender Umsatzsteigerung und vermehrter Beschäftigungseffekte, die aber insgesamt betrachtet nicht eingetreten sind. Im Gegenteil, im Zeitraum zwischen 1996 und 1999 sind in den Verkaufsstellen des Einzelhandels rund sechs Prozent der Arbeitsplätze verloren gegangen. Das gesamte Arbeitsstundenvolumen verringerte sich um acht Prozent.[103] Reduziert wurden dabei besonders die Vollarbeitsplätze, aber auch sozialversicherungspflichtige Teilzeitarbeitsplätze zugunsten eines Anstiegs geringfügiger Beschäftigungsverhältnisse.

Es ist nicht erkennbar, dass die Erweiterung der Öffnungszeiten den Effekt erzielt hat, die Bindung der Kaufkraft in der Branche insgesamt zu maximieren. Vielmehr ist eine forcierte brancheninterne Wettbewerbsverschärfung eingetreten, bei der die größeren Unternehmen, besonders die SB-Warenhäuser, Verbrauchermärkte und Fachmärkte auf der „Grünen Wiese", die Gewinner sind „zu Ungunsten des traditionel-

---

101 Eberling, Matthias; Henckel, Dietrich: Alles, S. 62. Der von ihnen zusätzlich eingeführte Faktor, der für die Tendenz zur Non-stop-Gesellschaft zu berücksichtigen ist, ist der soziale. Dazu zählen die Autoren u.a. internalisierte Leitbilder der Verfügbarkeit, Medien- und Internetnutzung und statusbedingte ausgedehnte Arbeitszeiten, wie sie in der New Economy mit der Firma als Familienersatz teilweise unhinterfragt eingefordert worden sind. Solche Verhaltensmuster, die sicher als Strukturierungsmomente gesellschaftlicher Zeitorganisation nicht zu unterschätzen sind, haben wir an anderer Stelle unter die Begriffe der „soziokulturellen Internalisierung" und der „gelebten Praxis" gefasst. Die von Eberling und Henckel darüber hinaus genannten Phänomene jenes sozialen Faktors, wie etwa Ausdehnung der technischen Notdienste, häuslicher Krankenpflege, sozialer Notdienste und Tankstellenservice, würden wir hier im weitesten Sinne unter ökonomische Bedingungsfaktoren subsumieren, da sie entweder direkt ökonomisch zu fassen sind – wie der Tankstellenservice – oder aber als unmittelbare Folge ökonomischer Veränderungen.

102 Vgl. a.a.O. umfassend S. 47–94.

103 Jakobsen, Heike; Hilf, Ellen: Beschäftigung und Arbeitsbedingungen im Einzelhandel vor dem Hintergrund neuer Öffnungszeiten. Gutachten im Auftrag des Bundesministeriums für Arbeit und Sozialordnung, Sozialforschungsstelle Dortmund, Dortmund 1999 (I.F.: Beschäftigung).

len (Fach-)Einzelhandels auf kleinerer Fläche und in Innenstadtlage".[104] Es darf unterstellt werden, dass mit der im Juni 2003 eingeführten Novellierung des Ladenschlussgesetzes, nach der seitdem samstägliche Öffnungszeiten bis 20.00 Uhr möglich sind, nicht nur das deutliche Ende des in den 60er und 70er Jahren des 20. Jahrhunderts eingeführten arbeitsfreien Samstags und der Zeitinstitution des arbeitsfreien Wochenendes eingeläutet ist, sondern dass sich der aufgezeigte Trend zu vermehrter Flexibilität nochmals verstärkt.[105] Inzwischen sind die Tendenzen zur völligen Freigabe der Ladenschlusszeiten auszumachen und im politischen Raum als programmatische Ansage eindeutig.[106]

Auch wenn die Mehrheit der Beschäftigten noch zu festen Zeiten arbeitet, ist signifikant, dass der deutliche Anstieg der flexiblen Arbeitszeitmuster ausschließlich durch eine gravierende Zunahme in Betrieben mit verlängerten Öffnungszeiten erfolgt ist. Hier arbeitet fast die Hälfte der Beschäftigten flexibel. „Die Ausdehnung variabler Arbeitszeiten kann also als direkte Folge veränderter Öffnungszeiten angesehen werden."[107]

Oder anders gesagt: Die Flexibilisierung ist ein nachweislicher Effekt der Kontinuisierung. Die kontinuierliche Ausdehnung der Arbeitszeiten beispielsweise im Einzelhandelssektor, aber auch im produktionsnahen Sektor, forciert eine zeitlich flexible Vorhaltung von Dienstleistungen, die den Zulieferungs-, Versorgungs- und Konsumerfordernissen jener Betriebe oder Beschäftigten entgegenkommen.

Eberling und Henckel sprechen bezüglich der Kontinuisierungsdynamik von einer „Verursachungsspirale" hin zu einer Tendenz ständiger Ausdehnung der gesellschaftlichen Arbeit, zu einer Rund-um-die-Uhr-Ökonomie zumindest in den urbanen Großzentren:

„Von zwei Punkten aus lässt sich die Phänomenologie der Ausdehnung beschreiben: Zum einen sind es Betriebe, in denen abends, nachts und am Wochenende – ob im klassischen Schichtbetrieb des produzierenden Gewerbes oder in neuerer Zeit immer häufiger auch in Dienstleistungsbereichen, etwa in der Softwareentwicklung – gearbeitet wird und die darum Bereitschafts- und Reparaturdienste, Verpflegung und

---

104   A.a.O., S. 64.

105   „Wie die Erfahrungen mit der bisherigen Verlängerung von Öffnungszeiten zeigen, ist die Fragmentierung der Beschäftigung in Arbeitsverhältnisse mit nur wenigen Stunden das wichtigste Instrument zur Umsetzung veränderter Öffnungszeiten in den Betrieben." Jakobsen, Heike; Hilf, Ellen: Offen für das Shoppen. Das Ladenschlussgesetz ersetzt keine Branchenpolitik für den Einzelhandel, in: Frankfurter Rundschau, 16.1.2003, Dokumentation, S. 14.

106   So etwa im Entwurf der Koalitionsvereinbarung der neuen Landesregierung in Nordrhein-Westfalen: „Unmittelbar nach Übertragung der Gesetzgebungskompetenz auf die Länder werden wir die Ladenöffnungszeiten an Werktagen vollständig freigeben." Entwurf der Koalitionsvereinbarung von CDU und FDP zur Bildung einer neuen Landesregierung in Nordrhein-Westfalen, Düsseldorf, 16. Juni 2005, S. 12.

107   Jakobsen, Heike; Hilf, Ellen: Beschäftigung, S. 111.

Entsorgungsleistungen benötigen. Zum anderen sind es die Bürger, deren Nachfrage nach Kultur und Unterhaltung, nach Lieferpizza und Bankauskünften immer tiefer in die Nacht und das Wochenende hineinreicht. Beide Bereiche beeinflussen sich wechselseitig und bilden zusammen – bezogen auf den Tag und die Woche – eine Tendenz zu 24/7-Aktivität, zum Nonstop-Betrieb."[108]

Die Werbung transportiert unterstützend für diesen Trend kontinuierliche Verfügbarkeit als Leitbild der Kundenorientierung: „The citi never sleeps" der Citigroup („Visacard"), „24x7xCompaq" oder West LB: „Bei uns hat ein Arbeitstag 24 Stunden. Und fünf Kontinente".[109]
Was die Medien anbelangt, so haben sich insbesondere Radio- und Fernsehsender zu Nonstop-Betrieben entwickelt. Die Zeit des spätabendlichen Testbildes ist längst vorbei. Beginnend mit Vormittagsprogrammen in den frühen 80er Jahren, über Frühstücksfernsehen, das Ende der 80er vom Privatsender RTL mit entsprechender Sogwirkung für die privatrechtliche und öffentlich-rechtliche Konkurrenz eingeführt wurde, über Mittagsmagazine bis hin zum Nachtprogramm in den 90er Jahren, ist inzwischen auf fast allen Kanälen jede Sendelücke geschlossen. Die gleiche Entwicklung ist im Hörfunk-Bereich zu verzeichnen. Schon 1959 startete der ARD ein Hörfunk-Nachtprogramm, das inzwischen ergänzt durch das ARD-Nachtkonzert oder die ARD-PopNacht inklusiver stündlicher Nachrichten zu einer lückenlosen, alternativreich ausstrahlenden Sendenacht gewachsen ist.[110]
Die verkehrliche Entwicklung ist in hohem Maße abhängig vom Takt der Arbeitszeit. Wenn einerseits, wie bei VW in Wolfsburg mit Einführung der 28,8-Stunden-Woche, die Flexibilisierung der Arbeitszeit auch zu einer Auflösung staufördernder Verkehrsströme führte, so verlagerte sich andererseits der Verkehr innerhalb der Zeiträume ausgedehnter Betriebsnutzungszeit auf die entsprechenden Zeiträume in der Nacht sowie am Wochenende. Je mehr Nacht- und Wochenendarbeit, desto mehr wird jeweils An- und Rückfahrtverkehr zwischen Wohn- und Arbeitsplatz verursacht, wie auch Verkehr, der durch Zulieferung, Reinigung, Wartung und Versorgungsleistungen entsteht. Auch die Lebensstilentwicklung, besonders der Generation junger Erwachsener mit einem eigenrhythmischen und kontra-konventionellen Freizeitverhalten am Wochenende bis in die frühen Morgenstunden, bindet den privaten Pkw-Verkehr besonders dann, wenn der öffentliche Nahverkehr auf diese Zielgruppe wenig eingestellt ist.[111]
Außer dem automobilen Verkehr, der am Wochenende besonders auch durch freizeitorientierte Kurzreisen wächst, setzt vor allen Dingen der Flugverkehr zunehmend auf Kurzausflüge, die, um einen optimalen Freizeitnutzen zu erfahren, beispielsweise nach Mallorca oder Ibiza im

---

108 Eberling, Matthias; Henckel, Dietrich: Alles, S. 33.
109 A.a.O., S. 31.
110 Vgl. a.a.O., S. 69.
111 Vgl. a.a.O., S. 68.

24-Stunden-Paket Abflug, Aufenthalt und Rückflug anbieten, wobei Start und Landezeit in den Nachtrandstunden am frühen Morgen liegen. In manchen Regionen, besonders im Rhein-Main Gebiet und im Dreieck Köln, Bonn, Siegburg, ist der Nachtfrachtflugverkehr von erheblicher Bedeutung für die allnächtliche Erfahrung eklatanter Ausdehnungstendenzen verkehrlicher Entwicklung. Der Köln-Bonner Flughafen, der seine Verkehrsspitze sogar in der Nacht vorhält, ist dabei exemplarisch für eine Tendenz, rein ökonomische Argumente, die besonders auf die Beschäftigungseffekte und Standortsicherung angesiedelter Unternehmen abheben, gegen die nachweislichen gesundheitlichen Beeinträchtigungen für die ortsansässige Bevölkerung ins Feld zu führen.[112] Auch bei den häuslichen Aktivitäten ist eine Tendenz zur Ausdehnung in die Nacht zu verzeichnen. Die Nutzung des Mediums Fernsehen ist hier an prominenter Stelle zu erwähnen, aber auch das Internet steht – lanciert durch nächtliche Billigtarife, die fast alle Anbieter vorhalten – bei immer mehr Kunden zu spätabendlichen oder nächtlichen Stunden in Gebrauch. Mit der steigenden Erwerbsarbeitsquote von Frauen steigt für diese, entsprechend der immer noch hartnäckigen Rollenverteilung, auch der Anforderungsdruck, Erwerbs- und Reproduktionsarbeit in einem Zeitarrangement zu vereinbaren, das die häuslichen Arbeiten vielfach in den Spätabend verlagert.[113]

Die beschriebene Tendenz zur Ausdehnung der Produktions- und Dienstleistungszeiten schlägt sich automatisch auch auf die Lage der individuellen Arbeitszeit nieder. Besonders signifikant sind diesbezüglich die Daten zur Wochenendarbeit. Nach den Befragungen des Instituts zur Erforschung sozialer Chancen (ISO) ist seit 1979 die Anzahl der Beschäftigten, die regelmäßig Samstagsarbeit leisten, von 18 auf 35 Prozent gestiegen.[114] Die Sonntagsarbeit verzeichnet, bedingt durch die wesentlich restriktivere Gesetzeslage, einen deutlich geringeren Anstieg von 10 Prozent im Jahr 1989 auf 16 Prozent bis zum Jahr 1999.[115] Im Zeitraum zwischen 1993 und 1995, also zeitgleich zu der Inkraftsetzung des geänderten Arbeitszeitgesetzes von 1994, das, wie erwähnt, Ausnahmegenehmigungen auch aus Gründen internationaler Konkurrenz einräumt, ist die Sonntagsarbeit von 12 auf 15 Prozent angestiegen.[116]

Die Quote der Wochenendarbeit ist sehr stark branchenspezifisch differenziert. Spitzenreiter ist das Hotel- und Gaststättengewerbe, gefolgt vom Nahrungs- und Genussmittelgewerbe, dem Verkehrs- und Nach-

---

112 Vgl. Becker, Uwe (Hrsg.): Nachtruhe ist Menschenrecht, Köln 2003, S. 5f., erhältlich im Sozialwerk des Evangelischen Stadtkirchenverbandes Köln.
113 Vgl. Eberling, Matthias; Henckel, Dietrich: Alles, S. 63ff.
114 Vgl. Bundesmann, Jansen; Groß, Hermann; Munz, Eva: Arbeitszeit '99, S. 79. Zur Vergleichszahl aus dem Jahr 1979 vgl. Bauer, Frank; Schilling, Gabi: Arbeitszeit im Überblick, Zentrale Ergebnisse der Arbeitszeitberichterstattung des ISO zu Betriebszeiten, Arbeitszeiten und Arbeitszeitwünschen, Köln 1994, S. 16.
115 Vgl. Bundesmann, Jansen; Groß, Hermann; Munz, Eva: Arbeitszeit '99, S. 87.
116 Vgl. Bauer, Frank; Groß, Hermann; Schilling, Gabi: Arbeitszeit '95, S. 108.

richtensektor sowie – nur am Samstag – dem Handel und sonstigen Dienstleistungsgewerbe.[117] Während bei der Häufigkeit der Samstagsarbeit mit Ausnahme der einfachen Angestellten, die nur zu einem geringen Anteil Samstagsarbeit leisten, keine berufsgruppenspezifischen Unterschiede festzumachen sind, sinkt der Anteil an Sonntagsbeschäftigung mit steigendem beruflichen Status. Auch geschlechtsspezifisch lassen sich keine signifikanten Differenzen beim Anteil der Wochenendbeschäftigten verifizieren. Lediglich der Anteil von erwerbstätigen Frauen, die samstags nie arbeiten, liegt mit 45 Prozent gegenüber 31 Prozent der Männer deutlich höher.[118]

Eine statistisch zunächst unauffälligere, allerdings dennoch bemerkenswerte Entwicklung ist im Bereich der Schicht- und Nachtarbeit zu verzeichnen. Das ISO hat einen Anstieg der in Schicht- und Nachtarbeit Beschäftigten um fünf Prozent auf 18 Prozent im Zeitraum zwischen 1995 und 1999 ermittelt. Schicht- und Nachtarbeit ist ein Großbetriebsphänomen. Während in kleinen Betrieben mit ein bis vier Beschäftigten diesbezüglich der Anteil von Beschäftigten bei 6 Prozent liegt, stieg der Anteil in einer Betriebsgrößenklasse von 500 und mehr Beschäftigten kontinuierlich auf 35 Prozent an.[119] Auch wenn andere Datenquellen einen geringeren Anstieg von Nacht- und Schichtarbeit vorweisen,[120] so ist doch in der Summe signifikant, dass trotz der Tatsache eines sukzessiven sektoralen Wandels mit einem Rückgang der Beschäftigtenquote im produzierenden Gewerbe die Zahl der in Nacht- und Schichtarbeit Beschäftigten keineswegs sinkt. „Aufgrund der Deindustrialisierung in den letzten Jahrzehnten sind viele technische Gründe für Schicht- und Nachtarbeit (etwa in der Montanindustrie) entfallen. Im Zuge der Tertiärisierung hätte man also einen Rückgang dieser atypischen Arbeitsverhältnisse erwarten können. Das Gegenteil ist eingetreten."[121]

Schließlich sei noch auf ein Phänomen der Kontinuisierung hingewiesen, das deutlich den Effekt einer Verlängerung individueller Arbeitszeit hat. Gemeint sind die Überstunden, die trotz der dramatischen Entwicklung auf dem Arbeitsmarkt in den vergangenen Jahren einen stetigen Anstieg erfahren haben. Laut ISO ist im Zeitraum zwischen

---

117 Vgl. Bundesmann, Jansen; Groß, Hermann; Munz, Eva: Arbeitszeit '99, S. 83, S. 91.
118 Vgl. a.a.O., S. 79.
119 Vgl. Bundesmann, Jansen; Groß, Hermann; Munz, Eva: Arbeitszeit '99, S. 66. Die bereits erwähnte Erhebung von 2001 kommt sogar zu dem Ergebnis, dass in Großbetrieben nahezu jeder zweite Beschäftigte (45 Prozent) in Nacht- und Schichtarbeit steht. Vgl. Bauer, Frank; Groß, Hermann; Munz, Eva; Sayin, Suna: Arbeits- und Betriebszeiten 2001, S. 145.
120 So ist etwa auf der Basis der Daten des IAB-Betriebspanels keine eindeutige Ausdehnungstendenz bei der Nacht- und Schichtarbeit zu verzeichnen. Vgl. Eberling, Matthias; Henckel, Dietrich: Alles, S. 103.
121 A.a.O., S. 124.

1995 und 1999 eine Steigerung von 10 Prozent zu verbuchen.[122] Das heißt, dass inzwischen mehr als die Hälfte der Beschäftigten (56 Prozent) regelmäßig mindestens ein- bis zweimal im Monat Überstunden leistet, wobei diejenigen Männer von den Zuwächsen besonders betroffen sind, die in Paarhaushalten mit Kindern leben, während innerhalb dieser familialen Bezugsgruppe bei den Frauen nur ein relativ geringer Überstundenzuwachs (5 Prozent) zu verzeichnen ist. „Aufgrund der immer noch wirksamen, nur allmählich erodierenden traditionellen Geschlechtsspezifik übernehmen die Frauen dann mehr die Anforderung der informellen Arbeit wie Kinderbetreuung und -erziehung, wohingegen die Männer bei der formellen Arbeit zulegen."[123]

Überstunden sind ein typisches Phänomen von Vollzeitstellen – lediglich 10 Prozent der Teilzeitkräfte sind betroffen –, und sie steigen mit dem Qualifikationsprofil der Beschäftigten. Leitende Angestellte und entsprechende Positionen bei Beamten weisen eine überdurchschnittlich hohe wöchentliche Überstundenzahl vor. Interessanterweise ist in den vergangenen Jahren eine Trendumkehr erfolgt, Überstunden nicht mehr überwiegend zu monetarisieren, sondern sie durch Freizeitausgleich in so genannte „transitorische" Überstunden zu überführen.[124] Auch wenn im Zuge dessen die Höhe der unbezahlten Überstunden seit 1995 abgenommen hat (1995 0,9 Stunden pro Woche gegenüber 0,8 Stunden im Jahr 1999), so ist doch entscheidend, dass wir uns mit diesem Datenmaterial lediglich im Bereich der tatsächlich erfassten Arbeitszeiten bewegen. Die Anzahl der qualifizierten Angestellten ohne eine vertraglich geregelte Arbeitszeit ist hingegen von 1984 bis 1998 von 12,1 auf 16,9 Prozent gestiegen.[125] Hierin spiegelt sich eine darüber hinausgehende Tendenz wider, nicht nur die Arbeitszeit vertraglich nicht mehr zu regeln, sondern auch im Arbeitsprozess gänzlich auf die Erfassung der geleisteten Arbeitsstunden zu verzichten.

Wegen seiner Signifikanz soll dieses Phänomen der Informalisierung der Arbeitszeit als letztes Kriterium ökonomischer Rationalität zeitlicher Organisation der Gesellschaft eigens behandelt werden.

1.6.3 Informalisierung

Die Unterwanderung formaler Arbeitszeitregelung hat in den vergangenen Jahren eine multifaktoriell bedingte Zunahme erfahren. Die diesbezüglichen Ursachen lassen sich auf zwei Hauptfaktoren zusammen-

---

122 Vgl. Bundesmann, Jansen; Groß, Hermann; Munz, Eva: Arbeitszeit '99, S. 47.
123 A.a.O., S. 49.
124 Vgl. a.a.O., S. 53.
125 Vgl. Wagner, Alexandra: Arbeiten ohne Ende? Über die Arbeitszeiten hochqualifizierter Angestellter, in: Institut Arbeit und Technik: Jahrbuch 1999/2000, Gelsenkirchen 2000, S. 258–275, S. 260.

führen. Zum einen wird selbst bei formaler Festlegung einer vertraglich geregelten Arbeitszeit diese aus Gründen der Betriebskultur überschritten. Entweder impliziert die Betriebskultur den Erwartungsdruck, vornehmlich gegenüber den leitenden Angestellten übertarifliche Arbeitszeiten widerspruchslos zu akzeptieren, oder aber – und dies ist besonders in den start-up-Unternehmen der New Economy der Fall – ist eine Kultur des Einverständnisses über Mehrarbeit geradezu identitätsprägend für die Beschäftigten.[126]

Jenseits dieser betriebskulturellen Ursachen basiert der zweite Typus auf einer ausdrücklichen Systematik der betrieblichen Organisation von Arbeitsprozessen. Hierunter fallen Zielorientierungsvereinbarungen, die zwar eine zu erbringende Leistung definieren, die dazu erforderliche Arbeitszeit aber nur als zu kalkulierenden Schätzwert setzen, deren Einhaltung oder Überschreitung der Verantwortung und Leistungskapazität der Beschäftigten unterliegt. Ähnlich liegen Projektarbeiten, die – meist durch Beschäftigte mit befristeten Arbeitsverträgen – beispielsweise im kulturellen und wissenschaftlichen Kontext ausgeführt werden. Der zeitliche Verlauf des Gesamtprojekts ist dabei zwar definiert, die damit im Detail verbundene tägliche und wöchentliche Arbeitszeit aber der Selbstorganisation der Projektmitarbeitenden überlassen.

Die Zentrierung wachsender Segmente des Dienstleistungsbereiches in Produktion, Entwicklung, Vertrieb, Wissenschaft und Forschung auf einen primär EDV-gestützten Arbeitsplatz, der den direkten Kundenkontakt entbehrlich macht, fördert die Tendenz zur Teleheimarbeit mit der entsprechenden Anforderung der Beschäftigten, diese Entgrenzung von Arbeit und Leben so zu gestalten, dass sie – angesichts der Tatsache, dass die Arbeitszeit nicht mehr durch betriebliche Vorgaben geregelt wird – im Effekt nicht zu chronischer Mehrarbeit führt.[127]

Inzwischen hat sich das System der „Informalisierung von Arbeitszeitorganisation"[128] unter dem Begriff der Vertrauensarbeitszeit auch als großbetriebliches Projekt etabliert.

Betriebsorganisatorischer Kern dieses Modells ist die indirekte Steuerung der Beschäftigten durch ein Management, das sich auf die Fixierung von Rahmendaten, Zielvereinbarungen und Ressourcendefinition beschränkt und zugleich den Einzelnen oder dem Team innerhalb dieser Eckdaten ein hohes Maß an autonomer Gestaltungskompetenz zuge-

---

126 Nach einer Befragung des Handelsblatts leisten 30 Prozent der Beschäftigten auf der obersten Führungsebene von New-Economy-Unternehmen 60 Arbeitsstunden pro Woche und mehr, nur 25 Prozent nehmen alle Urlaubstage in Anspruch. Handelsblatt vom 4.12.2000, S. N 8, vgl. Eberling, Matthias; Henckel, Dietrich: Alles, S. 118.

127 Vgl. Kamp, Lothar: Telearbeit. Analysen und Handlungsvereinbarungen, edition der Hans-Böckler-Stiftung 31, Düsseldorf 2000, S. 73f.

128 Döhl, Volker; Kratzer, Nick; Sauter, Dieter: Krise der NormalArbeit(s)Politik. Entgrenzung von Arbeit – neue Anforderungen an Arbeitspolitik, in: WSI-Mitteilungen 1, 2000, S. 5–17, S. 11.

steht. Damit ist die Ambivalenz dieses Systems angezeigt: Die unmittelbare Konfrontation der Beschäftigten mit dem Markt bringt sie zwar auf ein quasiunternehmerisches Verantwortungsniveau, allerdings bei gleichbleibender Abhängigkeitsstruktur unselbständiger Lohnempfänger. Die Freiheit „tut, was ihr wollt" steht unter dem Verdikt „aber ihr müsst profitabel sein".[129]

Diese Instrumentalisierung kreativer Selbständigkeit für die Imperative der Marktgesetzlichkeiten führt im Effekt nicht selten zu einer extensiv selbstausbeuterischen Investition für das Unternehmen. Der Beschäftigte betreibt quasi bereitwillig seine Selbstaktivierung im Dienst einer ökonomischen Verwertbarkeit seiner Zeit. Antriebsmotor des beschworenen „Vertrauens" ist dabei gerade der „Verzicht" auf die Erfassung von Arbeitszeiten. Tendenziell gilt also nicht mehr die Quantität von Zeit, die für den Erwerbsarbeitsprozess eingesetzt wird als Leistungs- und Entgeltbezugsgröße, sondern nur noch der in der Regel von der Unternehmensleitung festgesetzte Qualitätsstandard der ökonomischen Verwertbarkeit von Zeit, wie groß auch immer das Zeitquantum ist, das investiert werden muss, um jenen Standard zu erreichen. Diese Informalisierung der Arbeitszeitorganisation extensiviert aber de facto in vielen Fällen die Arbeitszeit und kreiert Entgrenzungsphänomene von Arbeit und Leben, die den Beschäftigten eine enorme Bewältigungskompetenz abverlangen, die betrieblichen und sozialen Zeitverfügungsansprüche in Einklang zu bringen.[130] Das heißt aber, dass der Konflikt zwischen dem monetaristischen Zeitverwendungsmuster ökonomischer Rationalität und dem Zeitverwendungsprofil des alltäglichen sozialen Lebens praktisch ohne organisationspolitische Flankierung oder Kollektivierung von Interessen allein dem Individuum und seiner sozialen Umwelt überlassen bleibt.

Die Individualisierung dieses Konflikts und die nur mangelhaft ausgeprägte Kultur des interaktiven Austauschs schaffen zudem im Einzelfall auf der Basis gezielter innerbetrieblicher Konkurrenzstrukturen eine Entsolidarisierung untereinander, die sogar vor den von den Beschäftigten selbst konzipierten Kostensenkungsstrategien durch Personalabbau nicht Halt macht.[131]

Bei dieser kritischen Sicht auf negative Aspekte der hier skizzierten Instrumente der Informalisierung von Arbeitszeit darf nicht aus dem Blick geraten, dass sie bei Teilen der erwerbstätigen Menschen auf Gegenliebe stoßen. Auch wenn empirische Untersuchungen zeigen, dass

---

129 Glißmann, Wilfried: Mechanismen sozialer Ausgrenzung, in: Glißmann, Wilfried; Peters, Klaus: Mehr Druck durch Freiheit. Die neue Autonomie in der Arbeit und ihre paradoxen Folgen, Hamburg 2001, S. 60–80, S. 61.
130 Vgl. Siemens, Stephan: Meine Zeit ist mein Leben, in: Denkanstöße, IG Metaller in der IBM, Dokumentation Februar 1999, S. 11–19, S. 11f.
131 Vgl. Glißmann, Wilfried; Peters, Klaus: Die Frage der Solidarität, in: Glißmann, Wilfried; Peters, Klaus: Mehr Druck durch Freiheit. Die neue Autonomie in der Arbeit und ihre paradoxen Folgen, Hamburg 2001, S. 41–52, S. 42.

Arbeitnehmer und Arbeitnehmerinnen mehrheitlich eher verlässlich standardisierte Zeiteinteilungen präferieren,[132] sind die Potenziale größerer Gestaltungsfreiheit und Entscheidungsspielräume durchaus gewollt. Diese werden umso mehr nutzbar gemacht, je deutlicher ihre Nutzbarmachung – und nicht ihr Verschleiß – Ausdruck einer expliziten Programmatik der betrieblichen Arbeitszeitkultur ist.[133]
Die Betriebsräte und Gewerkschaften befinden sich in dem Dilemma, einerseits diese Arbeitszeitkonzepte regulatorisch im Griff haben zu wollen und zugleich im Dialog mit den Beschäftigten auf deren nutzerfreundliche Fortentwicklung bedacht sein zu müssen. Insofern das Vertrauensarbeitszeitmodell unmittelbar an das Selbständigkeitsbedürfnis der Beschäftigten anknüpft, wird nämlich evident, dass sich jedwede gewerkschaftliche Strategie verbietet, die nostalgisch auf Rückkehr zu „kommandowirtschaftlichen" Strukturen des Taylorismus schielt. Deren systematische Ausblendung von Subjektivität und selbstorganisatorischen Freiheiten war ja immer schon Angriffspunkt gewerkschaftlicher Argumentation.
Immerhin eröffneten jene strikten Kontrollstrukturen, wie sie sich exemplarisch an der Stechuhr festmachen, auch den Betriebsräten die Möglichkeit der Fixierung eindeutiger Übergriffe der Unternehmensleitung auf die ausgehandelten Rechte der Beschäftigten. Folglich bedeutet der Verzicht der Arbeitgeber auf dieses Kontrollinstrument durch Nichterfassung der Arbeitszeit paradoxerweise auch die Preisgabe eines entscheidenden Regelungsinstruments für die Gewährleistung von Arbeitnehmerinteressen. Die Betriebsräte stehen nun in der paradoxen Situation, selber als Kontrollinstanz aufzutreten, um die vermeintlichen Interessen der Beschäftigten an tariflich orientierter Arbeitszeitlänge wahrzunehmen, was zu hochgradigen Konflikten mit der eigenen Klientel führt.
Von der maßgeblich ökonomisch bedingten Strukturierung der Arbeitszeit, wie sie sich an der Tendenz der Flexibilisierung, der Kontinuisierung und der Informalisierung festmacht, ist – wie hinreichend deutlich geworden sein sollte – auch die gesamtgesellschaftliche Organisation der Zeit betroffen. Eine isolierte Betrachtung des Wandels der Arbeitszeitstruktur würde folglich den inneren Zusammenhang zwischen Arbeit und Leben außer Acht lassen. Die Tatsache an sich, dass die ökonomische Rationalität einen starken Gestaltungseinfluss auf die Organisation der gesellschaftlichen Zeit hat, ist dabei keineswegs vorlaufend oder pauschal zu diskreditieren, zumal durchaus, wie das Beispiel der Vertrauensarbeitszeit gezeigt hat, nicht ausgeschlossen ist, dass persönliche

---

132 Vgl. Dollase, Rainer; Hammerich, Kurt; Tokarski, Walter: Temporale Muster. Die ideale Reihenfolge der Tätigkeiten, Opladen 2000.
133 Vgl. Böhm, Sabine; Herrmann, Christa; Trinczek, Rainer: Löst Vertrauensarbeitszeit, das Problem der Vereinbarkeit von Familie und Beruf?, in: WSI-Mitteilungen 8, 2002, S. 435–441, S. 440f.

Präferenzen der Beschäftigten oder auch – gegenüber standardisierten Arbeitszeiten – verbesserte Vereinbarkeitsmuster von Arbeit und Leben eingelöst werden können. Gleichwohl sind im Folgenden die Bruchlinien deutlich zu sichten, an denen jene ökonomische Zeitrationalität im Konflikt steht zu individuellen oder sozialen Zeitverwendungsansprüchen. Darüber hinaus ist in diesem Kapitel abschließend die Frage zu beantworten, welche Handlungsperspektiven sich angesichts jener Bruchlinien stellen. Das heißt, es geht konkret um die Frage nach den Interventionsmöglichkeiten der Zeit gestaltenden Akteure durch eine zielgerichtete Zeitpolitik, auf die Organisation gesellschaftlicher Zeit Einfluss zu nehmen. Das Interesse dieser Arbeit gilt dabei insbesondere dem Nachweis der diesbezüglichen kirchlichen Gestaltungsmöglichkeiten.

1.7 Effekte ökonomischer Zeitrationalisierung

Von den gesamtgesellschaftlichen Effekten, die sich aus den beschriebenen Flexibilisierungs-, Kontinuisierungs- und Informalisierungsphänomenen mit den je anhängigen Arbeitszeitmustern ergeben, sollen einige zentrale Punkte der kritisch zu betrachtenden Folgen kurz skizziert sein.

1. Die sukzessive Auflösung kollektiver Rhythmen, wie des gemeinsamen „Feierabends" oder auch des arbeitsfreien Samstags mit entsprechender Auswirkung auf den Sonntag, führt zur rückläufigen Wahrnehmung von Zeitgestaltungsangeboten, die bislang auf kollektive Freizeitblöcke gesetzt haben (etwa Gottesdienste, Sportveranstaltungen). Entsprechend geschwächt werden die Organisationen und Institutionen, die diese Angebote vorhalten. Die dem Takt der variablen Arbeitszeitmuster nachgeordneten, weil von ihm abhängigen zeitlichen Teilsysteme – ob im familiären Kontext, dem Vereinsleben oder der ehrenamtlichen Tätigkeit – sind schwieriger koordinierbar und werden teilweise auf das Wochenende verlagert. Infolge dessen steht der Sonntag, zunächst formal betrachtet, hinsichtlich seiner zeitlichen Gestaltung unter dem Druck einer immer massiver werdenden Nutzerkonkurrenz unterschiedlicher Verwendungsansprüche.
   Dies lässt sich am Beispiel des „VW-Modells" exemplifizieren. Im Zuge des 28,8-Stunden-Tarifvertrages kamen rund 150 Schichtmodelle zur Geltung, was dazu führte, dass die Koordinierung innerhalb der Woche von privaten Beziehungen, Freundeskreisen oder sportlichen Veranstaltungen enorm erschwert wurde und ein hoher Aufwand damit verbunden war, geeignete gemeinsame Zeitkorridore zu finden. Da sich die öffentlichen Freizeitangebote nicht mehr auf ein überschaubares Zwei- oder Dreischichtsystem einstellen konnten,

wurden Freizeit- und Familienangebote konsequenterweise auf das Wochenende verlagert.[134] Es ist daher nicht verwunderlich, dass teilweise die Tendenz erkennbar wird, wonach die Organisationen, deren Angebote auf eine kollektiv zeitgleiche Wahrnehmung abzielen, sich zunehmend in Konkurrenz begeben, die noch verbleibende kollektive Zeit zu nutzen. Dies macht sich beispielsweise an der Konkurrenz von Sportveranstaltungen und Gottesdiensten fest.[135]

2. Zweifelsohne ist mit den Desynchronisierungseffekten, die durch die Erosion einer weitgehend standardisierten Arbeitszeit verursacht werden, vielfach ein erhöhter Koordinierungsaufwand verbunden – einmal abgesehen von den Fällen, wo ausgesprochen souverän über die Dauer, Lage und Planbarkeit der Arbeitszeit entschieden werden kann. Die Abstimmungsprozesse von sozialen Zeiten in der Familie werden immer komplexer und gerinnen teilweise zur Überforderung.[136] Dieses Phänomen greift aber in das Zentrum familialer Identität, denn diese bildet sich nicht zuletzt in „der räumlichen Einheit des Zusammenwohnens und in der Synchronität und Kontinuität gemeinsamen Handelns" heraus.[137] Wo synchrones gemeinsames Handeln und kontinuierlich verlässliche Anwesenheit der Eltern destabilisiert werden, gehen entscheidende Grundlagen familialer Identität und sozialer Stabilität im Familienkontext verloren. Die gesellschaftlichen Zeitkonflikte entladen sich in diesen Fällen als soziale Beziehungs-, Erziehungs- und Partnerschaftskonflikte.

2. Eindeutig provozieren die veränderten Arbeitszeitmuster insgesamt betrachtet eine geschlechtsspezifische Benachteiligungssituation für Frauen. Die Tatsache beispielsweise, dass das öffentliche Betreuungssystem für Kinder nur unzureichend auf die ausgedehnten Arbeitszeiten vieler Beschäftigter abgestellt ist, verunmöglicht vielen Frauen die Aufnahme einer Vollzeitstelle, was die „Traditionalisierung der Geschlechterrollen" zur Folge hat.[138] „Der linearen, zweck-

---

134 Hielscher, Volker; Hildebrandt, Eckart: Zeit für Lebensqualität. Auswirkungen verkürzter und flexibilisierter Arbeitszeiten auf die Lebensführung, Berlin 1999, S. 122ff.

135 So ist beispielsweise zu verzeichnen, dass in Köln viele Sportvereine dazu übergegangen sind, ihre C-Jugend-Spieler, also die potenzielle Konfirmandenaltersgruppe, am Sonntagvormittag zum Spiel antreten zu lassen, was den entsprechenden Protest der Kirchen provoziert hat. Vgl. Kritik am Sonntagssport, in: Kölner Stadt-Anzeiger, 12.9.2002, S. 12.

136 Vgl. Linne, Gudrun (Hrsg.): Flexibel arbeiten – flexibel leben? Die Auswirkungen flexibler Arbeitszeiten auf Erwerbschancen, Arbeits- und Lebensbedingungen, Düsseldorf 2002, S. 25 (I.F.: Flexibel arbeiten).

137 Garhammer, Manfred; Gross, Peter: Synchronisation von Sozialzeit: eine moderne Gestaltungsaufgabe der Familie, in: Forschungsforum Bamberg, Nr. 3/1991, S. 92–98, S. 92.

138 Linne, Gudrun (Hrsg.): Flexibel arbeiten, S. 28.

rationalen Zeitlogik der Berufsarbeit stehen die lebendigen, unvorhersehbaren und unregelmäßigen Prozesse familialer Zeit gegenüber, und es bleibt in erster Linie den Frauen überlassen, die Anforderungen dieser unterschiedlichen Zeitlogiken zu synchronisieren."[139] Die ökonomische Grundlage für eine privat finanzierbare Betreuung der Kinder ist für die Chance der Rückkehr ins Berufsleben entscheidend. Entsprechend nehmen, gemessen an der Gesamtzahl der Mütter, überproportional viele Frauen in hoch qualifizierten und entsprechend dotierten Berufsfeldern ihre Erwerbstätigkeit in vollem Umfang wieder auf.[140] Allerdings wäre es überzeichnet, den Verbleib von Frauen im häuslichen Bereich lediglich zurückzuführen auf die komplexen Koordinierungsanforderungen angesichts flexibler Arbeitszeitmuster. Sicher ist mit diesen Arbeitszeitmustern ein erhöhter Abstimmungsbedarf hinsichtlich der Organisation von Kinderbetreuung und Reproduktionsarbeit gegeben. Aber hier greift auch ein traditionelles Rollenmuster, das die Bereitwilligkeit der Männer, sich im familialen Kontext gleichberechtigt zu investieren, gelinde gesagt, als suboptimal erscheinen lässt. Signifikant dafür ist der Tatbestand, dass viele Frauen in Teilzeitstellen zusätzlich in vollem Umfang allein verantwortlich sind für die Reproduktionsarbeit.[141]

An diesem Beispiel wird deutlich, dass eine bestimmte Konstellation der Lebensführung zwar durch die zeitliche Organisation der Gesellschaft stabilisiert wird, allerdings ihre Veränderung durch eine zeitstrukturelle Flankierung allein nicht zu bewerkstelligen ist. Anders gesagt: Eine zeitlich der Arbeitszeitorganisation angepasste Ausdehnung der Betreuungszeiten allein durchbricht noch nicht die soziokulturell bedingten Barrieren einer gleichberechtigten Aufnahme der Erwerbsarbeit von Frauen. Was umgekehrt fragen lässt, ob nicht auch diesbezüglich Interventionen möglich sind, die zwar nicht die Rahmendaten der gesellschaftlichen Organisation von Zeit durchbrechen, aber durch eine diskursive Sensibilisierung für die mehrfache Belastungssituation von Frauen bislang unausgeschöpfte Gestaltungsräume einer innerfamilial gleichberechtigten Organisation von Erwerbsarbeits-, Reproduktions- und Kinderbetreuungszeit erschließen können.[142] Bestätigung findet übrigens die sozialkulturelle Prägung der Rollenmuster auch bei der Inanspruchnahme von

---

139   Hielscher, Volker: Entgrenzung, S. 44.
140   Vgl. Linne, Gudrun (Hrsg.): Flexibel arbeiten, S. 28.
141   „Die Daten aus der Arbeitszeitberichterstattung zeigen ebenfalls, dass bei einer gemeinsamen Betrachtung der formellen und informellen Arbeit Frauen deutlich länger Gesamtarbeitszeit haben als Männer. Diese Differenz vergrößert sich noch in Haushalten mit Kindern im betreuungsintensiven Alter." Hielscher, Volker: Entgrenzung, S. 43.
142 Wobei diese nicht als Ersatzschauplatz für eine strukturelle Arbeitszeitpolitik herhalten darf. Vgl. Becker, Uwe: Arbeit ohne Grenzen.

Elternurlaub. Lediglich zwei Prozent der in Frage kommenden Väter nehmen Elternurlaub, was sich zwar zu einem guten Teil, aber nicht allein aus der Tatsache ergibt, dass die finanziellen Einbußen bei mehrjähriger Arbeitsunterbrechung durch das immer noch im Regelfall höhere Einkommen des Mannes nicht zu verkraften sind. Eine nicht zu übersehende Ursache liegt eben auch in einem dominanten Verständnis der traditionellen Vaterrolle, das den Elternurlaub des Mannes unter Legitimationsdruck stellt.[143]

4. Besonders Schicht- und Wochenarbeit haben Auswirkungen auf die Wahrnehmung ehrenamtlicher Tätigkeiten und schränken diese vornehmlich bei Frauen ein. Laut einer repräsentativen Befragung abhängig Beschäftigter und ehrenamtlich Aktiver geben fast 34 Prozent der Personen, die kein Ehrenamt innehaben, als Hinderungsgrund die Dauer, Lage und Planbarkeit der Arbeitszeit an.[144] Wenn auch flexible Arbeitszeitmuster innerhalb der Woche für diejenigen, die bereits ehrenamtliche Tätigkeiten leisten, nicht zu einer signifikanten Aufgabe dieser Tätigkeiten geführt haben und sogar 41 Prozent der Männer und 29 Prozent der Frauen eine verbesserte Vereinbarkeit von Erwerbsarbeit und Ehrenamt angeben,[145] so ist doch bedenklich,

---

143 „Die Entscheidung eines Mannes, Erziehungsurlaub in Anspruch zu nehmen, tangiert das Verständnis der traditionellen und immer noch weit verbreiteten Vaterrolle. Nach diesen Rollenvorstellungen sind Männer vorrangig für diejenigen für die Familie wichtigen außerfamilialen Ressourcen zuständig, die die Familie nicht selbst erzeugen kann und die daher erschlossen werden müssen, wie beispielsweise Einkommen, Bildungsmöglichkeiten, Güter des täglichen Bedarfs, Konsumgüter etc. In ihrer Rolle als Ernährer sind Männer somit in erster Linie für die materielle Versorgung des Kindes und für die Gestaltung der auf die kindliche Situation einwirkenden unmittelbaren Wohnbedingungen, Bedingungen schulischer und beruflicher Bildung und Weiterbildung, der Freizeit etc. verantwortlich. Komplementär zu dieser Väterrolle beinhaltet die Mutterrolle stärker solche Kompetenzen, die sich auf das Binnenverhältnis der Familie richten, wie beispielsweise die Fähigkeit der emotionalen Zuwendung, der Konfliktlösung und somit der Integration der Familie. Dieses Verständnis von der Vater- und Mutterrolle ist nach wie vor so fest in der Kultur der deutschen Gesellschaft verankert, dass eine Abweichung von ihr im sozialen Kontext ‚legitimationspflichtig‘ ist und explizit oder implizit sanktioniert wird, beispielsweise durch die Reaktionen von Nachbarschaft, Verwandtschaft, Freundeskreis und im Betrieb. Männer, die beabsichtigen, ‚in den Erziehungsurlaub zu gehen‘ und dadurch zeitweilig die Ernährerrolle nicht wahrzunehmen, geraten somit unter Legitimationsdruck und in einen Interrollenkonflikt. Die Entscheidung von Männern *für* den Erziehungsurlaub kommt daher einer Entscheidung *gegen* bestimmte Normen der traditionellen, kulturell in unserer Gesellschaft verankerten Vaterrolle gleich." Vaskovics, Laszlo A.; Rost, Harald: Väter und Erziehungsurlaub, Stuttgart 1999, S. 16.
144 Vgl. Klenner, Christina; Pfahl, Svenja; Seifert, Hartmut: Ehrenamt und Erwerbsarbeit – Zeitbalance oder Zeitkonkurrenz? MASQT Düsseldorf 2001, S. 209 (I.F.: Ehrenamt).
145 Vgl. a.a.O., S. 13.

dass ein so hoher Anteil von Personen, der noch keine ehrenamtliche Tätigkeit aufgenommen hat, seine Erwerbsarbeitszeitmuster als diesbezügliche Hinderungsgründe anführt. Fest steht jedenfalls grundsätzlich, dass die Zeitprofile der ehrenamtlichen und erwerbsbezogenen Arbeit zueinander passen müssen. Wo dies nicht geschieht – etwa bei Nacht-, Schicht- und Wochenendarbeit –, steht die Vereinbarkeit mit dem Ehrenamt in Frage.

5. Die Individualisierung von Zeitmustern schafft auch eine Individualisierung von Mobilität und Energieverbrauch mit entsprechend negativen Effekten für die Umwelt und die verkehrliche Lärmentwicklung. Zwar entzerrt die Individualisierung der Arbeitszeit mit der daraus resultierenden verkehrlichen Entwicklung versetzter An- und Abfahrtszeiten zwischen Wohn- und Arbeitsplatz auch den Verkehr, andererseits erhöht ein solchermaßen entzerrter Berufsverkehr auch die Attraktivität des motorisierten Individualverkehrs, während die des öffentlichen Nahverkehrs abnimmt.

Ein prägnantes Beispiel dafür, wie folgenreich die Änderung der Arbeits- und Betriebszeiten ist, stellt wiederum die Erfahrung in Wolfsburg im Rahmen des „VW-Modells" dar. Die Flexibilisierung und Individualisierung der Arbeitszeitmuster zerschlug das bis dato vorhandene Netz von Fahrgemeinschaften und verursachte einen rapiden Rückgang der Abonnenten des öffentlichen Nahverkehrs, der hinsichtlich des Fuhrparks und der Taktdichte auf hohe Personenzahl der Verkehrsteilnehmer eingerichtet war. „Die Zahl der Abonnenten des öffentlichen Nahverkehrs nahm von 7000 (1992) auf 3000 (1996) ab, insgesamt sank die Zahl der Beförderungsfälle um etwa ein Drittel, 25 Stellen wurden daraufhin im Fahrdienst der Stadtwerke gestrichen, ganze Berufsverkehrslinien wurden mangels Nachfrage oder Rentabilität eingestellt."[146]

Auch größere Pendeldistanzen werden dann eher in Kauf genommen, wenn sie auf Grund verminderter Staustörungen zügig bewältigt werden können, was zum Effekt „abnehmender Distanzempfindlichkeit" führt. „Folgen dieser abnehmenden Distanzempfindlichkeit sind Suburbanisierung, damit verbunden ein erhöhter Flächenverbrauch und eine abnehmende Siedlungsdichte. Es erfolgt ein zunehmender Zuzug in die peripheren Räume, z.B. von der Stadtwohnung in ein Einfamilienhaus. Daraus ergeben sich neue Ansprüche an die Infrastruktur dieser Teilräume und an die Verkehrsanbindung zum Zentrum. Der Flächenverbrauch steigt, weil neue Siedlungsflächen, Verkehrsflächen und Flächen für Einrichtungen der Infrastruktur (Schulen, Kindergärten, Geschäfte, Tankstellen, Arztpraxen usw.) erschlossen werden. Auch hier hat ein individueller

146 Eberling, Matthias; Henckel, Dietrich: Kommunale Zeitpolitik. Veränderungen von Zeitstrukturen – Handlungsoptionen der Kommunen, Berlin 1998, S. 82.

Vorteil seine Kehrseite. Der wachsende Flächenverbrauch und die Flächenversiegelung sind ein ökologisch und gesamtgesellschaftlich schwerwiegendes Problem."[147]

Die Darstellung wesentlicher Effekte veränderter Arbeitszeitstruktur erhebt nicht den Anspruch auf Vollständigkeit. So etwa sind weder die gesundheitlichen Auswirkungen flexibler Arbeitszeitmuster beispielsweise im Bereich der Schichtarbeit noch die Vereinbarkeitsproblematik von Arbeits- und Bildungszeit ausgeführt.[148] Es sollte jedoch deutlich geworden sein, dass Wirkungszusammenhänge existieren, die Folgen der Verfasstheit von Arbeitszeit auf andere Bereiche externalisieren – etwa auf die familialen Zeiten, die verkehrliche Entwicklung, die Flächeninfrastruktur, die Erosion von kollektiven, sozialen Zeiten oder auch auf die Möglichkeit, ehrenamtliche Tätigkeiten aufzunehmen. Darüber hinaus ist die Benachteiligungssituation von Frauen, denen teilweise durch unzureichende Flankierung der Betreuungszeiten die Aufnahme von Arbeit wegen der flexiblen Zeitstrukturen verunmöglicht wird, ein Indiz für den Sachverhalt, dass die Organisiertheit der gesellschaftlichen Zeitordnung Exklusionen produziert. Das betrifft ebenso die nicht näher zu beziffernde Zahl derjenigen, die beispielsweise auf Grund ihrer physischen oder psychischen Konstitution von bestimmten Ausprägungen der Arbeitszeit (Überstunden, Nacht- und Schichtarbeit) überfordert sind.

Diese Arbeit argumentiert im Folgenden damit, dass mit diesen benannten Effekten und Exklusionen „Nebenfolgen"[149] der zeitlichen Organisation der Gesellschaft benannt sind, die vorrangig aus ihrer ökonomischen Rationalität resultieren oder von dieser freigesetzt werden. Mit dem Begriff der Nebenfolge wird begrifflich und sachlich an die von Ulrich Beck und Anthony Giddens in die Diskussion gebrachte Theorie der „reflexiven Modernisierung"[150] angeknüpft, deren Typologie einen hermeneutischen wie auch handlungsorientierenden Zugang für das hier vertretene Konzept einer Zeitpolitik bietet. Soweit es für das Verständnis des zeitrelevanten Bezugs der Theorie der reflexiven Modernisierung und für Ansätze einer theoretischen Grundlegung institutioneller Zeitpolitik, wie sie hier vertreten wird, von Belang ist, sollen im Folgenden einige Grundparameter jener Theorie dargestellt werden.

---

147 Linne, Gudrun: Flexibel arbeiten, S. 39.
148 Vgl. dazu zusammenfassend: Linne, Gudrun: Flexibel arbeiten, S. 33–37.
149 Der Begriff wurde von Ulrich Beck in seinem wohl bekanntesten Buch „Risikogesellschaft" popularisiert. Vgl. Beck, Ulrich: Risikogesellschaft. Auf dem Weg in eine andere Moderne, Frankfurt/M. 1986, S. 284ff.
150 Vgl. Beck, Ulrich; Giddens, Anthony; Lash, Scott (Hrsg.): Reflexive Modernisierung. Eine Kontroverse, Frankfurt/M. 1996 (I.F.: Reflexive Modernisierung).

1.8 Reflexive Modernisierung

1.8.1 Der Verlust von zeitbezogenen Basisselbstverständlichkeiten

Innerhalb der Modernisierungsdebatte wurde vorrangig von den genannten Autoren Beck und Giddens das Konzept der reflexiven Modernisierung in Abgrenzung zur Theorie der Postmodernde, vor allem aber zur Theorie der „einfachen Modernisierung", profiliert.[151] Die Theorie der Postmoderne, prominent vertreten durch den französischen Soziologen Jean-François Lyotard,[152] sieht die Moderne gekennzeichnet durch universalistische Geltungsansprüche des rationalen, wissenschaftlichen Diskurses, der aber in eine Legitimationskrise geraten sei, da sich groß angelegte Theorieentwürfe mit ihrem Anspruch auf objektive, vom Beobachter unabhängige Erkenntnis und die Steuerbarkeit und Planbarkeit technischer Prozesse als brüchig erwiesen haben.[153] Beck und Giddens stimmen mit Lyotrad und den Vertretern der Postmoderne darin überein, dass es einen historisch nachweisbaren Bruch einer vorsehungsorientierten Geschichtsauffassung und eines fortschrittsoptimistischen Linearitätsdenkens gibt.[154] Dieser darin zur Geltung kommende Übergang sei aber nicht der zu einer Postmoderne, sondern nichts anderes als die radikale Konsequenz der Moderne. Während die Postmoderne den völligen Bruch mit der Moderne und aller in ihr eingeschlossenen Elemente der Traditionsbildung konstatiert und insofern gegenüber der Moderne

---

151   Dass die Kritik gegenüber beiden nicht gleichwertig ist, wird von Beck ausdrücklich betont. Bezüglich der Gegenüberstellung von Postmoderne und reflexiver Modernisierung räumt Beck ein, dass sie die „Überlappungen, die Produktivität und die Gemeinsamkeiten" verdeckt. „So ließen sich durchaus Übereinstimmungen herausarbeiten, die die Theorien der Postmoderne und der reflexiven Moderne *teilen* und *gegen* die in sich gegensätzlichen Sichten einfacher Modernisierung (im Spannungsverhältnis zwischen Funktionalismus und Marxismus) geltend machen." Beck, Ulrich: Die Erfindung des Politischen, Frankfurt/M. 1993, S. 285 (I.F.: Die Erfindung).
152   Vgl. Lyotard, Jean François: Das postmoderne Wissen. Ein Bericht, Wien 1999 (I.F.: Das postmoderne Wissen).
153   Das postmoderne Denken, wie er es versteht, zeichnet sich durch zwei wesentliche Aspekte aus: Es reflektiert zum einen die Brüchigkeit dieses totalitären Anspruchs der Metaerzählungen, aber andererseits wird auch die Trauer darüber, dass jenes ganzheitliche Denken sich nicht einlösen lässt, wie sie beispielsweise in der Generation der Jahrhundertwende im Wiener Kreis noch zu verbuchen gewesen sei, vom postmodernen Denken überwunden. Die Postmoderne gerät folglich nicht zur pessimistischen Grundhaltung, sondern gewinnt eine positive Haltung, die freigesetzte Pluralität als Chance und Gewinn zu begreifen. Vgl. Welsch, Wolfgang: Topoi der Postmoderne, in: Fischer, Hans Rudi; Retzer, Arnold; Schweitzer, Jochen (Hrsg.): Das Ende der großen Entwürfe, Frankfurt/M. 1992, S. 35–55, S. 37ff.
154   Vgl. Giddens, Anthony: Konsequenzen der Moderne, Frankfurt/M. 1999, S. 69f. (I.F.: Konsequenzen)

quasi „Fahnenflucht" im Modus der Theoriebildung betreibe,[155] bewerten Beck und Giddens diese Bruchlinien als Vorgang, bei dem die Moderne reflexiv ihre eigene Transformation entfaltet, damit aber dem, was in der Moderne angelegt ist, kohärent verbunden bleibt. Nicht nur Bruch, sondern auch Anknüpfung und Kontinuität, nicht Verabschiedung der Moderne, sondern ihre Neukonstituierung, nicht nur die „Frage, was sich auflöst", sondern auch die Frage, „was entsteht – die Frage nach den sich heute schon abzeichnenden Konturen, Prinzipien und Chancen einer zweiten, nichtlinearen Moderne in ‚weltbürgerlicher Absicht'" grenzen postmoderne und reflexive Modernisierungstheorie voneinander ab.[156] Reflexive Modernisierung meint eben beides: „*Kontinuität* und *Bruch in* der Moderne".[157] Gegenüber den Vertretern der einfachen Modernisierung wird der Bruch, die Diskontinuität des Neuentstehenden hervorgehoben, die sowohl die Reichweite wie die Geschwindigkeit des Wandels und folglich auch die Infragestellung ihrer rationalen Bewältigung betrifft.[158] Die Vertreter der einfachen Modernisierung leugnen zwar nicht Krisenfelder der Moderne, setzen aber unter dem Siegel der Machbarkeitsphilosophie darauf, dass die „Basisinstitutionen Konkurrenzdemokratie, Marktwirtschaft und Wohlstandsgesellschaft"[159] letztlich als Kriseninterventionsinstrumente ausreichend sind. Wolfgang Zapf schreibt in diesem Sinne:

„Die Größe von Problemen, z.B. die ökologische Krise, ist allein noch kein Argument für einen Systemwandel. Auch Großprobleme lassen sich durch räumliche, zeitliche, sachliche, soziale Teilungen in Aufgaben transformieren, die man mit Reformen bewältigen kann. (…) In diesem Sinne spreche ich von weitergehender Modernisierung als dem Wandel im einzelnen bei genereller Richtungskonstanz in der absehbaren Zukunft."[160]

Gerade diese Richtungskonstanz einer „prästabilierten Kontrollharmonie"[161] wird aber von Beck und Giddens eindeutig bestritten. Die Konti-

---

155 „Weil Moderne und industriegesellschaftliche Moderne als unauflöslich gelten, springt man, wenn die historische Falschheit dieses Modells zu dämmern beginnt, von der kapitalistisch-demokratischen Industriemoderne nicht in eine *andere* Moderne, sondern in eine *Post*moderne. Hier wird also bei den ersten Anzeichen eines Strukturwandels Fahnenflucht begangen, und die Prinzipien der Moderne werden wie jene sprichwörtlichen Flinten ins Korn geworfen." Beck, Ulrich: Das Zeitalter der Nebenfolgen und die Politisierung der Moderne, in: Beck, Ulrich; Giddens, Anthony; Lash, Scott (Hrsg.): Reflexive Modernisierung, S. 19–112, S. 39 (I.F.: Zeitalter).
156 A.a.O., S. 19.
157 A.a.O., S. 45.
158 Vgl. Giddens, Anthony: Konsequenzen, S. 12ff.
159 Zapf, Wolfgang: Entwicklung und Zukunft moderner Gesellschaften seit den 70er Jahren, in: Korte, Hermann; Schäfers, Bernhard (Hrsg.): Einführung in die Hauptbegriffe der Soziologie, Opladen 1992, S. 195–210, S. 207.
160 Ebd.
161 Beck, Ulrich: Die Erfindung, S. 81.

nuität wird gegenüber den Postmodernisten betont. Sie ist schon allein hergestellt dadurch, dass es die Modernisierung selber ist, die modernisiert wird. Sie macht sich aber auch fest an durchhaltenden Grundprinzipien der Moderne, wie der „Konkurrenz von Teilrationalitäten", der „Zentralität des Individuums, also politische Freiheiten" sowie – für unseren Zusammenhang besonders entscheidend – dem „Begründungszwang" zur Herstellung von Legitimität.[162] Der Bruch mit den Eckdaten der industriellen Moderne ist eben nicht, wie von den Postmodernisten unterstellt, der Bruch mit der Moderne schlechthin.[163]

Das heißt aber, dass Beck und Giddens in einer zweifachen Abgrenzungsstrategie begriffen sind: Einerseits wehren sie sich gegen eine Bagatellisierung der Strukturveränderungen, die die reflexive Modernisierung mit sich bringt und die nicht mehr mit klassischen Hausmitteln zu therapieren ist. Andererseits aber betonen sie auch, dass es Zugänge zur Bewältigung der Gefahren gibt, die anknüpfen an Grundfesten der Demokratie, beispielsweise der Art, dass negativ sich auswirkende Veränderungen nicht quasi naturgesetzlich als selbst laufendes Ergebnis der Modernisierung sich selbst überlassen bleiben, sondern als legitimations- und begründungspflichtige Vorgänge in den Diskurs gebracht werden mit dem Ziel ihrer Veränderung.

Insofern geht es nicht um „Untergangstheorie", sondern um eine Theorie, die zunächst aufdeckt, dass die Auf- und Ablösung der ersten industriellen Moderne durch das scheinbar Selbstverständliche vonstatten geht: Indem die industrielle Moderne sich entfaltet, destruiert sie ihre Grundlagen durch die selbst produzierten Nebenfolgen (Gefahren und Risiken), die entweder unkalkuliert und ungewollt oder aber durchaus zielgerichtet und gewollt ihre reflexive Wirkung entfalten.[164] Jene Nebenfolgen, deren eindrücklichste für Beck und seine soziologische Reflexion über die Moderne Tschernobyl war, sind Produkte der Modernisierungssiege, ihrer Errungenschaften und nicht etwa ihrer Niederlagen oder vermeintlichen Krisen.[165] Als integrale Momente der inneren Dynamik der Moderne konfrontieren sie diese mit sich selbst und lösen bislang für etabliert gehaltene „Basisselbstverständlichkeiten" der ersten industriellen Moderne auf.

Angewandt auf die zeitliche Organisation der Gesellschaft wird hier zunächst einmal die These vertreten, dass wir es bei der Veränderungsdynamik der zeitlichen Verfassung unserer Gesellschaft nicht mit einer Verabschiedung aus der Moderne, einem völligen Bruch mit den traditionsbildenden Elementen der Moderne schlechthin zu tun haben. Das heißt also, jene Änderungen der zeitlichen Organisation unserer Gesell-

---

162 Beck, Ulrich: Zeitalter, in: Beck, Ulrich; Giddens, Anthony; Lash, Scott (Hrsg.): Reflexive Modernisierung, S. 45.
163 Vgl. a.a.O., S. 39f.
164 Vgl. a.a.O., S. 27; S. 45.
165 Vgl. a.a.O., S. 44.

schaft, die wir vielfältig zu verbuchen haben, verlaufen nicht im Sinne eines zwanghaft sich vollziehenden Naturgesetzes postmoderner Geschichtsmächtigkeit. Sie sind stattdessen Ergebnis eines umfassenden Prozesses, der im Effekt grundsätzlich sowohl beabsichtigte als auch unbeabsichtigte, positive wie negative Aspekte vorweist. Daher gilt auch der demokratietheoretische Anspruch, dass solche Effekte als Ergebnis eines sozialen Konstruktionsprozesses korrigierbar sein müssen, erst recht dann, wenn ihr negativer Charakter mehrheitlich identifiziert wird. Die folgenden Ausführungen gelten der Spurensuche danach, welches denn die zeitbezogenen Basisselbstverständlichkeiten des alltäglichen Lebens sind, die im Kontext der reflexiven Wirkungen der Moderne erodieren.

Begrifflich bezeichnen zeitbezogene Basisselbstverständlichkeiten das, was wir an einführender Stelle unter Standardisierungen der Zeitordnungen, der Zeitinstitution und auch des Zeitverständnisses gefasst haben, die solchermaßen im alltäglichen Leben verankert sind, dass sie den Charakter des Selbstverständlichen gewonnen haben. So wird etwa die Wochenrhythmik mit ihrem Siebenerintervall kaum als Ergebnis einer kulturellen Leistung, dem Kalendersystem, wahrgenommen, dem durchaus historische wie aktuelle „Gegenmodelle" gegenüber stehen,[166] sondern eher als eine unhinterfragbare natürliche Gegebenheit. Die erwähnte Bemühung der Firma Swatch, eine vom gregorianischen Kalender unabhängige Internetzeit einzuführen, ist – wenn auch gescheitert – ein Indiz dafür, dass selbst der Wochenrhythmus unter Gesichtspunkten seiner Funktionalität für die optimale zeitliche Organisation der Gesellschaft in Frage stehen kann.

Zugestandenermaßen öffnet dieses Beispiel eine radikale Sichtweise, wie weit zeitliche Basisselbstverständlichkeiten verloren gehen können. Elementarer und konkret nachvollziehbar wird jene Grundtendenz am Beispiel der innerwöchentlichen Strukturierung. Zumindest für die Generation der 70er und 80er Jahre war die Gliederung der Woche in die Fünf-Tage-Betriebswoche mit dem anschließenden arbeitsfreien Wochenende mit einer gewissen Selbstverständlichkeit versehen. Bemerkenswert ist auch, dass eine gesetzliche Verankerung des arbeitsfreien Samstags von den Gewerkschaften auf Grund seiner scheinbar fest verwurzelten Akzeptanz auch in den 70er oder 80er Jahren niemals angestrebt wurde.[167]

Das arbeitsfreie Wochenende, als Adaptionsmodell des amerikanischen „Weekend", schien unumstößlich kulturell, wirtschaftlich und sozial verankert, eine Annahme, die sich – wie wir heute wissen – als Irrtum herausgestellt hat. Die Quote der regelmäßigen Samstagsarbeit hat sich – wie erwähnt – in den letzten 20 Jahren verdoppelt auf mehr als 35 Prozent und wird vermutlich durch die Novellierung des Ladenschluss-

---

166 Vgl. Rinderspacher, Jürgen P.: Wochenruhetage.
167 Vgl. Herrmann-Stojanov, Irmgard: Diskurs, S. 113f.

gesetzes noch weiter nach oben gehen. Die Fünf-Tage-Betriebswoche, die über Jahrzehnte die zeitstrukturelle Entwicklung der bundesdeutschen Nachkriegsgesellschaft geprägt hat, ist also inzwischen nur zu einem von vielen Modellen der Arbeitszeitverteilung mutiert. Auch der Sonntag hat seinen traditionellen Status als herausgehobener Ruhetag nicht ungebrochen behauptet. Zumindest wird angesichts seiner gesetzlich verankerten Sonderstellung die Reklamierung von Ausnahmeregelungen für ökonomische Verwertbarkeitsstrategien variantenreich ins Feld geführt. Die Versuche, Öffnung von Videotheken, Autowaschstraßen oder Kaufhäusern am Sonntag zu erwirken, verdeutlichen, dass, vermutlich langfristig, die Legitimität dieses Sonderstatus überzeugender Argumente bedarf.[168]

Bis in die alltagssprachliche Regelung hinein erscheinen Selbstverständlichkeiten obsolet. So suggeriert beispielsweise der Begriff „Feierabend" die Vorstellung eines sozial etablierten und kollektiv standardisierten Zeitraums, der quasi eine gegenüber der Arbeitswelt entlastende Kultur des „Feierns" eröffnet. Unabhängig von der Fraglichkeit, inwieweit der Feierabend diese entlastende Funktion so generell jemals eingelöst hat, lassen die inzwischen eingetretenen Veränderungen der Arbeitszeitstruktur die Rede von „dem" Feierabend doch eher als antiquiert erscheinen. Die Flexibilisierung der Arbeitszeit etwa in Form von Gleitzeitmodellen, roulierenden Systemen oder Arbeitszeitkonten hat zu einer individuell differierenden täglichen und wöchentlichen Arbeitszeitlage geführt, die nicht mehr sachgerecht im Kollektivsingular von *dem* Feierabend reden lässt.

Zudem ist – sprachlich paradox – jener Feier*abend* keineswegs immer nur abends anzutreffen, sondern vielfältiger auf die Tageszeit oder wöchentliche Zeitstruktur verteilt. Das heißt aber, dass der – zumindest tendenziell – kollektive Charakter des Feierabends mit seiner entsprechend sozialen Integrationskraft seine Selbstverständlichkeit verloren hat. Auch die scharfe Abgrenzung zwischen Arbeit und „Feierabend" ist zumindest für einige Segmente des Arbeitsmarktes hinfällig geworden. Die beschriebene Tendenz, in bestimmten Branchen intensiver auf eine informalisierte Entgrenzung von Arbeit und Leben zu setzen und die räumliche Segmentierung von Arbeits- und Wohnplatz aufzuheben, verwischt auch die trennscharfen Konturierungen zwischen beiden Bereichen oder gibt diese zumindest als Bewältigungsaufgabe an das Individuum weiter.

Schließlich sei noch auf einen Aspekt hingewiesen, der sich vielleicht nicht unmittelbar als Veränderung einer zeitbezogenen Basisselbstverständlichkeit nahe legt. Gemeint ist die seit den 70er Jahren stetig anwachsende strukturelle Arbeitsmarktkrise mit zeitweilig mehr als fünf

---

168 So etwa hat der Filialleiter des Kaufhof Berlin Alexanderplatz im Sommer 1999 sein komplettes Warensortiment als Berliner Souvenir etikettiert, um dadurch eine Sondergenehmigung zur Sonntagsöffnung zu erwirken. Vgl. dazu Kap 2.7.2.2.

Millionen Arbeitslosen. Arbeitslosigkeit kann ja durchaus auch verstanden werden als ein gesellschaftliches Problem der Verknappung von Zeit, die für die Möglichkeit von produktiver oder dienstleistungsorientierter Verwendung vorgehalten wird. Öffentlich thematisiert wird diesbezüglich facettenreich die Finanzierungsproblematik öffentlich geförderter Arbeit, die Zukunft der sozialen Sicherungssysteme oder die Herausforderung für eine gegensteuernde Wirtschaftspolitik. Die Auswirkungen auf die zeitliche Organisation der Gesellschaft kommen jedoch kaum in den Blick. Dabei ist diese in hohem Maße durch den Faktor Erwerbsarbeit geprägt.

Schon die Wochenendkultur unterliegt der selbstverständlichen Logik, einen gegenüber der Erwerbsarbeitszeit kompensatorischen Zeitraum zur Rekreation in Anspruch zu nehmen, selbst wenn diese zeitliche Schematik, wie erwähnt, keineswegs mehr durchgängig gilt. Eine Logik, die ohne direkte oder indirekte Beteiligung an der Erwerbsarbeit – letztere liegt geschlechtsspezifisch betrachtet überproportional häufig bei Frauen in Haus- und Erziehungsarbeit vor – unstimmig wird. Auf das Individuum bezogen normiert Erwerbsarbeit die Tages- und Wochenstruktur, die Jahresstruktur von Arbeit und Urlaub wie auch die Lebenszeitstruktur im schematischen Dreischritt von Kindheit, Arbeit und Ruhestand.

Die „Rente" als ein Zeit- und Lebensabschnitt, der quasi die Frucht der Erwerbsarbeitszeit darstellt, gehört in Deutschland seit der Bismarckschen Gesetzgebung zum gewohnten und selbstverständlichen Bestandteil sozialstaatlich hergestellter Verlässlichkeit für die biografische Zeitorientierung eines Großteils der Bevölkerung. Diskussionen über eine Verlängerung der Lebensarbeitszeit, wie sie immer wieder im Zuge der Folgeeinschätzung der strukturellen Arbeitsmarktkrise und des demografischen Wandels in Deutschland auftauchen, sind signifikant für die Verunsicherung auch zeitbezogener Selbstverständlichkeiten individueller Lebensplanung und entsprechender sozialer Absicherung.

So sehr Erwerbsarbeit individuell wie auch gesamtgesellschaftlich ein dominanter Faktor der Zeitstrukturierung ist, so sehr hat ihr Verlust nicht nur soziale Exklusionen, sondern auch zeitliche Um- und Desorientierungen zur Folge, wie die berühmte Marienthalstudie von Anfang der 30er Jahre des letzten Jahrhunderts belegt.[169] Wie das Beispiel

---

169 Vgl. Rinderspacher, Jürgen: Gesellschaft, S. 74ff. Rinderspacher bezieht sich auf eine Studie der Sozialwissenschaftlerin Jahoda, die in den frühen dreißiger Jahren in Österreich die Auswirkung der Massenarbeitslosigkeit auf das 1500 Menschen zählende Marienthal untersucht hatte. Der Einbruch der ortsansässigen Textilindustrie führte zu nahezu vollständiger Arbeitslosigkeit aller Dorfbewohner und damit auch zu einem Verlust der bis dato gegebenen Zeitstrukturierung, die geradezu zeitliche Desorientierungen zur Folge hatte. „Zu gewissen Orientierungspunkten werden die vor der Arbeitslosigkeit als ziemlich nebensächlich betrachteten Tätigkeiten des Brennholzsammelns, des Instandhaltens des Kaninchenstalls und der Bestellung des Schrebergartens." A.a.O., S. 75. Vgl. Jahoda,

der Rente zeigt, betrifft dies jedoch nicht nur die individuelle Zeitplanung, sondern auch die ökonomische Basis kollektiver sozialer Absicherung und die damit verbundene Standardisierung – Rente mit 65 – als ein gesamtgesellschaftliches (Zeit)wohlstandsmodell. Nicht erst das von namhaften Theoretikern prophezeite „Ende der Erwerbsarbeitsgesellschaft"[170] bringt den Bruch mit bis dato für selbstverständlich gehaltenen gesellschaftlichen Zeitstrukturierungen mit sich. Vielmehr sind diesbezügliche Bruchlinien schon jetzt zu verzeichnen.[171] Die Auflösung von zeitlichen Basisselbstverständlichkeiten ist ein typisches Phänomen der reflexiven Modernisierung. In diesen Verlust-, oder – je nach Perspektive – Gewinnerfahrungen manifestiert sich der von Beck beschriebene Bruch mit den Eckdaten der industriellen Moderne. Die aufgezeigten Beispiele verdeutlichen die ebenfalls von Beck vertretene These, dass die Rationalisierung der Arbeitswelt als ein maßgebliches Movens der reflexiven Modernisierung strukturbildend ist für den Verlust der Basisselbstverständlichkeiten. Ökonomische Zeitrationalisierungsmuster, die Zeit als knappe und zu bewirtschaftende Ressource begreifen, entziehen statischen, auf Gewohntes und Standardisierung setzenden Zeitstrukturen den Charakter des Selbstverständlichen. Daraus entstehen Anforderungen, die zunehmend der individuellen Bewältigung überlassen bleiben.

1.8.2 Die Individualisierung von Zeitkonflikten

Wie ein roter Faden zieht sich durch alle Phänomene der reflexiven Modernisierung ein Paradigmenwechsel hinsichtlich der Funktion des Individuums. Die reflexive Modernisierung spiegelt sich sozusagen „im Kleinen" in einer dynamischen Veränderung wider, deren Bewältigung dem Individuum innerhalb weniger Dekaden als historisch neu zu gestaltende Ausrichtung seiner Lebensführung und sozialen Integration

Marie; Lazarsfeld, Paul, F.; Ziesel, Hans: Die Arbeitslosen von Marienthal. Ein soziologischer Versuch, Frankfurt/M. 1978.
170 Gortz, André: Arbeit zwischen Misere und Utopie, Frankfurt/M. 2000; Riffkin, Jeremy: Das Ende der Arbeit und ihre Zukunft, Frankfurt/M. 1997; Strasser, Johanno: Wenn der Arbeitsgesellschaft die Arbeit ausgeht, Zürich, München 1999.
171 Erwerbsarbeit kreiert auch zeitliche Interdependenzen, die erst dann eine öffentliche Diskussion erfahren, wenn ihre Effekte negativ zur Geltung kommen. Arbeitslosigkeit ist überwiegend Zeit, die von Millionen von Menschen zu Erwerbszwecken angeboten, als solche aber nicht verwertet wird und folglich auch nicht fiskalisch Wert schöpfend genutzt werden kann. Die volkswirtschaftlichen Einbußen, müssen – grob gesagt – an anderer Stelle „eingespart" werden, auch zeitlich. Die Einführung von Fallpauschalen, also kalkulatorisch angesetzten Aufenthaltszeiten in Krankenhäusern für bestimmte Krankheitsbilder, ist der Versuch, durch Rationalisierung auf der Zeitschiene Einsparungen zu erzielen, die letztendlich der Senkung der Lohnnebenkosten dienen sollen, die wiederum durch die hohe Arbeitslosenquote belastet werden.

aufgegeben ist. Mit dem Titel „Riskante Freiheiten", eines von Ulrich Beck und Elisabeth Beck-Gernsheim herausgegebenen Sammelbandes, wird die vielschichtige Ambivalenz jener Individualisierung in ein geronnenes Begriffspaar zusammengefasst.[172] Individualisierung steht folglich unter dem doppelten Signum von Bindungslosigkeit und Freiheit, Risiko und Chance, Privatisierung der Lebensführung und Verlust sozialer Bindungen.

Individualisierung ist ein umfassender, sämtliche Lebensbereiche okkupierender Prozess. Im Unterschied zu Individualisierungsphänomenen, die auch schon in der Kultur der Renaissance zu verzeichnen waren, besteht das historisch Neue der modernen Individualisierung darin, dass sie tendenziell alle Individuen ergreift und sie nicht freie Wahl, sondern von außen durch gesellschaftliche Grundbedingungen hergestellter Zwang ist.[173] Maßgeblicher Antriebsmotor der Herauslösung aus traditionellen Bindungen von Familie, Schicht und Klasse ist für Beck der Arbeitsmarkt. Hier sind insbesondere zu nennen: Erstens die Bildung, die „traditionale Orientierungen, Denkweisen und Lebensstile ... verdrängt". Zweitens die Mobilität, die aus gewachsenen Bindungen herausreißt und die Notwendigkeit zur Herstellung neuer Bindungszusammenhänge schafft. Drittens die Konkurrenz, sofern die Austauschbarkeit von Qualifikationen und Personen den Zwang freisetzt, „die Besonderheit und Einmaligkeit der eigenen Person und Leistung zu inszenieren".[174]

An späterer Stelle nennt Beck – aus der Perspektive von 1983 mit Weitsicht – ausdrücklich auch die „Flexibilisierung von Arbeitsmarktbeziehungen" und die „Einführung neuer Arbeitszeitregelungen", die „Individualisierungsprozessen neue Dimensionen eröffnen".[175] Zwar bleiben auch innerhalb dieser Individualisierungsmechanismen die Lohnabhängigkeiten bestehen. Sie formieren jedoch keine Klassenbildung mehr, da der Zwang zur individuellen Bewältigung der eignen Lebenslage gegenüber der Assoziation von Gemeinsamkeiten primär prägend wirkt. Folglich verliert für Beck die „Rede von der Arbeiter-Klasse, Angestellten-Klasse etc. (...) ihre lebensweltliche Evidenz".[176] „Die Konturen der Klassengesellschaft verblassen, und an ihre Stelle treten immer

---

172 Vgl. besonders: Beck, Ulrich; Beck-Gernsheim, Elisabeth: Individualisierung in modernen Gesellschaften – Perspektiven und Kontroversen einer subjektorientierten Soziologie, in: Beck, Ulrich; Beck-Gernsheim, Elisabeth (Hrsg.): Riskante Freiheiten. Individualisierung in modernen Gesellschaften, Frankfurt/M. 1994 (I.F.: Riskante Freiheiten), S. 10–39 (I.F.: Individualisierung).
173 Vgl. a.a.O., S. 20f.
174 Beck, Ulrich: Jenseits von Stand und Klasse, in: Beck, Ulrich; Beck-Gernsheim, Elisabeth: Riskante Freiheiten, S. 47f. (I.F.: Jenseits).
175 A.a.O., S. 57.
176 A.a.O., S. 53.

deutlicher die Züge und Gefahren einer ‚individualisierten Arbeitneh-
mergesellschaft' in den Vordergrund."[177] Es sollte deutlich geworden sein, dass für Beck und Beck-Gernsheim
die „Befreiung" vom Joch der Tradition nicht eine „unbegrenzt im
freien Raum jonglierende Handlungslogik"[178] ist, sondern das Individuum mit der Herausforderung konfrontiert, sich seine Handlungsoptionen selber herzustellen.[179] Der alte Zwang zur Normalbiografie wird
ersetzt durch den Zwang zur „Wahlbiografie", zur „reflexiven Biografie" oder gar zur „Bastelbiografie", eine Biografie, deren Gelingen nicht
selbstlaufend vorausgesetzt werden kann, sondern auch Gefährdungen
der „Risikobiografie" beinhaltet, wie sie beim Verlust des Arbeitsplatzes eklatant in Erscheinung treten.[180] Gleichwohl schwankt die alltäg-
lich eingelöste Individualisierung zwischen der grundsätzlichen Möglichkeit, sich als prometheischer Akt frei gewählter Selbstbestimmung
zu gestalten, und dem Risiko der Überforderung und des Scheiterns. Die
Sehnsucht, die in dem Anspruch auf ein selbstgestaltetes Leben, gewonnene soziale Beziehungen, Verfügung über eigene Zeit, also eine
„persönlich-biografische Lebensführung",[181] zu Tage tritt, wird konterkariert durch die Labilität und das faktische Scheitern ihrer Realisierung. Mit anderen Worten: Die Individualisierung produziert jenseits
von Schicht und Klasse nicht etwa die Aufhebung, sondern gerade die
Verschärfung sozialer Ungleichheit.[182] Die Freiheit zum permanenten
Selbstentwurf impliziert ihre riskante Kehrseite: die Selbstgefährdung
des Individuums.

Mit dieser Individualisierungsthese haben Beck und Beck-Gernsheim
quasi die hermeneutische Brille entworfen, mit der zahlreiche For-
schungsprojekte und Publikationen der angewandten Sozialwissen-
schaften der folgenden Jahre jenes Phänomen für konkrete Lebens- und
Arbeitsbereiche in Betracht gezogen haben. Stichwortartig genannt
seien hier: das Ende der „Normalerwerbsbiografie",[183] der Wandel des

---

177 A.a.O., S. 57.
178 Beck, Ulrich; Beck-Gernsheim, Elisabeth: Individualisierung, S. 12.
179 Dies betrifft ebenso den ethischen Bereich, zum Beispiel bei Fragen der Fort-
pflanzungsmedizin und Humangenetik. Beck spricht in diesem Zusammenhang von
der „Demokratisierung Gottes". Durch die neuen, auf der Basis medizinischer
Technologie aufgeworfenen Entscheidungsoptionen seien die Menschen in Fragen
hineingezogen, „die frühere Kulturen und Religionen auf Gott und die Götter pro-
jiziert haben". Im Ergebnis führe diese Konfrontation mit dem eigenen Ermes-
sensspielraum in Fragen der pränatalen Diagnostik (die Präimplantationsdiagnostik
war Anfang der 90er Jahre noch nicht in Sicht) und der Entscheidung über Abtrei-
bung bei absehbar genetisch bedingter Krankheit zur „exekutive(n) Privatheit".
Beck, Ulrich: Erfindung, S. 236f.
180 Vgl. Beck, Ulrich; Beck-Gernsheim, Elisabeth: Individualisierung, S. 13.
181 Beck, Ulrich: Jenseits, S. 46.
182 Vgl. Beck, Ulrich: Zeitalter, S. 45f.
183 Das Normalarbeitsverhältnis ist definiert als Vollzeitbeschäftigung mit unbe-
fristetem Arbeitsvertrag und Einbindung in das soziale Sicherungssystem.

Geschlechterverhältnisses und der wachsende Anteil von erwerbstätigen Frauen, die Pluralisierung der Lebensformen und die Erosion von standardisierten Biografiemustern und die schon ausführlich dargestellte Flexibilisierung des erwerbsbezogenen und alltäglichen Lebens.[184] Diese genannten Aspekte betreffen Facetten des Individualisierungstrends, die allesamt auch zeitrelevante Auswirkungen haben, weil sie ebenso zu einer Pluralisierung der Zeitbedürfnisse und der Integrationserfordernisse zeitlicher Übereinkünfte führen. Auf einen Aspekt, der den Bereich der alltäglichen Lebensführung unter besonderer Berücksichtigung der individuellen Bewältigung von Flexibilisierungsmustern betrifft, sei besonders eingegangen.

Hans J. Pongartz, Günter Voß und Karin Jurczyk haben sich mit den Konsequenzen befasst, die die Flexibilisierung der Arbeitszeit für den gesamten Lebenszusammenhang der Betroffenen mit sich bringt. In ihrer Kernthese prognostizieren sie die Herausbildung eines neuartigen gesellschaftlichen Leittypus von Arbeitskraft, den „Arbeitskraftunternehmer".[185] Jener Typus sei das konsequente Ergebnis einer zunehmenden Entgrenzung von Arbeit, die sowohl räumliche, technische als auch soziale Momente umfasst.[186] Wie schon das Beispiel der Vertrauensarbeitszeit gezeigt hat, führen die Erosion von fest umgrenzten Arbeitszeiten und die Verlagerung von Zeitvorgaben zu inhaltlich fixierten Vorgaben der zu erbringenden Arbeitsleistung dazu, dass der Grad der eigenverantwortlichen Selbstorganisation zur Erbringung der Arbeitsleistung steigt. Diese Selbstorganisation verlangt aber nach Meinung der Autoren von den Beschäftigten die Befähigung, nicht nur ihre erwerbsbezogenen, sondern auch ihre sozialen Zeitverwendungsansprüche so zu

184 Vgl. zu allen genannten Aspekten: Engelmann, Jan; Wiedemeyer, Michael (Hrsg.): Kursbuch Arbeit. Ausstieg aus der Jobholder-Gesellschaft – Start in eine neue Tätigkeitskultur, Stuttgart/München 2000. Vgl. zusammenfassend: Heitkötter, Martina: Lokale Zeitpolitik, S. 3ff.
185 Vgl. Pongartz, Hans J.; Voß, Günter, G.: Arbeitskraftunternehmer. Erwerbsorientierungen in entgrenzten Arbeitsformen, Berlin 2003 (I.F.: Arbeitskraftunternehmer). Erstmals haben die Autoren ihre These 1998 formuliert. Vgl. Voß, Günter G.; Pongartz, Hans J.: Der Arbeitskraftunternehmer. Eine neue Grundform der „Ware Arbeitskraft"?, in: Dostal, Werner; Kupka, Peter (Hrsg.): Kölner Zeitschrift für Soziologie und Sozialpsychologie, Jahrgang 50, 1998, S. 131–158. Vgl. auch: Jurczyk, Karin; Voß, Günter G.: Entgrenzte Arbeitszeit – reflexive Alltagszeit. Die Zeiten des Arbeitskraftunternehmers, in: Hildebrandt, Eckart (Hrsg.): Reflexive Lebensführung. Zu den sozialökologischen Folgen flexibler Arbeit, Berlin 2000, S. 151– 205, (I.F.: Entgrenzte Arbeitszeit).
186 Die Autoren weisen gegen ihre Kritiker ausdrücklich darauf hin, dass sie ihre schon Ende der 90er Jahre formulierte These vom Arbeitskraftunternehmer nicht als empirische Bestandsaufnahme eines dominierenden Arbeitstypus verstehen, sondern als die Prognose eines zukünftigen Leittypus, der sich erst allmählich gegenüber dem noch vorherrschenden verberuflichten Arbeitnehmertypus des Fordismus durchsetzen wird, allerdings in bestimmten hoch qualifizierten Berufsfeldern bereits stark vertreten ist. Vgl. Pongartz, Hans J.; Voß, Günter G.: Arbeitskraftunternehmer, S. 28ff.

koordinieren, dass die Effizienz der Arbeit optimal erzielt wird. Das heißt, die Typologie des Arbeitskraftunternehmers geht über den betrieblichen Handlungsbezug hinaus und schlägt auch auf den privaten Lebenskontext um. Sein spezifischer Charakter wird von Voß und Jurczyk mit drei theoretischen Annahmen gefasst:

„(1) Eine verstärkte *Selbst-Kontrolle* der Arbeitenden in der konkreten Arbeitstätigkeit mit einer daraus resultierenden systematisch erhöhten Wertigkeit der Arbeitskraft für den Betrieb, (2) eine erweiterte *aktive Selbst-Ökonomisierung* der Arbeitskräfte sowie (3) eine Tendenz zur forcierten *Selbst-Rationalisierung* der Betroffenen als Basis einer zunehmend erforderlichen gezielten Durchorganisation ihres gesamten alltagspraktischen Lebenszusammenhangs. Auf allen drei Ebenen hat die Dimension Zeit, wie wir zeigen wollen, eine besondere Bedeutung, so dass wir davon ausgehen, dass für den neuen Typus von Arbeitskraft insgesamt eine *veränderte Zeitqualität* charakteristisch sein wird, die ihn auch in dieser Hinsicht von anderen historischen Typen von Arbeitskraft unterscheidet."[187]

Besonders der dritte Aspekt stellt einen systematischen Zusammenhang zwischen der vielfach beschriebenen Tendenz zur ökonomischen Rationalisierung der Arbeitszeit und ihrer Auswirkungen auf die anhängigen Effekte im Bereich der alltäglichen Lebensführung dar.

Der Effizienzdruck, unter den die Beschäftigten ihren zeitlichen Einsatz stellen, bleibt demnach als zeitliches Rationalisierungsmuster nicht auf den Arbeitskontext bezogen, sondern setzt sich als „Tendenz zur ‚Verbetrieblichung' der Lebensführung" als Ganzes fort.[188] Die Entgrenzung von Arbeit und Leben an sich ist dabei nicht notgedrungen im Fahrwasser jener Effizienzlogik. Sie könnte ja, wenn beide Bereiche gleichwertig gegenüberstünden, auch Ansätze einer harmonischen Integration darstellen. Faktisch aber dominiert das betriebliche Denken und findet subtil in der Durchdringung eines erwerbsbezogenen Habitus rationalisierten Zeitverhaltens im privaten Alltag seine konsequente Fortsetzung. Mit anderen Worten: Mit der Rationalisierung des Zeithandelns ist mit wachsender Tendenz auch eine Änderung des individuellen Zeitverhaltens und Zeitverständnisses gegeben. Zeit wird dann primär nur noch als effizient zu bewirtschaftende Ressource bewertet und auf diese Weise egalisiert.

Dieses steht aber deutlich in Konkurrenz zu einem Verständnis von Zeit als „Kairos", dem gemäß Ereignisse zu einer bestimmten Zeit, deren Anfang, Dauer, Ende und „Geschwindigkeit" sie selber vorgeben, entsprechend handlungsbezogen und Zeit füllend gewürdigt werden, und zwar jenseits von Tendenzen zur Ökonomisierung der Zeit. Die Folge ist, dass eh schon erodierende Zeitinstitutionen, die verlässlichen Zeitraum für diese Kairos-Momente eröffnen – wie das freie Wochenende, der Sonntag oder der Feierabend –, nicht nur von „außen" durch flexible

---

187 Vgl. Jurczyk, Karin; Voß, Günter G.: Entgrenzte Arbeitszeit, S. 167.
188 Vgl. a.a.O., S. 185.

Arbeitszeiten, sondern auch von „innen" heraus durch eine Zeitgestaltung ausgehöhlt werden, die Rekreation, Muße und soziale Zeiten nur noch nach den Gelegenheiten einplant, die gerade das Erwerbsleben freilegt. Wir haben es also tendenziell mit einer Kettenreaktion der Erosion sozialer Zeiten zu tun, in der „innen" und „außen" sich gegenseitig in ihrer Dynamik vorantreiben.

„Man entspannt und erholt sich, wenn gerade ‚wenig los' ist; nimmt ‚Urlaub' (nicht mehr ‚den' Urlaub, weil es feste Urlaube immer weniger geben wird) oder ‚freie Tage' (‚Sonntag' ist dann, wenn man Zeit hat), wenn es im Jahres- oder Wochenzyklus gerade ‚passt' oder eine Pause zwischen zwei Projekten ist; man reizt die Gleitzeit für private Interessen voll aus, wenn eine Flaute im Betrieb ist und muss ‚voll ranklotzen', wenn es ‚brennt', ohne Rücksicht auf Zeitansprüche, Tarifordnungen und tradierte Zeitinstitutionen u.a.m."[189]

Je weniger kollektive, soziale Zeiten die gesellschaftliche Organisation von Zeit prägen, desto mehr wird diese Form der rationalen Durchorganisation des alltäglichen Lebenszusammenhangs als individuelle Übertragung betrieblich sozialisierter Zeitverwendung auf den privaten Lebenskontext greifen. Die unkalkulierbaren „Eigenzeiten", die Menschen des privaten Umfeldes und die ungeplanten Ereignisse des sozialen Miteinanders einfordern, verlieren nach Meinung der Autoren immer mehr an Zeit strukturierender Bedeutung.
Zumindest ist der individuelle Handlungsrahmen das entscheidende Konfliktfeld, auf dem sich die beiden konkurrierenden Zeitlogiken einer verbetrieblichten an Effizienz orientierten und einer am Kairos orientierten Handlungsweise gegenüber stehen.
Oder, um es in der Terminologie von Ulrich Beck zu sagen: Das Individuum kann diesem „hergestellten Zwang" zur Entscheidung über die Prioritäten und Kriterien seiner Zeitverwendung – so zumindest die Prognose – immer weniger entrinnen. Zeitgestaltung wird zum Inbegriff der Wahlbiografie, die schwanken kann zwischen prometheischer Selbstbestimmung und dem Scheitern an den ungelösten Konflikten zeitlicher Beanspruchung.
Jurczyk und Voß konstatieren – für den von ihnen prognostizierten Fall, dass sich der Arbeitskraftunternehmer als Leittypus durchsetzt – den drohenden Verlust „qualitativ bestimmbarer ‚Eigenzeiten' und inhaltlich gefüllter Ereigniszeit: Zeitliche, im Sinn verknüpfte Rituale der Gesellschaft, besondere ‚heilige' Zeiten (Sonntag, Feierabend, Feiertage) werden entleert; bisher als natürlich-menschlich erachtete Zeitmaße, die sich in circadianen Rhythmen ausdrücken, und menschlichen Körpern angemessene Tempi werden eher als Störgrößen behandelt und nur noch in ihrer Funktionalität beurteilt".[190] Eine in diesem Sinne um ihren inhaltlichen Eigensinn gebrachte Zeit beraubt ihr eine Qualität zu

189 A.a.O., S. 178.
190 A.a.O., S. 191.

Gunsten einer egalisierten, rationalisierten Kalkulation von Zeit, konsequenterweise ist dies eine Form der „Entzeitlichung",[191] die wohl subtilste zeitbezogene Nebenfolge der reflexiven Modernisierung.

Die aufgezeigten Effekte der dominant betrieblich ausgehandelten Struktur der gesellschaftlichen Organisation der Zeit, wie wir sie unter dem Stichwort der Nebenfolgen zusammengefasst haben, der damit einhergehende Verlust oder die Infragestellung von zeitbezogenen Basisselbstverständlichkeiten und die Individualisierung der Bewältigung der Gesamteffekte – dies alles profiliert die Frage nach dem Legitimations- und Gestaltungsprozess der gesellschaftlichen Zeitorganisation. Es ist die Überzeugung, die in dieser Arbeit zur Geltung kommt, dass die Reduktion auf institutionelle Zuständigkeiten bezüglich der Zeitorganisation der vernetzten Wirklichkeit der Effekte zeitliche Organisation nicht mehr gerecht wird.

1.8.3 Die Unzulänglichkeit institutioneller Differenzierungen

Die Theorie der reflexiven Modernisierung erhebt den avantgardistischen Anspruch, reflektierend zu klären, was rein reflexiv, unbewusst vonstatten geht. Insofern ist sie auf der ersten Handlungsebene eine Reformation des Denkens. „Das *Denken* muss erneuert werden, damit die Welt der Moderne an ihren eigenen Ursprüngen und Ansprüchen erneuert werden kann."[192] Am Beispiel der Änderung der betrieblichen Rationalisierungsstrukturen und des Abschieds von tayloristischen Produktionsmethoden führt Beck vor Augen, wie diese Erneuerung des Denkens in Form eines vernetzten Denkens Gestalt gewinnen kann: Statt jene Rationalisierungsprozesse nur auf den engen Korridor betrieblicher Umstrukturierungen als „Ende der Arbeitsteilung" oder „Ende der Massenproduktion" zu begreifen, gilt es, ihren eigentlich politischen Charakter als weit darüber hinausgehende Elemente der reflexiven Modernisierung zu verstehen.[193]

Das bedeutet in der Konsequenz, dass die betriebliche Rationalisierung eine umfassende Theorie der Rationalisierung abverlangt, in der jene Prozesse nicht mehr rein „wirtschafts-, kapital- oder betriebsimmanent" begriffen werden.[194] Denn mit diesen Prozessen geht es um das qualitativ Neue einer Dynamik, die nicht Fortschreibung, sondern „Selbstveränderung", eben Rationalisierung betrieblicher Rationalisierung in sich birgt mit allen kontingenten, nicht betrieblich eingrenzbaren lebensweltlichen Folgen. Daher wird betriebliches Handeln als eine Form des

---

191   A.a.O., S. 192.
192   Beck, Ulrich: Zeitalter, S. 26.
193   A.a.O., S. 84.
194   A.a.O., S. 85.

Politischen zunehmend „öffentlichkeitsabhängig, legitimationsabhängig".[195]
Dass die Konfliktlinien betrieblicher Rationalisierung sich nicht mehr an den betrieblichen Raum binden lassen und als konfliktträchtiger Öffentlichkeitsraum bewusst gemacht werden müssen, ist eine Umschreibung für das, worum es eigentlich geht: Um die „Politisierung der Rationalisierung", was heißt: „Grundnormen des menschlichen Zusammenleben, hier: der industriellen Arbeit und Produktion, geraten in die Entscheidung."[196] Dieser Aufgabe sind die alten Organisationen, wie die Gewerkschaften, allein nicht mehr gewachsen. Stattdessen steht die umfassende, theoretisch wie politisch zu beantwortende Frage an, wie denn individuelle Ansprüche an eigenes Leben, Selbstbestimmung, zeitliche Verfügung „mit den Grundlagen des Sozialen neu abgestimmt werden" können.[197]
Was an diesem Beispiel für Beck deutlich wird, ist, dass alte *„Differenzierungen selbst (…) zum gesellschaftlichen Problem"* werden, weil die Abgrenzungen, die hier vorgenommen werden, im Widerspruch stehen zu der Grenzenlosigkeit der Folgen, die produziert werden.[198] Rückzug auf Partielles, Grenzziehung zwischen Wissenschaft, Technik, Sozialem, Kunst, Kultur und Politik wird der weiten Inklusion jener Folgen nicht mehr gerecht. Daher stellt sich die Frage, warum jene „Aufgaben und Kompetenzen nicht anders verzahnt und „geschnitten" werden können.[199]
Der aus den Folgen der reflexiven Modernisierung resultierende Handlungszwang in Richtung Vernetzung und Neukonzeptionierung von Mechanismen der Intervention eröffnet zugleich auch ganz neue Handlungsoptionen. Letztlich ist für Beck ein integrativer Politikwechsel angesagt – jenseits von Stand und Klasse, jenseits von Rechts und Links, jenseits von nationalstaatlicher Abschottung und jenseits der Handlungsbegrenzung einer von den Bürgern und Bürgerinnen abgehobenen, halbierten Demokratie des Großparteiensystems.[200] So wie der Einzelne im Zuge der Individualisierung zum permanenten Neustrukturieren seiner Lebensführung genötigt – oder auch befreit – ist, so gilt auch für die Institutionen und politischen Kräfte, dass sie zu permanenten „Koordinations- und Koalitionsleitungen" herausgefordert sind. „Das heißt: Für die Theorie reflexiver Modernisierung ist die *Neubestimmung des Politischen*, deutlicher: die *Erfindung* des Politischen nach seinem industriellen Ende wesentlich."[201]

195 Ebd.
196 A.a.O., S. 86.
197 A.a.O., S. 86f.
198 Vgl. Beck, Ulrich: Die Erfindung, S. 78.
199 Ebd.
200 Vgl. a.a.O., S. 209f.
201 A.a.O., S. 89.

Ulrich Beck hat die Nebenfolgen des Modernisierungsprozesses, seien sie reflektiert und bewusst in Kauf genommen oder aber unbeabsichtigt und unreflektiert, als das eigentliche Zentrum der Modernisierungsdynamik beschrieben. In der Analyse der Nebenfolgen liegt quasi der hermeneutische Zugangscode zum Verständnis dessen, was reflexive Modernisierung auszeichnet. Bezüglich der zeitlichen Organisation der Gesellschaft haben wir einige der externen Effekte, die sich auf die Koordination familialer und sozialer Zeiten, die geschlechtsspezifische Benachteiligungen und Exklusionen von Frauen, die verkehrliche Entwicklung und Individualisierung von Mobilität, die sukzessive Auflösung kollektiver Rhythmen und auf die Vereinbarkeit mit ehrenamtlich-bürgerschaftlichem Engagement beziehen, beschrieben und sie als Ergebnis ökonomischer Rationalität eines monetaristischen Zeitverständnisses charakterisiert. Diese Effekte tragen den Charakter von Nebenfolgen, die wiederum den Verlust oder die Infragestellung von zeitrelevanten Basisselbstverständlichkeiten produzieren.

Der damit verbundene massive Strukturwandel von Zeitordnungen, Zeitinstitutionen und auch des Zeitverständnisses durchzieht breite Bereiche der alltäglichen Lebensführung und des sozialen Lebens. Obwohl dies in ursächlichem Zusammenhang mit der Rationalisierung arbeitszeitlicher Organisationsmuster steht, finden diese Effekte innerhalb des betrieblichen Gestaltungsrahmens keine explizite Berücksichtigung. Die Beteiligung und der Aushandlungsraum dieser betrieblichen Zeiten sind auf vergleichsweise wenige Akteure, die Betriebsparteien oder Verbände, begrenzt. Für Effekte, die weit über die betriebliche Wirklichkeit hinausgehen, sind jene Akteure in der Regel nicht öffentlichkeits- und legitimationsabhängig.

Die Auswirkungen reichen – wie geschildert – weit über den betrieblichen Kontext hinaus in die Organisation der gesellschaftlichen Zeit insgesamt, ohne dass die betrieblich Zeittakt gebenden Institutionen – also die Betriebsparteien, die Gewerkschaften oder Arbeitgeberverbände – diesem Umstand ausreichend Rechnung tragen. Dies ist nicht zuletzt darauf zurückzuführen, dass die standardisierende Regelungsdichte innerhalb des Flächentarifvertrages immer mehr abnimmt und stattdessen betrieblich oder gar individuell ausgehandelte Arbeitszeitmuster avisiert werden. Dadurch geraten übergeordnete, kollektive Zeitregelungsfragen immer mehr aus dem Blickfeld.[202]

Die negativen Folgen einer solchen Politik der begrenzten Zeitgestaltungsziele sind am Beispiel der Zeitkontenregelung deutlich geworden. Je mehr hier nur die individuelle Zeitsouveränität zum leitbildartigen Schlagwort wird, desto mehr werden alle anhängigen Fragen etwa der Koordination von familialen und sozialen Zeiten, der Aufrechterhaltung kollektiver Rhythmen, der verkehrlichen Entwicklung in die zum Teil

---

202 Vgl. Becker, Uwe; Wiedemeyer, Michael: Verunsicherung.

über Gebühr belastete Verantwortung des Individuums gestellt und sozusagen entpolitisiert. In dieser Entpolitisierung, die durch die Nichtberücksichtigung der Nebenfolgen innerhalb der Gestaltung von Arbeitszeitfragen erfolgt, wird aber gerade der politisch brisante Charakter der betrieblichen Aushandlungsverfahren von Arbeitszeit offenbar. Es herrscht offensichtlich eine zeitpolitische Gestaltungslücke. Die Paradoxie der Politisierung des Problems durch seine Entpolitisierung verschärft, wie schon Beck betont, umso mehr die Legitimationsfrage: Die Gestaltung von Arbeitszeitorganisation wird angesichts der beschriebenen Effekte, die die Flexibilisierung, die Kontinuisierung und die Informalisierung der Arbeitszeit mit sich bringen, de facto öffentlichkeits- und politikrelevant, ohne dass die von Beck geforderte „Erfindung des Politischen" bereits eingelöst ist.

In dieser Divergenz zwischen dem lebensweltlichen Auswirkungsgrad der Arbeitszeitregelungen und der Selbstbegrenzung auf rein innerbetriebliche Belange kommt das von Beck beschriebene Phänomen der Brüchigkeit traditioneller Differenzierungen zur Geltung. Der Produktion von zeitrelevanten Nebenfolgen kann nicht zuletzt deshalb kaum entgegen gewirkt werden, weil institutionelle Differenzierungen nicht zugunsten einer ganzheitlichen, zeitpolitischen Abwägung der Zusammenhänge der zeitlichen Organisation der Gesellschaft aufgebrochen werden.

Solange die Gewerkschaften – wie ausgeführt – die Regelung der betrieblichen Arbeitszeitorganisation fast nur noch unter Gesichtspunkten der Beschäftigungssicherung vornehmen, solange Kirchen nicht die umfassende Problematik ökonomischer Rationalisierungsstrategien von Zeit mit den entsprechenden lebensweltlichen Auswirkungen insgesamt thematisieren, sondern sich nur auf die Forderung nach Einhaltung der Sonntagsruhe zur Durchführung der Gottesdienste beschränken, solange die Sportvereine nur die Organisation ihrer Spiele gewährleistet sehen wollen, solange die öffentlichen Verkehrsbetriebe ihre Taktfrequenzen nur am Kosten-Nutzen-Kalkül orientieren, solange also die Zeittakt gebenden Organisationen nicht aus ihren begrenzten Zuständigkeiten heraustreten, werden diese Nebenfolgen keine wirkliche politische Auseinandersetzung erfahren.

Wir haben also nicht nur eine Tendenz zur Individualisierung der Zeitkonfliktbewältigung zu verzeichnen, sondern auch eine Tendenz zur Partikularisierung des unmittelbaren „Zuständigkeitsbereichs" der Zeit gestaltenden Akteure. Wobei diese Partikularisierung nicht notgedrungen eine aktive Reduzierung des Aktionsradius meint, sondern wohl eher auf eine ungeheure Erweiterung der Wirkungsbreite der zeitlichen Rationalisierung zurückzuführen ist, die alle gesellschaftlichen Lebenszusammenhänge erfasst. Deshalb sind Analysen, Strategien und Gestaltungsallianzen ganz neuer Art gefordert, die die externalisierten Effekte der Rationalisierung von Zeit zum Ausgangspunkt einer Neu-

konstitution des Politischen nehmen. Wofür es Zeit wird, ist die *„Erfindung des Zeitpolitischen"*, eine Erkenntnis, die bereits in mehreren Ansätzen seit einigen Jahren in theoretischer und praktischer Umsetzung begriffen ist.[203]
Der in dieser Arbeit vertretene zeitpolitische Ansatz setzt bei der obigen Diagnose einer unzureichenden Wahrnehmung der weitreichenden Effekte der gesellschaftlichen Organisation von Zeit an, wie sie durch die ökonomische Rationalität vorangetrieben werden.
Sie versteht sich als ein Beitrag, der nach konstruktiven Möglichkeiten einer institutionellen Zeitpolitik sucht, die diese Effekte analytisch ausreichend im Blick hat und handlungsorientiert verwertet. Der Begriff „institutionelle Zeitpolitik" bezieht sich auf die zeitpolitische Handlungsmöglichkeit einer Institution (oder Organisation), womit also zugleich der zeitpolitisch handelnde Akteur benannt und der diesbezügliche Handlungsrahmen abgesteckt ist.
Noch eingegrenzter soll es in dieser Arbeit um die Entfaltung einer institutionellen Zeitpolitik gehen, wie sie der Institution „evangelische Kirche" als – nicht zuletzt auch theologisch begründete – Herausforderung zugeschrieben wird. Bevor – dieses Kapitel abschließend – der Gegenstand dieser kirchlich-institutionellen Zeitpolitik umrissen wird, soll im Folgenden noch nach den Konstruktionsmechanismen gefragt werden, die einer institutionellen Zeitpolitik überhaupt eine gewisse Politikfähigkeit verleihen können. Dazu bietet besonders Anthony Giddens hilfreiche theoretische Ansätze.

1.8.4 Reembedding als zeitpolitischer Konstruktionsprozess

Anthony Giddens ist, intensiver noch als Beck, angesichts der „hergestellte(n) Unsicherheit",[204] die die Dynamik der Moderne erzeugt, um die Frage bemüht, wie aus der Dekonstruktion von industrieller Moderne sozial funktionale Zusammenhänge entstehen können. Dabei wird deutlich, dass es schon im Vorfeld bei der Einschätzung des alle politischen und lebensweltlichen Bereiche erfassenden Charakters der reflexiven Modernisierung Unterschiede zwischen beiden befreundeten Autoren gibt, die sich auch in den Begrifflichkeiten niederschlagen. Obwohl Giddens selber mit dem Begriff der reflexiven Modernisierung

---

203   Vgl. Rinderspacher, Jürgen: Zeitpolitik. Gegenstand, Gestaltbarkeit, Akteure, in: Stadträume und Zeitpolitik, Informationen zur Raumentwicklung, Heft 10 (1997), S. 677–689 (I.F.: Zeitpolitik); Mückenberger, Ulrich (Hrsg.): Zeiten der Stadt. Reflexionen und Materialien zu einem neuen gesellschaftlichen Gestaltungsfeld, Bremen, 2000. Zur Thematik der zeitpolitischen Bündnisschaften von Kirchen und Gewerkschaften vgl. Becker, Uwe; Wiedemeyer, Michael: Verunsicherung.
204   Giddens, Anthony: Risiko, Vertrauen und Reflexivität, in: Beck, Ulrich; Giddens, Anthony, Lash, Scott (Hrsg.): Reflexive Modernisierung, Frankfurt/M., S. 316–337, S. 317, (I.F.: Risiko).

operiert, bevorzugt er eher den Begriff der „posttraditionalen Gesell-schaft", in der es wesentlich um „institutionalisierte Reflexivität" geht.[205] Der Begriff der posttraditionalen Gesellschaft birgt die Ambivalenz von Entledigung und Wiederaneignung, Bruch und Neukonstituierung von Tradition. Einerseits zerbrechen Traditionen unter dem radikalen Zwei-fel der Moderne, der alles in Frage stellt, was sich plausiblen Begrün-dungszusammenhängen entzieht, oder sie verhärten sich gar zu Funda-mentalismen, die sich zurückziehen auf die „Behauptung einer formel-haften Wahrheit ohne Rücksicht auf die Folgen".[206] Andererseits aber haben Traditionen durchaus Bestandskraft, wo sie sich „*diskursiv zu rechtfertigen vermögen*".[207]

Hier ist deutlich die Übereinstimmung zwischen Beck und Giddens zu verzeichnen, sofern auch Beck, wie erwähnt, betont, dass ein Konti-nuum von industrieller und reflexiver Moderne der Begründungszwang zur Herstellung von Legitimität ist. Giddens verbindet explizit die posi-tive Funktion der Tradition mit einer negativen Bewertung der entrouti-nierten Lebenswelt der Moderne. Die reflexive Modernisierung mit ihrem radikalen Habitus des Zweifels birgt für ihn auch pathogene Ele-mente.[208] Mit anderen Worten: Er setzt gegen eine stromlinienförmige Vollendungstheorie der Moderne die positiv, sinn- und identitätsstif-tende Repristination alter oder die Begründung neuer Traditionen, zu-mindest dort, wo sie sich – durch das Feuer des rationalen Denkens ge-läutert – diskursiv und entschieden verantworten.

---

205 Kritisch gegenüber Beck formuliert er: „Ausschlaggebend ist vielmehr die institutionalisierte Reflexivität, ein Begriff, den ich dem der reflexiven Moderni-sierung vorziehe. Die Theorie der reflexiven Modernisierung geht von der Mög-lichkeit einer ‚Vollendung' der Moderne aus, indem zuvor unberücksichtigte Aspekte der Gesellschaft und der Natur gegenwärtig in den Mittelpunkt der Auf-merksamkeit rücken. Und sie glaubt eine ‚Richtung' angeben zu können, in der sich die Dinge entwickeln. Doch in dieser Lage befinden wir uns gegenwärtig nicht. Wir sind mit viel verwirrenderen Umständen konfrontiert, unter denen – wie die Ver-treter der Postmoderne betonen – keine eindeutigen Entwicklungsstufen mehr an-gebbar sind. Ein gesellschaftliches Universum, in dem sich Reflexivität ausbreitet, ist gekennzeichnet durch die gleichzeitige Wiederentdeckung und Auflösung von Traditionen sowie das häufig nachvollziehbare Verschwinden von bis dahin für stark gehaltenen Trends." A.a.O., S. 317f.
206 Giddens, Anthony: Leben in einer posttraditionalen Gesellschaft, in: Beck, Ulrich; Giddens, Anthony, Lash, Scott (Hrsg.): Reflexive Modernisierung, Frank-furt/M., S. 113–194, S. 183 (I.F.: Leben).
207 A.a.O., S. 190.
208 „Die Tatsache, dass wir heute nach allem, nach jedem Aspekt unseres Lebens-stils, süchtig werden können, verweist auf die vollständige Auflösung der Tradi-tionen (der Tradition ‚in ihrer traditionalen Form', sollten wir präzisieren, und dies ist weniger paradox, als es scheinen mag). Die Zunahme von Suchtverhalten ist außerordentlich signifikant für die postmoderne soziale Welt, aber sie ist auch ein ‚Negativindex' für den Enttraditionalisierungsprozess der Gesellschaft." A.a.O., S. 137.

„Mit dem Anbruch der Moderne nimmt die Reflexivität einen anderen Charakter an. Sie kommt gleich an der Basis der Systemreproduktion ins Spiel, so dass sich Denken und Handeln in einem ständigen Hin und Her aneinander brechen. Die routinemäßige Ausgestaltung steht in gar keinem inneren Zusammenhang mit der Vergangenheit, außer insoweit, als das, was ‚man früher getan hat' zufällig mit dem zusammenfällt, was sich im Lichte neuer Erkenntnisse in prinzipieller Weise begründen lässt. Eine Praktik aus Traditionsgründen zu sanktionieren, geht nicht mehr an. Die Tradition lässt sich zwar rechtfertigen, aber nur im Hinblick auf Erkenntnisse, die ihrerseits nicht durch Tradition beglaubigt sind. Das bedeutet, wenn man die Trägheit der Gewohnheit hinzunimmt, dass die Tradition selbst in der modernisiertesten der modernen Gesellschaft auch weiterhin eine Rolle spielt."[209]

Statt Vollendung, einem letztlich linearen Denkmuster, unterstellt Giddens eher den Pendelschlag als Movens der Moderne – ein Pendelschlag, dessen Bewegung zwischen Ablösung aus traditionalen Bindungen und ihrer Neubegründung oder Wiederaufnahme schwankt. Insofern ist es nicht verwunderlich, dass Giddens umgekehrt die Subsumierung der gesellschaftlichen Transformation unter den Begriff der Risikogesellschaft für zu reduktionistisch hält, da sie zu einseitig die radikale Destruktion der postindustriellen Moderne betont, nicht aber ausreichend nach den Konstruktionsmechanismen fragt, die dadurch freigesetzt werden.

Er stimmt mit Beck zwar darin überein, dass „die erste wirklich globale Gesellschaft auf einem Prinzip, nämlich der Ausbreitung alle Menschen bedrohender Risiken" beruht. Trotzdem handle es sich bei „der gegenwärtigen Gesellschaft (…) nicht *ausschließlich* um eine Risikogesellschaft. Entscheidende Veränderungen erfährt sie auch durch folgenreiche und wichtige Wandlungen von Vertrauensmechanismen. *Aktives Vertrauen* spielt eine immer größere Rolle bei der Herausbildung nachtraditionaler gesellschaftlicher Beziehungen."[210]

Wie und unter welchen Voraussetzungen geht nun die Herausbildung dieser Vertrauensmechanismen vonstatten? Giddens knüpft in Beantwortung dieser Frage zunächst negativ an das Phänomen der Verunsicherung der Individuen an, das für ihn vorrangig aus einer Destabilisierung traditioneller Raum-Zeit-Ordnung resultiert. Statt in ortsgebunden begrenzten Interaktionszusammenhängen aufgehoben, sieht sich das Individuum samt seiner sozialen Beziehungen im Zuge der Modernisierung mit einer unbegrenzten „Raum-Zeit-Spannen übergreifende(n)

---

209   Giddens, Anthony: Konsequenzen, S. 54.
210   Giddens, Anthony: Risiko, S. 319. Giddens wirft Beck zudem vor, dass er in seiner durchaus berechtigten Kritik an der Unzulänglichkeit der (soziologischen) Theoriebildung übersieht, dass neben dieser Form des modernen Wissens auch andere, traditionelle präsent sind: „Alle möglichen Formen von Wissen – kultisches, Volksweisheiten, traditionale Einstellungen – beanspruchen einen Platz neben den klassischen Wissenschaften. Auch dieser Entwicklung kann die Theorie der reflexiven Modernisierung nicht Rechnung tragen." Ebd.

Umstrukturierung" konfrontiert.[211] Interaktionen finden, verursacht durch weltumspannende Möglichkeiten der Kommunikation und Information, nicht mehr im engen Raum des Lokalen statt. Was lokal von Belang ist, wird keineswegs mehr nur durch lokale Ereignisse strukturiert, sondern ist in viel größerem Maße abhängig von dem, was sich global ereignet und sich überdies dem direkten Zugriff der Intervention entzieht.

Dieser Entortung des Raumes und seine Loslösung vom engen Kreis unmittelbarer sozialer Handlungsbezüge entspricht umgekehrt eine Enträumlichung der Zeit.[212] War in Zeiten der Vormoderne niemand imstande, „die Tageszeit anzugeben, ohne auf sonstige Markierungen des gesellschaftlichen Raums Bezug zu nehmen", so setzte spätestens mit der Erfindung der mechanischen Uhr und der Standardisierung des Kalenders eine Entwicklung an, in der die Zeit vom unmittelbar lokalen Raumbezug „entleert" wurde.[213] „Das Näherrücken des Jahres 2000 ist zum Beispiel ein globales Ereignis. ‚Neujahr' wird zwar weiterhin zu verschiedenen Zeitpunkten gefeiert, doch diese werden einer Datierungsweise untergeordnet, die im Hinblick auf alle praktischen Belange allgemeingültig ist."[214]

Giddens bringt dieses Phänomen auf den Begriff der Entbettung (disembedding).[215] Entbettung meint dabei beides – auch hier wieder der Pendelschlag –, nämlich „Herausheben sozialer Beziehungen" und ihre „Umstrukturierung", „Trennung von Raum und Zeit" und ihre Neuverbindung, Produktion von Verunsicherung und ihre Aufhebung durch Mechanismen der Vertrauensbildung,[216] oder anders gesagt: Die Konstruktion von sozialer Wirklichkeit spielt sich im dialektischen Fluss von embedding, disembedding und reembedding ab.[217]

Er differenziert zwei Arten der Entbettungsmechanismen, die einerseits in die „Schaffung *symbolischer Zeichen*" und andererseits in die „In-

---

211 Giddens, Anthony: Konsequenzen, S. 33.
212 Vgl. dazu schon Günter Anders in: Anders, Günter: Die Antiquiertheit des Menschen, Band 2. Über die Zerstörung des Lebens im Zeitalter der dritten industriellen Revolution, München 1988, S. 335ff.
213 Giddens, Anthony: Konsequenzen, S. 28f.
214 A.a.O., S. 29.
215 A.a.O., S. 28.
216 Vgl. a.a.O., S. 29ff.
217 Giddens definiert reembedding (Rückbettung) folgendermaßen: „Darunter verstehe ich die Rückaneignung oder Umformung entbetteter sozialer Beziehungen, durch die sie (sei es noch so partiell und vorübergehend) an lokale raumzeitliche Gegebenheiten geknüpft werden sollen." Giddens, Anthony: Konsequenzen, S. 102. Dass dies innerhalb der Globalisierungsmechanismen auch für die Konstruktion des lokalen Raumes gilt, hat Thomas Münch in seiner Dissertation deutlich belegt. Vgl. Münch, Thomas: Raum – Globalisierung und Produktion sozialer Wohlfahrt, Dissertation im Fach Soziologie des Fachbereichs 1 der Universität Duisburg Essen, 2003.

stallierung von *Expertensystemen*" münden.[218] Paradigmatisch für ersteres führt er die Funktion des Mediums Geld an. „Geld schafft die Voraussetzungen für die Durchführung von Transaktionen zwischen Akteuren, die in Raum und Zeit weit voneinander entfernt sind." Dabei ist
entscheidend, dass das „‚eigentliche Geld' unabhängig von den Mitteln"
ist, durch die es repräsentiert wird. Ob als Münze, Papierstück oder nur
in Form von Ziffern auf dem Kontoauszug, „nimmt es die Form reiner
Informationen an", die symbolisch einen vertrauenswürdigen Wert prä-
sentiert.[219]

Expertensysteme sind für Giddens „Systeme technischer Leistungsfähigkeit oder professioneller Sachkenntnis, die weite Bereiche der
materiellen und gesellschaftlichen Umfelder, in denen wir heute leben,
prägen".[220] Der Einzelne vertraut darauf, dass die Treppe, der Fahrstuhl,
die Autobahn oder das Flugzeug, das er benutzt, Produkte sind, in die
statische, technische und wissenschaftliche Erkenntnisse solchermaßen
eingeflossen sind, dass deren Funktionsfähigkeit vom Individuum nicht
eigens überprüft werden muss, zumal dies eine Überforderung bedeuten
würde. Insofern schwingt im Vertrauen, das sich auch auf Personen und
Institutionen beziehen kann, eine Art von „Glauben" mit, der keineswegs unumstößlich ist, sondern durch Erfahrungen des Versagens erschüttert wird.

Folglich ist die Dispensierung von eigener, direkter Beurteilung und
Bewertung von Sachzusammenhängen durch den Habitus des Vertrauens eine dynamische Suchbewegung. Dies entspricht der tatsächlichen
Brüchigkeit und Halbwertzeit von Wissen und „Weltdeutung", das in
den Expertensystemen vorgehalten wird. „In der Wissenschaft",
schreibt Giddens, „ist gar nichts gewiss und kann gar nichts bewiesen
werden, auch wenn uns das wissenschaftliche Bestreben mit den zuver-
lässigsten Informationen versorgt, nach denen wir trachten können. Im
Innersten der Welt der harten Wissenschaft schwebt die Moderne frei.
Unter Modernitätsbedingungen ist kein Wissen mehr dasselbe wie das
Wissen im ‚alten' Sinne, wonach ‚wissen' das gleiche bedeutet wie
‚gewiss sein'."[221]

Angesichts dessen stehen Vertrauensprozesse, besonders dann, wenn sie
alternativlos erscheinen, immer in der Gefahr, sich nicht mehr durch
Plausibilität zu verantworten. Sie gerinnen quasi zur routinierten
„Zwanghaftigkeit" erstarrten Vertrauens ohne engagierte Überzeu-
gungskraft.[222] Giddens hält daher auf der individuellen Ebene eine emo-
tionale und diskursive Aufgeschlossenheit für die einzig adäquate Um-
gangsweise, der auf der Ebene der Organisationen, die um Vertrauen

---

218 Giddens, Anthony: Konsequenzen, S. 34.
219 Vgl. a.a.O., S. 37f.
220 A.a.O., S. 40f.
221 A.a.O., S. 56.
222 Vgl. Giddens, Anthony: Leben, S. 167.

werben, eine „institutionelle ‚Öffnung'"[223] entspricht. Rückzug in starre Traditionsmuster, Tabuisierung von offenem, diskursivem Austausch, Verweigerung von Selbstkritik und manipulierender Umgang mit Expertenwissen sind letztendlich institutionelle Erstarrungen, die sich einer notwendigen Öffnung zu vertrauensbildenden Rückbettungsmechanismen verschließen.[224]

Der für eine Theorie der Zeitpolitik fruchtbar zu machende Ansatz liegt in der von Giddens intensiv verfolgten Frage nach Konstruktionsmechanismen der sozialen Wirklichkeit, der bezogen auf unser Thema in die Frage nach der Konstruktion der zeitlichen Organisation der Gesellschaft mündet. Giddens fragt dabei indirekt über die hier vertretene These dominierender ökonomischer Rationalität der zeitlichen Organisation hinaus nach den kriteriellen Gesichtspunkten, die erfüllt sein müssen, damit sich eine solche Dominanz überhaupt entfalten kann. Dieses Kriterium ist für ihn die Fähigkeit, aktives Vertrauen zu schaffen.

Wenn das durch die ökonomische Rationalität transportierte Zeitverständnis samt der zur Geltung kommenden Ablösung oder Neukonstruktion von Zeitordnungen nicht ein gewisses Maß an Vertrauensbildung reproduzieren würde, stünde es nicht in Geltung. Salopp gesagt: Wenn das Motto, dass Zeit Geld ist, sich als renditefähige Maxime des Kleinaktionärs bestätigt, findet dieser Satz und das mit ihm transportierte Zeitverständnis eine im wörtlichen Sinne rentable Vertrauensbasis. Werbeslogans, wie die genannten „The citi never sleeps" („Visacard") oder „24x7xCompaq" stilisieren eine ökonomisch orientierte Rastlosigkeit zu einem Deutungsmuster sinnvoller Zeitverwendung, das offenbar in der Lage ist, eine vertrauenswürdige Kundenbindung zu etablieren.

Auf der anderen Seite aber wird, wenn man Giddens folgt, der jeweilige Status quo sozialer Wirklichkeit und damit auch die Verfasstheit von Zeitverständnis und Zeitordnungen nicht als naturgesetzliches Ergebnis eines selbst laufenden modernistischen Geschichtsprozesses verstanden. Andernfalls wäre, bezogen auf unseren Zusammenhang, jene ökonomisch-monetaristisch orientierte Organisation der gesellschaftlichen Zeit per se der adäquate Ausdruck der Moderne. Stattdessen ist sie als labiles Konstrukt zu begreifen, das im Pendelschlag zwischen der Ablösung aus gewohnten Traditionen und denkbarer erneuerter Traditionsbildung oder – umfassend formuliert – in der ständigen Fließbewegung von embedding, disembedding und reembedding ihre Konturen erlangt. Tradition ist nicht obsolet, weil sie Tradition ist, sondern allenfalls, weil sie an plausibler Referenzkraft verloren hat, sich diskursiv und vertrauensbildend zu behaupten. Umgekehrt heißt dies, dass da, wo beispielsweise Traditionen vertrauenswürdig und ihre organisierten Vertretungen

---

223 Giddens, Anthony: Vertrauen, S. 321.
224 Vgl. Giddens, Anthony: Leben, S. 182f.

institutionell offen sind, sich diese auch auf dem „Markt" der orientierenden Reembeddingprozesse durchaus sinnvoll behaupten können. Maßgeblich ist, ob in diesen Institutionen quasi ein „Expertenwissen" zur Geltung kommt, in dem sich partielle Erfahrungen von Individuen ebenso widerspiegeln wie gewünschte Gestaltungs- und vorgehaltene Deutungsmuster von Zeit, also im weitesten Sinne „zeitethische" Fragen, die nach Orientierung verlangen.[225] Ist dies der Fall, dann – so verstehe ich Giddens – ist der Konstruktionsprozess der sozialen Wirklichkeit und eben auch der zeitlichen Verfasstheit insofern offen, als auch die Dominanz bestimmter Zeitdeutungsmuster überwunden werden kann.

Es ist daher nicht ausgemacht, ob eine Kultur der Beschleunigung und Schnelllebigkeit nicht irgendwann in Verdruss umschlägt und wieder Formen der Entschleunigung und der flaneurartigen Rückholung von Langsamkeit weicht. Es muss als offen betrachtet werden, ob zukünftige Generationen weiterhin Flexibilität als kulturelles Leitwort ihrer zeitlichen Verwendungsart werten, oder eher Stetigkeit und verlässlich strukturierte Zeitordnungen, und ob ein eher monetaristisch orientiertes Zeitverständnis gegenüber einem kairotischen die Oberhand gewinnt, oder auch alles gleichberechtigt nebeneinander steht. Was, unter welchen Bedingungen, in Verbindung mit welchen Interessen, ökonomischen Kalkülen, religiösen Überzeugungen, Personen oder Institutionen die gesellschaftliche Organisation von Zeit etabliert, ist auch bezüglich des arbeitsfreien Sonntags oder des arbeitsfreien Wochenendes als offener Prozess zu begreifen.

Entscheidend ist, ob da, wo „alte" Zeitordnungen sich behaupten wollen, ihre Plausibilität stimmig ist, also mit Giddens gesprochen: ob das, „‚was man früher getan hat' (…) sich im Lichte neuer Erkenntnisse in prinzipieller Weise begründen lässt".[226] Die Plausibilität und Begründungsfähigkeit werden für Giddens zum Kristallisationspunkt nachhaltiger Etablierung sozialer Wirklichkeit. Ihm zufolge müsste sich also auch bezüglich der zeitlichen Organisation der Gesellschaft die Vertrauenswürdigkeit der strukturierenden Kräfte maßgeblich entscheiden an der Plausibilität der Begründungszusammenhänge. Da, wo Institutionen nur um der Tradition oder eigeninstitutioneller Interessen willen ihre Anwaltschaft in zeitpolitischen Fragen erheben, unterliegen sie der Gefahr institutioneller Erstarrung und des Verlusts von Glaubwürdigkeit.[227]

---

225 Wenn Giddens auch ausdrücklich den Expertenbegriff nicht auf ethische Aspekte bezieht, so erscheint es m.E. doch als legitim, die Frage der Vertrauensmechanismen auch als ethische und nicht nur rein technische Orientierung zu begreifen.

226 Giddens, Anthony: Konsequenzen, S. 54.

227 Für Giddens ist ein potenzielles Misstrauen schon im Vertrauensprozess grundsätzlich mit gesetzt, denn „Vertrauen wird nur dort verlangt, wo es Unkenntnis gibt, sei es mit Bezug auf die Wissensansprüche technischer Experten oder mit Be-

Die Kirchen sind in diesem Konglomerat von Zeit bestimmenden Organisationen nur ein Akteur, dessen Rolle sich neben der Dominanz ökonomischer Zeittaktgeber eher bescheiden ausnimmt. Auch wird hier in Rechnung gestellt, dass nicht alle Facetten der zeitlichen Organisation der Gesellschaft sich effektiv durch vertrauenswürdige Plausibilität durchsetzen. Zumindest ist die von Beck beschriebene Konkurrenz von Teilrationalitäten im Blick zu behalten, in deren Kräftespiel auch die Machtverhältnisse Fakten setzen. Umso mehr ist jedoch mit Blick auf die erwähnte Dominanz ökonomischer Rationalität der Frage nachzugehen, ob sich eine an der alltäglichen Lebensführung und den Bedürfnissen der Menschen nach Sinn und Lebensqualität orientierte, kirchliche „Zeitpolitik" argumentativ plausibel in den Diskurs und die Gestaltung der gesellschaftlichen Zeitordnung einbringen kann. Ob und, wenn ja, wie dies mit Blick auf die öffentliche Positionierung und Platzierung von Begründungszusammenhängen der evangelischen Kirche zur Sonntagsarbeit in der Zeit seit 1948 gelungen ist, wird im zweiten Kapitel ausführlich dargestellt.

Die Theorie der reflexiven Modernisierung oder der posttraditionalen Gesellschaft bietet, wie gezeigt werden sollte, eine ganze Reihe von Zugängen, die nicht nur wie eine hermeneutische Matrix die Phänomenologie der zeitlichen Organisation der Gesellschaft erschließt, sondern darüber hinaus auch das Konzept einer Zeitpolitik als angemessene Antwort auf jene gesellschaftliche Verfasstheit der Zeit plausibel macht. Der Verlust von Basisselbstverständlichkeiten der täglichen und wöchentlichen Arbeitszeitstruktur, die Produktion von zeitbezogenen Nebenfolgen und die einhergehende Unmöglichkeit betrieblich ausgehandelte Arbeitszeitmuster auf das betriebliche Umfeld zu begrenzen, die Individualisierung bezüglich der Organisation alltäglicher Zeitstrukturierung, die Unzulänglichkeit der traditionellen Differenzierung der Zeittakt gebenden Organisationen und die zunehmende Öffentlichkeits- und Legitimationsabhängigkeit von dominanten Zeitgestaltungsfragen, die Frage nach der Neukonstituierung von Zeit strukturierenden Traditionen – dies alles sind hier angeführte Aspekte, die den Bestrebungen und Forderungen Recht geben, die letztlich nach einer „Erfindung des Zeitpolitischen" verlangen. Wie der hier vertretene institutionelle zeitpolitische Ansatz aussieht, soll nun in diesem Kapitel abschließend dargestellt werden.

zug auf die Gedanken und Absichten vertrauter Personen, auf die sich der Betreffende verlässt. Unkenntnis liefert jedoch immer Gründe für Skepsis oder zumindest Vorsicht". A.a.O., S. 114.

1.9 Kirchliche Zeitpolitik

1.9.1 Grenzen individueller Zeitpolitik

Der von Jurczy, Pongartz und Voß in die Diskussion gebrachte Typ des Arbeitskraftunternehmers und die mit ihm verbundene Änderung des Zeitverständnisses sowie der Zeitbewirtschaftung hat, wie die Autoren zugestehen, nur in Ansätzen bereits Gültigkeit errungen. Er ist daher eher als Beleg einer gesamtgesellschaftlichen Tendenz zu bewerten, die allerdings ihre exemplarischen „Pioniere" bereits vielfach vorzuweisen hat. Zuzugestehen ist in jedem Fall mit Blick auf die umfassenden Individualisierungsprozesse, dass eine Gestaltungsherausforderung in den vergangenen Jahren erheblich gewachsen ist, nämlich die nach eigenen Wertmaßstäben umzusetzende Strukturierung der Arbeits- und Lebenszeit.

Die Destruktion kollektiver Zeitinstitutionen und die Tatsache, dass das zeitliche Arrangement von Arbeit, Reproduktion, Kindererziehung, sozialen Kontakten sowie ehrenamtlichem und politischem Engagement immer komplizierter zu bewerkstelligen ist, verlangt eine individuell zugeschnittene „Rekonstruktion" der Zeiten, die in dieser Dimension historisch sicher einmalig ist. Damit ist aber eine bewusste, „reflexive Lebensführung" abverlangt, die in Form einer individuellen Zeitpolitik Kompetenzen einfordert, die Zeit so einzusetzen, dass die zeitlich rational orientierten Verwendungsmuster der Arbeit und die Eigenzeiten des privaten und sozialen Lebenszusammenhangs zu einem gelingenden Ganzen zusammengeführt werden.[228]

Dieser individuelle Kompetenzzuwachs ist unverzichtbar, aber aus zweierlei Gründen keineswegs ausreichend. Zum einen gibt es zwar naturgemäß Gewinner in diesem Gestaltungsprozess, die beispielsweise aufgrund ihrer beruflichen Position, ihrer Bildung und Kreativität und vermittelt durch den Besuch von Zeitmanagement-Seminaren zu einer Form individueller Zeitpolitik gelangen, die ihnen die Bewältigung der dynamischen Zeitanforderungsprofile ermöglicht. Auf der anderen Seite steht aber die – vermutlich wesentlich größere – Gruppe der Verlierer. Das sind diejenigen, bei denen aufgrund ihrer persönlichen oder beruflichen Situation die Bewältigung der unterschiedlichen Anforderungen zur „zeitlichen Flickschusterei" und hilflosen „temporalen Bastelei" gerät.[229]

---

228 Der Begriff der reflexiven Lebensführung geht darüber noch hinaus und fragt auch nach ökologischen Zusammenhängen der Nachhaltigkeit der zeitlichen Organisation der Gesellschaft unter besonderer Berücksichtigung der alltäglichen Lebensführung. Vgl. umfassend: Hildebrandt, Eckart (Hrsg.): Reflexive Lebensführung. Zu den sozialökologischen Folgen flexibler Arbeit, Berlin 2000.
229 Jurczyk, Karin; Voß, Günter G.: Entgrenzte Arbeitszeit, S. 197.

Aber auch jenseits der Frage des individuellen Gelingens bleibt doch zum anderen der Blick für das übergeordnete Ganze verschlossen, wenn man die zeitpolitische Gestaltungsaufgabe auf die individuellen Lösungsansätze reduziert. Hier kann es bestenfalls um eine gelingende individuelle Lösung unter Beibehaltung des extern gesetzten Gesamtrahmens zeitlicher Rationalisierungsstrategie gehen. Substantiell bleibt das Diktat einer ökonomisch orientierten Logik zeitlicher Organisation der Gesellschaft weitgehend bestehen. Den beschriebenen gesamtgesellschaftlichen, sozialen und ökologischen Auswirkungen dieser zeitlichen Verwendungslogik[230] wird eine rein individuell orientierte Zeitpolitik keineswegs gerecht.

Die theoretischen und praktischen Ansätze, die in den vergangenen Jahren bis heute zum Thema Zeitpolitik entwickelt wurden, zielen daher auch hinsichtlich der gestaltenden zeitpolitischen Akteure völlig zu Recht auf eine Erweiterung des rein individuellen Handlungsrahmens ab. Allerdings ist diesbezüglich einschränkend zu bemerken, dass eine einhellige Identifizierung des zeitpolitischen Gestaltungsakteurs nicht vorliegt, zumal eben auch faktisch noch keine „institutionelle Zuständigkeit für Zeitpolitik" gegeben ist.[231]

Eberling und Henckel beispielsweise sehen vorrangig die Kommunalverwaltung als gestaltenden Akteur, und zwar in der dreifachen Rolle als lokaler „Gesetzgeber", als Multiplikator von zeitrelevanten Aushandlungsprozessen und als Arbeitgeber.[232] Ulrich Mückenberger versteht Zeitpolitik – inspiriert durch die von der Frauenbewegung vorangetriebene italienische Bewegung „Tempi de la città" – als einen eher zivilgesellschaftlichen Prozess[233] unter weitgehender Zurückhaltung normativer Vorgaben darüber, was Inhalt der zeitpolitischen Zielsetzung sein soll.[234] Auch für ihn haben die Kommune und der Staat eine tra-

---

230 Vgl. Kap 1.7.

231 Rinderspacher, Jürgen: Zeitpolitik, S. 684. Bestätigt wird diese Einschätzung auch noch 7 Jahre nach jenem Aufsatz durch die ausdrückliche thematische Behandlung dieses Desiderats auf einer Tagung der bereits erwähnten „Deutsche(n) Gesellschaft für Zeitpolitik" (DGfZP) und der Evangelischen Akademie Tutzing im März 2004 unter dem Titel: „Zeitpolitik – Zeit in der Politik. Von der impliziten zur expliziten Zeitpolitik".

232 Vgl. Eberling, Matthias; Henckel, Dietrich: Kommunale Zeitpolitik 2, S. 181ff.

233 Mückenberger, Ulrich: „Zeiten der Stadt": Netzwerke von kommunalen Experimenten und Wissen, in: Mückenberger, Ulrich (Hrsg.): Zeiten der Stadt. Reflexionen und Materialien zu einem neuen gesellschaftlichen Gestaltungsfeld, Bremen 2000, S. 12–22.

234 Der Inhalt der Zeitpolitik solle sich insofern auf die „Vermehrung und Gestaltung abstrakter Zeit" begrenzen und nicht normativ in die Frage eingreifen, was denn die Leute mit der zur Verfügung stehenden Zeit tun sollen. Vgl. Mückenberger, Ulrich: Zeitwohlstand und Zeitpolitik. Überlegungen zur Zeitabstraktion, in: Rinderspacher, Jürgen P. (Hrsg.): Zeitwohlstand. Ein Konzept für einen anderen Wohlstand der Nation, Berlin 2002, S. 117–142, S. 138, (I.F.: Zeitwohlstand).

gende Rolle, denn deren Versäumnisse oder aktive Gestaltungskraft bilden sich entsprechend negativ oder positiv in der Möglichkeit des Zeitwohlstandes der Individuen ab. Zielpunkt einer Zeitpolitik aber muss die Partizipation eines möglichst breiten Kreises der Betroffenen sein. Er konstatiert negativ, dass wir gegenwärtig hinsichtlich der impliziten zeitpolitischen Fakten, die gesetzt worden sind, nicht davon ausgehen können, dass dies auf dem Weg der „demokratischen Legitimation" geschehen ist.

Kirchen, Industrie, Ökonomie, der Staat – sie alle haben nach Mückenberger bislang Zeiten oktroyiert. Bezogen auf die zeitpolitischen Akteure sei hingegen zu fordern, dass da, wo „bislang Konvention, Religion, Autorität und Herrschaft die zeitlichen Koordinaten des Alltags bestimmten", zukünftig die in ihrem Alltag davon Betroffenen mitgestalten.[235] Nur im Verbund der Akteure, nur in der Überwindung der „partikulare(n) Anliegen", wie sie beispielsweise die Kirchen bezüglich des Sonntags und die Gewerkschaften bezüglich der Arbeitszeitregulierung vertreten, können Verfahrenswege gefunden werden, die sich an übergeordneten, gemeinwohlorientierten Interessen ausrichten.[236]

Für Mückenberger ist das zeitpolitische Ziel, die Ermöglichungsstrategie zu stärken, bei der es für den Einzelnen um den Raum geht, nicht nur Zeit zu haben, sondern auch über diese Zeit frei verfügen zu können. Zeitpolitische Akteure weisen sich als solche nur dann aus, wenn „ihre Forderung eine allgemeine, abstrakte Ermöglichungsbedingung konkreten Zeitgebrauchs zum Ausdruck bringt".[237] Rinderspacher hält diese Focussierung auf den konsensorientierten zivilgesellschaftlichen Prozess für zu reduziert, da er sich ausschließlich auf die persönlichen Zeitpräferenzen der Individuen als zeitpolitischen Maßstab bezieht. Daneben aber seien als eigenständige zeitpolitische Gestaltungsgröße „institutionalisierte zeitliche Rahmensetzungen" zu sehen, zumal diese den Individuen die Verfügung über die Zeit zum Teil auch erst möglich gemacht haben. Insofern sei die „Vermehrung, Verteilung und Nutzung des Zeitwohlstandes (…) vielmehr gebunden an die Voraussetzung eines institutionalisierten kollektiven Zeit-Rahmens einer Gesellschaft, innerhalb dessen sich die individuellen Zeitinteressen dann – relativ – frei entfalten können."[238]

---

235 Vgl. Mückenberger, Ulrich: Zeitwohlstand, S. 120. Martina Heitkötter hat im Rahmen eines zivilgesellschaftlichen Prozesses lokaler Zeitpolitik einen solchermaßen ausgerichteten, konkreten zeitpolitischen Prozess im lokalen Raum wissenschaftlich ausgewertet. Hier spielt als vernetzender Akteur die Instanz eines „Zeitbüros" eine zentrale Rolle. Vgl. Heitkötter, Martina: Das Modellprojekt Zeitbüro in Bremen Vegesack – ein Werkstattbericht, in: Mückenberger, Ulrich (Hrsg.): Zeiten der Stadt. Reflexionen und Materialien zu einem neuen gesellschaftlichen Gestaltungsfeld, Bremen 2000, S. 273–281; vgl. Heitkötter, Martina: Lokale Zeitpolitik.
236 Vgl. Mückenberger, Ulrich: Zeitwohlstand, S. 125.
237 Ebd.
238 Rinderspacher, Jürgen: Zeitwohlstand, S. 90.

Wenn hier das Konzept einer institutionellen kirchlichen Zeitpolitik verfolgt wird, dann erfolgt dies hauptsächlich ergänzend und in Teilen auch anknüpfend an die dargestellte Debatte.

1.9.2. Handlungsebenen kirchlicher Zeitpolitik

Zu unterscheiden sind zwei Akteursebenen, um die es dabei geht. Zum einen die rein institutionelle, bei der „die Kirche" als Institution sich auf dem Weg der öffentlichen Stellungnahmen in die Debatte um die zeitliche Organisation unserer Gesellschaft einbringt. Sie tut dies bis heute im evangelischen Kontext traditioneller Weise durch Synoden der Landeskirchen, der Evangelischen Kirche in Deutschland, durch offizielle Handreichungen und Dokumente und auch durch ökumenische Verlautbarungen zusammen mit der Katholischen Bischofskonferenz. Sie argumentiert dabei nur implizit zeitpolitisch, ohne schon ein Konzept einer expliziten Zeitpolitik zu verfolgen. Zweifelsohne zuzugestehen ist, dass die evangelische Kirche – wie immer das auch zu bewerten ist – partikulare Anliegen vertreten hat, sofern sie, wie ausführlich zu zeigen sein wird, sich primär um die Sonntagsfrage gekümmert hat.

Aber zweierlei muss ergänzt werden. Zum einen hat die evangelische Kirche ihre zeitpolitischen Anliegen im Nachkriegsdeutschland eben nicht auf dem Verordnungs- und Herrschaftswege betrieben, sondern indem sie auf dem Weg der Darstellung öffentlicher Begründungen diskursorientiert ihre Vorstellungen von einer sinnvollen Zeitordnung und einem entsprechenden Zeitverständnis eingebracht hat. Hierin hat sie sich also demokratisch legitimiert. Zum anderen: Hinsichtlich des Einwandes, „partikulare Anliegen" zu vertreten, ist zu fragen, wie diese Form der Partikularität überwunden werden kann.

Mückenberger schwebt hier offenbar ein breiter beteiligungsorientierter – nur lokaler? – Prozess vor, bei dem die Summe der individuellen oder auch der institutionell vorgehaltenen Anliegen demokratisch erhoben, im Diskurs abgewogen und im Konsens ausgehandelt wird. Schon bei der Auseinandersetzung dieser Arbeit mit der reflexiven Modernisierung wurde darauf hingewiesen, dass die Partikularität der Zeit gestaltenden Akteure in der Tat den zeitpolitischen Herausforderungen und vernetzten Problem- und Konfliktsituationen nicht gerecht wird. Darin ist Mückenberger Recht zu geben. Aber mit Blick auf eine institutionelle Zeitpolitik muss die Überwindung dieser Partikularität – respektive die von Giddens eingeforderte „institutionelle Öffnung" – sinnvollerweise aus der Perspektive und der Einschätzung des diesbezüglichen Gestaltungsrepertoires der Institution selber entwickelt werden.

Dieses „Repertoire" ist im kirchlichen Handlungsbezug als Institution der etablierte Modus der synodalen Verabschiedungen, der Denkschriften und Erklärungen, die zur binneninstitutionellen Orientierung und zur öffentlichen Positionierung beitragen. Das heißt, dass die Institution

Kirche in der Öffentlichkeit vorrangig das Instrumentarium der argumentativen Werbung für die von ihr für richtig und orientierend gehaltenen Sachzusammenhänge sucht. Hier kann sie Vertrauensmechanismen installieren und soziale Wirklichkeit prägen. Aus der Perspektive der Institution Kirche erscheint es daher sachgemäßer, wenn sie sich zunächst in Form der inhaltlich-thematischen Befassung in die zeitpolitische Auseinandersetzung begibt. Dazu muss sie sich – möglicherweise umfassender, als dies bislang vorrangig unter dem Aspekt der Sonntagsfrage passiert ist – mit der Problematik der gesellschaftlichen Organisation von Zeit, besonders unter Berücksichtigung ihrer ökonomisch orientierten Strukturierung und den anhängigen Nebenfolgen befassen, diese diskutieren, um schließlich nach den zu Gebote stehenden Mitteln einer zeitpolitischen Strategie zu fragen. Hier schließen sich dann sicher sachgemäße institutionsübergreifende Beteiligungsprozesse und Bündnisschaften nicht aus.[239]

Aber die Überwindung von Partikularität sollte nicht vorschnell reduziert werden auf einen Beteiligungsprozess, bei dem es beispielsweise um die Änderung oder Erhaltung einer bestimmten Zeitordnung oder Zeitinstitution geht. Wie der Duktus der Arbeit zu verdeutlichen versucht hat, sind Einwirkungen auf die zeitliche Organisation der Gesellschaft auch auf dem Weg der Einflussnahme auf das Zeitverständnis möglich, was aber kaum prozessanalytisch darzustellen ist. Vertrauensprozesse, wie sie für Giddens elementar soziale Wirklichkeit im Reembeddingverfahren konstruieren, setzen, bezogen auf die gesellschaftliche Organisation von Zeit, meine Erachtens gerade bei der Implementierung eines Zeitverständnisses an, das hohe Deutungs- und Plausibilitätskraft hat und auch zur Bewältigung und Orientierung innerhalb der alltäglichen Lebensführung beitragen kann.

Die zweite Ebene, von der mit Blick auf kirchliche Zeitpolitik die Rede sein sollte, ist die der Organisation Kirche, insbesondere der Kirchengemeinden vor Ort. Sie treten mit ihren vielfältigen Angeboten und Dienstleitungen als ein faktisch Zeit gestaltender Akteur lokaler Zeitpolitik in Erscheinung, auch wenn dies keineswegs unbedingt reflektiert bewusst gemacht wird. Konzepte einer expliziten Zeitpolitik, wie sie sich beispielsweise in der Stadtteilarbeit der Ortsgemeinden umsetzen lassen, werden aber umso profilierter auftreten, je mehr auf der Institutionsebene ein „institutioneller Wandel" erfolgt ist, der das Selbstverständnis der Kirche als zeitpolitische Institution und Kooperationspartner eines neu entstehenden Politikfeldes Zeitpolitik prägt.

Diese Arbeit fokussiert primär auf der ersten Ebene auf eine kirchlich institutionelle Zeitpolitik. In Auseinandersetzung mit diesbezüglichen Dokumenten, vorrangig der Landessynoden, der EKD-Synoden und der

---

239 Ein solchen Versuch hat der Autor selber in dem Projekt „Arbeit:Leben:Zeit – Forum von Kirche und Gewerkschaft" mit gestaltet. Vgl. dazu WSI-Mitteilungen 10/2001, Schwerpunktheft Arbeit:Leben:Zeit.

gemeinsamen Erklärungen des Rates der EKD mit der Deutschen Bischofskonferenz, soll das zeitpolitische Profil der evangelischen Kirche seit der Nachkriegszeit bis zur Gegenwart dargestellt werden (zweites Kapitel). Über diese Darstellung hinaus wird zu fragen sein, wie dieses Profil theologisch verankert ist und wo es mit Blick auf theologisch zu entwickelnde Kriterien und mit Blick auf die gegenwärtigen Herausforderungen der zeitlichen Organisation der Gesellschaft modifiziert oder korrigiert werden müsste. Der zweite Gesichtspunkt der zeitpolitischen Gestaltungsherausforderung einer kirchlichen Zeitpolitik wird im abschließenden Teil auf der Grundlage exegetischer und sozialethischer Überlegungen zur Sprache kommen (drittes Kapitel).

2. Die Rolle des Sonntags aus kirchlicher Perspektive von der Alten Kirche bis zur Gegenwart

2.1 Einleitung

Im vorliegenden Kapitel soll die zeitpolitische Relevanz der Kirche – seit der Reformation fokussiert auf die evangelische Kirche – Gegenstand der Untersuchung sein. Eine nahezu exklusive Gewichtung kommt dabei der zu beantwortenden Frage zu, welche Zeit strukturierende Prägung den kirchlichen Positionierungen bezüglich des Sonntags zuzuschreiben ist und welcher sie sich ausdrücklich verweigert hat. Denn die landläufige Meinung, die Kirche sei als dominanter Zeittaktgeber immer schon prägend gewesen für die Etablierung des arbeitsfreien Sonntags, wird, zumindest für die Zeit bis weit ins 19. Jahrhundert, nicht zu verifizieren sein, was – überwiegend ausgewertet anhand von Sekundärliteratur – zu belegen ist.

Dass der Kirche der Sonntag von entscheidender Bedeutung war, ist unbestritten. Nur – so bleibt zu fragen – war es die „freie Zeit", die ihr lieb war, oder hat sie diese – zumindest anfänglich – eher missbilligend in Kauf genommen? Zur Beantwortung dieser Frage wird im ersten Teil ein kurzer historischer Abriss das Verhältnis der Kirche zum Sonntag zu klären haben. Die Funktionen, die dabei dem Sonntag zukamen, sind zahlreich: Als Medium einer Abgrenzung vom Judentum, als Kontemplationspotenzial, als Gefahrenquelle sündenträchtigen Müßiggangs, als Zeitraum verhaltensnormierender Reglementierung, als hermeneutischer Schlüssel zur Entdeckung der sozialen Verelendung des Proletariats, als Instrument der sittlichen Restaurierung und als Kampfplatz weltanschaulicher Auseinandersetzung mit dem totalitären Regime des Nationalsozialismus. In diesem Wandel aber deutet sich schon an, dass sich Einstellung und Argumentationsvielfalt der evangelischen Kirche im Laufe der Jahrhunderte ebenso entwickelt haben, wie auch die Reflexion darüber, welche Funktion der Sonntag aus kirchlicher Perspektive leisten kann und soll.

Im zweiten, zentralen Hauptteil dieses Kapitels wird anhand der Quellen (überwiegend Synodalbeschlüsse, Handreichungen und ökumenische Verlautbarungen) dargestellt, wie sich die evangelische Kirche seit 1945 als gewichtiger Gestaltungsakteur bezüglich der gesellschaftlichen Organisation von Zeit positioniert hat und auf welchen theologischen Begründungsmustern diese Positionierung beruht.

2.2 Der Sonntag und die Freizeit unter kirchlicher Observanz

2.2.1 Die Angst vor der Ruhe – kirchengeschichtliche Anmerkungen

Die christlich-theologische Qualifizierung des Sonntags hatte ursprünglich wenig Einfluss auf die Gestaltung der gesellschaftlichen Zeitordnung. Denn die Hervorgehobenheit jenes „Herrentages" – der Begriff Sonntag etablierte sich vermutlich erst mit der Durchsetzung der griechisch-römischen Planetenwoche im Laufe des 2. Jahrhunderts – war zunächst allein durch die Gottesdienstfeier gekennzeichnet und nicht durch die den Tag als solches betreffende Arbeitsruhe.[240] Der Sonntag hatte lediglich die Funktion, Raum für gottesdienstliches Gedenken zu bieten, war aber ansonsten nicht derart identitätsstiftend und sozial prägend wie die Praxis des Sabbats für die jüdischen Gläubigen.[241] Dass die Sonntagsfeier insofern nicht unbedingt als Konkurrenz zur Feier des Sabbat verstanden werden musste, erklärt, warum es bis ins sechste Jahrhundert Gemeinden gab, die beide Feiern harmonisch praktizierten.[242] Allerdings wuchs von christlicher Seite die Polemik gegen den Sabbat.[243] Denn anders als das Judentum, für das die Abgrenzung gegenüber der paganen Umwelt weitgehend konstitutiv war, bestand „der Bedarf für eine religiöse Selbstdefinition" der christlichen Gemeinden offenbar besonders in der Abgrenzung von ihrem eigenen Ursprung, dem Judentum, wobei die Diffamierung der Sabbatpraxis eine durchaus prominente Rolle spielte.[244]

---

240   Vgl. Klinghardt, Matthias: „... auf dass du den Feiertag heiligest". Sabbat und Sonntag im antiken Judentum und frühen Christentum, in: Assmann, Jan (Hrsg.): Das Fest und das Heilige. Religiöse Kontrapunkte zur Alltagswelt, Gütersloh 1991, S. 206–233, S. 208f. (I.F.: Sabbat und Sonntag).

241   „Seit dem Exil diente der Sabbat als Ruhetag betont zur Abgrenzung der Juden von Nichtjuden, dies umso mehr, als die Beschneidung, die eine analoge Bedeutungssteigerung erfuhr, im babylonischen und persischen Zeitalter diese Funktion nur sehr bedingt haben konnte, weil sie gemeinsemitischer Gebrauch war. In der Folge der Hellenisierung wurde der Sabbat dann vollends zum ‚Kenzeichen Israels', das die Juden von allen anderen ethnischen Gruppen abhebt." A.a.O., S. 207f. Vgl. ausführlich: Spier, Erich: Der Sabbat, Berlin 1989 (I.F.: Sabbat).

242   Vgl. Klinghardt, Matthias: Sabbat und Sonntag, S. 209.

243   Friedrich Heckmann ist der Hinweis entnommen, dass schon Theodor Zahn sich in seiner „Geschichte des Sonntags vornehmlich in der Alten Kirche" von 1878 um den Nachweis bemüht hat, dass die Sonntagsfeier „von den Christen in den ersten drei Jahrhunderten in keiner Weise als Fortsetzung oder Ersatz des jüdischen Sabbats verstanden worden ist." Heckmann, Friedrich: Arbeitszeit, S. 21.

244   Klinghardt, Matthias: Sabbat und Sonntag, S. 218. Nicht zu unterschätzen für die Dynamik dieser Abgrenzung ist das Verbot der Praxis jüdischer Gesetze durch Kaiser Hadrian und die Verfolgungssituation der jüdischen Bevölkerung unter der römischen Herrschaft. Je mehr die christliche Sonntagsfeier zum Unterscheidungsmerkmal gegenüber der jüdischen Sabbatpraxis wurde, desto größer wurde damit auch der Schutz vor staatlichen Repressionen, zumindest solange diese nur den jüdi-

Eigentümlicherweise war der Anlass für die vielfältige christliche Polemik weniger die Einrichtung des Sabbats an sich, als die mit ihm verbundene Unterbrechung der Arbeit, also – wenn man so will – seine eigentlich Zeit strukturierende Dimension. So etwa weist Justin darauf hin, dass Gott doch seine Tätigkeit auch nicht für einen Tag unterbreche, da er „am Sabbat wie an allen übrigen Tagen in gleicher Weise für die Welt" sorge.[245] Ein weiteres Argument – etwa bei Tertullian – gilt der Mühe, die Ernsthaftigkeit der Sabbatfeier mit Verweis auf die Sabbatbrüche der alten Väter in Zweifel zu ziehen. Oder aber der Sabbat wird als ein von den Erzvätern eingesetztes pädagogisches Instrument gewertet, die jüdische Herzenshärte zu überwinden durch das Gebot, sich wenigstens an einem Tag in der Woche der Taten Gottes zu erinnern.[246] Eine ausgesprochen hartnäckige Tradition richtet ihre Polemik gegen die Einhaltung des Sabbats aus einem vermeintlich übergeordneten Standpunkt, der jener arbeitsunterbrechenden Ruhepraxis eine wahre, nämlich geistig-kontemplative, Einhaltung des Sabbats gegenüber stellt. Ganz in dieser Tradition, die schon bei Justin zu finden ist, schreibt Augustinus:

„Dir sagt man, den Sabbat geistig zu halten und nicht wie die Juden durch körperliches Nichtstun. Sie wollen sich nämlich ihren Vergnügungen und Schwelgereien widmen. Der Jude täte lieber nützliche Arbeit auf dem Felde als unzufrieden im Theater zu sitzen. Und ihre Frauen würden lieber am Sabbate Wolle spinnen als den ganzen Tag in ihren Häusern schamlos zu tanzen."[247]

Das Ressentiment, das aus diesen Worten spricht, birgt offenbar ein christliches Unbehagen an einer Mußekultur, das auch durch die Einführung des Sonntags als staatlicher Ruhetag, wie sie Kaiser Konstantin vorgenommen hat, noch keineswegs beseitigt war. Diese erste staatliche Sonntagsgesetzgebung erfolgte am 3. März 321 durch ein kaiserliches Edikt, wonach die „Bevölkerung der Städte und die gesamte Erwerbstätigkeit (artium officia cunctarum) (…) am verehrungswürdigen Tag der Sonne ruhen" sollte.[248] Entgegen der biblischen Maßgabe, wie sie im Dekalog zur Geltung kommt, wurden die Bauern mit Rücksicht auf die natürlichen Gegebenheiten der Feldbestellung von diesem Gesetz ausgenommen. Insofern ist interessanterweise bereits der ersten Sonntagsgesetzgebung eine Ausnahmeregelung zu Eigen, die ökonomischen Gesichtspunkten folgt. Zudem spricht vieles dafür, dass dieses Edikt mit Blick auf die mitraskultische Sonnenverehrung, wie sie besonders unter

schen Gläubigen galten. Vgl. Moltmann, Jürgen: Gott in der Schöpfung. Ökologische Schöpfungslehre, München 1985, S. 296 (I.F.: Schöpfung).
245 Vgl. Rordorf, Willy: Der Sonntag. Geschichte des Ruhe- und Gottesdiensttages im ältesten Christentum, Zürich 1962, S. 83 (I.F.: Sonntag).
246 Vgl. a.a.O., S. 83f.
247 A.a.O., S. 104.
248 A.a.O., S. 160.

den Soldaten auftrat, erlassen wurde, also letztlich aus militärstrategischen Gründen.[249]
Insofern lässt sich folgern, dass die staatlich geförderte Sonntagsruhe, wie sie Konstantin eingeführt hat, weder was ihre Motivation und Entstehungsgeschichte noch was ihre Qualität anbelangt, identisch ist mit der Ruhepraxis des Sabbat. Sie ist politisch-pragmatisch begründet und einer gewissen ökonomischen Rationalität verpflichtet. Dass also der Sonntag auf diese Weise seine Ruhequalität erlangt, ist nicht Ergebnis kirchlicher Anstrengungen oder theologischer Überzeugungsarbeit, sondern eher ein geschichtlich kontingentes Ereignis.

Von daher verwundert es auch nicht, dass die Kirche der damaligen Zeit dem kaiserlichen Edikt keine besondere Aufmerksamkeit geschenkt hat. Weder findet es Erwähnung in Kirchenkonzilien, noch nehmen die Kirchenväter der konstantinischen Zeit positiv auf jene staatliche Verordnung Bezug. Erst gut vierzig Jahre später, auf dem Konzil in Laodicea 363 wird empfohlen, am Herrentag nicht zu arbeiten. Eine Bestimmung, die erst 538 auf dem Konzil von Orleans auch auf die Feldarbeit ausgedehnt wird, um auch den Landarbeitern den regelmäßigen Kirchgang zu ermöglichen.[250] Hingegen waren eher die Stimmen dominant, die die Muße der Sonntagsruhe für eine Gefährdung hielten. So etwa heißt es in der Regel des Benedikt von Nursia (ca. 480–528):

„Am Herrntag sollen sich alle der Lesung befleissen, mit Ausnahme derer, die mit einzelnen Diensten betraut sind. Wäre einer so nachlässig oder träge, dass ihm die Lust oder das Geschick zu studieren oder zu lesen abginge, so weise man ihm eine Arbeit an, damit er nicht müßig gehe."[251]

Hier spiegelt sich die Verunsicherung bezüglich des angemessenen Umgangs mit der neu eingebrochenen Mußekultur. Man musste sich jetzt mit einer durch die gesetzlich verordnete Arbeitsunterbrechung qualifizierten Herausgehobenheit eines Tages arrangieren, der selber für die kirchlichen Belange von höchster Bedeutung war. Der gesetzlich verordneten Sonntagsruhe konnte aber – anders als der Sabbatpraxis – nicht so einfach polemisch begegnet werden, ohne geradezu in den Verdacht staatsfeindlicher Umtriebe zu geraten. Insofern war die kirchliche Herausforderung eine doppelte: Es ging darum, die Interpretationshohei*t* bezüglich der Herausgehobenheit dieses Tages zu behalten und die Gestaltungshoheit zu erlangen. Das entsprechende kirchliche Handeln und Argumentieren ist durch zwei Facetten gekennzeichnet. Einerseits wurden vielfältige Versuche unternommen, die Besonderheit des gesamten Tages (nicht nur des Gottesdienstes) theologisch zu begründen, womit die Interpretationshoheit gewährleistet werden sollte. Andererseits wurde der Gestaltungseinfluss der Kirche sowohl durch vehemen-

---

249 Vgl. a.a.O., S. 161f.
250 Vgl. Heckmann, Friedrich: Arbeitszeit, S. 23f.
251 Rordorf, Willy: Sonntag, S. 165.

ten Druck auf die Gläubigen zum Gottesdienstbesuch als auch durch die Verordnung einer akribischen Sonntagskasuistik wirkmächtig.[252] Was die theologische Interpretation der durch die Arbeitsruhe qualifizierten Herausgehobenheit eines Tages anbelangt, so war diese bislang in der Sabbattradition aufgehoben, gegen die die christliche Literatur zuvor reichhaltig polemisiert hatte. Die christliche Verlegenheit bestand nun darin, quasi „notgedrungen der sonntäglichen Arbeitsruhe einen religiösen Ernst" zu geben und aus solcher Notlage heraus die Sabbattradition aufzugreifen.[253] Wobei die Rezeption der Sabbattradition durchaus mit ihrer Vereinnahmung und vermeintlichen Überbietung durch den Sonntag Hand in Hand ging, was sich in der christlichen Literatur häufig in der rhetorischen Figur der quanto-magis-Formel niederschlug.[254] Ein prägnantes Zeugnis für diese theologische Mühe um die Enteignung des Sabbats bietet Ephraim der Syrer (306–373):

> „Ehre gebührt dem Herrentag, dem Erstling der Tage, denn er birgt gar viele Geheimnisse. Erweist ihm eure Ehrerbietung, denn er hat das Recht der Erstgeburt dem Sabbat weggenommen (…) Selig, wer ihn durch makellose Beobachtung ehrt (…) Das Gesetz verordnet, der Dienerschaft und den Tieren Ruhe zu gewähren, damit Knechte, Mägde und Tagelöhner die Arbeit einstellen. Während aber unser Körper ruht, unterlässt er wohl die Arbeit, doch am Ruhetag sündigen wir mehr als an anderen Tagen. Während wir die Feldarbeit unterlassen und die Arbeit einstellen, laufen wir große Gefahr, gerichtet zu werden, da wir in die Kaufhäuser gehen."[255]

Zusätzlich zu der radikal formulierten Behauptung, der Sabbat sei durch den Herrentag enteignet, wird hier eine unversöhnliche Alternative der Zeitnutzungskonkurrenz an den Pranger gestellt: Kontemplation als Heiligung des Tages oder Konsum als sein sündiger Missbrauch. Bezogen auf solche Versuche, normierend auf die Gestaltung des Sonntags Einfluss zu nehmen, ist zu unterscheiden zwischen der wachsenden Disziplinierung zum Gottesdienstbesuch und der über die Jahrhunderte sich entwickelnden christlichen Sonntagskasuistik, die sich im Übrigen nicht grundsätzlich von der Sabbatkasuistik jener Zeit unterschied.

---

252 Ähnlich akzentuiert Rordorf: „Einerseits wurde die Bevölkerung zu vermehrter (öffentlicher und privater) kultischer Tätigkeit am Sonntag angehalten; anderseits aber nahm, besonders wenn diese Aufmunterung zu wenig fruchtete, die bloße Forderung der Arbeitsruhe immer gesetzlicher Formen an." A.a.O., S. 166.
253 Ebd. Vgl. auch Heckmann, Friedrich: Arbeitszeit, S. 23.
254 Vgl. Rordorf, Willy : Sonntag, S. 170. So etwa hat das frühe Christentum auch den schöpfungstheologischen Bezug des Sabbats aufgenommen und zugleich behauptet, ihn – bezogen auf den Sonntag – zu überbieten. Schon bei Justin etwa findet sich die schöpfungstheologische Bezugspunkt darin, dass der Sonntag der erste Tag sei, an dem Gott das Licht schuf. „Hier erscheint die am Sabbat orientierte Schöpfungstheologie insofern charakteristisch umgebogen, als nicht mehr die Sabbatruhe am siebten Tag das eigentlich theologisch relevante Datum ist, sondern die Trennung von Licht und Finsternis". Klinghardt, Matthias: Sabbat und Sonntag, S. 211.
255 Rordorf, Willy: Sonntag, S. 167.

Was die Disziplinierung zum Gottesdienstbesuch anbelangt, so bestätigen die Synoden des frühen Mittelalters, dass das kirchliche Interesse primär der Aufrechterhaltung der Gottesdienstkultur galt, um die es zeitweilig offenbar schon sehr früh nicht zum Besten bestellt war. Die Synode zu Elvira zwischen 300 und 312 ist die erste, die sich mit der Frage der Gottesdienstteilnahme am Sonntag beschäftigte. Es wurden disziplinarische Maßnahmen beschlossen, die denen gelten sollten, die drei Sonntage hintereinander nicht den Gottesdienst besuchten. Ein Indiz für das gravierende Schwinden der Gottesdienstmoral ist die auf späteren Synoden erforderlich gewordene Bestimmung, jene Disziplinierungen auch auf Kleriker auszudehnen! Im Zuge der folgenden Jahrhunderte nahmen der Zwang zum Gottesdienstbesuch und die Repression jedweder nichtchristlicher Kulte am Sonntag mit Hilfe staatlicher Gesetzgebung und synodaler Verordnungen zu. So hat schon Kaiser Theodosius in den 80er Jahren des 4. Jahrhunderts den christlichen Glauben für alle Bürger und Bürgerinnen zur verpflichtenden Religion gemacht mit entsprechender Präsenzpflicht bei der sonntäglichen Eucharistiefeier. Zudem hat er einen Festtagskalender erlassen, in dem alle paganen Feste eliminiert waren. Seit der Synode von Agde (506) erfuhren die Exkommunizierung diejenigen, die an den großen Festtagen der Messe fern blieben, eine Strafe, die im Rahmen der Sonntagsgesetzgebung bis ins 9. Jahrhundert um einen Katalog von Strafen bei Zuwiderhandlung erweitert wurde, der Prügel, Kahlscherung oder die Verweigerung eines christlichen Begräbnisses vorsah.[256] Diese staatlichen Sonntagsgesetze wurden besonders von Karl dem Großen erweitert und juristisch systematisiert.[257]

Der durchgängige Verpflichtungscharakter des Gottesdienstbesuchs, dessen konkrete Ausprägung teils durch kirchliche, teils durch staatliche Verordnungen geregelt war, wurde von katholischer Seite erst mit dem Zweiten Vatikanum relativiert. Zwar wird unbedingt von den Seelsorgern einer Gemeinde die sonntägliche Veranstaltung eines Gottesdienstes verpflichtend gemacht, nicht aber in gleicher Weise von den Gläubi-

---

256   Vgl. Holly, Johannes: Sonntagsheiligung: „Tag des Herrn", Gebot der Kirche, in: Weiler, Rudolf: Der Tag des Herrn. Kulturgeschichte des Sonntags, Wien 1998, S. 41–93, S. 47ff. (I.F.: Tag des Herrn). Diese Verpflichtung zur Sonntagsheiligung findet sich auf systematische Weise auch im angloamerikanischen Puritanismus der beginnenden Neuzeit. So verabschiedete man 1610 in der Colony of Virginia unter dem Einfluss der eingewanderten Puritaner ein Gesetz, in dem festgelegt wurde, dass alle Männer und Frauen jeden Sonntagmorgen in die Kirche und nachmittags zum Katechismusunterricht gehen mussten. Das Strafmaß bei Zuwiderhandlung konnte – je nach Häufigkeit – vom Entzug des Wochenlohnes über die Prügel- bis zur Todesstrafe gehen. Vgl. Von der Ohe, Werner: Weekend in den USA, in: Rinderspacher, Jürgen P.; Henckel, Dietrich; Hollbach, Beate (Hrsg.): Die Welt am Wochenende. Entwicklungsperspektiven der Wochenruhetage – ein interkultureller Vergleich, Bochum 1994, S. 119–135, S. 121.
257   Vgl. Heckmann, Friedrich: Arbeitszeit, S. 24.

gen. Die Verpflichtung betrifft eher den grundsätzlichen Charakter, zu lernen, den Sonntag als den Tag anzusehen, der Fundament des kirchlichen Lebens ist. Aber ging es noch im Codex Iuris Canonici von 1917/18 um die äußere Verpflichtung zum Gottesdienstbesuch an jedem Sonntag, so spricht der auf das Vatikanum folgende Codex von 1983 nur noch vom Sonntag im Singular. „Es handelt sich also um den Sonntag grundsätzlich. Diese Formulierung zeigt auf, dass eine rechtliche Kasuistik und deren Rigorismus überwunden sind."[258]

Außer diesen Bestimmungen über die Gottesdienstpräsenz wurden – wie erwähnt – Sonntagsgesetzgebungen erlassen, die akribisch auflisteten, welche Verrichtungen am Sonntag nicht erlaubt waren. Unter Karl dem Großen erfolgt in dem Sonntagsgrundgesetz von 789, der „admonitio generalis", eine genaue Auflistung der „opera servilia", in der nach Geschlecht differenziert aufgeführt wird, welche Werke jeweils am Sonntag verboten sind.[259] Paradigmatisch für diese Methodik der Volksdisziplinierung ist das irische Sonntagsgesetz von 886, das Verbote mit folgenden Inhalten umfasst:

„Reit- und Reiseverbote, Handelsverbot, Verbote zu Vertragsabschlüssen und gerichtlichen Abhandlungen, Verbot, Haare zu schneiden und Rasuren durchzuführen, Waschverbot und Badeverbot, Verbot ungerechter Handlungen, Verbot ziellosen Umherlaufens, Verbot, Korn zu mahlen, Backverbot, Verbot, Butter herzustellen, Holzhackverbot, Hausreinigungsverbot, Verbot, einen Ochsen oder ein Pferd einzuspannen, Verbot sämtlicher Dienstleistungen, Verbot des Verlassens mit jemand anderem über die vorgeschriebene Bezirksgrenze hinaus, ausgenommen in einer wichtigen Angelegenheit."[260]

Es lässt sich also eine starke Tradition in der Alten Kirche nachzeichnen, der sehr an einer Reglementierung der Sonntagsgestaltung gelegen war. Die dahinter stehende Sorge um die Arbeitsunterbrechung als Nährboden lasterhaften und sündigen Verhaltens bot logischerweise auch nicht im Ansatz Argumente für eine theologische Würdigung der arbeitsunterbrechenden Ruhe an sich.

Auch bei Luther ist eine deutliche Abneigung spürbar, dem Sonntag in seiner Qualität als Ruhetag einen theologischen Wert beizulegen. Für ihn bedeutet die Heiligung des Sonntags nicht, „dass man hinder dem Ofen sitze und kein grobe Erbeit tue oder ein Kranz aufsetze und sein beste Kleider anziehe, sondern (wie gesagt) dass man Gottes Wort handle und sich darin ube".[261] Diese Mühe um das Wort Gottes sollte darüber hinaus eigentlich tägliches Werk sein. Aber aus rein pragmatischen Gründen, „weil wir nicht alle Zeit und Muße haben", sei der

258 Holly, Johannes: Tag des Herrn, S. 58.
259 Vgl. Heckmann, Friedrich: Arbeitszeit, S. 24.
260 Holly, Johannes: Tag des Herrn, S. 52.
261 Luther, Martin: Der große Katechismus, in: Die Bekenntnisschriften der evangelisch-lutherischen Kirche. Herausgegeben im Gedenkjahr der Augsburger Konfession 1930, Göttingen 1979, S. 582.

Sonntag als freier Tag dazu zu nutzen. „Weil aber von Alters her der Sonn'tag dazu gestellt ist, sol man's auch dabei bleiben lassen, auf dass es in einträchtiger Ordnung gehe und niemand durch unnötige Neuerrung ein Unordnung mache."[262] Luther favorisiert also eindeutig die gottesdienstliche Feier gegenüber der arbeitsunterbrechenden Ruhe. Letztere bietet, pragmatisch betrachtet, lediglich die willkommene Voraussetzung zur Feier des Gottesdienstes, ist ihr also funktional zugeordnet. Diese Wertigkeit ist durchaus theologisch motiviert, da Luther eine sabbattheologische Begründung des arbeitsfreien Sonntags ausdrücklich ablehnt und – kirchengeschichtlich traditionsreich – gegen die Sabbatpraxis polemisiert: „Darümb gehet dies Gepot nach dem groben Verstand uns Christen nichts an; denn es ein ganz äußerliches Ding ist wie andere satzungen des Alten Testaments, an sonderliche Weise, Person, Zeit und Stätte gebunden, welche nu durch Christum alle frei gelassen sind."[263] Die Abgrenzung gegenüber der Sabbattradition lässt ihn für den Sonntag in seiner Eigenschaft als Ruhetag lediglich ordnungspolitische und funktionale Argumente finden, wie etwa das des Erholungswertes eines regelmäßig freien Tages für das hart arbeitende Gesinde.[264] Für Calvin gelten ähnlich wie für Luther funktional pragmatische Gründe, die für die sonntägliche Arbeitsruhe sprechen. Dabei steht einerseits im Vordergrund, die kirchliche Ordnung durch die Möglichkeit zur sonntäglichen Gottesdienstteilnahme zu gewährleisten und andererseits ein für die effektive Arbeit ausreichendes Maß an Erholung zu schaffen:

„Denen, die unter der Herrschaft anderer stehen, soll Erholung gewährt werden. Jeder gewöhnt sich nämlich daran, wenn er einen Tag Ruhe hat, in der übrigen Zeit zu arbeiten."[265]

Obwohl also weder Luther noch Calvin einer theologischen Begründung des Sonntags als Ruhetag Vorschub geleistet haben, entwickelt sich schon sehr bald nach der Reformation ein Verständnis des Sonntags, das ihn als göttliche Einsetzung und als Ersatz des Sabbats begreift. Dieses deutlich vom jüdischen Sabbat geprägte Sonntagsverständnis findet sich

---

262 Ebd.
263 A.a.O., S. 580f.
264 Friedrich Heckmann verweist auf die Interpretation von Hermann Jacoby, der die relative Gleichgültigkeit, mit der Luther die Frage des Ruhetages behandelt, mit seiner Absicht erklärt, die „Spaltung des Lebens zu kritisieren, in dem die Sonn- und Feiertage vor allem eine religiöse Unterbrechung eines ansonsten unchristlichen Lebens waren." Luther habe nach Jacoby aufzeigen wollen, dass „alle Zeit dem Herrn gehöre und jeder Tag in gleichem Maße Gottesdiensttag sein müsse. Daher gibt es auch für den Sonntag als Kulttag keine theologische Begründung." Heckmann, Friedrich: Arbeitszeit, S. 28.
265 Calvin, Johannes: Der Katechismus der Genfer Kirche, in: Jacobs, Paul (Hrsg.): Reformierte Bekenntnisschriften und Kirchenordnungen, Neukirchen 1949, S. 36.

besonders in Schottland und England und ist in der Westminster Konfession prägnant formuliert: „Der Tag des Herrn soll beständig bis an der Welt Ende heilig gehalten werden als der Sabbath der Christen."[266] Funktional ist die Sonntagsgesetzgebung der folgenden Jahre bis in das beginnende 19. Jahrhundert hinein ein Disziplinierungsmittel gewesen, um dem vermeintlich drohenden sittlichen Verfall zu begegnen.

Zusammenfassend lässt sich also sagen: Die Alte Kirche hatte zunächst auf verschiedene Weise gegen den Sabbat polemisiert und sich von einer theologisch begründeten Praxis distanziert, die die eigentliche Hervorgehobenheit dieses Tages an der Arbeit unterbrechenden Ruhe fest machte. Für sie war der sonntägliche Gottesdienst – nicht der Sonntag – zentraler Kern und Identifikationspunkt der Gemeinde. Von der antijüdischen Stoßrichtung ihrer Theologie ist sie auch nicht abgewichen, als sie sich infolge der konstantinischen Gesetzgebung genötigt sah, dem arbeitsfreien Tag eine theologische Begründung zuzuführen und sich dabei sabbattheologischer Argumente zu bedienen. Diese wurden jedoch so eingeführt, dass sie den Sonntag als eine den Sabbat nicht nur überbietende, sondern auch vereinnahmende Instanz deklarierten. Der „Herrentag" und Tag der Auferstehung wurde nun auch in seiner neuen Qualität als Ruhetag mit dem Anspruch versehen, an die Stelle des Sabbats zu treten. Aus der Sorge, dass der sonntägliche Müßiggang sündigem Verhalten Vorschub leistet, wurde in die frühe Neuzeit hinein variantenreich zum Gottesdienstbesuch diszipliniert. Aus demselben Grund verordneten Sonntaggesetzgebungen kasuistisch ausdifferenzierte Verbotslisten als Rahmen einer angemessenen Sonntagsgestaltung, auch wenn diese Kasuistik aus den eher pragmatisch orientierten Argumenten der Reformatoren bezüglich der Sonntagspraxis nicht abzuleiten ist.

Die Ambivalenz dieser insgesamt nur punktuellen Rezeption der jüdischen Tradition bei gleichzeitig unbedingtem Anspruch ihrer qualitativen oder historischen Überbietung und die ebenso eigenartige Aufforderung zur Heiligung des Tages durch eine kontemplative, gottesdienstliche „Ruhe" bei gleichzeitiger Angst vor dem Müßiggang findet sich noch bis in die kirchlichen Argumentationsmuster des 19. Jahrhunderts wieder.

2.2.2 Die industrielle Revolution und der Sonntag als Instrument sittlicher Restaurierung

Die industrielle Entwicklung im 19. Jahrhundert änderte auch radikal die gesellschaftliche Zeitordnung. Die Mechanisierung der Arbeitsprozesse und die stetige Steigerung der Produktivität forcierten die Entwicklung zu einer Ökonomie, die sich nicht länger an die begrenzten

---

266 Zitiert nach: Heckmann, Friedrich: Arbeitszeit, S. 30.

aufgabenorientierten Ziele mittelalterlicher Subsistenz binden ließ. Neu erschlossene Absatzmärkte, begünstigt durch verkehrstechnische Innovationen, wie der Ausbau der Eisenbahnstrecken, und neue Produktionsanforderungen beispielsweise im Montanbereich, ließen den Markt zeitweilig als kaum zu sättigende Größe auftreten. Absatzsteigerung und potenzieller Profit schienen schier unendlich. Zur Erreichung des diesbezüglich Optimalen bedurfte es einer stetigen Steigerung der Produktion in möglichst kurzer Zeit. Damit wurde die Zeit zu einem Faktor, den es extensiv für produktive Zwecke zu nutzen galt mit dem Ergebnis einer sukzessiven Ausdehnung der täglichen Arbeitszeiten auf teilweise sogar über 16 Stunden. Diese Ausdehnung der wöchentlichen Arbeitszeit machte auch vor dem Sonntag nicht Halt. Auch wenn es keine Statistiken über das Ausmaß der Sonntagsarbeit in der ersten Hälfte des 19. Jahrhunderts gibt, so ist doch die Tatsache der regelmäßigen und geradezu selbstverständlichen Arbeit am Sonntag vielfach belegt.[267] Ein bis ins frühe 19. Jahrhundert praktizierter Rhythmus von Zeiten der Arbeit und Fest- und Feiertagen war innerhalb von nur wenigen Jahren zerstört.[268]

Zu Beginn des 19. Jahrhunderts zeichnete sich allerdings noch nicht ab, dass der Sonntag von einer rasanten Entwicklung zur extensiven Arbeitswoche betroffen sein sollte. Im Gegenteil belegt ein königliches Reskript in Preußen vom Mai 1825 den Sonntag noch ausdrücklich mit dem Verbot von Arbeiten.[269] Aber die Bestimmungen jener Zeit fanden keine Anwendung mehr auf das neu entstehende Industrieproletariat, was zugleich einer allmählichen Erosion der gesetzlich geschützten Sonntagsruhe insgesamt Vorschub leistete. So gestand das Allgemeine Landrecht lediglich den Handwerksgesellen Arbeitsruhe an Sonn- und Feiertagen zu, während die Fabrikarbeiter von dieser Regelung nicht betroffen waren. Ein „Regulativ über die Beschäftigung jugendlicher Arbeiter in Fabriken" vom März 1839 schützte lediglich Jugendliche unter 16 Jahren vor Sonn- und Feiertagsarbeit, und die Gewerbeordnung

267 Vgl. a.a.O., S. 48.
268 Es bleibt anzumerken, dass damit die mittelalterlichen Lebens- und Produktionsbedingungen nicht in einem romantisierenden Licht erscheinen sollen. Aber zumindest waren die Fest- und Feiertage weitgehend von Arbeit entbundene Zeiträume, allerdings galten auch hier Ausnahmen zum Beispiel für das Gesinde. Vgl. Otto, Karl A.: Wie viel wurde in unterschiedlichen Epochen gearbeitet? – Ein quantitativer Vergleich, in: König, Helmut; von Greiff, Bodo; Schauer, Helmut (Hrsg.): Sozialphilosophie der industriellen Arbeit, Leviathan. Zeitschrift für Sozialwissenschaft, Sonderheft 11, Opladen 1990, S. 51–76, S. 56.
269 Allerdings kritisiert die „Evangelische Kirchenzeitung" Ernst Wilhelm Hengstenbergs von 1827 bereits die Sonntagsarbeit in Handel und Handwerk. Vgl. Kranich, Sebastian: Die „Heiligkeit des ganzen Tages". Das deutsche Ringen um Sonntagsruhe vom Vormärz bis zur Mitte der 1850er Jahre, in: Friedrich, Martin; Friedrich, Norbert; Jähnichen, Traugott; Kaiser, Jochen-Christoph (Hrsg.): Sozialer Protestantismus im Vormärz, Münster, Hamburg, London 2001, S. 43–56, S. 44 (I.F.: Heiligkeit).

von 1845 sah schon keine prinzipielle Sonntagsruhe mehr vor. In der Gewerbeordnung von 1869 wurde zwar formal festgehalten, dass niemand zur Sonntagsarbeit verpflichtet werden konnte, aber die konkrete Ausgestaltung dieser Bestimmung unterlag der Willkür von Fabrikordnungen, die nach 1850 vielfach die Sonntagsarbeit ausdrücklich als Vorschrift festschrieben. Damit aber war faktisch der Sonntagsschutz als gesetzliche Regelung aufgehoben und eine Zeitordnungsfrage von erheblicher gesamtgesellschaftlicher Bedeutung zum Gegenstand rein innerbetrieblicher „Vereinbarungen" geworden.[270] Dahinter kommt staatlicherseits eine Politik zum Vorschein, sich lediglich auf die Sicherung des öffentlichen Gottesdienstes gegen Störungen von außen zu beschränken, sich ansonsten aber, was die Sonntagsarbeit anbelangt, dem Prinzip der Nichteinmischung zu verpflichten.

Per Polizeiverordnungen wurden – wenn überhaupt – Verbote von Sonntagsarbeit auch nur erteilt, wenn der durch die Arbeit verursachte Lärm eine entsprechende Störung sonntäglicher Ruhe mit sich brachte.[271] Die Herstellung öffentlicher Sonntagsruhe als staatliche Aufgabe wurde also reduziert auf die Vermeidung einer die Sonntagskultur störenden Lärmkulisse. Darüber hinaus auch die Arbeitsruhe als staatliche Gesetzgebung einzuführen, scheiterte – bis zu seinem politischen Ende 1890 – an dem energischen Widerstand Bismarcks.[272]

Wenn gegenwärtig die evangelische Kirche als eine der Institutionen begriffen wird, die man bezüglich ihrer zeitpolitischen Wirksamkeit am ehesten mit dem Einsatz für den arbeitsfreien Sonntag in Verbindung bringen würde, so gilt dies – historisch betrachtet – noch keineswegs durchgängig für das 19. Jahrhundert. Obwohl wöchentliche Arbeitszeit mit bis zu 16 Stunden teilweise schon in den 30er Jahren des 19. Jahrhunderts üblich waren und folglich der arbeitsfreie Sonntag allein zur körperlichen Erholung unabdingbar gewesen wäre, kam ein solcher sozial geprägter Impuls der Intervention im kirchlichen Engagement lange Zeit nur sehr verhalten zur Geltung. Was sich hingegen in der ersten Hälfte des 19. Jahrhunderts an Engagement findet, ist überwiegend inspiriert von der puritanischen Praxis des englischen Sonntags und gebündelt in der Gründung einer Vielzahl von Vereinen zur Bewahrung der Sonntagsheiligung. Diese Bewegung war geprägt von der Bemühung um eine Sonntagsgestaltung, die filigran ausdifferenziert festlegte, welche Tätigkeiten am Sonntag erlaubt sind, geistlich aufbauen und welche nicht. Angeregt durch ein englisches Vorbild wurden mit Preisgeldern versehene Ausschreibungen für die besten Traktate organisiert, die deutlich machen sollten, „dass Gott je einen Tag unter sieben

---

270   Vgl. Nuß, Berthold Simeon: Der Streit, S. 25f.
271   Vgl. Heckmann, Friedrich: Arbeitszeit, S. 55ff.
272   A.a.O., S. 125ff.

geheiligt, d.h. zur Ruhe von dem irdischen Beruf und zur Beschäftigung mit dem himmlischen bestimmt" habe.[273] Die Geschichte der Auseinandersetzung um die Sonntagsfrage ist seit den 40er Jahren kaum zu trennen von der Geschichte der Inneren Mission, die sich schon 1849 auf einer speziellen Konferenz schwerpunktmäßig mit dem Thema Sonntagsheiligung beschäftigt hatte.[274] 1854 mündete eine eingehende Befassung mit der Thematik inklusive der Verwendung mehrerer Berichte über die bestehende Sonntagspraxis in einer Denkschrift des sechsten Kirchentags der Inneren Mission, die zugleich ein „erster Höhe- und Schlusspunkt" in der diesbezüglichen Diskussion sein sollte.[275] In ihr wird die himmlische Ruhe, die als paradiesische Ruhe mehr sei als die jüdische Sabbatpraxis, als Vorbild der Sonntagsruhe vielfältig beschrieben und in ihrem reglementierenden Charakter für die Unterscheidung zwischen erlaubten und unerlaubten sonntäglichen Verrichtungen entfaltet.[276]

In dieser Mühe um eine sonntäglich angemessene Praxis tauchen an anderer Stelle auch nationalökonomische Argumente auf, die verdeutlichen sollen, dass bei sechs Tagen Arbeit nicht nur mehr vom einzelnen Arbeiter geleistet werden kann, sondern auch die Konsumtion angeregt wird. Dennoch bleibt insgesamt zu sagen, dass den Verfechtern dieser Argumentation nicht primär an der Interessenwahrnehmung der Arbeiter gelegen war, sondern an der ordnungstheologisch motivierten Umsetzung eines „biblisch-theologischen Konzeptes".[277] Der Blick auf die

---

273 Kranich, Sebastian: Heiligkeit, S. 46.

274 „Auch der von Johann Hinrich Wichern 1848 erstmals organisatorisch zusammengefassten protestantischen Inneren Mission ging es im 19. *und* 20. Jahrhundert nicht um *Sozialreform,* sondern um *Volksmission* mit dem Ziel der Christianisierung bzw. Re-Christianisierung jener Schichten der deutschen Bevölkerung, die Kirche und Religion gleichgültig, skeptisch oder kämpferisch ablehnend gegenüberstanden." Kaiser, Jochen-Christoph: Von der christlichen Liebestätigkeit zur freien Wohlfahrtspflege. Zur Genese und Organisation konfessionellen Sozialengagements in der Weimarer Republik, in: Rauschenbach, Thomas; Sachße, Christoph; Olk, Thomas (Hrsg.): Von der Wertgemeinschaft zum Dienstleistungsunternehmen. Jugend- und Wohlfahrtsverbände im Umbruch, Frankfurt/M. 1996, S. 150–174, S. 151.

275 Vgl. Kranich, Sebastian: Heiligkeit, S. 48f.

276 Vgl. a.a.O., S. 50f.

277 Allerdings muss sehr kritisch geprüft werden, inwieweit dieses Konzept zu Recht und angemessen auf biblische Bezüge rekurriert, was an späterer Stelle die weitergehende Frage nach der theologischen Fundierung der zeitpolitischen Positionierung der evangelischen Kirche aufwerfen wird. Vorab sei nur angemerkt, dass mit der Definition des eigentlichen Sonntagszwecks als Beschäftigung mit dem „Himmlischen" eine gewisse „Erdverbundenheit" leidet, die nur wenig überzeugend als Überbietung der Sabbatruhe auftreten kann. Jedenfalls hat die talmudische Sabbattradition sich keinem höheren Zweck unterstellt als dem, sich der erinnernden Feier der von Gott geschenkten Freiheit zu widmen. Die Sabbatkasuistik versteht sich insofern von Grund auf als Ordnung der Freiheit von den Dingen, die nicht mehr sein brauchen, oder als Freiheit zu den Dingen, die nur am Sabbat sein dürfen,

offizielle kirchliche Position – von der Einzelstimmen durchaus abweichen konnten – zeigt, dass hierfür mehrere Gründe maßgeblich waren. Zunächst war die evangelische Kirche grundsätzlich sehr schwerfällig darin gewesen, das wahre Ausmaß der sozialen Verelendungsdimension des lohnabhängigen Industrieproletariats zu begreifen. Die Problematik des gesellschaftlichen Umbruchs war für sie nicht vorrangig eine soziale, ökonomische oder gar politische, sondern Ausdruck eines religiös-sittlichen Werteverfalls, den sie insbesondere in Form der Krise der Gottesdienstkultur wahrnahm. Der zurückgehende Gottesdienstbesuch und der Mangel an Sonntagskultur, wie er aus kirchlicher Sicht angemessen erschien, waren für die evangelische Kirche Indikatoren, die die gesellschaftliche Krise insgesamt anzeigten.[278] Symptomatisch für diese Denkweise ist ein Beleg aus der Kirchenchronik der Provinz Sachsen von 1844, in der die Situation der Fabrikarbeiter unter dem spezifischen Blickwinkel ihrer gottesdienstlichen Abstinenz reflektiert wird:

„(…) so bleibt diesen Leuten (den abhängigen Lohnarbeitern, U.B.), wenn sie sich anders nicht außer Arbeit und folglich auch außer Brod sehen wollen, nichts weiter übrig, als, gleich ihren Brodherren, ob schon aus einem anderen verzeihlicheren Grunde, dem Hause Gottes den Rücken zu wenden (…) Das (!) sind die schlimmen Folgen des Industrialismus und des bösen Beispiels!"[279]

Entsprechend galt aus mehrfachen Gründen das kirchliche Engagement einer restaurativen, an der Bewahrung der sittlichen Ordnung gelegenen Kultur, als deren zentrales Instrument der Gottesdienst angesehen wurde. Folglich bestand auch das kirchliche Anliegen gegenüber der Regierung über viele Jahre alleine darin, Rahmensetzung aufrechtzuerhalten, um den Gottesdienst und eine angemessene sittliche Sonntagskultur zu gewährleisten.[280] Das diesbezügliche Engagement richtete sich beispielsweise gegen städtische Sonntagsmärkte oder gegen den mangelnden Gottesdienstbesuch von Beamten und anderen Mitgliedern höherer Stände. Dass aber vielen Industriearbeitern die Teilnahme am Gottesdienst schlichtweg unmöglich wurde, weil die Fabrikordnung ihnen keine Wahl ließ, gelangte bis in die zweite Hälfte des 19. Jahrhunderts, wenn, dann nur unter dem Aspekt des drohenden Sittenver-

---

anstatt als Reglementierung der Dinge, die um der sittlichen Erhebung oder der „himmlischen Ruhe" willen sein müssen!
278 „Der Übergang von der Agrar- zur Industriegesellschaft mit der ihn begleitenden Lockerung oder Auflösung selbstverständlicher Sitten und Konventionen wie auch der Verflüchtigung christlicher Normen für private und öffentliche Moral wurde ihnen (den meisten kirchlichen Zeitgenossen, U.B.) als Krise in der Form der Krise des Sonntags deutlich. Brakelmann, Günter: Kirche, soziale Frage und Sozialismus. Kirchenleitungen und Synoden über soziale Frage und Sozialismus 1871–1914, Gütersloh 1977, S. 13 (I.F.: Kirche).
279 Heckmann, Friedrich: Arbeitszeit, S. 44.
280 Vgl. Nuß, Berthold Simeon: Der Streit, S. 27f.

lusts, nicht aber als umfassendes, soziales Problem ausbeuterischer Arbeitsbedingungen in den Blickfang kirchlicher Wahrnehmung.[281] Inhalt und Ambitionen kirchlicher Argumentation zur Sonntagsfrage werden sehr deutlich in einer 1877 erlassenen Zirkularverfügung des Preußischen Evangelischen Oberkirchenrates in Berlin über die Sonntagsruhe und Sonntagsheiligung, in der durchgängig dem Sonntag eine „fundamentale Rolle für den Neubau einer christlichen Lebensordnung schlechthin" zugeschrieben wurde.[282] Dieses Dokument, dessen Verfasser offenbar geleitet sind von der Suche nach einer „wahrhaft evangelischen Sonntagsheiligung", ist bemüht, eine über den Gottesdienst hinausgehende Sonntagsruhe zu begründen und zur Geltung zu verhelfen. Denn allein mit dem gemeinsamen Gottesdienst sei

„(…) ein christlicher Sonntag noch nicht gewonnen, denn damit ist weder die Bedeutung eines Erholungs- und Ruhetages nach sechs Tagen Arbeit für Seele und Leib, der nicht ein Tag des Müßigganges und der Langeweile neben einigen Stunden gottesdienstlicher Übungen sein will, gewürdigt, noch für eine wahrhaft evangelische Sonntagsheiligung Anweisung gegeben (…)".[283]

Eine Neuorientierung der Sonntagspraxis sei jedoch unbedingt erforderlich, denn der Sonntag sei zu einem Tag der Unruhe, der Zerstreutheit und Vergnügungssucht", der „Sünden und Verbrechen der Unmäßigkeit, der Unzucht, der Gewalttat gegen Gesundheit und Leben der Nebenmenschen" missraten. Im Endeffekt führe diese „Entheiligung des Sonntags" zur „Entsittlichung des Volkes" und „in gleichem Maße, als die Kirchen leer bleiben, füllen sich die Gerichtssäle, Gefängnisse und Irrenhäuser."[284] Daher sei eine kirchliche Einmischung unbedingt geboten, die den wahren, „sittlichen" Gebrauch des Ruhetages wieder vor Augen führe. Dieser liege in der Pflege der Andacht und geistlichen Erbauung, der Stärkung des Familienlebens, der aktiv durch Besuche und Hilfeleistungen sich vollziehenden Nächstenliebe, der Zuwendung zur Jugend, der Kunst, Kultur und Bildung.[285] Die antijüdische Pointierung wird auch in dieser Schrift fortgeschrieben. Was den Sonntag als Ruhetag anbelangt, distanziert man sich ausdrücklich von der Sabbattradition und konstruiert gleichzeitig eine theologische Begründung, die die Sonntagsruhe als Überbietung der Sabbatpraxis deklariert. Als typisch „pharisäisch" wird ein Ruhetagsverständnis diffamiert, das „schon die bloße Enthaltung von Arbeit für ein gutes Werk" halte. Stattdessen gelte es, nach der sittlich gebotenen Verwen-

---

281 Vgl. Heckmann, Friedrich: Arbeitszeit, S. 37ff.
282 Brakelmann, Günter: Kirche, S. 13.
283 A.a.O., S. 51.
284 A.a.O., S. 52. Heckmann verweist auf den Vortrag eines Berliner Gefängnispfarrers von 1876, in dem dieser versuche, einen direkten Zusammenhang zwischen mangelnder Sonntagsheiligung und der Kriminalitätsrate nachzuweisen. Vgl. Heckmann, Friedrich: Arbeitszeit, S. 186ff.
285 Vgl. Brakelmann, Günter: Kirche, S. 61ff.

dung der freien Zeit zu fragen.[286] Bei allem Verständnis für die Reformation hinsichtlich ihrer Zurückhaltung bei der Beantwortung dieser Frage „aus Scheu vor Rückfall unter das Joch zeremonialgesetzlicher Bestimmungen des Alten Testaments", dürfe doch nicht auf eine theologische Begründung dieser ganzheitlichen Betrachtungsweise des Ruhetags verzichtet werden. Statt aber, wie für den Sabbat unterstellt, diesen Tag als eine Gott gegenüber zu erbringende Pflicht zu verstehen, gelte es, die „evangelische Freiheit" als das Charakteristikum der sonntäglichen Ruhepraxis aufrechtzuerhalten.[287] Damit knüpfe man an die Praxis Jesu an, der den Ruhetag auch nicht aufgehoben, ihn aber auf seine nicht jüdische (!), den Menschen dienende Funktion zurückgeführt habe.[288] Dienlich für den Menschen ist aber gerade das, was ihm und der Gesellschaft, in der er lebt, sittlichen Halt gibt, womit wiederum die aufgeführten Leitbilder der Sonntagsgestaltung, von der Familie bis zur geistigen Erbauung, gemeint sind.

Dieses Argumentationsmuster erinnert an die schon für die mittelalterliche Kirche typische Intention, der Sonntagsruhe als Sonntagsheiligung eine ganz eigene, kirchliche Prägung geben zu wollen, in deren Zentrum der Gottesdienstbesuch steht, und darüber hinaus normierend Einfluss nehmen zu wollen auf die Gestaltung eines angemessenen Sonntagsverhaltens. Nur dass die strenge Sonntagskasuistik mittelalterlicher Verbotsreihen der opera servilla hier ersetzt wird durch eine zeitgenössische Variante, sich für die Einhaltung bürgerlicher Tugenden einzusetzen, deren Beachtung dem geistigen und moralischen Verfall der Gesellschaft entgegenwirken soll. Angesichts der hier verwendeten Leitbilder einer wünschenswerten Sonntagsheiligung ist Brakelmanns Einschätzung zuzustimmen, dass wir hier auf eine sozialkritische Position stoßen, die weit entfernt ist von der wirklichen Lebenswelt der Fabrikarbeiter und letztlich „orientiert ist an einem vorindustriellen Gesellschaftsverständnis und Sozialethos".[289]

---

286 A.a.O., S. 61.

287 Vgl. ebd.

288 Vgl. a.a.O., S. 57. Ergänzt wird diese „theologische" Begründung noch durch eine ordnungstheologische Argumentation: „Denn auch in den Ordnungen der Natur ist eine Gottesordnung und ein Gebot Gottes zu sehen. Zu diesen Ordnungen nun, deren Einhaltung zur Gesundheit geistigen und leiblichen Lebens gehört, ist auch zu rechnen, dass nicht bloß der Wechsel zwischen Schlafen und Wachen sittlich geregelt sei, sondern dass auch die Zeit des Wachens nicht jahraus, jahrein ununterbrochener Arbeit gewidmet werde. Vielmehr verlangt schon die sittliche Lebensordnung jedes Einzelnen gewisse Pausen, Einschnitte oder Ruhepunkte." A.a.O., S. 56.

289 A.a.O., S. 14. Ähnlich auch das Urteil Martin Honeckers hinsichtlich des anachronistischen Zuges kirchlichen Denkens, sofern hier „der neuen industriellen Arbeitswelt mit Verhaltensmustern" begegnet wurde, die „in einer agrarischen und handwerklichen Gesellschaft geprägt" wurden. Honecker, Martin: Arbeit VII 18. – 20. Jahrhundert, in: Theologische Realenzyklopädie (TRE), Band III, Berlin/New York 1978, S. 639–657, S. 646. Heckmann diagnostiziert diese Tendenz am Beispiel der Auseinandersetzung um die Sonntagsarbeit im Königreich Bayern auch für

Interessanterweise kommt in dieser Zirkularverfügung erstmals ein Aspekt zum Tragen, der bis in die jüngste Debatte um das arbeitsfreie Wochenende an Aktualität nicht verloren hat. Gemeint ist die kirchliche Positionierung bezüglich der Bedeutung kollektiver zeitlicher Rhythmen, hier formuliert als die Frage, ob nicht jeder „Einzelne den Wochentag zur Ruhe frei für sich wählen" kann.[290] Unmissverständlich besteht die Denkschrift auf die kollektive, am siebenten Tag zu praktizierende Arbeitsunterbrechung, da der „Mensch nicht nur Einzelwesen, sondern auch Gemeinschaftswesen ist". Zudem würde eine solche individuelle Lösung sowohl die Qualität der Ruhe wie auch die Gewährleistung koordinierter Arbeitsabläufe behindern.[291] Beide Argumente, das anthropologische, dass der Mensch ein soziales Wesen sei, wie auch das pragmatische, dass die kollektive Rhythmik von Arbeit und Unterbrechung sinnvolle Koordinationsfunktionen erfülle, findet sich seitdem immer wieder als Argumentationsmuster in kirchlichen Verlautbarungen.

Mit dieser Denkschrift von 1877 ist es der evangelischen Kirche nicht gelungen, „zeitpolitische" Begründungsmuster zu bieten, die auch nur ansatzweise den Arbeits- und Lebensbedingungen des Fabrik- und Landproletariats gerecht geworden wären. Auch wenn die Notwendigkeit eines kollektiven Rhythmus von Arbeit und Ruhe, wie er mit dem arbeitsfreien Sonntag zur Geltung kommt, vielfach beschrieben wird, so bleiben die Inhalte einer positiven Sonntagsgestaltung so allgemein auf Andacht, Familie, Nächstenliebe usw. bezogen, dass gerade dieser „Konkretionsgrad" die eigentliche Distanz zur realen, sozialen Problematik des Proletariats spiegelt. Es finden sich zudem keine Spuren einer politisch oder ökonomisch intervenierenden Position, mit der die für diese ausbeuterischen Zeitstrukturen verantwortlichen Akteure benannt worden wären oder Änderungen der konkreten Verelendungssituation eingefordert würden.

Die im Hintergrund stehende Verflechtung von Thron und Altar mit dem Kaiser als Oberhaupt der evangelischen Kirche machte auf kirchlicher Seite die Monarchie zur alternativlos zu stützenden Staatsform und verbot – quasi religiös verpflichtend – auch jede Fundamentalopposition zur Bismarckschen Regierung.[292] Aus demselben Grund und wegen ihrer atheistischen Tendenzen war ein Bündnis mit der Sozialdemokratie höchst problematisch, obwohl inhaltlich vieles dafür sprach.[293]

---

den Gesetzgeber, sofern auch das Verständnis von Arbeit „allein auf den Bereich des Handels, der Landwirtschaft und des Handwerks bezogen wird." Heckmann, Friedrich: Arbeitszeit, S. 38.

290 Brakelmann, Günter: Kirche, S. 58.

291 Vgl. a.a.O., S. 58f.

292 Vgl. Brakelmann, Günter: Kirche, S. 15ff.

293 Für die evangelische Kirche wurde „der materialistische und atheistische Sozialismus der deutschen Arbeiterbewegung (…) der innere Feind Nr. 1." A.a.O., S. 18. Vgl. Heckmann, Friedrich: Arbeitszeit, S. 120.

Allerdings mag auch ein gewisser inhaltlicher Dissens, wie er in den offiziellen kirchlichen Verlautbarungen deutlich wird, für lange Zeit ein Koalitionshindernis zwischen evangelischer Kirche und Sozialdemokratie gewesen sein. Die aufgezeigte Fokussierung der kirchlichen Argumentation auf die sittliche Gestaltungskraft des arbeitsfreien Sonntags und der damit gesetzte Vorbehalt gegenüber einer Forderung, die sich lediglich auf den „pharisäisch" anmutenden Einsatz für einen Ruhetag reduziert, war vermutlich auch für Sozialdemokraten kaum nachvollziehbar und stieß übrigens auch innerkirchlich durchaus auf Kritik.[294] Ein Bündnis mit den Kirchen, das über die Sonntagsfrage hinaus auch noch geleitet gewesen wäre vom sozialdemokratischen Engagement für die Reduzierung der täglichen Arbeitszeit und die Einführung des Normalarbeitstages insgesamt, war umso ferner.[295]

Die Zurückhaltung, der arbeitsfreien Zeit einen Wert an sich zuzusprechen, bestätigt sich übrigens auch in der kirchlichen Reaktion auf den Konflikt um den so genannten blauen Montag, der mit dem Sonntag zusammen die Zeitordnung des arbeitsfreien Wochen*anfangs* darstellte, eine Art Vorläufer unseres „freien Wochenendes".[296] Als das Statussymbol der Handwerker gegenüber den ungelernten Fabrikarbeitern war der blaue Montag noch vor dem Sonntag harten Angriffen ausgesetzt. Dem ökonomischen Rationalisierungsschub, den die Industrialisierung mit sich brachte, konnte diese zyklische Ständezeitordnung auf Dauer nicht Stand halten, denn eine „Gestaltung der Arbeitszeit nach ökonomischem Kalkül war dem zünftigen Handwerk wesensfremd."[297] Mit dem Zerfall der Zünfte und der Einführung der Gewerbefreiheit war diese Tradition zerbrochen, ohne dass sich etwa im kirchlichen Bereich Bündnispartner zu seiner Aufrechterhaltung anboten. Stattdessen stieß

---

294 Heckmann verweist auf den Vortrag eines Oberverwaltungsgerichtsrats auf dem XVIII. Congress für Innere Mission, der eine fatale Einseitigkeit der kirchlichen Stellungnahmen konstatiert. Heckmann fasst dessen Kritik zusammen: „Die Sonntagsfrage ist in der Vergangenheit allzu sehr als kirchliches Problem begriffen worden. Es sei aber vielmehr notwendig, die Arbeitsruhe als ein allgemeines Recht bewusst zu machen. Die Folge dieser Einseitigkeit sei der alleinige Schutz gottesdienstlicher Zeiten und Veranstaltungen gewesen." A.a.O., S. 104.
295 So urteilt auch Heckmann: „So unterlässt es der EOK, als Konsequenz seiner Überlegungen in der Denkschrift den Normarbeitstag und eine Maximalarbeitszeit zu fordern und verpasst damit die Gelegenheit, deutlich Partei für die Arbeiterschaft zu ergreifen und die wachsende Entfernung zwischen Kirche und Arbeiterschaft abzubauen." A.a.O., S. 115.
296 Vgl. Nuß, Berthold Simeon: Der Streit, S. 23.
297 Vgl. Deutschmann, Christoph: Zeitflexibilität und Arbeitsmarkt. Zur Entstehungsgeschichte und Funktion des Normalarbeitstages, in: Offe, Claus; Hinrichs, Karl; Wiesenthal, Helmut (Hrsg.): Arbeitszeitpolitik. Formen und Folgen einer Neuverteilung der Arbeitszeit, Frankfurt/New York 1983, S. 32–45, S. 36. Gleichwohl hat sich der blaue Montag länger halten können als der arbeitsfreie Sonntag. Vgl. Heckmann, Friedrich: Arbeitszeit, S. 47.

dieser „ohne Religion zugebrachte Ruhetag" auch kirchlicherseits auf wenig Verständnis.[298] Günter Brakelmann hat darauf hingewiesen, dass jene kirchenamtlichen Äußerungen wie die Zirkularverfügung von 1877 nicht identifiziert werden können „mit der Auffassung und Haltung des Gesamtprotestantismus."[299] Es hat nicht nur, wie erwähnt, Stimmen gegeben, die das kirchliche Primärinteresse dieser Äußerungen kritisiert haben, sondern auch solche, die – die soziale Lage des Proletariats wesentlich konkreter vor Augen – die Forderung nach Aufhebung der Sonntagsarbeit in den Kontext einer umfassenderen sozialpolitischen Argumentation gestellt haben.

Zu nennen sind hier beispielsweise die Theologen Rudolf Kögel, Gerhard Uhlhorn oder auch Friedrich von Bodelschwingh. Für Kögel und Uhlhorn waren vor allem die gesundheitlichen Folgen der industriellen Arbeitsbedingungen sowie die große Zahl der früh verstorbenen Kinder Anlass, um den arbeitsfreien Sonntag wegen seiner regenerativen Kraft einzufordern und nicht etwa vorrangig wegen des Gottesdienstbesuchs oder der kirchlichen Veranstaltungen.[300] Auf dem 17. Kongress der Inneren Mission haben schon Kögel und andere den Zusammenhang zwischen der Wohnungsfrage und der Sonntagsarbeit aufgegriffen. Vertieft hat das Thema Friedrich von Bodelschwingh 1890 auf dem ersten Evangelisch-sozialen Kongress in seinem Vortrag unter dem Titel „Die Wohnungsnoth der arbeitenden Klasse und ihre Abhülfe". Dieser ist insofern von besonderem Interesse, weil es hier einmal nicht um die aus kirchlicher Sicht wünschenswerten Effekte der Sonntagsruhe, sondern um ihre unbedingt notwendigen Voraussetzungen geht. Dazu gehört für Bodelschwingh unverzichtbar ausreichender Wohnraum, in dem die gemeinsame Zeit nicht durch unerträgliche Wohnverhältnisse völlig entwertet wird.[301] Erstmals findet sich damit m.W. im kirchlichen Argumentationszusammenhang über die Sonntagfrage eine konkrete Zuordnung notwendiger räumlicher Gegebenheiten als Voraussetzung zeitlicher Gestaltung. Wenn man so will, liegt hier ein erster kirchlicher Beitrag zur bis heute aktuellen, zeitpolitischen Frage vor, welche Bedingungen gegeben sein müssen, damit arbeitsfreie Zeit auch in möglichen Zeitwohlstand münden kann.

Die gesetzliche Verankerung und politische Durchsetzung der Sonntagsruhe scheiterte lange Jahre an dem Widerstand Bismarcks, so dass Fortschritte in dieser Frage erst ab 1890, der Entlassung Bismarcks durch Kaiser Wilhelm II., eintraten. Insgesamt waren es mehrere Fakto-

---

298 So wird Bischof von Ketteler zitiert in: Nuß, Berthold Simeon: Der Streit, S. 31.
299 Brakelmann, Günter: Kirche, S. 29.
300 Vgl. Heckmann, Friedrich: Arbeitszeit, S. 159f.
301 A.a.O., S. 169f.

ren, die die Sonntagsgesetzgebung vorantrieben.[302] Dabei ist der protestantische Einfluss in dieser Sache – besonders mit Blick auf das letzte Viertel des 19. Jahrhunderts – nicht zu leugnen, lässt sich aber nicht derart parteipolitisch identifizieren, wie man dies mit Blick auf das Zentrum für die sozialkatholische Bewegung sagen kann. Wirklich entscheidend für das Verbot der Sonntagsarbeit waren eine breite parlamentarische Koalition, der Druck durch die Arbeiterbewegung und besonders auch die vom christlich-sozialen Denken eines Adolf Stöcker beeinflusste Politik des Kaisers. Die gesetzliche Umsetzung dieser politischen Stoßrichtung folgte Zug um Zug: 1891 wurde das Arbeiterschutzgesetz mit einem – allerdings noch mit einer Fülle von Ausnahmen durchlöcherten – Arbeitsverbot am Sonntag erlassen, 1892 das Sonntagsarbeitsverbot auch für das Handelsgewerbe, seit April 1895 galt es für alle Gewerbe, 1919 wurde es ausgedehnt auf die Angestellten und schließlich in der Weimarer Reichsverfassung im Art. 139 verankert.[303]

Bilanzierend bleibt mit Blick auf den protestantischen Beitrag zur Frage der Sonntagsarbeit im 19. Jahrhundert Folgendes zu sagen: Die evangelische Kirche des 19. Jahrhunderts wurde in besonderer Weise durch die Erosion des arbeitsfreien Sonntags, also durch eine rapide Änderung der gesellschaftlichen Zeitordnung, für die soziale Frage sensibilisiert. Hier waren ihre eigeninstitutionellen Interessen der Gottesdienst- und Sonntagskultur tangiert, die durch die bis dato bestandene gesellschaftliche Zeitordnung gewahrt waren. Der kirchliche Einsatz für den arbeitsfreien Sonntag war daher zunächst primär aus der Interessenlage heraus motiviert, Schutzraum für das gottesdienstliche Leben gewährleistet zu sehen und eine sittliche Ordnung als Inbegriff gesellschaftlicher Stabilität zu revitalisieren. Dieses Engagement galt nur mittelbar der Änderung der sozialen Situation des Proletariats. Insofern war das zeitpolitische Interesse nur sekundär an dem formalen Rhythmus von Arbeit und Ruhe orientiert, als vielmehr an der Unterbrechung von Arbeit durch den Gottesdienst sowie an der durch den zeitlichen Freiraum möglichen Ausübung sittlich erhebender Tätigkeiten. Dazu war aus kirchlicher Sicht allerdings die Kollektivität dieses Rhythmus unverzichtbar. Dieser insgesamt betrachtet zurückhaltende Einsatz für die Arbeitsruhe am Sonntag kann wohl auch als ein Indiz dafür gewertet werden, dass die sabbattheologisch entlehnten Bestimmungen für die Sonntagsruhe, wie sie in der nachreformatorischen Zeit aufkamen, letztlich nicht einem fundierten theologischen Verständnis jener Arbeitsunterbrechung entsprangen. Abstrakter formuliert: Auf der Werteskala wurde hier ein Zeitverständnis ganz oben angeführt, das Zeit mit dem funktionalen Charakter der religiösen und sittlichen Regeneration belegt, während Zeit, die nur durch die pure Abstinenz von Arbeit qualifiziert ist, auf

---

302 Nuß, Berthold Simeon: Der Streit, S. 41.
303 Vgl. a.a.O., S. 41f.

jener Skala eindeutig weiter unten rangierte. Die Begründungsmuster
der evangelischen Verlautbarungen litten folglich an einer doppelten
Plausibilitätsschwäche: Sie waren einerseits restaurativ, ordnungstheologisch profiliert und verloren mit der Veränderungsdynamik des gesellschaftlichen Lebens an lebensweltlicher Anknüpfung und damit auch an
Argumentationskraft zumindest bei der proletarischen Bevölkerung.
Andererseits war ihr zwanghaft antijüdischer Duktus zugleich ein Grund
dafür, dass sie bezüglich einer bloßen Parteinahme für den arbeitsfreien
Sonntag um theologische Argumente relativ verlegen war und sich nur
zögerlich mit einer sozialpolitischen Position identifizieren konnte, die
sich mit Forderungen nach Reduzierung der wöchentlichen Arbeitszeit
und dem Schutz der Sonntagsruhe „begnügte". Diese wurde erst allmählich zum Zentrum sozialethischer Intervention, womit zugleich auch
die zeitpolitische Bündnisfähigkeit etwa mit der Sozialdemokratie
wuchs und effektiv Gestalt gewann.

2.2.3 Die Weimarer Wochenendbewegung und die Konkurrenz der Freizeit zur Sonntagsheiligung

Die sukzessive Etablierung des Verbots der Sonntagsarbeit hatte zunächst vorrangig aus religiösen Gründen in England schon relativ früh
auch die Frage nach der Arbeitszeit am Samstag tangiert. Denn die oben
erwähnte puritanische Auslegung des Ruhegebots in England, die kasuistisch reglementierend jegliche Vergnügungen und arbeitsähnliche
Tätigkeiten am Sonntag untersagte, stand in Konkurrenz zu den sonntäglichen Tätigkeiten: von der Hausarbeit – zumeist der Frauen – oder
den eher männlich geprägten alkoholischen Exzessen.[304] Um diesem
Missbrauch und der starken Einschränkung der Rekreationskraft des
Sonntags Einhalt zu gebieten, wurde zunächst 1878 die Arbeitszeit für
Frauen auf maximal acht Stunden festgelegt. Verbunden mit der für die
„englische Arbeitswoche" typischen Möglichkeit, die bis zu zwei Stunden dauernde Mittagspause wegfallen zu lassen und stattdessen durch-
zuarbeiten, führte dies dazu, dass Frauen samstags bereits zwischen 14
und 15 Uhr ihre Erwerbsarbeit beenden konnten, um die für den Sonn-
tag erforderliche Hausarbeit zu verrichten. Betriebsorganisatorisch blieb
dies zumindest in Betrieben mit gemischten Belegschaften nicht ohne
Sogwirkung auf die Arbeitszeit der männlichen Kollegen.
In Deutschland wurde 1891, ebenfalls mit Blick auf die belastende
Doppelrolle der erwerbstätigen Frau, erstmals die Festlegung des
Arbeitsendes auf 17.30 Uhr gesetzlich verankert. Aber erst 1908 wurde

---

304   Vgl. Herrmann-Stojanov, Irmgard: Auf dem Weg in die Fünf-Tage-Woche, in:
Fürstenberg, Friedrich; Herrmann-Stojanov, Irmgard; Rinderspacher, Jürgen P.
(Hrsg.): Der Samstag. Über Entstehung und Wandel einer modernen Zeitinstitution,
Berlin 1999, S. 69–100, S. 71ff. (I.F.: Fünf-Tage-Woche).

im Rahmen einer Novellierung der Reichsgewerbeordnung die zulässige Arbeitsdauer für Frauen von zehn auf acht Stunden begrenzt.[305] Auch wenn es während des Ersten Weltkrieges vorübergehend wieder zu einer Verlängerung der Samstagsarbeitszeit kam, um die Lebensmittelversorgung der Bevölkerung zu gewährleisten, so war doch insgesamt der Trend zum Samstags-Frühschluss nicht mehr aufzuhalten.[306] Zu viele Gründe sprachen für diese neu entstehende Zeitordnung eines arbeitsfreien Stundenkontingents von Samstag am frühen Nachmittag bis zum Montagmorgen. Das vorrangige Motiv für den Samstags-Frühschluss war sein instrumenteller Wert, dadurch eine wirkliche Sonntagsruhe zu ermöglichen. Aber zu diesem Motiv „freier Samstagnachmittag für den freien Sonntag" traten einerseits der allmählich entdeckte Eigenwert des Samstags für das Freizeitverhalten und andererseits auch ökonomische und betriebsorganisatorische Gründe: Mehr Zeit für die Reinigung und Wartung der Maschinen, Einsparung von Betriebskosten und die Förderung konstanterer Betriebstreue der Beschäftigten – Gründe, die insgesamt auch die Arbeitgeber zunehmend den Samstags-Frühschluss mittragen ließen. 1922 streikten die süddeutschen Metallarbeiter erfolgreich für den Samstags-Frühschluss und selbst im bis dato noch sehr von Ausnahmeregelungen des Sonntagsarbeitsverbots betroffenen Handelsgewerbe war im selben Jahr immerhin in 64 Prozent der Tarifverträge für Handlungsgehilfen der Samstags-Frühschluss zugesichert.[307]

Berthold Simeon Nuß hat auf die Dynamik hingewiesen, durch die besonders im großstädtischen Raum das neu entstehende Gebilde „Wochenende" seine raum-zeitliche Struktur gewann und eine „Wochenendbewegung" geradezu Profil prägend den urbanen Raum gestaltete:

„Die Enge der Wohnungen einerseits, die Tristesse der Wohnanlagen andererseits, Großstadtlärm und Hektik verlangten nach Kompensationsmöglichkeiten. Hierfür boten sich die vielfältigsten Möglichkeiten: Immer mehr Haushalte verfügten über Radios. Die Zeitungen begannen, eigene Wochenendausgaben bzw. -beilagen herauszugeben. Die Werbung entdeckte das Wochenende. In den Städten nahm die Zahl der Kinos zu (die ‚Goldenen Zwanziger Jahre‘), Parks wurden angelegt. Am Rande der Städte wurden Freizeitmöglichkeiten eröffnet: Freibäder, Sportanlagen, Kleingartenkolonien. Zugleich kam es um diese zu neuen Vergemeinschaftungsformen in Sport-, Kleingärtner-, Taubenzüchtervereinen u.ä., die wachsende Anonymität in den Städten auszugleichen versuchten. In der näheren, aber auch weiteren Umgebung der Städte wurden (Nah-)Erholungsgebiete erschlossen. Orte warben mit ihrem ‚Freizeitwert‘. Wandervereine und Naturfreundebewegungen entstanden. Städte und Reichsbahn förderten den Ausbau der Nahverkehrsmittel. Die Straßenbahn-, Bus- und Eisenbahnlinien wurden ausgeweitet. Ende der zwanziger Jahre bestand für das Stadtgebiet Berlin bereits eine Tarifgemeinschaft, die schon eigene

---

305 Vgl. a.a.O., S. 73.
306 Vgl. Nuß, Berthold Simeon: Der Streit, S. 43f.
307 Vgl. Herrmann-Stojanov, Irmgard: Fünf-Tage-Woche, S. 75f.

Wochenendtarife anbot. Daneben stieg die Zahl der privaten Personenkraftwagen an, und die Freizeit wurde mehr und mehr als volkswirtschaftlich bedeutsamer Faktor erkannt."[308]

Auf eine Besonderheit der hier unterschiedlich betroffenen Interessen der jüdischen Gemeinden und breiter Kreise der evangelischen Kirche soll an dieser Stelle hingewiesen werden. Viele Juden, die sich der Haskala, der jüdischen Aufklärung, verschrieben hatten, hielten die orthodoxe Sabbatpraxis der samstäglichen Arbeitsunterbrechung nicht nur für entbehrlich, sondern im Verbund mit der Sonntagsruhe, also einer zweitägigen Arbeitspause, auch für – ökonomisch betrachtet – existenzbedrohend. Die Bewegung „Schomre schabbat – die Hüter des Sabbats" setzte sich nun vehement für die Wochenend- und Fünftage-woche-Bewegung ein, denn sie sah ihrerseits darin eine Chance zur Aufwertung und Erhaltung der Sabbattradition und zur Festigung der religiösen Identität.[309] Sie konnte gewissermaßen jener ökonomischen Logik argumentativ entgegenkommen mit dem Argument, dass die ökonomisch bedrohende Auswirkung der Sabbatpraxis, sich am Sabbat gänzlich von Arbeit frei zu halten, in dem Augenblick erheblich redu-ziert war, als durch den Frühschluss am Samstag allgemein wesentlich verminderte Produktions- und Dienstleistungszeiten vorgehalten wur-den. Mit anderen Worten: Die Fünf-Tage-Woche bot Synergieeffekte für die jüdischen Gläubigen, ihre religiöse Identität nicht länger in unüberwindbarer Konkurrenz zur ökonomischen Logik sehen zu müs-sen.[310] Mit dieser zweitägig praktizierten Arbeitsunterbrechung liegt daher nicht nur formal ein – wenn auch nur von einer quantitativ kleinen Gruppe praktizierter – Vorläufer der Fünf-Tage-Woche der 60er Jahre vor. Darüber hinaus besteht eine weitere Äquivalenz zur Entwicklung hin zum späteren „weekend" in Deutschland auf der argumentativen Ebene. Es ging auch schon damals grundsätzlich um eine Diskussion, in der die Einforderung arbeitsfreier Zeiträume und ökonomische Ver-wertungsansprüche von Zeit abgewogen und tendenziell als vereinbar bewertet wurden. Der mit dem Samstags-Frühschluss nur avisierten win-win-Situation beider Aspekte gelang erst in den 60er Jahren mit

---

308 Nuß, Berthold, Simeon: Der Streit, S. 45f.
309 Vgl. Spier, Erich: Sabbat, S. 57ff. Spier erwähnt ein Relikt dieser Bewegung im Londoner East End: Auf die schomre-schabbat-Bewegung ist zurückzuführen, dass es seit der Gesetzgebung von 1931 „Juden in überwiegend jüdischen Gebieten erlaubt war, ihre Geschäfte am Sonntag zu öffnen. Daraus entstand der Trödelmarkt in der Petticoat Lane, der noch immer sonntags eine Touristenattraktion ist". A.a.O., S. 59.
310 Die Entwicklung zur Fünf-Tage-Woche ist in Amerika wesentlich deutlicher auf Einflüsse des orthodoxen Judentums sowohl in der Arbeiterschaft als auch bei den Unternehmern zurückzuführen und hat sich bereits in den zwanziger Jahren durchgesetzt. Vgl. Rybczynski, Witold: Am Freitag fängt das Leben an. Eine kleine Geschichte der Freizeit, Reinbek 1993, S. 122f.

dem „freien Wochenende" der Durchbruch und eine lang anhaltende Akzeptanz. In dieser Diskussion im Nachkriegsdeutschland blieben zwar – nach der Shoah wenig verwunderlich – religiöse Identitätsaspekte der noch in Deutschland lebenden Juden ausgeblendet, aber die Güterabwägung betraf nicht weniger den entscheidenden Punkt, inwieweit eine Gesellschaft sich arbeitsfreie Zeit ökonomisch „leisten" kann.[311]
Die evangelischen Reaktionen bezüglich der neu heranwachsenden Zeitordnung waren überwiegend verhalten, da die kirchliche Sorge um die Gefährdung der christlich-sittlichen Lebensführung unmittelbar mit den neu entstehenden Möglichkeiten von Sport- und Vergnügungsmöglichkeiten verbunden war.[312] Dabei musste die Neuakzentuierung der evangelischen Position dem gesellschaftlichen Wandel Rechnung tragen, dass der Sonntag aus kirchlicher Sicht gleich zweifach durch die Arbeitswelt und die wachsende Freizeitkultur bedroht war. Denn mit der Verfassung von 1919 war das Sonntagsarbeitsverbot noch keineswegs durchgängig geregelt. Noch in den 20er Jahren blieb einem nicht unerheblichen Teil innerhalb der Industriearbeit durch das so genannte „Dommeldinger-System" (nur fünf bis sechs arbeitsfreie Sonntage pro Arbeiter im Jahr)[313] und – aus anderen Gründen – auch vielen Menschen innerhalb der landwirtschaftlichen Arbeiterschaft nur sehr begrenzt die Möglichkeit zur Sonntagsruhe eingeräumt. Diese landwirtschaftlichen Tagelöhner waren vielfach durch extensive Wochenarbeitszeiten genötigt, am Sonntag ihre eigenen kleinen Parzellen zu bearbeiten, um ihre Existenz und die ihrer Familien zu sichern.[314] Hier galt das kirchliche Engagement, beispielsweise des westfälischen Sozialpfarrers Reinhard Mumm, der Mühe, an die landwirtschaftlichen Arbeitgeber zu appellieren, jene Arbeit innerhalb der Woche zu ermöglichen, um die Sonntagsheiligung zu gewährleisten.[315] Angesichts mehrfacher Versuche von Länderseite in der Weimarer Republik, kirchliche Feiertage auszuhöhlen oder zu beseitigen, fehlte es zudem nicht an zahlreichen

---

311 Diese für die 60er Jahre geradezu präfigurierende Praxis des freien Wochenendes durch die sabbattreuen Juden der 20er Jahre ist m.W. bisher kaum untersucht.
312 Vgl. Schlösser-Kost, Kordula: Evangelische Kirche und soziale Frage 1918–1933. Die Wahrnehmung sozialer Verantwortung durch die rheinische Provinzialkirche, Köln 1996, S. 200ff. (I.F.: Evangelische Kirche).
313 Verhandlungen der achten Generalsynode der Evangelischen Kirche der Altpreußischen Union 1925, Berlin 1926, S. 149 (I.F.: Verhandlungen 1925).
314 Vgl. Mumm, Reinhard: Ein brennendes Volksanliegen. Um Sonntagsruhe und Sonntagsheiligung, in: Das Evangelische Deutschland, 4. Kirchliche Rundschau für das Gesamtgebiet des Deutschen Evangelischen Kirchenbundes, Berlin 1927, S. 221–222 u. S. 231–233, S. 231ff. (I.F.: Ein brennendes Volksanliegen).
315 „Wir sind Freunde der Landwirtschaft. Wir wollen die Ernährung unseres Volkes aus deutschem Grund und Boden, wir ehren die Landwirtschaft als den Gesundbrunnen des Volkslebens. Nicht im Gegensatz, sondern in vollem Einklang hiermit bitten wir alle, die es angeht, eindringlich, die Sonntagsarbeit der Tagelöhner entbehrlich zu machen." A.a.O., S. 232.

Anträgen der evangelischen Kirche auf Erlass verfassungskonformer Gesetzesverordnungen zum Schutz der Sonn- und Feiertage.[316] Das hinlänglich bekannte Motiv der erwünschten Feiertagsheiligung durch Gottesdienst und sittlich erhebende Tätigkeiten war darüber hinaus auch Ausgangspunkt für eine kritische Auseinandersetzung mit den säkularen Freizeitunternehmungen des Wochenendes. Ob Tanzveranstaltungen, Wochenendwanderungen, Pferderennen, Sportveranstaltungen, Theater- und Kinobesuche oder auch die steigende Zahl von politischen Veranstaltungen am Sonntagmorgen – sie wurden als zeitlich konkurrierende und teilweise auch den Gottesdienst durch kirchennahen Lärm unmittelbar störende Veranstaltungen heftig kritisiert.[317] Nachdem Verhandlungen mit dem Reichsausschuss für Sport und Leibesübungen zunächst gescheitert waren, hatte sich hinsichtlich der sonntäglichen Sportveranstaltungen die Strategie als wirkungsvoll erwiesen, durch Gründung eines eigenen evangelischen Sportbundes, dem „Eichenkreuz", direkt im Reichsausschuss vertreten zu sein und jede Sportveranstaltung am Sonntag während der Gottesdienstzeiten zu boykottieren.[318]

Insbesondere die Freizeitaktivitäten, wie Ausflüge, Wanderungen oder Pflege der Schrebergärten und Laubenkolonien, die teilweise über das ganze Wochenende hinweg mit einer aktiven Flucht aus dem städtischen Leben verbunden waren, konkurrierten mit dem kirchlichen Zeitgestaltungsanspruch und entzogen den Kirchen die sonntäglichen Gottesdienstbesucher. Durch dieses veränderte Freizeitverhalten wurde für die evangelische Kirche „aus der Sonntagsfrage eine Wochenendfrage", die auch nach neuen Konzepten suchen ließ, die Menschen am Sonntag zu erreichen.[319] Es gab fortschrittliche Stimmen, die dem freien Samstagnachmittag überwiegend Positives abgewinnen konnten. Sie sahen hier die Chance für eine schiedliche zeitliche und räumliche Trennung von Freizeit- und Sportaktivitäten am Samstag und der religiösen Besinnung am Sonntag.[320] Andere erwarteten darüber hinausgehend von den Gemeinden mehr Flexibilität, auf die veränderte Situation zu reagieren, sei es durch Wochenschlussgottesdienste am Freitag- oder Samstagabend, durch Waldgottesdienste dort, wo die Menschen sich aufhal-

---

316 Vgl. Verhandlungen 1925, II, S. 147ff.
317 Vgl. Schlösser-Kost, Kordula: Evangelische Kirche, S. 202. Zur katholischen Reaktion vgl. Nuß, Berthold, Simeon: Der Streit, S. 46f.
318 Vgl. Verhandlungen des dritten Deutschen Evangelischen Kirchentages 1930, Berlin 1930, S. 119 (I.F.: Evangelischer Kirchentag 1930).
319 Schlösser-Kost, Kordula: Evangelische Kirche, S. 202.
320 Vgl. Dibelius, Otto: Das Wochenende, in: Das Evangelische Deutschland. Kirchliche Rundschau für das Heimatgebiet des Deutschen Evangelischen Kirchenbundes, Berlin 1927, S. 148f. Dibelius denkt hier schon über die Möglichkeit des schulfreien Samstags nach, wie er in England bereits Praxis war, damit die Jugendlichen mehr Zeit haben, am Samstag ihren sportlichen Aktivitäten nachzugehen.

ten, oder durch offensivere Öffentlichkeitsarbeit mit gezielten Hinweisen darauf, wo für die fremden Wochenendwanderer „evangelische Gottesdienste in Dorf oder Stadt zu finden" sind.[321] Aber insgesamt drängt sich der Eindruck auf, dass sich die Entwicklung zum arbeitsfreien Wochenende mit der Vielfalt an Freizeitaktivitäten der evangelischen Kirche in ihren offiziellen Verlautbarungen eher unter den kulturpessimistischen Aspekten des Abfalls von Gott erschlossen hat, so wie es der Kirchentag von 1924 in Bethel grundsätzlich zeitdiagnostisch formuliert:

„Die Rettung kann nur kommen, wenn unser Volk wieder Verständnis gewinnt für die von Gott gesetzte sittliche Ordnung und in bußfertigem Glauben den Weg zu der erlösenden Liebe in Christo zurückfindet."[322]

Den Schutz des Sonntags vor politischen Versammlungen, wirtschaftlichen Aktivitäten, Sport- und Spielbetrieb, zunehmendem Lkw-Verkehr[323] sowie „öffentlichen und privaten Lustbarkeiten" einzuklagen, das war offenbar eine der Strategien kirchlichen Handelns, mit denen jene „Rettung" vollzogen und die sittliche Ordnung installiert werden sollte.[324]

Als Fazit gilt es festzuhalten, dass sich die Auseinandersetzung um die Sonntagsruhe zu Beginn des 20. Jahrhunderts durch zwei Aspekte auszeichnete: Zum einen gab es aus kirchlicher Sicht eine doppelte „Front" der Gefährdung von Sonntagsruhe: Es galt nicht nur der verfassungswidrigen Fortsetzung von Sonntagsarbeit im Agrar- und Industriesektor zu begegnen, sei es durch appellative Bemühungen um die verantwortlichen Wirtschaftskräfte, sei es durch versuchte Einwirkungen auf gesetzliche Durchführungsbestimmungen. Darüber hinaus verlangte die seit den 20er Jahren exorbitant steigende Vielfältigkeit des Freizeitverhaltens der evangelischen Kirche eine Neuorientierung ab, jene neue entstehenden Aktivitäten auf ihr Verhältnis zur kirchlich beanspruchten Gestaltungs- und Interpretationshoheit über den Sonntag zu überprüfen.

---

321 Luther, Pfarrer Dr.: Kirche und Wochenende, in: Das Evangelische Deutschland, 4. Kirchliche Rundschau für das Gesamtgebiet des Deutschen Evangelischen Kirchenbundes, Berlin 1927, S. 162–164, S. 164. Vgl. auch: Evangelischer Kirchentag 1930, S. 119f.
322 Brakelmann, Günter; Jähnichen, Traugott (Hrsg.): Die protestantischen Wurzeln der Sozialen Marktwirtschaft. Ein Quellenband, Gütersloh 1994, S. 268 (I.F.: Die protestantischen Wurzeln).
323 Vgl. Evangelischer Kirchentag 1930, S. 120.
324 Verhandlungen 1925, S. 261. Dass auch keinerlei Unterschiede gemacht wurden zwischen Erwerbsarbeit am Sonntag und sportlichen Betätigungen, also zwischen Arbeit und Freizeit, sondern beide mit Blick auf ihre Konkurrenz zum Gottesdienst gleichermaßen negativ gewertet wurden, dafür steht folgendes Zitat symptomatisch: „Es zeigen sich einmal Versuche, die Sonntagsruhe durch Freigabe wirtschaftlicher Betätigung zu durchbrechen, vor allem aber tragen sportliche Veranstaltungen aller Art zu einer Entheiligung des Sonntags bei." A.a.O., S. 149.

Zum anderen wird eine Ambivalenz kirchlicher Reaktion sichtbar. Sie reduziert sich einerseits sehr stark auf Aspekte der zeitlichen Konkurrenz zum Gottesdienst (und nicht mehr so sehr zum Sonntag als ganzer), während sie andererseits über den Sonntag hinausgehend das ganze Wochenende bezüglich seiner Auswirkungen auf das kirchliche Wirken in Betracht zieht. Reduziert hat sich die Auseinandersetzung sehr stark auf die zeitliche Nutzerkonkurrenz während der Gottesdienstzeiten, die insbesondere durch ein neues Freizeitverhalten, Breitensport und politische Veranstaltungen, sowie rein akustisch, beispielsweise durch die stark zunehmende Automobilisierung, zu völlig neuen Beeinträchtigungen des Gottesdienstes geführt haben. Aus derselben Motivlage, der Sicherung der Gottesdienstkultur, heraus, hat sich die evangelische Kirche mit der Entwicklung hin zum arbeitsfreien Wochenende auseinandergesetzt. Hier lag die Kritik an den Aktivitäten, die Menschen außerhalb und ohne Gottesdienst binden, sehr dicht bei der Selbstkritik, kirchliche Beweglichkeit einzufordern, diesem neuen Wochen- und Arbeitsrhythmus pastoral flexibel zu begegnen.

Insgesamt ist mit dieser zweipoligen Strategie, der Konzentration auf unmittelbare Gottesdienstkonkurrenz und der Ausweitung der Überlegungen dahin, wie sich der Gottesdienst im Rahmen der neu entstehenden Zeitinstitution „Wochenende" behaupten kann, das dominante Muster beschrieben, mit dem die evangelische Kirche sich in die Diskussion um die veränderte gesellschaftliche Zeitordnung eingebracht hat. Auch hier kommt konsequent und traditionell anschlussfähig an Jahrhunderte der Kirchengeschichte eine Qualifizierung des Sonntags zur Geltung, die eben im „Arbeitsverbot nicht das Wesen, sondern nur die Voraussetzung des Sonntags"[325] sieht. Neu ist, dass im Grunde auch die neu entstehende Zeitinstitution des Wochenendes kaum positiv in ihrem Charakter bewertet wird, mehr freie Zeit, Erholung und Muße zu bieten, sondern sehr stark darauf hin befragt wird, wie sehr sie dem aus kirchlicher Sicht übergeordneten, gottesdienstlichen Zweck dient oder ihn gefährdet. Vergeblich sucht man daher zu jener Zeit innerhalb der kirchenamtlichen Äußerungen Positionen, die den wichtigen Stellenwert des Samstags-Frühschlusses für humanere Arbeitszeitbedingungen, die Regeneration und eine verbesserte Lebensqualität hervorheben.

2.2.4 Die Sonntagspraxis unter nationalsozialistischer Okkupation

Die evangelische Kirche hatte schon in den zwanziger Jahren Erfahrung damit gemacht, dass politische Organisationen – insbesondere der linken Parteien – ihre Diskussions-, Partei- oder Wahlkampfveranstaltungen zeitgleich zum Gottesdienst legten und sie diagnostizierte dies aus ihrer Perspektive als ein ausdrücklich kirchenfeindliches Verhalten. Erst

---

325   Mumm, Reinhard: Ein brennendes Volksanliegen, S. 221.

das nationalsozialistische Herrschaftssystem sollte ihr jedoch vor Augen führen, was wirklich Feindschaft, und zwar totalitärer Art, gegenüber jedweder weltanschaulichen Konkurrenz bedeutete. Die konkreten Ansätze und Strategien dazu waren vielfältig. Im Kern ging es darum, die christliche Religion durch die nationalsozialistische Weltanschauung zu ersetzen, denn

„wie die gesamte Politik des Dritten Reiches, so war auch das Verhältnis des Nationalsozialismus zu den Kirchen von Hitlers universellem Rassismus und seinem totalitären Herrschaftsanspruch bestimmt, dessen ‚Vollzug' mit innerer Logik die Ausschaltung jeglicher weltanschaulicher Konkurrenten verlangte. Dies richtet sich nach der ‚Machtübernahme' vor allem gegen die Kirchen, die in ihrem organisatorischen Gefüge als einzige gesellschaftliche Großgruppen die ‚Gleichschaltung' überstanden hatten und unbeschadet ihrer grundsätzlichen staatspolitischen Loyalität einen eigenen Öffentlichkeitsanspruch aufrecht hielten".[326]

Das Kirchenjahr sowie der Sonntag waren eindeutige Identifikationspunkte des kirchlichen Lebens und der zeitlichen Organisation der Gesellschaft. Von daher verwundert es nicht, dass sich diesbezüglich Okkupationsstrategien auch auf beide Bereiche erstreckten: Bezüglich des Kirchenjahres wurde dies durch den Versuch unternommen, ein nationalsozialistisches „Feierjahr" zu etablieren.[327] Der Sonntag war nicht nur als arbeitsfreier Tag funktional besonders für nationalsozialistische Gestaltungsansprüche geeignet, sondern bot auch wegen seines kirchlichen Verständnisses als „Tag des Herrn" für nationalsozialistischen Machthaber den best geeigneten Zeitraum, um mit seiner Gestaltung konkurrierende Ansprüche zurückzuweisen. Nicht nur die Hitlerjugend legte ihre Aktivitäten zu Gottesdienstzeiten, sondern auch Maßnahmen der Kinderlandverschickung, das Landjahr für Volksschulabsolventen, Reichsarbeitsdienst, studentische Schulungslager oder Veranstaltungen der Freizeitorganisation „Kraft durch Freude" traten in Konkurrenz zu gottesdienstlichen Veranstaltungen. Andere, wie die monatlich zelebrierten und propagandistisch aufgebauten „Eintopfsonntage" waren bemüht, neue Rituale der „Erziehung zur deutschen Volksgemeinschaft" einzuführen. Das dadurch in Privathaushalten eingesparte Geld wurde an das Winterhilfswerk gespendet und die ganze Aktion als „Sozialismus der Tat" und sinnvolle Sonntagsgestaltung den vermeintlichen Lippenbekenntnissen der Kirchen entgegengehalten.[328] Der nationalsozialistische Besitzanspruch an den Sonntag wurde nach Kriegsausbruch forciert vorangetrieben: Ausweitung der Sonntagsdienste der Hitler-

---

326 Von Hehl, Ulrich: Nationalsozialistische Herrschaft, München 1996, S. 37.
327 Zu nennen wären hier der 1. Mai als eine „sozialistische" Erfindung der Nationalsozialisten, der Muttertag, Hitlers Geburtstag oder die versuchte Etablierung germanischer Monatsnamen.
328 Vgl. Von Hehl, Ulrich: „Sonntag ist Dienst". Versuche nationalsozialistischer Vereinnahmung, in: Am siebten Tag. Geschichte des Sonntags. Begleitbuch zur Ausstellung im Haus der Geschichte, Bonn 2002, S. 34–39, S. 38.

jugend, vermehrte Sonntagsarbeit in den Betrieben und der Landwirtschaft und Verbot von Gottesdiensten vor zehn Uhr morgens nach nächtlichem Fliegeralarm, abgesehen von den Bespitzelungen der Amtsinhaber auf wehrkraftzersetzende Äußerungen, Verhöre von Geistlichen, bis hin zu KZ-Einkerkerungen und Hinrichtungen. Der erste Hirtenbrief der westdeutschen Bischöfe der Nachkriegszeit im Juni 1945 sah in der „bewussten Erneuerung der Heiligung des Sonntags, als des Tags des Herrn, der Familie und der Arbeitsruhe" den Indikator dafür, ob in Deutschland ein ernsthaftes Bemühen zu verzeichnen ist, sich aus der nationalsozialistischen Verstrickung zu lösen.[329] Diese Äußerung spiegelt wider, wie sehr der Sonntag im System nationalsozialistischer Herrschaft okkupiert worden ist. Aber sie ist auch Ausdruck einer fragwürdigen Überfrachtung der Sonntagskultur, deren „Intaktheit" zugleich zum Symbol „bewältigter" Vergangenheit stilisiert wird. Damit kommen zugleich kirchliche Eigeninteressen der Wiederanknüpfung an Zeiten kirchlicher Dominanz über die Sonntagsgestaltung zur Geltung, als ließen sich in der Pflege jener „Heiligung des Sonntags" die tiefen Wunden der Schuld, der Verbrechen und – nicht zuletzt auch des kirchlichen Versagens angesichts des Holocaust – verbinden.

Die Situation der evangelischen Kirche war 1945 noch weit davon entfernt, solche Forderungen nach einer Wiederauflage alter, quasi voraufklärerischer kirchendominanter Zeitordnung aufzustellen. Tief saß der Schmerz über den innerkirchlichen Riss zwischen der Bekennenden Kirche und den Deutschen Christen und über das eigene Versagen die Kirche, nicht kritische Distanz zum Staat gewahrt zu haben. So formuliert Bischof Wurm auf der Kirchenversammlung in Treysa 1945:

„In Ermangelung einer wirklichen nach ihrem eigenen Wesen geleiteten Kirche hatte der deutsche Protestantismus den Staat zur Kirche, ja schließlich zu Gott gemacht, den man über alles lieben, fürchten und dem man vertrauen müsse. Die schärfste und wirksamste Kritik, die der zu Beginn des neunzehnten Jahrhunderts neu erwachsene Katholizismus an der evangelischen Kirche von jeher geübt hat, hat immer bei ihrer Staatsgläubigkeit eingesetzt, in der das orthodoxe Luthertum und der extremste Liberalismus übereinstimmten und aus dem der Säkularisierungsprozess hervorgegangen ist, der im Dritten Reich seinen Höhepunkt erreichte. Nun ist dieser Gott, der ein Götze war, gefallen, und es fragt sich nun, ob wir Evangelischen ohne den eisernen Reif des Staatsdrucks nicht auseinanderfallen, sondern zusammenbleiben, weil wir in den Nöten des Bekenntniskampfes gelernt haben, was Kirche ist, was sie fordert und sie gibt."[330]

Radikaler noch als Wurm bezieht Niemöller dieses Versagen auch auf die Bekennende Kirche, weil sie „am klarsten" sah, „was vor sich ging und sich entwickelte" und sich dann doch vor den Menschen mehr als

329 Vgl. a.a.O., S. 39.
330 Beckmann, Joachim (Hrsg.): Kirchliches Jahrbuch der Evangelischen Kirche in Deutschland 1945–1948, Gütersloh 1950, 72.–75. Jahrgang, S. 10.

vor Gott gefürchtet habe. Insofern stehen die Vertreter der Kirche nicht als „die Frommen und Gerechten" vor dem Volk, sondern als diejenigen, die ihre eigene Schuld klar vor Augen haben.[331] Die evangelische Kirche stand vor gewaltigen Aufgaben der inneren Erneuerung und äußeren Reorganisation sowie der Trennung von jenen Kräften, die eindeutig mit den Nationalsozialisten kollaboriert oder sich als solche selber erwiesen hatten. Die Gründung der EKD als bewusste Abwendung von einem „staatskirchlichen Zentralismus" war nur organisationspolitisches Spiegelbild eines mehrfach konstatierten Bruchs mit den Kontinuitäten eines ordnungspolitisch verstandenen Christentums.[332] Wie mehrfach gezeigt, spielte die auf reglementierende Art eingeforderte Sonntagskultur inklusive ihrer staatlichen Flankierung zur Aufrechterhaltung der sittlichen Ordnung für dieses Verhältnis zum Staat eine prominente Rolle. Es wird im Folgenden auch zu fragen sein, inwieweit der Abriss von Kontinuität, den die Haltung der evangelischen Kirche zum Nationalsozialismus und der von ihm systematisch betriebenen Shoah unüberwindbar gesetzt hat, die evangelische Kirche der Nachkriegszeit zu einem Überdenken ihres Selbstverständnisses geführt hat, das sich auch in der Auseinandersetzung um die Sonntags- und Wochenendfrage niederschlägt. Um dies angemessen bewerten zu können, ist es zunächst erforderlich, sich die Entwicklung der Arbeitszeit in der Nachkriegszeit vor Augen zu führen.

2.3 Maßgebliche Aspekte der Arbeitszeitentwicklung der Nachkriegszeit

2.3.1 Freier Samstag, Vierzig-Stunden-Woche und mehr Urlaub

Die Darstellung der Arbeitszeitentwicklung der Nachkriegszeit ist bereits mehrfach detaillierter Gegenstand einschlägiger Publikationen gewesen.[333] Hier soll sie nur in Grundzügen erfolgen und orientiert an dem Kriterium, ob sie für das Verständnis der kirchlicherseits erfolgten oder unterlassenen Reaktionen, für die Analyse kirchlicher Argumentationsmuster und für die Einschätzung des zeitpolitischen Handlungsspektrums der evangelischen Kirche erforderlich ist. Unter diesem her-

---

331 A.a.O., S. 12.
332 Vgl. a.a.O., S. 15.
333 Vgl. Schneider, Michael: Streit um Arbeitszeit. Geschichte des Kampfes um Arbeitszeitverkürzung in Deutschland, Köln 1984 (I.F.: Streit); Scharf, Günter: Geschichte der Arbeitszeitverkürzung. Der Kampf der deutschen Gewerkschaften um die Verkürzung der täglichen und wöchentlichen Arbeitszeit, Köln 1987 (I.F.: Geschichte); Hinrichs, Karl: Motive und Interessen im Arbeitszeitkonflikt. Eine Analyse der Entwicklung von Normalarbeitszeitstandards, Frankfurt/New York 1988 (I.F.: Arbeitszeitkonflikt); Achten, Udo: „... Denn was uns fehlt ist Zeit." Geschichte des arbeitsfreien Wochenendes, Köln 1988.

meneutischen Blickwinkel betrachtet, wird die in den ersten Nachkriegsjahren im kirchlichen Kontext mit besonderem Interesse geführte Diskussion über die so genannte gleitende Arbeitswoche vergleichsweise ausführlich dargestellt, zumal sie einige bemerkenswerte theologische Argumentationsmuster bezüglich der Sonntagsheiligung provoziert hat. Zunächst aber gilt der erste Teil den wohl entscheidenden arbeitszeitpolitischen Änderungen der 60er und 70er Jahre: Der sich etablierenden 5-Tage-Woche mit sukzessiv reduzierten Wochenarbeitszeiten.[334]

Wenn auch die ersten Jahre nach dem Krieg noch geprägt waren von Kurzarbeit und Unregelmäßigkeiten der Arbeitszeit, so lag bereits in den 50er Jahren der Arbeitszeitstandard konstant bei 48-Stunden wöchentlich und erreichte 1955 mit durchschnittlich 48,6 Stunden seinen negativen Höhepunkt.[335] In manchen Segmenten, beispielsweise den Elektro- und Stahlwerken, war aus betriebsorganisatorischen Gründen sogar die 53-Stunden-Woche üblich.[336] Umso erstaunlicher mag es zunächst erscheinen, dass noch in den 50er und dann auch in den 60er Jahren die Arbeitszeit wie in keinem anderen Zeitraum des letzten Jahrhunderts reduziert und mit der Durchsetzung der 5-Tage-Woche bei 40 Stunden Arbeitszeit auch das Gesamtgefüge der gesellschaftlichen Zeitordnung nachhaltig verändert worden ist.[337]

Die gewerkschaftliche Forderung nach der 40-Stunden-Woche war zwar schon früh, nämlich 1928 vom Allgemeinen Deutschen Gewerkschaftsbund (ADGB), aber ohne Erfolg erhoben worden. 1952 wurde sie erneut aufgegriffen, um auf der 1.Mai-Kundgebung 1954 zur zentralen Parole in Verbindung mit der Forderung nach vollem Lohnausgleich zu avancieren.[338] Inzwischen hatten sich jedoch die ökonomischen und arbeitsmarktpolitischen Verhältnisse gegenüber der Weimarer Zeit entscheidend verändert. Die prosperierende Wirtschaft des Nachkriegsdeutschlands war nicht zu vergleichen mit der Krisensituation der 20er Jahre. Zudem war Arbeitslosigkeit bis zu den 70er Jahren kein Thema – noch nie war ein so hoher Prozentsatz mittlerer Altersjahrgänge erwerbstätig – und die Produktivität stieg binnen Jahren gewaltig. Alles dies waren Faktoren, die ein starkes Auftreten der Gewerkschaften begünstigten.[339]

---

334 Irmgard Herrmann-Stojanov hat ausdrücklich darauf hingewiesen, dass zwischen beiden Eckpfeilern der gewerkschaftlichen Arbeitszeitpolitik nicht immer ausreichend differenziert wird. Vgl. Herrmann-Stojanov, Irmgard: Fünf-Tage-Woche, S. 77.
335 Vgl. Hinrichs, Karl: Arbeitszeitkonflikt, S. 97.
336 Vgl. Risse, Heinz Theo: Der christliche Sonntag in der „gleitenden Arbeitswoche", in: Frankfurter Hefte. Zeitschrift für Kultur und Politik, 12. Jg. 1957, S. 314–322, S. 315 (I.F.: Christlicher Sonntag).
337 Vgl. Hinrichs, Karl: Arbeitszeitkonflikt, S. 99.
338 Vgl. Herrmann-Stojanov, Irmgard: Fünf-Tage-Woche, S. 78.
339 Vgl. Hinrichs, Karl: Arbeitszeitkonflikt, S. 95; Scharf, Günter: Geschichte, S. 648ff.

Dennoch sah die gewerkschaftliche Strategie keine direkte Umsetzung der 48- auf die 40-Stunden-Woche vor, sondern wählte quasi den „Umweg" über die Fünf-Tage-Woche, deren Vorläufer bereits mit dem erwähnten Samstags-Frühschluss der 20er Jahre gesetzt war. Immerhin hatten laut einer Umfrage des Münchener Ifo-Instituts schon 1954 34 Prozent der befragten Unternehmen die Fünf-Tage-Woche eingeführt. Die Gewerkschaften konnten also mit ihrer Strategie gewissermaßen an eine relativ weit verbreitete Praxis anschließen.[340] Diese veränderte Arbeitszeitlage mit täglichen Arbeitszeiten von neuneinhalb Stunden stand allerdings im Konflikt mit einem anderen, längst etablierten Agreement, der Zielmarke einer täglichen Arbeitszeit von nicht mehr als acht Stunden. Mit anderen Worten: Die Fünf-Tage-Woche drängte geradezu selbstlaufend auf die Verkürzung der Arbeitszeit, auf die 40-Stunden-Woche.[341] Nur am Rande sei erwähnt, dass die Fünf-Tage-Woche auch nicht per Tarifvertrag überbetrieblich fixiert wurde, um ihr die Dynamik in Richtung 40-Stunden-Woche nicht zu nehmen. Dass sie sich dennoch als das dominante Modell der Arbeitszeitverteilung durchsetzte, hatte andere Akzeptanzgründe, die aber, wie sich in den 80er und 90er Jahren negativ zeigen sollte, nicht die Tragfähigkeit einer rechtlichen Absicherung hatten und folglich eine Erosion der Fünf-Tage-Woche nicht verhindern konnten.[342]

Entscheidend für den arbeitszeitpolitischen Durchbruch war das „Bremer Abkommen" vom Oktober 1956. Im selben Jahr hatte die IG Metall alle Lohn- und Manteltarifverträge gekündigt und seit Mitte Mai in den Verhandlungen mit Gesamtmetall auf eine stufenweise Verkürzung der regelmäßigen Wochenarbeitszeit von 48 über 45 und innerhalb von zwei Jahren auf 40 Stunden gedrängt. Die Ecklöhne sollten inklusive des Lohnausgleichs auf zehn Prozent angehoben werden. Am 13. Juni wurde in der ersten Fassung immerhin die Verkürzung der Wochenarbeitszeit von 48 auf 45 Stunden und eine achtprozentige Erhöhung der Tariflöhne vorgelegt, die dann auch – mit wenigen Änderungen bezüg-

---

340 Vgl. Herrmann-Stojanov, Irmgard: Fünf-Tage-Woche, S. 80. Vgl. Hinrichs, Karl: Arbeitszeitkonflikt, S. 109.

341 „Fernziel war unangefochten die auf fünf Tage verteilte Vierzig-Stunden-Woche, doch in den fünfziger Jahren schien die Chance groß, zunächst ein wichtiges Etappenziel auf diesem Weg zu erreichen. So wurde die Forderung nach der Vierzig-Stunden-Woche über Jahre hinweg hinter die Forderung nach der Fünf-Tage-Woche gestellt. In ihr sah man die Chance zu einer Verbesserung des Familienlebens, zur sozialen und kulturellen Weiterentwicklung der arbeitenden Bevölkerung. Um dieses Ziel eines zweitägigen Wochenendes durch den Gewinn des arbeitsfreien Samstags schnell zu erreichen, nahm man in Kauf, dass die für die Arbeiterbewegung so wichtige Norm von acht Stunden täglicher Arbeitszeit wieder weit überschritten wurde." Herrmann-Stojanov, Irmgard: Fünf-Tage-Woche, S. 111.

342 Herrmann-Stojanov bewertet dies als einen irreparablen „Fehler in der Taktik der Gewerkschaften. Jedes ‚Stückchen der Salami' hätte rechtlich verankert werden müssen, damit den späteren Anfechtungen stärkerer Widerstand entgegengesetzt hätte werden können". A.a.O., S. 114.

lich der Laufzeit und dem Verzicht auf eine Sicherungsklausel zur Wiederaufnahme von Verhandlungen ab einer gewissen Steigerung der
Lebenshaltungskosten – am 25. Juli von beiden Parteien für eine Laufzeit bis Dezember 1957 unterzeichnet wurde.[343] Diese – arithmetisch
betrachtet – „5x9-Stunden-Lösung" war ein Brückenschlag für die weitere Erfolgsgeschichte der Fünf-Tage-Woche, die auch vor anderen
Sektoren nicht Halt machte.[344]
Bereits am 1. Januar 1959 schlossen die privaten Banken jeden dritten
Samstag im Monat, ab Sommer 1961 bereits an allen Samstagen. Auch
die Beamten blieben von diesem Trend nicht unberührt, wenn auch um
einige Jahre verzögert. Im April 1965 wurde die Einführung der Fünf-
Tage-Woche bei der Bundesverwaltung beschlossen, nachdem sie bereits zuvor schon bei 41 Dienststellen des Bundes eingeführt worden
war und für Angestellte des öffentlichen Dienstes eh schon galt.[345]
Sperriger hingegen war die Durchsetzung der Fünf-Tage-Woche in den
Schulen, da hier sowohl Bedenken der Lehrerschaft als auch der Eltern
zur Geltung kamen, die relativ gewichtig waren. Angesichts eines Be-
fragungsergebnisses, das keine eindeutige Mehrheit in eine Richtung zu
erkennen gab, legte das Kultusministerium des Landes Nordrhein-Westfalen sinnvollerweise die Entscheidungsbefugnis in die Hand der Schulen. Hatten 1975 etwa 40 Prozent der Schulen die Fünf-Tage-Woche
eingeführt, so waren es vier Jahre später bereits 90 Prozent![346] Das Bremer Abkommen hatte folglich eine Signalwirkung für die prozessuale
Etablierung der Fünf-Tage-Woche, die weit über den Bereich der Metallindustrie hinausging. 1981 waren es nur noch knapp 20 Prozent der
Erwerbstätigen, die regelmäßig samstags arbeiteten.[347] Zusätzlich bot
die Fünf-Tage-Woche die Einstiegspforte für die sukzessive Durchsetzung einer regelmäßigen wöchentlichen Arbeitszeit von 40 Stunden.
Im Dezember 1957 wurde durch Vermittlung des ehemaligen nordrhein-
westfälischen Arbeitsministers Ernst im Metallbereich eine Einigung im
Bad Sodener Abkommen erzielt, die u.a. die Einführung der 44-Stun-
den-Woche ab Januar 1959 und ansonsten eine Verlängerung des Bremer Abkommens bis Ende Juni 1960 vorsah.[348] In den Neuverhandlun-
gen für eine Anschlussregelung legte die IG Metall einen Stufenplan
vor, in dem die Einführung der 40-Stunden-Woche bis zum Januar 1964
avisiert wurde. Angelehnt an diesen Stufenplan einigten sich die Tarif-
partner im Homburger Abkommen auf „die Einführung der 42½-Stun-
den-Woche ab 1. Januar 1962, der 41½-Stunden-Woche ab 1. Januar
1964 und der 40-Stunden-Woche ab 1. Juli 1965" sowie auf „eine An-

---

343   Vgl. Scharf, Günter: Geschichte, S. 626ff.
344   Vgl. Herrmann-Stojanov, Irmgard: Fünf-Tage-Woche, S. 88ff.
345   Vgl. a.a.O., S. 92.
346   Vgl. a.a.O., S. 94.
347   Vgl. Hinrichs, Karl: Arbeitszeitkonflikt, S. 109.
348   Vgl. Scharf, Günter: Geschichte, S. 629.

hebung der tariflichen Ecklöhne zu den jeweiligen Terminen um 3,5, 3 und 3,1 Prozent".[349] Dass dieser relativ ehrgeizige Zeitplan der Arbeitszeitverkürzung bei den Arbeitgebern auf wenig Widerstand stieß, ist darauf zurückzuführen, dass zum Zeitpunkt seiner Aushandlung Wachstumsraten des Bruttoinlandsprodukts um neun Prozent zu verzeichnen waren und sich somit kaum seriöse Argumente gegen eine solche verhältnismäßig umfassende Weitergabe in Form von gekürzter Arbeitszeit sowie von Lohnsteigerungen boten.

Allerdings verringerte sich Anfang der 60er Jahre die Wachstumsquote erheblich, was im Verbund mit dem immer gravierenderen Arbeitskräftemangel den Arbeitgebern zum Anlass wurde, sich hinsichtlich der Arbeitszeitverkürzung zunehmend restriktiv zu verhalten. Erst nach einem mehrwöchigen Arbeitskampf in Baden-Württemberg, der Intervention der Bundesregierung, die auf eine Verschiebung der Arbeitszeitverkürzung drängte, sowie ersten Zugeständnissen in dieser Richtung durch die IG Bau-Steine-Erden erklärte sich die IG Metall 1964 zu einer um ein Jahr verschobenen Umsetzung der im Homburger Abkommen festgelegten Einführung der 40-Stunden-Woche bereit.[350] Als Kompensation wurde im 1. Erbacher Abkommen sowohl eine Urlaubsverlängerung als auch die Zahlung von Urlaubsgeld in Höhe von 30 Prozent des Tagesverdienstes pro Urlaubstag verhandelt. Dass die 40-Stunden-Woche dann doch nicht zum 1. Juli 1966, wie ausgehandelt, sondern mit dem 2. Erbacher Abkommen vom Februar 1966 erst zum 1. Januar 1967 eingeführt wurde, hatte lohnstrategische Gründe: Auf diese Weise konnte die IG Metall nochmals Lohn- und Gehaltserhöhungen um insgesamt sechs Prozent und für das erste Halbjahr 1967 um fünf Prozent erwirken.[351] Damit aber war die 40-Stunden-Woche noch keineswegs durchgängig erreicht:

„Bis die Vierzig-Stunden-Woche für nahezu alle Arbeitnehmer tariflich abgesichert wurde, verging jedoch noch einige Zeit. Noch 1973 war ‚nur' für 69 Prozent aller Arbeitnehmer die Vierzig-Stunden-Woche vereinbart, 1974 dann für 87,1 Prozent und 1978 für 92,6 Prozent aller Arbeitnehmer. Erst am 1.Okober 1974 wurde z.B. im öffentlichen Dienst die Vierzig-Stunden-Woche eingeführt."[352]

Dass sich die Fünf-Tage-Woche innerhalb von nur etwa einer Dekade mit vierzig Stunden regelmäßiger wöchentlicher Arbeitszeit zum Standard der Arbeitszeit entwickeln konnte, ist Ergebnis einer Kette von Gründen, die hier nur summarisch zusammengefasst werden sollen. Zunächst muss, wie bereits angedeutet, die volkswirtschaftliche Gesamtsituation als der Rahmen und Ermöglichungsgrund betrachtet werden, dessen Wachstumsstatistik fast schon selbstlaufend nicht nur steigende

---

349 A.a.O., S. 630.
350 Vgl. a.a.O., S. 631.
351 Vgl. a.a.O., S. 632.
352 Schneider, Michael: Streit, S. 166.

Löhne, sondern auch ein Mehr an Freizeit für die Beschäftigten beanspruchen ließ. Es ging nicht mehr um die Frage, ob Arbeitszeitverkürzung oder nicht, sondern lediglich um die konkreten Vereinbarungen über ihre Zeitpunkte und den Umfang sowie die Relation zu den übrigen Tarifvertragsbestandteilen.[353] Dass die Arbeitszeitverkürzung in der genannten Form zu einem prägenden Leitbild der Lebensstilentwicklung avancierte, war zudem nicht unmaßgeblich beeinflusst von adaptierten Eckpunkten des amerikanischen Wohlstandsmodells. Der American way of life wurde identifiziert mit dem „Weekend", das zugleich assoziiert wurde mit Prosperität und einer für die Wirtschaft innovativen Freizeitkultur. Das arbeitsfreie Wochenende als Symbol der Anlehnung an amerikanische Lebensqualität der Beschäftigten stand außerdem im Rahmen einer abgrenzenden Zurschaustellung westlicher Überlegenheit gegenüber der kommunistischen Planwirtschaft in Zeiten des Kalten Krieges.[354]

Aber diese politische Ebene hätte wohl kaum greifen können, wenn die Arbeitszeitverkürzungspolitik nicht an den Bedürfnissen der Beschäftigten angeknüpft und sich damit als evidenter Beitrag zur Humanisierung des Arbeitslebens und der Gewinnung einer ganzheitlichen Sichtweise von Arbeit und Leben dargestellt hätte.[355] Mit der Mai-Parole des DGB von 1956 „Samstags gehört Vati mir" ist explizit diese Relation von Arbeit und Leben unter familienpolitischem Aspekt ausgesprochen wirkungsvoll in Beziehung gesetzt worden. Es wäre jedoch zu verkürzt, die hohe Akzeptanz der Fünf-Tage-Woche lediglich bei den Beschäftigten zu verorten. Auch eine Reihe von betriebswirtschaftlichen Erwägungen ließen viele Arbeitgeber mit dieser Arbeitszeitregelung sympa-

---

353   Vgl. Scharf, Günter: Geschichte, S. 628.

354   Hier taucht wiederum ein Argument auf, das wir bereits aus der Diskussion um die Sonntagsheiligung der ersten Hälfte des 19. Jahrhunderts wie auch aus der Samstags-Frühschlussdiskussion kennen, nämlich jenes, dass die Leistungsfähigkeit durch arbeitsfreie Zeit gesteigert werde. Hier nun wurde dieses Argument – bezogen auf die Fünf-Tage-Woche – erstmals durch Untersuchungsergebnisse erhärtet, die dieser These eine quasi wissenschaftliche Referenz gaben. Das entscheidende ökonomische Argument aber war die Rekurrierung auf die Konsum ankurbelnde Kraft, sei es mit Blick auf die Automobilbranche oder die in den 50er Jahren aufkommende ‚Mach-es-selbst-Bewegung'. Vgl. Herrmann-Stojanov, Irmgard: Fünf-Tage-Woche, S. 105ff.; vgl. Hinrichs, Karl: Arbeitzeitkonflikt, S. 123f.

355   Auch wenn eine Vorherrschaft der Lohninteressen zugestanden werden muss, zumal das Reallohnniveau erst 1956 wieder das Niveau von 1938 erreicht hatte. Nach Günter Scharf ist die „Resonanz, die die Forderung nach Arbeitszeitverkürzungen trotz des dominierenden Lohninteresses innerhalb der Arbeiterklasse fand (...) auf intensive Aufklärungsarbeit der Gewerkschaften zurückzuführen." Scharf, Günter: Geschichte, S. 652. Ähnlich sieht auch Hinrichs eine Lancierung des Themas durch die Gewerkschaften, die zwar auf die Präferenzen der Beschäftigten zugingen, denen aber darüber hinaus wesentlich daran gelegen war, durch die Standardisierung der industriellen Beziehungen die eigene Organisationskraft zu stärken. Vgl. Hinrichs, Karl: Arbeitszeitkonflikt, S. 115ff.

thisieren. Schon 1956 führte eine Publikation der Arbeitgeberverbände der chemischen Industrie dafür eine Reihe von Gründen an. Genannt wurde beispielsweise der eh schon geringe Eifer vieler Arbeiter an halben Samstagen, die vergleichsweise schlechte Relation von Betriebkosten und nur halbtägiger Produktionszeit, die Hoffnung, den monatlichen Hausarbeitstag für Frauen abschaffen zu können und schließlich die Zweckmäßigkeit einer standardisierten Arbeitszeitregelung von fünf Tagen, um den diesbezüglichen Wettbewerb der Betriebe untereinander in Zeiten extremen Arbeitskräftemangels zu beenden und Arbeitszeitmodelle nicht länger als „Lockvogel" der Betriebsbindung zu missbrauchen.[356]

Insgesamt also konnte die Fünf-Tage-Woche – und mit ihr langfristig auch der Übergang zur regelmäßigen wöchentlichen Arbeitszeit von 40 Stunden – eine breite Akzeptanz und Referenz unterschiedlicher Akteure für sich verbuchen.[357] Ihre stringente Durchsetzung hatte eine lange Geschichte des gewerkschaftlichen Kampfes um wöchentliche Arbeitszeitverkürzung zu einem vorläufigen Schlusspunkt gebracht. Zugleich wurde damit ein anderes Gestaltungsfeld der Arbeitszeitpolitik gezielt mit Priorität in Angriff genommen. Gemeint ist die Zeitinstitution „Jahresurlaub", deren strategische Bearbeitung durch die Gewerkschaften in einer zeitlichen Rangfolge zur Einführung der 40-Stunden-Woche in Beziehung steht.

„Der achtstündige Normalarbeitstag bzw. die vierzigstündige Normalarbeitswoche schienen dringliche Bedarfe der Arbeitnehmer nach Ausdehnung der auf die Woche bezogenen arbeitsfreien Zeit befriedigt zu haben und sich geradezu zu ‚natürlichen Konstanten' (…) der tarifvertraglichen Arbeitszeitbestimmung zu entwickeln, nach deren Erreichen die Gewinnung von größeren Freizeitblöcken im Jahresturnus dominant wurde. Diese Verschiebung des Focus zeigt sich mit besonderer Deutlichkeit in den USA. Nachdem dort die 40-Stunden-Woche Ende der dreißiger Jahre soziale Geltung erlangt hatte (…), wurde die Jahresarbeitszeit (der Vollzeitbeschäftigten) fast ausschließlich durch Ausdehnung der Urlaubsansprüche verkürzt."[358]

Diese Entwicklung lässt sich nunmehr auch in Deutschland nachzeichnen. Zwischen 1960 und 1986 wurde durchschnittlich eine Verdopplung des jährlichen Urlaubsanspruchs erreicht – genauer von 17 Werktagen bezogen auf eine Sechs-Tage-Woche auf 29 Tage bei einer fünftägigen Arbeitswoche. Die Jahresarbeitszeit inklusive der Verlängerung des Urlaubs reduzierte sich zwischen 1950 und 1985 um ein Viertel. Absolut betrachtet mag dies erheblich erscheinen, gemessen aber an einer Steigerung des Nettorealverdienstes in dieser Zeitspanne um 211 Prozent nimmt sich die Umsetzung des Verteilungsspielraumes in Freizeitzuwachs relativ bescheiden aus.[359]

---

356 Vgl. Herrmann-Stojanov, Irmgard: Fünf-Tage-Woche, S. 114ff.
357 Vgl. Hinrichs, Karl: Arbeitszeitkonflikt, S. 124ff.
358 A.a.O., S. 97f.
359 A.a.O., S. 98f.

Die Erhöhung des Jahresurlaubs ist deshalb so entscheidend, weil die wöchentliche Arbeitszeitverkürzung erheblich relativiert wurde durch die Zunahme an Mehrarbeit, die auf das Jahr verteilt 1970 durchschnittlich mit 206,5 Stunden einen Höchststand erreicht hatte. Andererseits war dieser Anstieg auch nur möglich gewesen, weil durch die Verkürzung der wöchentlichen Tarifarbeitszeit der diesbezügliche Spielraum erhöht worden war.[360] Insgesamt muss man also sagen, dass die Reduktion der Jahresarbeitszeit seit 1960 nicht unerheblich auch dem Zuwachs an Jahresurlaub zu verdanken ist, der sich dadurch zugleich zu einer hoch favorisierten Zeitinstitution formierte.[361]

Betrachtet man über die Jahresarbeitszeit hinaus die Lebensarbeitszeit, so sind weitere bedeutsame Verkürzungen zu verzeichnen, so etwa durch die Verlängerung der schulischen Verweildauer und den dadurch verzögerten Einstieg in Ausbildung und Erwerbsleben. Dies geschah einerseits durch die Erhöhung der Pflichtschulzeit Anfang der 60er Jahre von acht auf neun Jahre und andererseits durch die Tatsache, dass ein stetig steigender Anteil von Schülern und Schülerinnen den Wechsel in weiterführende Schulen vollzog. Ein weiterer Faktor, der sich quasi auf der anderen Seite der Biografieskala abspielt, wurde 1973 durch die Einführung der flexiblen Altersgrenze von 63 Jahren und wenige Jahre später (1980) für anerkannte Schwerbehinderte von 60 Jahren gesetzt. Zusätzlich sank bis 1986 gegenüber 1973 das durchschnittliche faktische Renteneintrittsalter durch die wachsende Inanspruchnahme der Erwerbsunfähigkeitsrente von 62,2 auf 58,8 Jahre![362] Als Fazit bleibt festzuhalten, dass wir, zumindest was die Männer anbelangt, in diesem Zeitraum bis Mitte der 80er Jahre eine Entwicklung zu verzeichnen haben, die sowohl durch kürzere Jahresarbeitszeiten als auch durch weniger Erwerbsjahre gekennzeichnet ist.

Für Frauen stellt sich die Situation noch einmal anders dar. Ihre Arbeitsverhältnisse waren seit 1960 mit steigender Tendenz und deutlich überproportional im Vergleich zu den Männern durch Teilzeitbeschäftigung geprägt (1985: 1,4% der Männer und 28,9% der Frauen).[363] Insbesondere betroffen waren verheiratete Frauen mit Kindern, die allein drei Viertel der weiblichen Teilzeitbeschäftigung ausmachten, was auch aus der Tatsache resultiert, dass in dieser Gruppe, insgesamt betrachtet, besonders zwischen 1966 und 1972 ein starker Anstieg der Erwerbsquote

---

360   A.a.O., S. 102f.

361   Vgl. Schmiede, Rudi: Die Entwicklung der Arbeitszeit in Deutschland. Eine Übersicht, in: Jacobi, Otto; Müller-Jentsch, Walther; Schmidt, Eberhard (Hrsg.): Arbeitskampf um Arbeitszeit. Kritisches Gewerkschaftsjahrbuch 1979/80, Berlin 1979, S. 71–87, S. 84 (I.F.: Entwicklung).

362   Vgl. Hinrichs, Karl: Arbeitszeitkonflikt, S. 99.

363   „Nach den Daten des IAB hat die Teilzeitbeschäftigung im Jahre 1960 die durchschnittliche Jahresarbeitszeit von Arbeitnehmer*innen* um 2,5% vermindert. 1970 machte dieser Teilzeiteffekt bereits 6,7% und 1985 dann 9,3% aus." A.a.O., S. 101.

zu verzeichnen ist.[364] Die durchschnittliche Verkürzung der Arbeitszeit pro erwerbstätiger Person resultierte in den Jahren zwischen 1960 und 1985 also aus drei Faktoren: der Kürzung der wöchentlichen Arbeitszeit, der Zunahme des Urlaubsanspruchs und dem Zuwachs an Teilzeitarbeit überwiegend durch Frauen bei gleichzeitiger Steigerung der weiblichen Erwerbsquote.[365]

Schließlich soll noch ein Blick auf die ebenfalls modifizierende Lage der Arbeitszeit erfolgen. Die Veränderung hinsichtlich der Etablierung der Fünf-Tage-Woche und des damit verbundenen arbeitsfreien Samstags ist bereits erwähnt worden. Gemessen an diesem neuen Arbeitszeitstandard ist jedoch bezüglich des Wochenendes schon in den frühen 70er Jahren ein gewisser rollback-Effekt zu beobachten. Zumindest die gelegentliche Sonntagsarbeit unter den Beschäftigten stieg zwischen 1965 und 1975 von 3,9 auf 10,5 Prozent ebenso die Kumulation von Nacht-, Schicht- und Sonn- bzw. Feiertagsarbeit. Es legt sich daher nahe, in Rechnung zu stellen, dass „der quantitativ gewonnene Freizeitzuwachs von Wochenarbeitszeitverkürzungen in seinem Effekt durch die psychophysischen Arbeitszeit*lage*belastungen und die mindere Qualität der Freizeitnutzungsgelegenheiten z.T. wieder zunichte gemacht" wurde, auch wenn dies nur für eine Minderheit der Beschäftigten galt.[366]

Eine hinsichtlich der Arbeitszeitlage bedeutende Innovation jener Zeit verbindet sich schon sehr früh, nämlich 1967, mit der Einführung der Gleitzeit bei der Firma Messerschmitt-Bölkow-Blohm in Ottobrunn bei München. Innerhalb von gut zehn Jahren waren bereits 14 Prozent der bundesdeutschen Arbeitnehmer von Gleitzeitregelungen betroffen, wobei diese Variante des erhöhten Entscheidungsspielraums über die Lage der Arbeitszeit bei Angestellten und Beamten wesentlich verbreiteter war als bei Arbeitern.[367] Die Gleitzeit mag zugleich als ein Indikator für die Strategien gelten, der Differenz zwischen der Produktions- bzw. Dienstleistungszeit und der individuellen Arbeitszeit nicht nur aus Gründen individueller Zeitsouveränität, sondern auch aus betriebswirtschaftlichen Erwägungen etwas Positives abzugewinnen. Allemal steht sie – wie bereits aufgezeigt – im Trend einer Flexibilisierungs- und Kontinuisierungsstrategie, deren Anfänge sich im Nachkriegsdeutschland an der Diskussion um die gleitende Arbeitswoche festmachten.

364 Vgl. ebd.
365 Vgl. Schmiede, Rudi: Entwicklung, S. 84.
366 Hinrichs, Karl: Arbeitszeitkonflikt, S. 110.
367 Vgl. a.a.O., S. 110f.

2.3.2 Die gleitende Arbeitswoche

2.3.2.1 Das Bremer Abkommen und die Folgen

Das Bremer Abkommen von 1956 war zunächst nur gültig für den Bereich der eisen- und metallverarbeitenden Industrie, löste aber innerhalb kurzer Zeit die Verhandlungen darüber aus, dieses Modell auch auf die eisenschaffende Industrie auszuweiten. Schon am 21.12.1956 vereinbarten die Sozialpartner in Nordrhein-Westfalen auch für die Eisen- und Stahlindustrie die Einführung der 45-Stunde-Woche und für die „Feuerbetriebe" der „Siemens-Martin und Elektro-Stahlwerke" die 42-Stunden Woche unter Einschluss vollkontinuierlicher Produktion. Es war im Vorhinein problematisch gewesen für letztere eine Regelung zu finden, da verhandelt werden musste, wie sie von den bislang üblichen 53 Stunden zu einer aktuell angeglichenen Arbeitszeitregelung kommen können.[368]

Priorität hatte bei allen Überlegungen, mindestens eine Stabilisierung der Produktivität zu gewährleisten, da der exportstarken Stahlproduktion mit allen Bereichen der abhängigen Konsumgüterindustrie eine Schlüsselposition für das wirtschaftliche Wachstum zukam. Von daher sollte das Dreischichtsystem nicht unterminiert werden, das aber bezüglich der Arbeitszeitorganisation nur die 48-Stunden-Woche inklusive drei wöchentliche Überstunden nahe legte. Die Alternative war die 42-Stunden-Woche als Zugeständnis an die Beschäftigten bei gleichzeitigem Übergang zur vollkontinuierlichen Produktion. Für diese Variante, die zum 1.4.1957 auf der Grundlage der dazu erforderlichen Ausnahmegenehmigung durch den nordrhein-westfälischen Arbeitsminister umgesetzt wurde, sprachen unterschiedliche Gründe, die teilweise schon seit 1947, dem Beginn der Diskussion, ins Feld geführt wurden.[369] So etwa legte allein schon die technische Verbesserung der Siemens-Martin-Öfen eine vollkontinuierliche Arbeitsweise nahe. Hatte die alte Technik noch wöchentliche Produktionsunterbrechungen zwecks aufwändiger und personalintensiver Wartungsarbeiten am Sonntag erforderlich gemacht, so wurden diese nun mit Hilfe der neuen Technik weitgehend entbehrlich.[370] Abgesehen von den darüber hinaus eindeutig wirtschaftlichen Gründen einer wesentlich günstigeren Wettbewerbssituation dank erhöhter Produktivität und Auslastung der immer mehr Tonnage umfassenden Siemens-Martin-Öfen, waren es aber auch sozialpolitische Gründe, die für die Einführung der kontinuierlichen

---

368 Vgl. Risse, Heinz Theo: Christlicher Sonntag, S. 314f.
369 Vgl. Nuss, Simeon Berthold: Der Streit, S. 51ff. Er weist auch darauf hin, dass schon im Februar 1949 die alliierten Militärregierungen die kontinuierliche Arbeitweise zwecks Produktionssteigerung eingefordert haben, was damals jedoch auch noch von den Arbeitgebern abgelehnt wurde. Vgl. a.a.O., S. 51.
370 Vgl. a.a.O., S. 52.

Produktion bei gleichzeitiger Einführung eines gleitenden Arbeitszeitsystems sprachen. Die Effekte für die Beschäftigten lagen nicht nur in einer Reduktion der durchschnittlichen wöchentlichen Arbeitszeit um elf Stunden, sondern – paradoxerweise – auch in der regelmäßigen Gewährleistung eines arbeitsfreien Wochenendzeitraums inklusive des Sonntags. Denn die Sonntagsschutzbestimmung der Gewerbeordnung von 1895 (§ 105d GewO) regelte gemäß einer Durchführungsverordnung für die Siemens-Martin-Stahlwerke eine produktionsfreie Zeit lediglich von morgens sechs bis abends18 Uhr. Bis dato war also jeder Sonntag für die Beschäftigten ein nur halber Sonntag, ein Sonntag pro forma, ganz abgesehen von der stetig wachsenden Zahl derer, die während jener produktionsfreien Zeit Wartungs- und Reparaturarbeiten ausführten.[371]

Die Ausnahmegenehmigung zur vollkontinuierlichen Produktion wurde von der nordrhein-westfälischen Regierung Arnold verhältnismäßig behutsam angegangen und sowohl durch ein Pilotprojekt der Hüttenwerk Oberhausen AG, durch ein staatliches Gutachten als auch durch mehrere Sondierungsgespräche mit den Arbeitgebern, den Gewerkschaften sowie den beiden großen Kirchen vorbereitet. Das zum Januar 1953 umgesetzte Pilotprojekt lieferte ein Jahr später einen Bericht, in dem eine „günstige Entwicklung des Krankenstandes, allgemeine Gewichtszunahme, bessere Sonntagsruhe" sowie „bessere Möglichkeiten des Kirchenbesuchs" als Ergebnis der Umstellung attestiert wurden.[372] Das staatliche Gutachten von 1955 listete zwar ebenfalls eine Reihe von grundsätzlichen Vorzügen auf, wie etwa den Gesundheitszustand der Beschäftigten oder die Gewährung von neun völlig freien Sonntagen, gab aber auch der Befürchtung Ausdruck, dass hier die Institution des Sonntags dammbruchartig ausgehöhlt werden könnte. Zur Festigung der Sonntagskultur schlug das Gutachten deshalb veränderte Schichtpläne vor, die 13 Mal im Jahr ein langes Wochenende von 72 Stunden Freizeit vorsahen.[373]

---

371 Jene Durchführungsverordnung gestatte „die Produktion bis sonntags 6 Uhr früh und abends von 18 Uhr an, damit um 22 Uhr, zu Beginn der Spätschicht, die Blockstraße mit frischem Material beschickt werden kann; in der Zwischenzeit sind ‚Arbeiten zur Reinigung und Instandhaltung' erlaubt, und so packten die Werke alle Reparaturen und sonstigen ‚unproduktiven' Arbeiten auf den Sonntag – für die Arbeiter zugleich ein beliebtes Mittel, kräftig Überstunden zu machen. Während nun aber vor 60 Jahren Reparaturen zu den ‚Nebenarbeiten' zählten, die verhältnismäßig wenig Arbeitskräfte erforderten, hat sich heute das Verhältnis zwischen Produktion und Reparatur in dieser Hinsicht völlig gewandelt. In einem Stahl- und Walzwerk wird seit kurzem eine Kaltwalzstraße von 4 Mann bedient, die Reparaturmannschaft dagegen zählt 12 Mann. Was ursprünglich zum Schutz des Sonntags unternommen worden war, hat sich also in der Zwischenzeit ins Gegenteil verkehrt. Ständig war bisher in den Hüttenwerken mindestens die Hälfte der Schichtbelegschaft sonntags bei der Arbeit." Risse, Heinz Theo: Christlicher Sonntag, S. 316f.
372 A.a.O., S. 317.
373 A.a.O., S. 317f.

Auch wenn die vom Arbeitsminister NRW erteilte Genehmigung juristisch nicht ganz einwandfrei war, so entsprach sie doch dem Umstand eines im Grunde faktischen Regelungsdefizits der Gewerbeordnung (§105d GewO), durch das keine wirkliche Sonntagsruhe für die Beschäftigten möglich war. Denn was „ursprünglich zum Schutz des Sonntags unternommen worden war, hat sich (…) in der Zwischenzeit ins Gegenteil verkehrt. Ständig war bisher in den Hüttenwerken mindestens die Hälfte der Schichtbelegschaft sonntags bei der Arbeit. Nach einer offiziellen Statistik, die eher die untere Grenze angibt", betrug „ihre Zahl einschließlich der Hochofenbelegschaften 35600 von 164000 Beschäftigte".[374]

Allerdings folgte der Arbeitsminister mit seiner Genehmigung nicht der Pilotpraxis in Oberhausen mit neun arbeitsfreien Sonntagen in einem 48-Stunden-Freizeitblock, sondern folgte dem Gutachten mit einer Regelungsvorgabe von 13 Sonntagen in einem Block von mindestens 72 Stunden. Es sollte noch bis zum 7. Juli 1961 dauern, bis durch eine Bundesverordnung „über Ausnahmen zum Verbot der Beschäftigten von Arbeitnehmern an Sonn- und Feiertagen in der Eisen- und Stahlindustrie" diese Frage einer bundesweit einheitlichen Regelung zugeführt wurde, die jedoch restriktiver verblieb als die Genehmigungsordnung in NRW. Zwar wurde die kontinuierliche Betriebswoche bei den größeren Siemens-Martin-Öfen erlaubt, für kleinere Öfen jedoch eine stufenweise einzuführende Produktionsruhe von acht und ab 1966 von 16 Stunden verordnet.[375]

2.4 Kirchliche Reaktionen

2.4.1 Die Reaktion der katholischen Kirche auf die gleitende Arbeitswoche

Die Fuldaer Bischofskonferenz hatte bereits 1952 die gleitende Arbeitswoche entschieden abgelehnt, da diese „dem Sonntag seinen Charakter als Tag des Herrn" nehme und „ihn völlig den Werktagen" gleichstelle.[376] Eine breite Diskussion entzündete sich im Laufe der folgenden Jahre, die durch offensive Positionen in gemeinsamen Erklärungen der Bischofskonferenz wie auch in Hirtenbriefen einzelner Bischöfe angefacht wurde.[377] Ihre Position hatte, zumal gestützt durch die Tatsache, dass der Kanzler Konrad Adenauer seine Wurzeln im rheinischen Katholizismus hatte, durchaus Gewicht und konnte nicht einfach um-

---

374 A.a.O., S. 317.
375 Vgl. Nuß, Berthold Simeon: Der Streit, S. 60.
376 Meldungen aus der katholischen Welt, in: Herder-Korrespondenz 7, 1952, S. 49.
377 Vgl. Nuß, Berthold Simeon: Der Streit, S. 56.

gangen werden. Folglich bemühten sich sowohl der Arbeitgeberverband Eisen und Stahl als auch die Industriegewerkschaft Metall um Sondierungsgespräche, deren Wahrnehmung 1956 durch die Fuldaer Bischofskonferenz autorisiert wurde.[378] Die katholische Seite hatte im ersten Gespräch am 2. November des Jahres den Eindruck gewonnen, hier sollten bereits ausgehandelte Vereinbarungen der Tarifparteien über die Einführung der kontinuierlichen Arbeitswoche durch das Argument ihrer technischen und wirtschaftlichen Notwendigkeit untermauert werden. Ihr eindeutiger Protest veranlasste immerhin die Tarifparteien wenige Wochen später, am 23. November in einem erneuten Gespräch den Entwurf eines bereits von der großen Tarifkommission gebilligten Abkommens vorzulegen, das die 45-Stunden-Woche ohne kontinuierliche Arbeitsweise für ausnahmslos alle Bereiche der Metallindustrie beinhaltete, was nunmehr von den kirchlichen Gesprächspartnern ausdrücklich begrüßt wurde. Als dann im Dezember das endgültige Tarifabkommen veröffentlicht wurde, das zwar grundsätzlich die 45-Stunden-Woche, aber – wie erwähnt – für die Siemens-Martin- und Elektrostahlwerke wie auch für die im Verbund mit ihnen arbeitenden Blockwalzwerke die 42-Stunden-Woche bei vollkontinuierlicher Produktion vorsah, waren die Vertreter der katholischen Kirche empört.

In einer darauf folgenden Stellungnahme der Erzbischöfe von Köln und Paderborn sowie der Bischöfe von Münster und Aachen kam diese Empörung deutlich zum Ausdruck. Neben der Enttäuschung darüber, dass trotz der einvernehmlichen Gesprächsbasis vom Ende November dennoch eine für die katholische Kirche nicht tragbare Tarifvereinbarung getroffen wurde, brachte die Stellungnahme nochmals die wesentlichen inhaltlichen Bedenken zum Ausdruck. Die mit der Einführung der kontinuierlichen Produktion gesetzte „grundsätzliche Preisgabe des Sonntags" sei nicht zu rechtfertigen und die Gefahren, „die diese Regelung für den Sonntag als Tag des Gottesdienstes, der Feier und der Arbeitsruhe heraufbeschwört wie auch für das Familienleben" und „das kulturelle und gesellschaftliche Leben unseres Volkes" seien deutlich zu sehen.[379] Darüber hinaus kündigten die Bischöfe an, durch eine Eingabe an das Landesarbeitsministerium von NRW sowie an das Bundesarbeitsministerium die Ausnahmegenehmigungen verhindern zu wollen.[380]

Ein Gutachten der KAB Hattingen versuchte differenziert inhaltlich zu argumentieren und den Nachweis zu erbringen, dass weder technische noch ökonomische Gründe die Einführung der gleitenden Arbeitswoche

---

378 Vgl. Abschaffung des Sonntags in der deutschen Stahlindustrie?, in: Herder-Korrespondenz 11/1956/57, S. 236 (I.F.: Abschaffung).
379 Abschaffung, S. 236f.
380 Vgl. ebd.

notwendig machten.[381] Auch ein Dammbruch für andere Produktions-
zweige, etwa in der Papierindustrie, der chemischen Industrie oder der
Glas-, Textil- und Zuckerindustrie, wurden als eine der drohenden Gefahren am Horizont gesehen.[382] Vor allem aber ging es darum, deutlich
zu differenzieren, dass man mit der Kritik nicht die „katastrophalen Zu-
stände in der Hüttenindustrie verteidigen", sondern zu einer Arbeitszeitregelung kommen möchte, die „45 Wochenstunden mit voller Sonntagsruhe" beinhaltet.[383] Schärfer jedoch als diese Argumentation waren
Vorwürfe an die Gewerkschaften, die die Ost-West-Systemspannung
bemühten. Die Gewerkschaften betrieben eine kommunistisch infilt-
rierte Einführung des russischen Revolutionskalenders und seien quasi
vom östlichen Materialismus infiziert.[384] Die verhärteten Fronten wurden erst wieder gelockert, als mit der einheitlichen Bundesgesetzgebung
1961 ein Kompromiss gefunden wurde, von dem Kardinal Frings
meinte, dass „die deutschen Bischöfe diese neue Verordnung zwar nicht
begrüßen, sie aber auch nicht in aller Öffentlichkeit ablehnen sollten".[385] Damit hatte die Diskussion einen vorläufigen Abschluss gefunden.

2.4.2 Die Reaktion der evangelischen Kirche

2.4.2.1 Die innerkirchliche Auseinandersetzung um die Einführung der gleitenden Arbeitswoche

Wie im Folgenden zu zeigen sein wird, waren im protestantischen Lager
die Reaktionen auf die gleitende Arbeitswoche keineswegs einhellig
und zudem eingebunden in darüber hinausgehende Fragestellungen, die
sowohl den Zuwachs an Freizeit und die 5-Tage-Woche betrafen, als
auch innerkirchlich eingeforderte Strategien und eine theologische Auseinandersetzung über die Bewertung und Funktion der Sonntagheili-
gung provozierten. Aus Gründen der systematischen Darstellung macht
es dennoch Sinn, auf die einzelnen Aspekte – so weit als möglich – gesondert einzugehen.

Die Evangelische Kirche im Rheinland reagierte schon sehr früh, auf
der *Landessynode 1948*, auf den „Plan in Wirtschaftskreisen, in bestimmten Betrieben zum Zweck der Produktionssteigerung die allgemeine Sonntagsruhe durch ein über alle Wochentage gleitendes System

---

381   Vgl. Ein Gutachten zur gleitenden Arbeitswoche, in: Herder-Korrespondenz
     11, 1957, S. 346–348, S. 347.
382   Vgl. Abschaffung, S. 240.
383   A.a.O., S. 241.
384   Vgl. Nuß, Berthold Simeon: Der Streit, S. 58.
385   A.a.O., S. 59.

von wechselnden Ruhezeiten zu ersetzen."[386] Hintergrund waren offenbar Forderungen der alliierten Militärregierung, zur Produktionssteigerung die kontinuierliche Arbeitsweise einzuführen.[387] Es wurde beschlossen, eine diesbezügliche Anfrage an die Landesregierung zu stellen und ein auf der Synode verabschiedetes „Wort zur Sonntagsruhe in den Betrieben" unter anderem den Gewerkschaften zur Kenntnis zu geben.[388] In diesem Wort wurde deutlich vor der Einführung der vollkontinuierlichen Produktion gewarnt und dies mehrfach begründet. So zerstöre eine solche Regelung die christliche Sonntagsfeier und damit auch das Leben der Gemeinde, deren Zentrum das „Hören des Wortes Gottes" sei. Letzteres aber sei „der eigentliche Sinn des Tages", weshalb der Sonntag auch „unter dem Schutz des göttlichen Gebotes" stehe. Darüber hinaus träfe eine Ausnahmeregelung auch das Kernstück christlicher Sitte und würde „einer weiteren Entchristlichung des Volkslebens" Vorschub leisten.[389] Ähnlich wie die katholische Kirche argumentierte das Wort auch familienpolitisch und sah eine Zerstörung des Familienlebens ebenso drohend am Horizont, wie die Erosion der inneren und äußeren Erholung „des gesamten Volkes". Schließlich wurde grundsätzlich darauf hingewiesen, dass wirtschaftliche Überlegungen keine hinreichende Begründung bieten, um sich „über Gottes Gebot hinwegzusetzen".[390]

Auch wenn in dieser Stellungnahme eine gewisse Fundamentalkritik nicht zu überlesen ist, so darf dies nicht darüber hinwegtäuschen, dass diese Reaktion im protestantischen Lager relativ isoliert war und bis in die Mitte der 50er Jahre keine weitere diesbezügliche synodale Auseinandersetzung mehr zu finden ist. Interventionen gab es in Form des Schriftverkehrs zwischen dem Präses der rheinischen Landeskirche und dem nordrhein-westfälischen Arbeitsminister Ernst. Anlass war die Einführung des Pilotprojekts vollkontinuierlicher Arbeitsweise im Hüttenwerk Oberhausen AG (HOAG). Der Präses wies in seinem Brief an den Minister vom 21. April 1952 nochmals auf den Synodalbeschluss von 1948 hin und schickte diesen Beschluss auch an die Werke der Eisen schaffenden Industrie. Ernst verteidigte die Genehmigung in seinem Antwortschreiben vom 19. Mai mit der Auflage des Wirtschaftministers, die tägliche Gasmenge von 700 000 auf 320 000 cbm während der Frostperiode zu reduzieren, wodurch sich die Werksleitung veranlasst

---

386 Verhandlungen der ersten Rheinischen Landessynode. Tagung vom 8. bis 13. November 1948 zu Velbert, Neuwied 1950, S. 89 (I.F.: Rheinische Landessynode 1948).
387 Vgl. Nuß, Berthold Simeon: Der Streit, S. 51. Auch wenn laut Nuß diese Forderungen erst im Februar 1949 öffentlich geäußert wurden, ist davon auszugehen, dass solcherlei Bestrebungen vermutlich schon zum Zeitpunkt der Synode bekannt waren.
388 Vgl. Rheinische Landessynode 1948, S. 89.
389 A.a.O., S. 89f.
390 A.a.O., S. 90.

gesehen hatte, die gleitende Arbeitswoche zu beantragen.[391] Der Vorstand der HOAG gab in seinem Antwortschreiben zwei Begründungen an: Zum einen sei eine gleichmäßige Beschäftigung der Walzwerke bei der vorherigen Betriebsweise nicht möglich gewesen und zum anderen hätten die bisherigen defizitären Ruhezeiten zu erheblichem Krankenstand geführt.

Darüber hinaus wurde auf Vorschlag des Präses der Katholischen Arbeitnehmerbewegung, Prälat Schmitt, ein Gutachten eingeholt, das zu einer überwiegend positiven Bewertung der Ausnahmeregelung kam.[392] Im Februar 1954 ging eine Intervention seitens der evangelischen Kirche von der Kirchenleitung der Evangelischen Kirche im Rheinland durch einen Brief an den damaligen Minister für Arbeit, Soziales und Wiederaufbau aus, in dem „grundsätzlich Einspruch" gegen die Einführung der vollkontinuierlichen Arbeitsweise in den Martin-Stahlwerken oder ähnlichen Betrieben erhoben wurde. Das erwähnte, vom nordrheinwestfälischen Arbeitsminister in Auftrag gegebene und am 25. Mai 1955 vorgelegte Gutachten, das auch unter der Mitwirkung eines evangelischen Vertreters, Heinrich Kraut, erarbeitet wurde, stützte im Grundsatz die bestehende Ausnahmeregelung und führte dazu, dass es im Laufe der folgenden Jahre zunehmend „still wurde um die gleitende Arbeitswoche und die HOAG".[393]

Aber noch war die evangelische Seite keineswegs beruhigt. Ein umfassender und über die gleitende Arbeitswoche hinausgehender Versuch der Intervention im Sinne eines Prüfauftrages an die Landessynode, inwieweit „nicht durchgreifendere gesetzgeberische Maßnahmen seitens des Staates zur Erhaltung der Sonntagsruhe getroffen werden müssten", ging am 5. September 1955 von der Kreissynode Wied aus.[394] Die Landessynode erklärte gegen den Antrag der Synode Wied, dass sie „die Gesetze zum Schutz der Sonntagsruhe im allgemeinen für ausreichend" halte, allerdings sei die „Durchführung der Gesetze (…) häufig unzulänglich.[395] Beschlossen wurde auch, dass dieses Thema auf den Kreissynoden 1957 sowie der darauf folgenden Landessynode sein sollte.[396]

---

391 Vgl. Die gleitende Arbeitswoche. Denkschrift des Sozialethischen Ausschusses der Evangelischen Kirche im Rheinland, März 1957, S. 3 (I.F.: Die gleitende Arbeitswoche).

392 Vgl. a.a.O., S. 3f.

393 A.a.O., S. 4. Allerdings wurde die Diskussion durchaus auf Tagungen auch über Deutschland hinaus weitergeführt. So etwa fand im Schweizerischen Boldern 1960 eine internationale Studienkonferenz statt, die die gleitende vollkontinuierliche Arbeitswoche aus theologischer und sozialpsychologischer Perspektive sowie aus Sicht von Arbeitgebern und Arbeitnehmern diskutierte. Vgl. Industrielle Sonntagsarbeit, Flambert Verlag Zürich/Stuttgart 1960 (I.F.: Industrielle Sonntagsarbeit).

394 Verhandlungen der siebten ordentlichen Rheinischen Landessynode. Tagung vom 5. bis 9. Januar 1958 zu Rengsdorf, Mühlheim 1958, S. 114 (I.F.: Verhandlungen 1958).

395 A.a.O., S. 115.

396 Vgl. ebd.

Eine Vorbereitungstagung der Referenten für die Kreissynoden im März 1957 sowie eine vom Landeskirchenamt an die Superintendenten ergangene Bitte um eine Umfrage, sollten zu einer erstaunlich intensiven Vorbereitung der Landessynode führen. Durch die Umfrage sollten die Superintendenten mit Hilfe von Pfarrern und sachkundigen Gemeindegliedern prüfen, „inwieweit die Sonntagsarbeit ganz allgemein als besonders beschwerlich angesehen wird", ob Sonntagsarbeit in den Verkehrsbetrieben nicht eingeschränkt werden könne und Ausstellungen und Märkte sich nicht am Sonntag ebenso erübrigen wie der Druck von Illustrierten.[397] Flankiert war diese in den Kreissynoden intensiv angegangene Diskussion zudem durch einen Brief des Ratsvorsitzenden Dibelius vom April 1957 an Adenauer, in dem Dibelius seiner Sorge Ausdruck gegeben hatte, dass die gleitende Arbeitswoche das „Leben des einzelnen Menschen" wie auch „unserer Familien" schädige, weshalb er gebeten hat, unter Beteiligung der Kirchen eine Erhebung über den „tatsächlichen Umfang der Sonntagarbeit" vorzunehmen.[398] Adenauer nahm in seinem Antwortschreiben diese Anregung auf und sagte eine entsprechende Überprüfung der bisherigen Gesetzespraxis zu. Damit kam er zudem einer großen Anfrage der Fraktion der CDU/CSU entgegen, die schon im Februar bezüglich der gleitenden Arbeitswoche in eine ähnliche Richtung ging.[399]

Die wohl sachlich, theologisch und sozialethisch differenzierteste Auseinandersetzung mit der gleitenden Arbeitswoche war die maßgeblich von Friedrich Karrenberg ausgearbeitete *Stellungnahme des Sozialethischen Ausschusses der Evangelischen Kirche im Rheinland und des Sozialamtes der Evangelischen Kirche von Westfalen vom März 1957*. Getragen von der Sorge, dass mit der nordrhein-westfälischen Regelung vom Dezember 1956 ein Dammbruch erfolge, dem auch die Glas-, Textil-, Papier- und Chemieindustrie Tor und Tür öffne, holte jene Stellungnahme zu einer weiten Argumentationskette aus, deren Differenziertheit auch Vorwürfe an den kirchlichen Umgang mit der Sonntagstradition nicht auslieβ.

Die Stellungnahme warf daher nach einer ausführlichen Darstellung der Ausnahmeregelungen die Frage auf, wie substantiell die evangelische Kirche ihren Einsatz für den arbeitsfreien Sonntag eigentlich begründe.[400] Gehe es ihr eigennützig um die eigene Existenz, nur um den gottesdienstlichen Kultus, oder darüber hinaus auch um humanitäre Aspekte? Grundlage dieser Frage war die Einschätzung, dass viele Christen „vom Sonntag als nur von dem Tag der christlichen Gemeinde und des Gottesdienstes gesprochen haben und zu wenig bedacht haben, dass

---

397 Der Brief ist einzusehen im Archiv der Evangelischen Kirche im Rheinland.
398 Vgl. Beckmann, Joachim (Hrsg.): Kirchliches Jahrbuch für die Evangelische Kirche in Deutschland 1957, Gütersloh 1958, S. 106.
399 Vgl. Die gleitende Arbeitswoche, S. 32.
400 A.a.O., S. 19.

vom Verlust des Sonntags alle Menschen betroffen wären, ob sie Glieder einer christlichen Kirche sind oder nicht".[401] Den humanitären Aspekt entfaltete die Stellungnahme anhand von Deuteronomium 5,12–15. Hier komme zur Geltung, dass der Mensch den Sonntag um seines Menschseins willen brauche und damit sei, da das Gebot auch den „Fremdling" betreffe und nicht nur die Glieder des „Bundesvolkes", eine universale, soziale Dimension gemeint, die alle Menschen einbeziehe.[402]

Das Gewicht legte die Stellungnahme also ausdrücklich auf die Kritik an einer theologischen Tradition, die den arbeitsfreien Sonntag primär kultisch aus der Feier des Gottesdienstes begründet. Gleichwohl sah die Stellungnahme das Moment der Feier als zentrales Ereignis an, hob aber besonders darauf ab, dass diese Feier ein Akt der Gemeinschaft sei und es folglich „eine gefährliche Missdeutung des Gebotes" wäre, zu meinen, „es wäre erfüllt, wenn der Mensch einen arbeitsfreien Tag, ganz gleich an welchem Tag der Woche, erhält".[403]

Mit anderen Worten: Gegen die kultische Reduzierung in kirchlichen Kreisen wurde die Beachtung der ganzheitlichen Dimension des Sonntags ins Feld geführt, während gegen die Aushöhlung des Sonntags durch ein roulierendes System beliebig auf die Woche verteilter freier Tage die unverzichtbare synchrone Unterbrechung der Arbeit für die Gemeinschaftspflege und die sozialen Bezüge theologisch begründet und eingefordert wurde. Zudem wurde betont, dass das Wesen der Arbeit erst aus ihrer Unterbrechung und Begrenzung durch den Feiertag richtig verstanden werden könne.[404]

Einer gewissen theologischen „Akrobatik" unterlag jedoch der fortführende Gedankengang, der in der Tradition der bereits mehrfach aufgewiesenen subtilen „Enteignungstheorie" des Sabbats durch den Sonntag stand. Schon die historisch unrichtige Eintragung des Sonntags in die deuteronomische Dekalogfassung lässt aufhorchen. Im folgenden Textverlauf wurde nun der siebte Tag der Schöpfung, der in der jüdischen Tradition als Sabbat gefeiert wird, zugleich als der erste Tag interpretiert, mit dem der Mensch sein Leben begonnen habe. „Die Geschichte des Menschen beginnt nicht mit der Arbeit, sondern mit einer ihm gewährten Feier (…) nicht mit einem Tun, sondern mit der Ruhe", sodass es daher „in der Urchristenheit durchaus sachgemäß" war, dass sie „den ersten Tag der Woche begingen, der Tag also, der der Tag der Auferstehung Jesu Christi war. Denn eben die Auferstehung Jesu Christi ist ja das Ziel der Geschichte, die mit der Thronbesteigung Gottes am siebenten Tag begonnen hat."[405]

---

401   A.a.O., S. 17.
402   A.a.O., S. 21.
403   Ebd.
404   A.a.O., S. 22.
405   A.a.O., S. 23.

Undifferenziert blieb in dieser Argumentation außer Betracht, dass es offenbar für das Urchristentum keineswegs „sachgemäß" war, den Sonntag als Tag der Ruhe zu begehen, dass zudem der Sabbat im Urchristentum jüdischer Prägung über eine lange Zeit hinweg unangegriffen neben der Mahlgemeinschaft am Sonntag gefeiert wurde und schließlich die altkirchlichen Dokumente voller Polemik gegenüber der jüdischen Praxis der Arbeitsunterbrechung am Sabbat sind.

Die auf dem Nährboden lutherischer Theologie entfaltete Behauptung, die Auferstehung Christi sei das Ziel der Geschichte, beinhaltete faktisch eine geschichtstheologische Legitimation, das jüdische Erbe als historisch erledigte Wegstrecke der Gottesgeschichte zu begreifen und verurteilte den Sabbat als ungleichwertiges Vorläufermodell des einzig wahren „Feiertages", des Sonntags.

Zu Gute zu halten ist allerdings der Stellungnahme, dass sie – entgegen der lutherischen Tradition – den Charakter des Sabbats, nämlich seine umfassende soziale Dimension der allseitigen Einbeziehung in die Unterbrechung von Arbeit als Anspruch an den Sonntag, aufnahm, allerdings mit der Tendenz, den Sabbat im Sonntag als aufgehoben und den Sonntag – nicht den Sabbat – als Vorblick des „ewige(n) Sabbat" zu begreifen.[406] Durch diese letztendlich doch vollzogene Entledigung des Sabbats beraubte sich die Stellungnahme unnötig einer argumentativen Schlagkraft, die sie gehabt hätte, wenn sie den eigenen Mehrwert des Sabbats, dessen Relevanz nicht zuletzt durch die Praxis des Juden Jesu von Nazareth auch für die christliche Theologie und Ethik zu reflektieren ist, aufgenommen hätte. Stattdessen aber führte diese wenig überzeugende sabbattheologische Begründung des Sonntags dazu, dass der Betonung des gottesdienstlichen Primats des Sonntags, die sich auch zu jener Zeit traditionsstark in der evangelischen Theologie behauptete, nicht wirklich überzeugend begegnet wurde. Stellvertretend für diese theologisch begründete Nachordnung der Arbeitsruhe gegenüber dem Gottesdienst sei ein Zitat aus einem Artikel von Günther Dehn im Evangelischen Soziallexikon von 1954 genannt:

„Man wird zum rechten Verständnis der Sonntagsruhe gelangen, wenn man sich klar macht, dass Sabbat und Sonntag nichts miteinander zu tun habe. (...) Die Reformatoren sind wieder zum ev. Verständnis des Sonntags vorgedrungen. (...) Das hat freilich nicht verhindert, dass auch in den ev. Kirchen bald wieder eine Verdunklung des rechten Sonntagsverständnisses („Sabbatarianismus") aufgekommen ist. (...) Es ist ev. Pflicht, jeder „Judaisierung" des Sonntags entgegenzutreten. (...) Seine Heiligung besteht darin, dass die Gemeinde sich durch das Hören des Wortes heiligen lässt. Natürlich gehört dazu auch die Ruhe durch Enthaltung von Arbeit. So wird die Kirche dankbar sein, wenn die Möglichkeit zu dieser Ruhe durch die Gesetzgebung sichergestellt ist. Sie wird es auch begrüßen, dass dadurch dem ganzen Volke eine erfreul. soziale Wohltat erwiesen wird. Man tut gut daran, sich dieser Ordnung zu fügen, auch wenn man nicht jede Arbeit, die am Sonntag getan wird,

---

406 Vgl. Die gleitende Arbeitswoche, S. 24.

Sünde nennen kann und wenn die Heiligung des Sonntags nicht in erster Linie in der Arbeitsruhe besteht."[407]

Funktional betrachtet wurde mit der theologischen Argumentation der Stellungnahme ihre insgesamt ablehnende Haltung gegenüber der gleitenden Arbeitswoche begründet. Eine Ausnahmegenehmigung sei nur dann statthaft, wenn wirklich zwingende technische Gründe dafür vorlägen, wie bei den Hochöfen. Diese aber könnten für die SM-Werke nicht geltend gemacht werden. Darüber hinaus drohe die Gefahr, dass mit der Legitimation technisch bedingter vollkontinuierlicher Arbeitsweise die Maschinen langfristig so konzipiert werden, dass ihre Bedienung auf Vollkontinuität angelegt sei. Erst recht seien wirtschaftliche Gründe inakzeptabel, denn ihre Logik der permanenten Ertragssteigerung lasse kaum noch Wirtschaftsbereiche übrig, die dann nicht auf vollkontinuierliche Produktion abzielen müssten.[408] Schließlich wurde noch ein eher als kulturkritisch zu bezeichnendes Argument gegen die gleitende Arbeitswoche eingeführt: Es drohe eine Perversion „unsres gesamten Wertesystems", durch die der Fortschritt der Produktion das Diktat führe und „Rotation als Lebensstil", also die völlige Entrhythmisierung des Lebens drohe.[409] Mit letzterer Warnung griff die Stellungnahme zu einem Argument, auf das in den Diskussionsbeiträgen der 80er Jahre besonders rekurriert wurde.

Alles in allem konnte sich die Denkschrift immerhin dennoch zu einem bedingten „Ja" zur gleitenden Arbeitswoche in den Siemens-Martin- und Elektro-Stahlwerken durchringen, wenn dafür gesorgt werde, dass es sich lediglich um eine – produktionstechnische Übergangsgründe in Rechnung stellend – „zeitlich befristete Ausnahmegenehmigung handelt, die in bestimmten Abständen neu überprüft wird".[410] Die Diskussion um die gleitende Arbeitswoche fand damit zwar noch keinen Abschluss, sie wurde aber zunehmend erweitert um die grundsätzliche Frage nach der kirchlichen Antwort auf eine im Umbruch begriffenen Sonntagskultur und Sonntagsheiligung.

Dies wurde auch deutlich auf der *rheinischen Landessynode vom Januar 1958*, die das Thema Feiertagsheiligung als Schwerpunkt gesetzt hatte. Ihr lag, entsprechend der langfristigen Vorgabe zur Vorbereitung, wie sie von der Landessynode 1955 initiiert worden war, eine Fülle von kreissynodalen Beschlussfassungen und Anträgen für die Landessynode zu Grunde. Diese geben einen interessanten Einblick in die vielschich-

---

407 Dehn, Günther: Sonntagsheiligung, in: Karrenberg, Friedrich (Hrsg.): Evangelisches Soziallexikon, Stuttgart 1974, Sp. 912–914, Sp. 912f. (I.F.: Sonntagsheiligung).
408 Vgl. Die gleitende Arbeitswoche, S. 14f.
409 A.a.O., S. 16.
410 A.a.O., S. 28.

tige Diskussionslandschaft, die, wenn auch dadurch angestoßen, weit
über das Thema der gleitenden Arbeitswoche hinausgeht.[411]
Begrüßt wurde ihre Einführung bezeichnenderweise von Kirchenkreisen
in industriestarken Gebieten. So etwa sahen die Synodalen des Kirchenkreises Duisburg, Lennep, Moers und Oberhausen den Gewinn, dass
mehr Menschen als bisher am Sonntag von der Arbeit freigestellt sind.
Die Kreissynode Solingen äußerte sogar einen ausdrücklichen Dank an
die Gewerkschaften für nunmehr 13 freie Sonntage im Jahr. Teilweise
wurde bei grundsätzlicher Zustimmung auf die Gefahr des Dammbruchs
und der Dominanz rein wirtschaftlicher Erwägungen hingewiesen
(Moers, Essen-Mitte, Essen-Süd, Wied). Aber auch die völlige Ablehnung, überwiegend in ländlichen Regionen (Agger, Trier) ist zu finden
oder auch das Zugeständnis, bei der Bewertung dieser Frage völlig
überfordert zu sein (Trabach).

Auch in einem der Hauptvorträge zur Landessynode, der sich eingangs
mit der gleitenden Arbeitswoche befasste, war kein eindeutiges Votum
pro oder contra zu finden. Stattdessen hob dieser Vortrag des Synodalen
Steinjan[412] relativ stark ab auf die eher grundsätzliche Frage, wie die
Kirche sich angesichts der Destabilisierung des Sonntags sowohl durch
die Erwerbsarbeit als auch durch den „Vergnügungsrummel" verhalten
solle.[413] Den Schutz des Sonntags zu gewährleisten, sei nicht so sehr
eine Sache der Auseinandersetzung mit den diesbezüglich eingebrach-
ten technischen oder wirtschaftlichen Gründen, sondern letztendlich
seien die „schier grenzenlosen Bedürfnisse des Menschen" der eigentliche Antriebsmotor für die drohende Erosion des Sonntags. Die Kirche
dürfe daher nicht versäumen, auch selbstkritisch zu fragen, wo sie selber

411 Vgl. zu den Anträgen und Stellungnahmen der Kreissynoden: Verhandlungen
1958, S. 382–426. Die Belegstellen zu den Anträgen werden im Folgenden nur
eigens angegeben, wenn es sich um Zitate handelt.
412 Steinjan war Mitverfasser des so genannten Mülheimer 5-Punkteprogramms,
das sich für eine befristete Genehmigung der Einführung der gleitenden Arbeitswoche aussprach. Er betonte immer wieder, dass technische und begrenzt sogar
wirtschaftliche Gründe eine abzuwägende Rolle bei der Genehmigung von Sonntagsarbeit spielen können, aber dass die Gefahr des Dammbruchs im Blick sein
müsse: „Man kann – wie Beispiele aus den USA zeigen – selbst 250- und 500-t-
Öfen warm halten. Das ist letzten Endes eine Kosten- und Konkurrenzfrage, und das
sollte man offen aussprechen. Auch im Bereich der Kirche werden solche Begründungen nicht schlankweg abgewiesen. Es wäre töricht zu übersehen, dass die
45-Stunden-Woche mit einem Produktionsausfall von Samstagnachmittag bis
Montagmorgen, das heißt rund einem Sechstel der deutschen SM-Stahlerzeugung,
für unsere Wirtschaft als Ganzes untragbar wäre. (…) Nur man sollte sich im klaren
sein: Wenn man bei Ausnahmegenehmigungen den Boden der zwingenden technischen Notwendigkeiten verlässt (Hochöfen z.B.), wo ist dann noch die Grenze?"
Steinjan, Werner: Die gleitende Arbeitswoche, in: Kirche in der Zeit. Evangelischer
Informations- und Nachrichtendienst, 12. Jahrgang Nummer 3, März 1957, S. 62–
64, S. 63 (I.F.: Gleitende Arbeitswoche). Vgl. auch: Ders.: Die gleitende Arbeitswoche, in: Zeitschrift für Evangelische Ethik, 1. Jahrgang 1957, S. 234–238.
413 Vgl. Verhandlungen 1958, S. 116.

unglaubwürdig wird, indem sie an Sonn- und Feiertagen Pfarrer und Gemeindeglieder mit Sitzungen und Tagungen in Beschlag nimmt.[414] Es verwundert nicht, dass sich die Landessynode angesichts dieser wenig konkreten Positionierung zur gleitenden Arbeitswoche wie auch angesichts der unterschiedlichen Stellungnahmen und Anträge, wie sie die Kreissynoden eingebracht hatten, nicht in der Lage sah, zur gleitenden Arbeitswoche und zur Sonntagsfrage überhaupt ein abschließendes Votum zu verfassen. Auf Antrag von Oberkirchenrat Schlingensiepen und des Synodalen Weiß wurde das vom Ausschuss I erarbeitete Votum zur Feiertagsheiligung[415] nicht verabschiedet, sondern an den sozialethischen Ausschuss zur Überarbeitung und erneuten Vorlage für die Kirchenleitung überwiesen.[416] Diese Vorlage geriet jedoch nicht zu einem Wort an die Gemeinden, sondern nahm lediglich die Form einer Tischvorlage auf der Landessynode 1959 an, die sowohl die beiden Hauptvorträge von Kreck und Steinjan als auch ergänzende Beiträge von Westermann, Lohse und Beckmann enthielt.[417] Mit Blick auf die angekündigte intensive Auseinandersetzung zur Feiertagsheiligung auf der EKD-Synode 1960 wurde es auch von der Landessynode 1959 nicht verabschiedet, zumal das Verfahren insgesamt als wenig hilfreich für die Praxis kritisiert wurde.[418]

2.4.2.2 Die Wochenendkultur und die Entwicklung zur 40-Stunden-Woche als Anfrage an die zeit-räumliche Präsenz der Kirche

Obwohl die *EKD-Synode in Espelkamp 1955* als Schwerpunktthema „Die Kirche und die Welt der Arbeit" gewählt hatte, wurde das Thema gleitende Arbeitswoche mit keiner Silbe erwähnt. Erst ein Beschluss der westfälischen Synode vom Oktober 1956 veranlasste die nachfolgende EKD-Synode diesen Beschluss zusammen mit einer Anmerkung der Kammer für Soziale Ordnung den Landeskirchen als Handreichung zukommen zu lassen.[419]
Mit ihrem Beschluss hatte die *westfälische Landessynode* angesichts der

---

414 Vgl. a.a.O., S. 128. An anderer Stelle wendet er sich ausdrücklich kritisch gegen die Tendenz im kirchlichen Raum, „vom Feiertag nur als Tag der christlichen Kirche geredet" und zu wenig deutlich gemacht zu haben, „wie segensreich der Sonntag immer noch selbst für die ist, die von der christlichen Kirche keinen Gebrauch machen". Steinjan, Werner: Gleitende Arbeitswoche, S. 64.
415 Vgl. Verhandlungen 1958, S. 186f.
416 Vgl. a.a.O., S. 189f.
417 Sie erschien dann 1959 als Publikation im Kreuz-Verlag: Vgl. Karrenberg, Friedrich; Von Bismarck, Klaus (Hrsg.): Verlorener Sonntag? Heft 22 der Schriftenreihe „Kirche im Volk", Stuttgart 1959 (I.F.: Verlorener Sonntag).
418 Vgl. Verhandlungen der achten ordentlichen Rheinischen Landessynode. Tagung vom 10.-15. Mai 1959 in Bad-Kreuznach, Mülheim 1959, S. 7f.; S. 78.
419 Vgl. Beckmann, Joachim (Hrsg.): Kirchliches Jahrbuch für die Evangelische Kirche in Deutschland 1956, 83. Jahrgang, Gütersloh 1957, S. 143f. (I.F.: Jahrbuch 1956).

gleitenden Arbeitswoche vor einer „weiteren Entleerung des Sonntags" gewarnt. Sie zerstöre „die christliche Sonntagsfeier", die Familie wie auch „das Leben der Gesamtheit". Weder wirtschaftliche und technische Gründe noch kürzere Arbeitszeiten seien eine schon an sich hinreichende Begründung für die Ausnahmegenehmigung. Daher müsse eine sorgfältige Prüfung von Ausnahmeregelungen erfolgen, deren Kriterium die Maßgabe sein müsse, dass „die gemeinsame Sonntagsruhe der Familie im Volksganzen keine fühlbare Einbuße erleide".[420] Die Kommentierung der Kammer für Soziale Ordnung liest sich vergleichsweise unkonkret und hebt auf eine eher anthropologische Kernaussage ab, dass „die Fähigkeit, das Leben mit Stationen der Ruhe, der Besinnung und der inneren Sammlung zu durchformen (…) nahezu unterentwickelt" sei und der Sonntag als eine Instanz, die „die Fähigkeit zu solcher inneren Sammlung" anregt, dringend zu schützen sei, zumal er „in einem erstaunlich hohen Maße von den Familienmitgliedern gemeinschaftlich verbracht wird".[421]

Dass die *EKD-Synode von 1956*, wie erwähnt, lediglich die westfälische Beschlussfassung wie auch die Kommentierung der Kammer für Soziale Ordnung an die Landeskirchen zur Kenntnis gegeben hatte, sich aber selber nicht zu einem ähnlichen Votum zur gleitenden Arbeitswoche hat verständigen können, deutet darauf hin, dass hier ein nicht zuletzt theologischer und kirchenpolitischer Klärungsbedarf gesehen wurde, der weit über die konkrete Entwicklung der gleitenden Arbeitswoche hinaus ging. Schon auf der *Synode 1955 in Espelkamp* standen daher eher grundsätzliche Fragen des gesellschaftlichen Umbruchs in der Arbeitswelt und des Wertewandels zur Diskussion, und Aussagen zum Sonntag wurden dort eher im Kontext der strittigen Frage verortet, wie die evangelische Kirche auf diesen Umbruch zu reagieren habe. An das Hauptthema jener Synode, „Die Kirche in der Welt der Arbeit" wurde durch vier Referate herangeführt, gehalten von Bischof Lilje, dem Synodalen Eberhard Müller, Henry Lillich sowie Pfarrer Symanowski.[422] Es soll im Folgenden hauptsächlich auf die Referate von Lilje und Symanowski eingegangen werden, soweit sie für die Sonntagsdiskussion relevant sind. Bezeichnend ist zunächst, dass die Referate, insbesondere jene von Lilje und Müller, eine insgesamt negative, teils kulturkritische Gegenwartsanalyse vornehmen, wobei die Herausforderungen der Kirche unterschiedlich stark betont werden.[423] Lilje und Müller sind dabei

---

420 A.a.O., S. 143.
421 A.a.O., S. 144. Die Beschlussfassung der westfälischen Synode stieß beim Vorstand der IG Metall auf ausdrückliche Befürwortung. Vgl. Industrielle Sonntagsarbeit, S. 82f.
422 Vgl. Espelkamp 1955. Bericht über die erste Tagung der zweiten Synode der Evangelischen Kirche in Deutschland vom 6. bis 11. März 1955, Hannover 1955, S. 100–315 (I.F.: Espelkamp 1955).
423 So etwa sieht Müller die gesellschaftliche Entwicklung negativ durch den Trend zur Kollektivierung, zur Spezialisierung und zur Desintegrierung geprägt,

offensichtlich stark beeinflusst von Helmut Schelsky, der in der protestantischen Rezeption jener Zeit mehrfach Beachtung genoss.[424] Negativ konstatiert Lilje, dass das moderne Leben vom „Apparatismus" bedroht sei, worunter er im Nachgang auf Anfrage erklärend hinzufügt, dies sei die „Auswirkung der Technik in die Arbeit hinein", die darin bestehe, „dass sozusagen das ganze Leben ein großer Apparat wird und dass sich in dieser Situation auch die Lage des Menschen in der Welt verwandelt".[425] Alarmierend für diesen Verwandlungsprozess sei ein Bewusstsein „von der Zwangsläufigkeit einer Entwicklung", die für den Einzelnen kein Entrinnen mehr anbiete.[426] Je komplexer und unbegreiflicher der rasante Wandel der Gesellschaft sich vollziehe, desto mehr steigere sich der Mensch in einen distanzlosen „Kult der Arbeit", der zugleich der verinnerlichten Vorstellung entspreche, dass Technik ihrer ethikfreien „Eigengesetzlichkeit" folge.[427] Konkret macht Lilje diese

wobei diese Trends ergänzt werden durch den „bürgerlichen Individualismus, Konservativismus und Parochialismus" der Kirche. Was die Desintegrierung anbelangt, die Müller wesentlich an der Erosion der Familie festmacht, ist er schon sehr dicht an Gedanken, die, wie im ersten Kapitel aufgezeigt, erst Jahrzehnte später unter dem Stichwort der Zweiten Moderne prominent geworden sind. Vgl. a.a.O., S. 183ff., S. 192.

424 Vgl. a.a.O., S. 102. Ebenso im Referat von Müller, a.a.O., S. 191. Die Notwendigkeit eines erzieherischen Impulses, der angesichts der als defizitär betrachteten Sonntags- und Freizeitkultur nötig sei und daher kirchlicherseits auch immer wieder eingefordert wurde, stützte sich offenbar unter anderem auf Schelskys sozialwissenschaftliche Analyse, die er explizit auch als kirchenrelevante Arbeit verstand. Vgl. Schelsky, Helmut: Beruf und Freizeit als Erziehungsziele in der modernen Gesellschaft (1956), in: Schelsky, Helmut: Auf der Suche nach der Wirklichkeit. Gesammelte Aufsätze, Düsseldorf-Köln 1965, S. 160–181, S. 160. Bezüglich der Freizeitentwicklung warnt Schelsky davor, Freizeit unkritisch zu identifizieren mit einem selbst bestimmten privaten Lebensraum. Stattdessen sei hinsichtlich des Freizeitverhaltens ein Diktat des „Konsums und der Konsumbedürfnisse" zu diagnostizieren. A.a.O., S. 174. Der kompensatorische Charakter der Freizeit gegenüber der Arbeitswelt treibe erstere relativ unvermittelt und ungeschützt unter die Verfügung eines geradezu „psychologischen Konsumterror(s)". Von daher sei es eine Illusion zu meinen, dass die „Tatsache, dass in der hochbürgerlichen Gesellschaft Erholung, Unterhaltung und Spiel, ja überhaupt die Mußezeiten, Träger der persönlichen Kultur und Bildung waren", automatisch dazu führe, dass „die heute sozialisierten Freizeitformen zugleich die darin enthaltene Personenbildungs-Chance mitsozialisiert hätten." Gefordert sei daher „eine Erziehung zum Verbrauch, eine Erziehung zum Unterhaltungs- und Erholungsverhalten, eine Erziehung zum bloßen Spiel." Es gelte, „aus dem vorhandenen Freizeitverhalten erst einmal die ihm eigenen optimalen Verhaltensmöglichkeiten und Sinnerfüllungen heraus zu entwickeln und dem modernen Menschen Maßstäbe und Umgangsformen gegenüber dem Angebot des Freizeitkonsums zu vermitteln, ohne die Sinnrichtung dieses Verhaltens als solche zu verneinen oder in eine höhere Bildung der Person umbiegen zu wollen". A.a.O., S. 175f.

425 Espelkamp 1955, S. 101, S. 179f.

426 A.a.O., S. 103.

427 Vgl. a.a.O., S. 104.

Eigengesetzlichkeit am Schichtbetrieb fest, der den Menschen zu einer „anonymen und auswechselbaren Einheit" mache und die Arbeitszeit vom Menschen und seinem Zeitrhythmus ablöse.[428] Diese Entwicklung zur Eigengesetzlichkeit insgesamt sei zugleich ein Angriff auf die christlichen Werte, da die „industrielle Arbeit (...) vor allem unter dem Einfluss der Technik offensichtlich ihre eigenen Gesetze entwickelt" hat, „die sich der christlichen Beeinflussung entziehen".[429]
Der christliche Glaube habe aber dieser Technikmanipulation, dieser „völligen Automatisierung des Lebens" durchaus etwas entgegenzusetzen, weil aus ihm die Überzeugung erwächst, dass weder der Mensch noch die Arbeit ihren Sinn in sich selber haben.[430] Aus dieser Erkenntnis heraus sei der Christ auch in der Lage, sich von den „dämonischen Möglichkeiten der modernen Industriewelt" zu befreien und müsse folglich auch die industrielle Arbeitswelt nicht „ausschließlich unter dem Vorzeichen der Katastrophe" sehen.[431] Konkret wird diese Freiheit nun am Feiertagsgebot entfaltet. Gegen den Kult der Arbeit, der für Lilje „das Gefährlichste" ist, „auf das der Mensch verfallen konnte", setzt der christliche Glaube das gelebte Bekenntnis zum dritten Gebot in doppelter Weise: in der Unterbrechung der Arbeit und in dem hier symbolisch zur Praxis erhobenen Wissen, dass die Existenz erst durch Freude, den Frieden und die „Freiheit vor Furcht und Sorgen" zu ihrer vollständigen Entfaltung komme.[432] Das Feiertagsgebot halte zum Ausruhen ebenso an, wie dazu, aus der Offenheit für Gott der Absolutsetzung der Arbeit entgegenzuwirken. Weil aber für Lilje dem Glauben ein so immens korrigierendes Potenzial gegenüber den dominanten Werten der modernen Arbeitswelt zukommt, verwundert es nicht, dass er „die Frage nach der Bewältigung des modernen Arbeitsschicksals" für „im Grunde eine theologische Frage" hält.[433]
Lilje misst also auf dem Boden einer negativen, anthropologischen Phänomenologie seiner Zeit der Feiertagsheiligung eine enorme Funktion zu, dem Trend zu einem ethiklosen Verfall an die Dynamik des technischen Fortschritts entgegenzuwirken. Mit diesen kulturkämpferischen Bemerkungen verschärft er zwar das normative Gewicht des arbeitsfreien Sonntags, ohne aber die konkreten und möglicherweise unvermeidlichen Sachzwänge der Sonntagsarbeit aus der Perspektive der Arbeitenden selber als Anfrage an jene Normativität und an die kirchliche Praxis zu entwickeln.
Dieser letzteren Fragestellung widmet sich aus der Perspektive des

---

428 Vgl. a.a.O., S. 108.
429 A.a.O., S. 105.
430 Vgl. a.a.O., S. 110.
431 Vgl. a.a.O., S. 110f.
432 Vgl. a.a.O., S. 112.
433 A.a.O., S. 113.

Hilfsarbeiters der Sozialpfarrer Horst Symanowski.[434] Mit seinem Referat „Die Kirche und die Welt der Arbeit" richtet sich sein Blick auf die „kirchenfremden Menschen in der Industrie" und die Frage, was die Kirche für sie tun könne.[435] Symanowski konstatiert eine Entfremdung zwischen der Kirche und breiten Teilen der Arbeiterschaft, die allenfalls Kasualien in Anspruch nehmen, aber ansonsten Kirche in ihrem Alltagslebens und ihrer Arbeitswelt nicht vorfinden. Er wendet dies nun als Anforderung an die Kirche, nicht wie üblich „einen Weg ausfindig zu machen, auf dem die Kirchenfremden zurück an den Ort gerufen werden können, an dem sich die Christen versammeln und ihre Gottesdienste halten".[436] Sondern, inspiriert von Bonhoeffer, sieht Symanowski die Aufgabe der Kirche, die Menschen, die dem industriellen Arbeitsleben ausgesetzt sind, in ihrer Stärke ernst zu nehmen:

„Es gilt, den Nächsten in dieser Welt der Arbeit zu lieben, ich möchte übersetzen: ihn ernst zu nehmen in seiner Leistung, in seinem Wunsch, die Lebenshaltung zu verbessern, die Existenz materiell zu sichern; ihn ernst zu nehmen in seiner Angst, immer abhängiger von seinem Betrieb oder Interessenverband zu werden."[437]

Es gelte daher, die Bringschuld der Kirche, die Symanowski inkarnationstheologisch begründet, zu erkennen, denn eine „Trennung von Gott und Mensch" gebe es seit Jesus Christus nicht mehr.[438] Diese Bringschuld verlange aber, zuerst die Interessen der arbeitenden Menschen zu vertreten, anstatt eigenkirchliche Interessen und missionarische Anliegen überzustülpen.[439] Den Menschen in seiner Weltlichkeit ernst zu

---

434 Er verweist eingangs auf seine langjährigen Arbeitserfahrungen in der chemischen Industrie, einem Zementwerk sowie der Papier verarbeitenden Industrie. Vgl. a.a.O., S. 209.
435 Vgl. ebd.
436 A.a.O., S. 211.
437 Ebd. Die Nähe zu Bonhoeffer ist evident: „Die Religiösen sprechen von Gott, wenn menschliche Erkenntnis (manchmal schon aus Denkfaulheit) zu Ende ist oder wenn menschliche Kräfte versagen – es ist eigentlich immer der deus ex machina, den sie aufmarschieren lassen, entweder zur Scheinlösung unlösbarer Probleme oder als Kraft bei menschlichem Versagen, immer also in Ausnutzung menschlicher Schwäche bzw. an den menschlichen Grenzen (…) ich möchte von Gott nicht an den Grenzen, sondern in der Mitte, nicht in den Schwächen, sondern in der Kraft, nicht also bei Tod und Schuld, sondern im Leben und im Guten des Menschen sprechen." Bonhoeffer, Dietrich: Widerstand und Ergebung. Briefe und Aufzeichnungen aus der Haft. Herausgegeben von Eberhard Bethge, München 1977, S. 307.
438 „Die Fleischwerdung Gottes vollzog sich in der Welt. Jesus Christus wartet nicht im Tempel auf die an seiner Botschaft interessierten, sondern war unter denen zu finden, die keinen Zugang zum Tempel hatten." Espelkamp 1955, S. 211.
439 Ein prägnantes Beispiel für diese Form der Bevormundung, die Symanowski kritisch im Blick hatte, dokumentiert die Forderung des Evangelischen Presseverbandes Schleswig-Holstein in seinem Organ „Kirchliche Informationen". Dort heißt es: „Wir richten an alle – angefangen bei dem Herrn Ministerpräsidenten bis hin zu den Politikern und Beamten in den Landesgemeinden – die dringende Bitte: 1. Lehnt alle Einladungen für die Sonn- und Feiertage ab! 2. Boykottiert alle Ver-

nehmen, bedeute daher auch zu erkennen, „wie groß der Sektor Arbeit
im Leben des Betriebsangehörigen ist, wie der übrige Raum sich in die
verschiedenen Sektoren Familie, Fortbildung, Gewerkschaft, Sport,
Politik, Vergnügen oder die Mühe um Eigenheim aufteilt".[440] Angesichts dieser zeitlichen Nutzerkonkurrenz werde dann die Kirche auch
sehen, „dass der Kirchenfremde sich zäh gegen jede Ausweitung des
kirchlichen Sektors wehrt, weil eine solche Ausweitung nur auf Kosten
der anderen Sektoren möglich ist".[441]

In aller Deutlichkeit und Schärfe kritisiert Symanowski daher eine Kirche, die meint, es ginge nur um die rechte Methode, den Menschen in
der industriellen Arbeitswelt das Evangelium zu vermitteln, statt zu erkennen, dass Kirche selbst mit ihrer Botschaft in Frage steht, wenn sie
sich hautnah der Arbeitswelt aussetzt:

> „Es ist nicht leicht, mitten in dieser Welt der Arbeit Christ zu bleiben. Niemand
> denke, man könne auf dieses von der Kirche lange Zeit vernachlässigte Brachland
> ziehen, um sich mit dem gewohnten theologischen und biblischen Handwerkszeug
> ein Kirchengärtlein anzulegen. Zwischen Fabrikschornsteinen gibt es keine kirchli-
> che Schrebergartenidylle. Hier werden uns Fragen gestellt, für die wir keine Ant-
> worten gelernt haben; hier kommen wir in Situationen, in denen wir nicht wissen,
> wie wir uns als Christen verhalten sollen; hier vergeht es uns, so sicher von der Be-
> währung des Glaubens in der Welt zu reden."[442]

Die Realität der Arbeiter wirklich in den Blick zu nehmen, bedeute nun
bezüglich der Sonntagsfrage zu sehen, dass beispielsweise in einer
Familie, in der der Ehemann, die Ehefrau und auch die großen Kinder
der Schichtarbeit nachgehen, von gemeinsamer Freizeit keine Rede sein
könne, schon gar nicht von „gemeinsamen Sonntagen und Festen".[443]
An dieser Form der flexiblen Arbeitszeit gehe der Appell zum Gottesdienstbesuch vorbei. Sie fordere stattdessen umgekehrt den Rhythmus
und die zeitliche Präsenz des kirchlichen Lebens heraus. Was in ländlichen Regionen und für bestimmte Berufsgruppen noch gelten mag,
nämlich, dass der Rhythmus des kirchlichen Lebens sich mit dem von
Natur und Arbeit treffe, gelte für „Millionen der in den Produktionspro-
zess eingespannte(n) Menschen" nicht mehr.[444] Daher sei sicher, „dass
die Kirche dieser Welt nicht ihren Rhythmus aufzwingen kann. Sie

---

anstaltungen, die am Sonntagvormittag beginnen und den Christen vom Gottesdienst abhalten! 3. Auch wer kein Christ ist, sollte daran denken, dass er den Sonntag nötig hat!" Schließlich richtet der Verband eine Bitte an die Journalisten des
Landes Schleswig-Holstein: „Journalisten! Lehnt die Berichterstattung der Veranstaltungen am Sonntagvormittag ab; schweigt sie tot, dann haben sie nicht stattge-
funden." Evangelisch lutherische Kirchenzeitung, 10. Jahrgang 1956, Nr. 1, S. 2.
440 Espelkamp 1955, S. 211f.
441 A.a.O., S. 212.
442 Ebd.
443 Vgl. a.a.O., S. 213.
444 Vgl. a.a.O., S. 213f.

könnte aber aus Liebe zu dem in diesem Rhythmus eingespannten Menschen aufhören, ihren eigenen zur Vorbedingung eines christlichen und kirchlichen Lebens zu machen. Sie könnte versuchen, am Leben des unter dieses Gesetz geratenen Menschen teilzunehmen."[445] Die anschließende Diskussion entzündete sich an einem vom Ausschuss I vorbereiteten Votum „Die Kirche und die Welt der Arbeit", das als Versuch einer durch mehrere Anlagen ausdifferenzierten Beschreibung des gesellschaftlichen Umbruchs und der daraus resultierenden kirchlichen Verantwortung zu bewerten ist. Unter anderem führte dies zu einer Stärkung der Position der Sozialsekretäre sowie zu Vorschlägen zu einer mehr an den Themen der Sozialethik orientierten Ausbildung der Theologen.[446] Im Wort wie in den Anlagen finden sich jedoch keine expliziten Formulierungen zur Sonntagsfrage. Allerdings tauchen im Diskussionsverlauf einige Argumente auf, die das Thema Sonntagsheiligung und Freizeitkultur aufgegriffen haben. Dem Vorschlag Symanowskis, dass Kirche mehr zeitliche und räumliche Präsenz in der Welt der Arbeit vorhalten sollte und nicht der Arbeitswelt ihren kirchlichen Rhythmus aufzwingen könne, wurde vom Synodalen Klemm entgegengehalten, dass es widersinnig sei, wenn angesichts der Tendenz zu immer kürzeren Arbeitszeiten die Empfehlung ausgesprochen werde, die Kirche solle sich bemühen, „ihr Wort dort zu sagen, wo der arbeitende Mensch seinen Arbeitsplatz hat".[447] Der damit angesprochene Trend zu kürzeren Arbeitszeiten und dem arbeitsfreien Wochenende wurde einerseits mit Blick auf die vorbildliche Entwicklung des amerikanischen Weekend ausdrücklich begrüßt,[448] andererseits wurde davor gewarnt, dass die 5-Tage-Woche letztlich der Mentalität Ausdruck gebe, „rasch und hart verdienen, und dann das Leben genießen". Der Zugewinn an Freizeit sei noch kein Schutzwall vor der Vergötzung der Arbeit und biete auch die Gefahr, dass das Leben dem „bloßen Genuss" verfalle, wenn nicht die Orientierung am Wort Gottes und an dem Wissen um seine Fürsorge davor bewahre, die Arbeit zu überschätzen.[449]

---

445   A.a.O., S. 214.
446   Vgl. die abschließende Fassung a.a.O., S. 465ff.
447   A.a.O., S. 296f.
448   Vgl. a.a.O., S. 306.
449   A.a.O., S. 313f. Die Auseinandersetzung um die 5-Tage-Woche beziehungsweise um die sukzessive Reduktion der Arbeitszeit auf 40 Stunden fand in der zweiten Hälfte der 50er Jahre auch ihren Niederschlag in akademischen Tagungen und sozialethischen Beiträgen, die teilweise auch nicht vor abstrusen ordnungspolitischen Positionen zurückschreckten. So etwa brachte der Theologe Herbert Hajek auf einer Elterntagung der Evangelischen Akademie Arnoldshain Bedenken vor, zu meinen, man könne zu dem von Gott gesetzten Feiertag, der nicht der Verfügungsmacht des Menschen unterliege, „einen zweiten derartigen Tag sich aneignen wollen." Dagegen stehe deutlich das Gebot, sechs Tage zu arbeiten! Vgl. Kühne, Heinz: Fünf-Tage-Woche – oder?, in: Zeitschrift für Evangelische Ethik. 3. Jahrgang 1959, S. 180–185, S. 181.

Diese Verunsicherung bezüglich einer uneingeschränkten Befürwortung der Entwicklung zur 40-Stunden-Woche hatte sich schon auf der *Rheinischen Landessynode 1955* bemerkbar gemacht. Bezeichnend ist, dass der ursprüngliche Beschlussvorschlag des Ausschusses II für ein diesbezügliches Votum keine Mehrheit fand. Dort wurde ausdrücklich die Einführung der 40-Stunden-Woche begrüßt:

„Die Kirche begrüßt jede Maßnahme, die geeignet ist, dem arbeitenden Menschen die notwendige körperliche und geistige Erholung zu verschaffen. Dazu dient auch die Entwicklung zur 40-Stunden-Woche, die gerade unter diesem Gesichtspunkt erwünscht ist."

Nach heftiger Diskussion wurde schließlich mit 29 Gegenstimmen und 6 Enthaltungen eine wesentlich abgeschwächtere Form der Formulierung gewählt. Die „Entwicklung zur 40-Stunden-Woche" wurde nun primär unter dem Aspekt bewertet, dass sie die „christliche Gemeinde vor die erhöhte Aufgabe" stelle, „den Menschen zu einer sinnvollen Nutzung ihrer arbeitsfreien Zeit und zur rechten Heilighaltung des Feiertags zu verhelfen." Die 40-Stunden-Woche sei „in einer verständnisvollen Zusammenarbeit aller Beteiligten" zu fördern.[450]
Der hier zu Tage tretende Vorbehalt, die Entwicklung zur 40-Stunden-Woche beziehungsweise ihre Proklamation durch den DBG auf der Maikundgebung 1954 uneingeschränkt zu begrüßen, war schon in den Ausführungen des Synodalen Martin Donath angelegt, der neben Karrenberg eines der beiden Hauptreferate zum Thema „Kirche in der Welt der Arbeit" gehalten hatte. Donath verteidigte zunächst grundsätzlich die Intention des DGB, gehe es hier doch darum, angesichts starker Produktivität einen „Gegenwert für die Arbeitnehmerseite" zu schaffen, der nicht nur eine Erhöhung des Lebensstandards, sondern auch die „Gewinnung von berufsfreier Zeit für die Erfüllung aller übrigen Lebenspflichten" eröffne und damit der Verdichtung von Arbeitsprozessen eine kompensierende Zeit der Erholung entgegensetze.[451] Allerdings versäumt er auch nicht, die Gefahren, die mit der Reduzierung der wöchentlichen Arbeitszeit verbunden seien, zu beschreiben, nämlich diese nur als Basis zu nutzen für mehr Überstunden oder sich in der Art eines „Zerstreuungstieres" dem „Vergnügungsbetrieb, der infektiösen Omnibuskrankheit", also der verstärkten Wochenendmobilität, hinzugeben.[452] Insofern sei die Arbeitszeitreduzierung nur ein Segen, wenn sie ein „Vormarsch zum gelebten Leben wird, zur verantwortlichen

---

450 Verhandlungen der fünften Rheinischen Landessynode. Tagung vom 23. bis 28. Oktober 1955 zu Rengsdorf, Mühlheim 1955, S. 219 (I.F.: Verhandlungen 1955).
451 Vgl. a.a.O., S. 289.
452 Vgl. a.a.O., S. 290.

Lebensgestaltung, zur schöpferischen Pause, zum Glück der Familie" und schließlich „zu einer neuen Heiligung des Feiertags".[453] Ein letzter Aspekt, der schon auf der EKD-Synode in Espelkamp thematisiert worden war, bezog sich auf die Frage der Selbstverpflichtung der Kirche, das Maß ihrer eigenen Wochenendarbeit zum Beispiel in Form von Sitzungen oder Wochenendkonferenzen zu reduzieren.[454] Die Kirche, so Donath, müsse mit ihrer Verkündigung dem veränderten Freizeitverhalten strukturell entsprechen und das Wort Gottes müsse „übers Land wandern", „zu den Autobahnen und auf die Camping-Plätze, in die Kurorte und in die Jugendherbergen, in die abgelegenen Wald- und Bergheime und zu den Wander- und Segelgruppen".[455] Mit dieser Argumentation repräsentiert Donath die Kontinuität kirchlicher Argumentation, mit der sie schon seit den 20er Jahren ambivalent auf den Zuwachs an Freizeit reagiert hat und die auch weiterhin, beispielsweise auf der Rheinischen Landessynode 1958 und der EKD-Synode in Berlin 1960 angeführt wurde.[456] Einerseits kommt hier eine normative Vorstellung zum Tragen, dass jene hinzu gewonnene Freizeit der Familie, der schöpferischen Kultur und insbesondere dem Gottesdienst zu widmen sei, weil ansonsten der Freizeitgewinn für diese Lebensbereiche eine indirekte Bedrohung darstelle, andererseits wird eine kirchliche Flexibilität abverlangt, angesichts eines sich ändernden Freizeitverhaltens die entsprechende räumliche und zeitliche Präsenz vorzuhalten. Dieses quasi belehrende Gefälle einer sich als Wächter

---

453 An anderer Stelle beschreibt er, dass die wachsende Freizeit nur ein Gewinn für den einzelnen Menschen werden könne, wenn dieser, erstens, unter anderem durch kulturelle Bildung, schöpferische Muße, „Erwanderung der landschaftlichen Schönheiten und geistigen Besitztümer der Heimat" am Wochenende zu sich selbst finde, zweitens das Wochenende zur Heilung der Familie beitrage und, drittens, durch Organisationen und Verbände, also auch die Kirchen (Besuchsdienste der Pfarrer am Samstag), unterstützende Dienstleitungen für die Menschen angeboten werden. Vgl. Donath, Martin: Das berufsfreie Wochenende, in: Kirche in der Zeit. Evangelischer Informations- und Nachrichtendienst, 12. Jahrgang Januar 1957, S. 18–20.
454 Vgl. Espelkamp 1955, S. 311.
455 Verhandlungen 1955, S. 291.
456 Zu den 20er Jahren vergleiche Kap 2.2.3. Dass diese pastorale Gestaltungsherausforderung besonders auch in den Kirchenkreisen diskutiert wurde, belegt die Rheinische Landessynode 1958, was im Folgenden noch dargestellt wird. Auf der EKD-Synode 1960 hatte Landesbischof Dietzfelbinger für eine flexible Gestaltung von „Gottesdienstzeiten und Gottesdienstorten, etwa an Urlaubsplätzen", geworben. Aus der Perspektive des DDR-Bürgers hatte ähnlich auch der sächsische Synodale Ditter betont: „Es genügt uns auch der Sonntagsgottesdienst nicht, weil wahrscheinlich der Sonntagsgottesdienst schon zu vertrocknen anfängt, wenn er nicht wie in der Reformationszeit einen Vorhof hat in einem Wochentagsgottesdienst mit planmäßiger Schriftauslegung und Gebet oder wenigstens einem Samstagsgottesdienst." Bericht über die vierte Tagung der zweiten Synode der Evangelischen Kirche in Deutschland vom 21. bis 26. Februar 1960, Berlin 1960, S. 71; S. 83 (I.F.: Berlin 1960).

über die rechte Verfügung der Zeit gerierende Kirche geriet jedoch auch innerkirchlich in die Kritik.[457] Wie bereits angedeutet, hatte auch die intensiv vorbereitete Tagung der *Rheinischen Landessynode 1958* neben den divergierenden Stellungnahmen der Kreissynoden zur gleitenden Arbeitswoche unter anderem die Frage der 40-Stunden-Woche und des Freizeitzuwachses unter besonderer Berücksichtigung der kirchlichen Herausforderungen diskutiert. Auffällig ist, dass, wie schon bei Lilje und Müller in Espelkamp deutlich wurde, auch in den kreissynodalen Diskussionen eine gewisse Kulturkritik die Negativfolie für die diesbezügliche kirchliche Positionierung bot.[458] Von „Vergötzung der Arbeit"[459] (Agger) und Hast der „getriebenen Welt"[460] (Braunsfeld) war ebenso die Rede wie von der allgemeinen Sucht nach dem Geld (Duisburg), der drohenden Gewinn- und Vergnügungssucht (Düsseldorf, Gladbach) und dem Taumel eines „sinnlose(n) und heillose(n) Vergeuden(s) der Erholung", das es durch kirchliche Anstrengungen zu verhindern gelte, um „den Weg wahrer Freude zu weisen" (Sobernheim).[461]

Entsprechend ambivalent war demnach auch die Bewertung des voranschreitenden Freizeitzuwachses durch die Verkürzung der wöchentlichen Arbeitszeit und die gewerkschaftliche Strategie der 40-Stunden-Woche.[462] Zwar wurde überwiegend der Vorteil gesehen, dass durch

---

457 Vgl. dazu die Ausführungen zum Referat von Horst Symanowski.

458 Zu den Beschlusslagen der Kreissynoden siehe: Verhandlungen 1958, S. 382–426. Die Belegstellen werden nur bei Zitaten eigens angegeben.

459 A.a.O., S. 383.

460 A.a.O., S. 390.

461 Verhandlungen 1958, S. 418.

462 Eine verhältnismäßig ausführliche Auseinandersetzung mit der Freizeitthematik ist dem Vorstoß des „Arbeitskreis(es) Familie" der westfälischen Landeskirche zu verdanken, der aber nicht unmittelbar – etwa als Vorlage – auf der Landessynode diskutiert wurde, sondern lediglich als Publikation die Diskussion flankierte. Vgl. Karrenberg, Friedrich; Von Bismarck, Klaus (Hrsg.): Warum Freizeit zum Problem wurde? Heft 23 der Schriftenreihe „Kirche im Volk", Stuttgart 1959. Hier wurden mit unterschiedlicher Qualität Fragen aufgegriffen, die sowohl die zeitliche Struktur der sich wandelnden Freizeit, die besondere Belastung für Jugendliche, Familien und Hausfrauen, die rechte Urlaubspraxis als auch Aspekte der kirchlichen Handlungsmöglichkeiten behandelten. Letztere blieben allerdings eher verlegen, was als Anzeichen kirchlicher Verunsicherung zu bewerten ist. So wurde mehrfach eingefordert, dass die Kirche selber bezüglich des Freizeitverhaltens als Vorbild und erzieherische Institution agieren müsse (Vgl. Springe, Christa: Belastete Zeit, in: A.a.O., S. 4–16, S. 16; Bismarck, Klaus von: Die Kirche als Gestaltungsfaktor, in: A.a.O., 54–63, S. 58ff.). Hier macht sich vermutlich wiederum der Einfluss von Helmut Schelsky bemerkbar, der mehrfach die konsumorientierte Freizeitproblematik als Anforderung an eine gegensteuernde Erziehung formuliert hat. Schon der Titel der Publikation – Warum wurde Freizeit zum Problem? – zeigt an, dass die Freizeitentwicklung vorrangig unter problemorientierter Hermeneutik in den Blick kam, wobei sehr zu differenzieren ist zwischen eher sozialwissenschaftlich gestützten Einwürfen, die die tatsächliche Belastung durch flexible Arbeitszeiten und den

das freie Wochenende eine Reihe von sportlichen und kulturellen Kon-
kurrenzveranstaltungen auf den Samstag verlegt werden könnte (Essen-
Mitte, Kreuznach, Lennep, Niederberg, Wied), um geschützten Raum
für den Gottesdienst zu bieten, aber eine ausdrücklich uneingeschränkte
Befürwortung des Freizeitzuwachses um der Menschen willen, die frei
war von kirchlichen Eigeninteressen, kam nur in einem Kirchenkreis
ausdrücklich zur Sprache (Köln). Die Synodalen des Kirchenkreises
Trabach wiesen zudem auf die Gefahr hin, dass die 40-Stunden-Woche
zu mehr Wochenendtourismus führe, was beispielsweise das Gaststättengewerbe vom Besuch des Sonntags abhalte. Die kritischen Anfragen
an eine kirchliche Ignoranz gegenüber den berechtigten Freizeitgestal-
tungswünschen und Erholungsbedürfnissen der Arbeiter, unabhängig
von ihrer kirchlichen Verwertbarkeit, wie sie von Symanowski auf der
EKD-Synode in Espelkamp eingebracht worden waren, sind auf der
Rheinischen Synode nicht einmal ansatzweise aufgeworfen und diskutiert worden.

Was die kirchliche Herausforderung anbelangt, so bewegten sich auch
auf der rheinischen Landessynode 1958 manche Vorschläge auf jener
seit den 20er Jahren bekannten pastoral-pragmatischen Ebene, einerseits
mit Rücksicht auf die arbeitende Bevölkerung Verschiebungen der zeitlichen Angebotsstruktur von Gottesdiensten etwa am Samstagabend
oder späten Sonntagvormittag vorzunehmen (Aachen, Bonn, Düsseldorf, Oberhausen, An der Ruhr), andererseits aber auch auf das veränderte Freizeitverhalten mit räumlicher Verlegung von Gottesdiensten,
zum Beispiel in Form von Waldgottesdiensten, zu reagieren (Düsseldorf) oder zumindest an den Orten der Freizeitkultur durch öffentliche
Aushänge in Jugendherbergen, auf Campingplätzen oder in Pensionen
für Gottesdienste zu werben (Agger). Gottesdienstliche Neuerungsvor-
schläge betrafen auch die ländlichen Regionen. Hier wurde für mehr an
der Jahreszeit orientierte Gottesdienste etwa in Form von „Saatenbitt-
gottesdiensten" oder „Hagelschlaggottesdiensten" geworben (St. Wen-
del), allerdings wurde auch davor gewarnt, durch solche liturgischen
Versuche lediglich eine „Weihe der säkularen Feiern" zu betreiben
(Meisenheim). Ein mehrfach betonter Aspekt der kirchlichen Verantwortung wurde offensichtlich in der Reflexion eigenen Versagens gesehen, die Probleme der Sonntagsheiligung nicht ausreichend im Blick
gehabt zu haben (Moers), selber über Gebühr Sonntagsarbeit anderer in
Anspruch genommen zu haben (Solingen) und unnötig, weil auf die
Woche verschiebbar, kirchliche Sitzungen und Veranstaltungen auf den
Sonntag terminiert zu haben (Agger, Bonn, Düsseldorf).

Verlust sozialer Zeiten beschreiben (vergleiche den Beitrag von Christa Springe)
und solchen, die eher in einem kulturpessimistischen Rundumschlag den „Lebens-
standard" als „Gott des Jahrhunderts" anprangern, der dazu führe, dass „für den
lebendigen Gott kein Raum mehr sei" (vgl. den Beitrag: Stammler, Eberhard: Freizeit als Frage an die Gemeinde, in: A.a.O., S. 48–53, S. 48).

Diese vielfältigen Bemühungen, eigene Veränderungen in der Gottes-
dienststruktur und diesbezüglicher Öffentlichkeitsarbeit vorzunehmen,
sind auch als ein Beleg für die zentrale Bedeutung zu bewerten, die dem
Gottesdienst als dem Kernstück der Sonntagsheiligung zugemessen
wurde. Exemplarisch für diese Bewertung heißt es in der Stellungnahme
des Kirchenkreises Barmen: „Wenn der Sonntag nur in diesem verwelt-
lichten Sinne (im Sinne der Arbeitsruhe, Anm. U.B.) verteidigt wird,
geschieht zu wenig. Ein arbeitsfreier Tag in der Woche ist in erster
Linie um des Gottesdienstes und Sakramentes, im Zusammenhang damit auch um des Menschen willen in unserer wirtschaftsverflochtenen
Welt zu erhalten oder wieder zu gewinnen."[463] Der Sonntag als Inbegriff göttlicher Ordnung erfüllt sich nach dieser Vorstellung nur oder
zumindest primär durch den Gottesdienst (Agger, Altenkirchen, Birken-
feld, Bonn, Elberfeld) und als bloßer Tag der Arbeitsruhe führe er zum
Leerlauf (Essen-Mitte). Theologisch wird dies begründet mit der These,
dass das Sabbatgebot für Christen nicht gelte, da doch „in allen Evangelien Jesus der Übertreter des Sabbatgebotes" sei[464] (Moers), die Sonntagsfeier von der Auferstehungsfeier herkomme, nicht vom jüdischen
Sabbat (Wetzlar) und folglich das vierte Gebot seine Geltung für die
Gemeinde Jesu Christi verloren habe (Essen-Süd, Gladbach).
Dies ist nur ein Indiz dafür, dass bei den Positionierungsversuchen zur
gleitenden Arbeitswoche – etwa in der Stellungnahme des sozialethischen Ausschusses – zur 40-Stunden-Woche und einer sich wandelnden
Wochenendkultur oder zur Frage, wie die kirchlicherseits zu gestaltende
Sonntagsheiligung neue Konturen gewinnen kann, eine latente oder
auch explizit geäußerte theologische Bewertung des Sonntags eine sub-
stantielle Rolle gespielt hat. Hier dominierte offensichtlich eine eher in
lutherischer Tradition stehende Abwehr sabbattheologischer Fundie-
rungsversuche der Sonntagsheiligung bei gleichzeitiger Zentrierung der
Aufmerksamkeit auf den Gottesdienst.
Es sollen daher im Folgenden einige Aspekte der theologischen Argu-
mentationslinien, nicht zuletzt wegen ihrer fundamentalen Bedeutung
für die konkrete Positionsfindung, skizziert werden.

2.4.2.3 Theologische Argumentationsmuster

Schon die Beschlussfassung bezüglich der gleitenden Arbeitswoche auf
der rheinischen Landessynode 1948 war geprägt von einem kulturkämpferischen Geist, der hier das göttliche Gebot der Sonntagsruhe angegrif-
fen sah und eindeutig den Gottesdienst und die Verkündigung als das
gefährdete Zentrum der rechten Sonntagsheiligung definierte. Die soziale Dimension der drohenden Zerstörung von Familien und Erho-
lungsräumen wird zwar erwähnt, erfährt aber keine theologische Be-

---

463 Verhandlungen 1958, S. 387.
464 A.a.O., S. 409.

wertung, sondern wirkt eher wie ein nachgeordnetes Hilfsargument. Wie bereits erwähnt, weicht die Stellungnahme des sozialethischen Ausschusses von dieser eindimensionalen Fixierung auf den Gottesdienst ab, indem sie den inklusiven, Christen wie Nichtchristen einbeziehenden Charakter des Feiertagsgebots im Sinne der Arbeitsunterbrechung betont.[465] Ausdrücklich kritisiert sie die theologische Engführung, den Sonntag nur als Tag der Gemeinde zu definieren und damit die kultische Seite zu Lasten der sozialen Dimension zu ignorieren. Weiter noch geht der inkarnationstheologische Gedanke von Symanowski mit der Kritik, dass die Kirche bedingt durch die Reduzierung der Sonntagsfrage auf den Aspekt des Gottesdienstes eine Trennung von Gott und Mensch – konkret von Kirche und Arbeiterschaft – betreibe, die im Widerspruch steht zu der Einheit von Gott und Mensch, die durch das Leben Jesu bewirkt worden sei.

Diese Versuche, sich von der kultischen Zentrierung der Sonntagsheiligung zu lösen oder zumindest die soziale Dimension der Unterbrechung von Arbeit, die gemeinsame soziale Zeit und die Möglichkeit zur Erholung gleichberechtigt auch theologisch zu legitimieren, scheiterten letztlich an einem offenbar breiten theologischen Konsens darüber, dass auch Jesus sich der Sabbattradition entledigt habe.

Diese Kernthese, die beispielsweise der Kirchenkreis Moers in seinem Votum für die rheinische Landessynode 1958 vertreten hatte, wurde prominent in der Vorlage für die folgende *Landessynode 1959* auch von dem Neutestamentler Eduard Lohse entfaltet:

„Das jüdische Sabbatgebot ist für die christliche Gemeinde zu Ende des ersten Jahrhunderts n. Chr. abgetan. Denn Jesus hat den Sabbat aufgelöst (Joh. 5,18), sein Wirken am Sabbat ist daher Ausdruck seiner göttlichen Hoheit; und die Gemeinde, die sich zu ihm bekennt, ist von der Forderung des jüdischen Gesetzes befreit wie er."[466]

Zu einer ähnlichen Schlussfolgerung kommt Joachim Beckmann in seinem Beitrag, wenn er als Resümee seiner kirchengeschichtlichen Analyse der Sonntagstradition schreibt:

„Dieser geschichtliche Überblick hat uns etwas zu sagen. Er sollte uns mit aller Deutlichkeit darauf hinweisen, dass wir in der heutigen Auseinandersetzung über den Feiertag in irgendeiner Weise nicht argumentieren können mit dem Befehl Gottes, am siebenten Tag zu feiern. Auch unsere reformatorischen Katechismen sind überzeugt, dass das alttestamentliche Sabbatgebot abgeschafft ist. An diesem

---

465 Allerdings wird dies mit der fragwürdigen Exegese gestützt, das „Bundesvolk" und die „Fremdlinge" aus Deuteronomium 5,12–15 ebenso auf die Christen und Nichtchristen zu übertragen wie den Sabbat auf den Sonntag. Vgl. Die gleitende Arbeitswoche, S. 21.

466 Lohse, Eduard: Sabbat und Sonntag im Neuen Testament, in: Karrenberg, Friedrich; Von Bismarck, Klaus (Hrsg.): Verlorener Sonntag? Heft 22 der Schriftenreihe „Kirche im Volk", Stuttgart 1960, S. 25–36, S. 32.

Punkt sind wir von der römischen Kirche wesentlich geschieden. Wir müssen sagen: Der Sabbat ist in Christus erfüllt und ist, wie unsere Väter es allegorisch ausgelegt haben, nur zu verstehen im Blick auf die Sabbatruhe, die dem Volk Gottes noch aussteht. Aus der Kirchengeschichte sollen wir erkennen, dass das eigentliche christliche Motiv der Sonntagsfeier von der Auferstehungstatsache herkommt, was den Tag angeht, und dass es von der Gemeinde herkommt, was die Gemeinsamkeit des Feiertages angeht, nämlich, dass die Gemeinde sich zum Gottesdienst versammeln soll. (…) Zu diesen beiden Motiven kommt als drittes ein ethisches, dass der Mensch von Zeit zu Zeit einen Ruhetag haben muss. Aber dies allein ist nicht ausschlaggebend, sondern hat seine Bedeutung nur mit den beiden anderen Argumenten zusammen. Die eigentliche Begründung des Sonntags ist die, dass der *Sonntag als Auferstehungstag Christi der gottesdienstliche Feiertag seiner Gemeinde* sein soll."[467]

Beckmann zeichnet historisch nach, wie es zur allmählichen Trennung von Sabbat und Sonntag gekommen ist und wie aus einem ursprünglich nur der Auferstehungserinnerung zugedachten Sonntag zunächst durch Konstantin ein Ruhetag wurde, der auch dem Mitraskult entgegenkam insofern er von allen gefeiert werden konnte, „welcher Religion man sich auch zurechnete."[468] Im Laufe der Kirchengeschichte von der Spätantike bis zum Mittelalter sei dieser Ruhetag zunehmend ein christianisierter Sabbat geworden, der mit tabuisierenden Verhaltenregeln belegt wurde. Dahinter stecke „die auf dem Boden der alten Kirche unerhörte Lehre, dass die christliche Sonntagsfeier gerade die von Gott durch Mose gebotene Sabbatfeier sei".[469] Die sei aber nichts anderes als die „Rückwärtsentwicklung" des Sonntagsgebots vom Evangelium zum Gesetz,[470] die erst durch die Reformatoren wieder zurückgenommen worden sei, deren „Wiederentdeckung des Evangeliums, des Unterschieds von Evangelium und Gesetz" sich auch auf die „Lehre vom Sonntag auswirken" musste.[471]

Die historische Ausprägung der Differenz zwischen Sabbat und Sonntag wird somit von Beckmann geschichtstheologisch als Entfaltung des Evangeliums und Entledigung des Gesetzes und die Aufnahme tabuisierender Reglementierung als der Rückfall in vermeintlich alttestamentliche Gesetzlichkeit interpretiert. Damit wurde auf dem Boden einer pauschalen, negativen Bewertung der jüdischen Sabbatpraxis als Gesetzlichkeit und unter Subsumierung jeglicher Reglementierungen des Sonntags als Form des „Semisabbatarianismus" ein antijüdisches Vorurteil gepflegt, das sich – wie oben dargestellt – durch weite Strecken der Kirchengeschichte zieht und auch für namhafte Theologen

---

467 Beckmann, Joachim: Der Sonntag in der Geschichte der Kirche, in: Karrenberg, Friedrich; Von Bismarck, Klaus (Hrsg.): Verlorener Sonntag? Heft 22 der Schriftenreihe „Kirche im Volk", Stuttgart 1960, S. 37–60, S. 60.
468 A.a.O., S. 41.
469 A.a.O., S. 45.
470 A.a.O., S. 47.
471 A.a.O., S. 50.

wie Günther Dehn, Eduard Lohse und Joachim Beckmann in der Sonntagsdiskussion der 50er Jahre die theologische Argumentationsbasis darstellte.

Die Kehrseite dieser damit verbundenen Nachordnung der Arbeitsunterbrechung[472] und Fixierung auf den Gottesdienst als Proprium des Sonntags ist, dass jegliche Form der Änderung im Bereich der Sonntagskultur, wie sie durch die gleitende Arbeitswoche vermeintlich bedrohlich am Horizont erschien oder durch die Entstehung des arbeitsfreien Wochenendes diagnostiziert wurde, darauf hin befragt und bewertet wurde, inwieweit hier eine Gefährdung des sonntäglichen Gottesdienstes vorliege. Auf dem Boden dieser theologisch begründeten Favorisierung des Sonntagsgottesdienstes wurde auch die Freizeitthematik im protestantischen Lager überwiegend als Herausforderung an zeitliche und räumliche Präsenz des Gottesdienstes diskutiert.

Gegen diesen Mainstream lutherischer Tradition des Verständnisses der Sonntagsheiligung drangen alternative Ansätze, wie sie insbesondere von Karl Barth schon 1951 und seinem Schüler Walter Kreck vertreten wurden, kaum durch.[473] Barth hatte sich im Rahmen seiner Schöpfungslehre in der Kirchlichen Dogmatik auch mit der Frage der Feiertagsheiligung befasst. Auffällig gegenüber der dargestellten negativen Bewertung einer vermeintlich gesetzlichen Sabbatpraxis, betont Barth in Anlehnung an den Schweizer Theologen De Quervain, dass auch der „Sabbat in besonderer Weise das Zeichen der frohen Botschaft" sei.[474] Ausdrücklich hebt Barth den positiven Verweischarakter des Feiertaggebots hervor, es verweise den Menschen „auf das Ja", das Gott „als Schöpfer zu ihm als seinem Geschöpf gesprochen und zu dem er sich wieder und wieder und schließlich abschließend bekannt, das er in Jesus Christus ein für allemal wahr gemacht und als wahr erwiesen hat".[475] Das Gebot des Feiertags bringe die Begrenzung des menschlichen Handelns und die Tatsache substantiell zur Geltung, dass der Mensch sich und sein Leben nicht sich selbst, sondern dem gnädigen Wirken Gottes verdanke. In dieser Entsagung des Glaubens an die eigene menschliche Macht und Fähigkeit seien Sabbat wie Sonntag als Indiz der Bundes- und Heilsgeschichte Gottes mit den Menschen zugleich Inbegriff der Freiheit, die Gott darin zum Ausdruck bringt, dass er den Menschen be-

---

472 Bezeichnend für diese Nachordnung nochmals Günther Dehn: „Man tut gut daran, sich dieser Ordnung (im Sinne der Sonntagsruhe, Anm. U.B.) zu fügen, auch wenn man nicht jede Arbeit, die am Sonntag getan wird, Sünde nennen kann und wenn die Heiligung des Sonntags nicht in erster Linie in der Arbeitsruhe besteht." Dehn, Günther: Sonntagsheiligung, Sp. 913.
473 Vgl. Kreck, Walter: Was heißt: „Du sollst den Feiertag heiligen!" für die christliche Gemeinde?, in: Verhandlungen der siebten ordentlichen Rheinischen Landessynode. Tagung vom 5. bis 9. Januar 1958 zu Rengsdorf, Mühlheim 1958, S. 99–113.
474 Barth, Karl: Kirchliche Dogmatik III,4, Zürich 1969, S. 55 (I.F.: KD III, 4).
475 A.a.O., S. 58.

freit für sich selbst, „indem er ihn vorübergehend von der Mühe seiner Arbeit lossprecht" und ihn frei mache „für Gott, indem er ihm Raum gibt, Gottes Wort zu bezeugen und zu hören".[476] Entscheidend aber sei dieser Verweischarakter auf Gottes schöpferisches Bundeshandeln, der allerdings kaum gelingen könne, ohne diesen Tag von Arbeit frei zu halten und Gottesdienst zu feiern:

> „Man kann also die Arbeitsruhe und den Gottesdienst nur insofern zum Inhalt des Feiertagsgebots rechnen, als allerdings nicht abzusehen ist, wie es ohne Arbeitsruhe und ohne Gottesdienst praktisch zu jenem besonderen, feiertäglichen Akt entsagenden Glaubens kommen könnte. Man kann wohl sagen, dass es ohne Arbeitsruhe und Teilnahme am Gottesdienst keinen Gehorsam gegen das Feiertagsgebot gibt. Man kann aber nicht sagen, dass Arbeitsruhe und die Teilnahme am Gottesdienst den Gehorsam gegen das Feiertagsgebot ausmache."[477]

Insofern seien weder die Arbeitsruhe noch der Gottesdienst – wenn auch das menschlich angemessene Verhalten – so doch nicht der Zweck des Feiertags, denn der Feiertag vertrage sich als Ausdruck der Bundes- und Heilsgeschichte Gottes mit dem Menschen grundsätzlich mit keiner Verzweckung. Auch der sonntägliche Gemeindegottesdienst sei durchaus ein „sehr problematisches, sehr gebrechliches (…) Menschenwerk" und insofern nicht conditio sine qua non für die Heiligung des Feiertags.[478] Mit dieser Relativierung der lutherischen Absolutsetzung des Gottesdienstes als Proprium des Sonntags fand Barth innerhalb der Sonntagsdiskussion in Deutschland wenig Resonanz.

Ähnlich erging es Walter Kreck, der an Barth anknüpfend ebenfalls den zeichenhaften Charakter des Sabbats und des Sonntags für die Bundes- und Heilsgeschichte Gottes betonte. Bezüglich des Sonntags sei Barth Recht zu geben, dass der „altisraelitische Sabbath (…) für Israel vor allem Freude und Erquickung" bedeute und nur vom Bund her als Gnadengabe Gottes zu verstehen sei.[479] Der Sonntag als die „kleine Unterbrechung unseres Alltags" entspreche jener „großen Unterbrechung des weltgeschichtlichen Alltags durch den Ostertag".[480] Dieser Entsprechungscharakter, der den Sonntag zugleich zu einem Signum der Verheißung Gottes mache, impliziere auch die Relativität einer Absolutsetzung des Gottesdienstes wie auch der Arbeitsunterbrechung als Inbegriff der Sonntagsheiligung. Es dürfte „die allzu selbstverständliche Ineinssetzung von Gemeinde und Gottesdienst im strengen Sinn mit jenem sonntagmorgens um 10 Uhr stattfindenden Geschehen bzw. die Beschränkung dieser Institution" fragwürdig sein.[481] Ebenso sollte man, „wenn man den von Veranstaltungen freien Sonntag künftig fordert,

---

476 A.a.O., S. 65.
477 Ebd.
478 A.a.O., S. 68.
479 Verhandlungen 1958, S. 103.
480 A.a.O., S. 106f.
481 A.a.O., S. 106.

vorsichtig sein, und nicht eine derartige tabula rasa verlangen, dass auch alle kulturellen Veranstaltungen argwöhnisch betrachtet werden."[482] Dass diese Argumentation auf wenig Resonanz stieß, wurde bei der Aussprache über die Hauptvorträge von Kreck und Steinjan auf der Rheinischen Landessynode 1958 von Karrenberg ausdrücklich bemängelt.[483]

2.4.2.4 Die EKD-Synode in Berlin – vorläufiger Schlusspunkt der Sonntagsheiligungsdebatte

Den vorläufigen Abschluss der synodalen Auseinandersetzung über die Frage der Sonntagsheiligung und alle diesbezüglich anhängigen Themen bildete die *EKD-Synode 1960* in Berlin. Das Hauptthema der Synode, „Sonntag und Freizeit", hatte eine Arbeitsgruppe vorbereitet, drei Hauptreferate führten in das Thema ein.[484] Inhaltlich gingen diese Referate nicht entscheidend über den bisherigen Argumentationsstand hinaus. Die Synodale Uhl bilanzierte aus ärztlicher Perspektive umfassend die besondere Belastung der Erwerbstätigen, der Hausfrauen wie auch der Familien insgesamt, die sowohl aus der Verdichtung von Arbeit, Schicht- und Nachtarbeit, Überstunden und regelmäßiger Sonntagsarbeit resultierten und sich negativ auf die Mußekultur auswirkten. Angesichts der belastenden Doppelrolle von erwerbstätigen Frauen forderte sie die Gewährung von Teilzeitangeboten ein, beklagte zudem das bedauernswert karikierende Bild, das Kinder von ihren überlasteten Vätern gewönnen,[485] und regte an, dass zur Bewältigung des oft schwierigen Übergangs „vom Arbeitsplatz in das häusliche Milieu" vielleicht „offene Kirchen zur Sammlung und zum Gelassenwerden Raum uns Stille" böten.[486]

Erstmals wurde aus der Perspektive eines DDR-Bürgers die Frage der Sonntagsheiligung thematisiert. Der sächsische Synodale Ditter beklagte, dass inzwischen auch dort – angepasst an die westlichen Bräuche – Schützen-, Schul- und Heimatfeste unter Mitwirkung der evangelischen Gemeinden Einzug gehalten hätten.[487] Überhaupt habe die Kirche Mitverantwortung an der Zerstörung des Sonntags, weil sie selber die Moral der rastlosen Arbeit gefördert habe, sonntäglichen Vereins- und Sportfesten Vorschub geleistet und zudem eine „Generation religiöser Analphabeten erzogen" habe.[488] Versuche, alte Sonntagsrituale zu reaktivieren, scheiterten an den veränderten Arbeitsbedingungen, der Schichtarbeit, der gleitenden Arbeitswoche und der Doppelrolle der

---

482   A.a.O., S. 113.
483   Vgl. Verhandlungen 1958, S. 187.
484   Vgl. Berlin 1960, S. 44.
485   Vgl. a.a.O. S. 54f.
486   A.a.O., S. 52.
487   Vgl. a.a.O., S. 76.
488   A.a.O., S. 79.

Frauen in Arbeit und Haushalt. Wiederum wird auch hier der erzieherische Impuls von der Kirche gefordert: Sie müsse helfen, die Freizeit in „gemeindlicher Geselligkeit" zu gestalten und müsse den Menschen dort nachgehen, wo sie sich am Wochenende aufhalten.[489] Das zweite der drei Hauptreferate hielt Landesbischof Dietzfelbinger. In der Konsequenz ähnlich wie Barth, aber auf dem Nährboden lutherischer Theologie, betont er den Zeichencharakter des Sonntags und die damit verbundene Relativität des Gottesdienstes und des arbeitsfreien Sonntags. Den Sonntag recht zu feiern, so seine Kernthese, sei Ausdruck eines alternativen Zeitverständnisses: „Der Sonntag aber ist das Zeichen der Freiheit für die Menschen unter dem Gesetz der Zeit und wer mit dem Sonntag recht umzugehen weiß, hat auch das Wichtigste gelernt für die freie Zeit, ja für die Zeit überhaupt."[490] Allerdings bezieht er sich in der Begründung rein christologisch auf den befreienden Christusglauben – nicht wie Barth auf die Einbindung in die Verheißungen der Heils- und Bundesgeschichte Gottes insgesamt –, der „nicht einmal an den so unentbehrlich und für die Gesundheit unserer sozialen und menschlichen Verhältnisse grundlegenden 7-Tage-Rhythmus gebunden" sei. Angesichts dieser Freiheit sei der Gottesdienst auch kein unbedingt einzuhaltendes christliches Gebot, und „wenn ein Glied der Gemeinde am Sonntag seine Mühe und seine tiefe Freude zugleich darin sucht, in Gottes Namen mit einsamen oder abseits geratenen Menschen umzugehen, dann sollen sie es fröhlich tun!".[491] Allerdings habe der Sonntag doch die Funktion, uns daran zu erinnern, dass unsere Zeit in Gottes Hand stehe und als solcher Erinnerungsposten unterbreche er das „sture Dahinhasten und resignierte Stöhnen der Menschen, damit Gottes Arbeiten und Reden, Gottes Gericht und Gnade, Gottes Leiden und Auferwecken, Gottes Wort und Gottes Abendmahl unter uns Raum und Zeit bekommt".[492] Er ist mit der Erinnerung an das Ostergeschehen das „Zeichen gegen unsere Versklavung an den Tod!"[493] Als dieses Zeichen gäbe er auch zugleich das Kriterium für die Differenzierung zwischen einer echten, aus der Gnade Gottes schöpfenden Ruhe an, die abhängt von dem „Gespräch mit Gott" und der „verkümmerten Ruhe", die „Schlafen, Dösen" und „über die Strenge schlagen oder sich ausleben" meint.[494] Die echte Ruhe sei daher letztlich doch angemessen nur im Gottesdienst zu finden, „dem Lob Gottes durch Menschen am Sonntag".[495]
Nach den Referaten wurde zunächst keinerlei Aussprache gewünscht, was die Presse den Eindruck gewinnen ließ, dass die Synode dem

489 Vgl. a.a.O., S. 85.
490 A.a.O., S. 64.
491 A.a.O., S. 66.
492 A.a.O., S. 68.
493 A.a.O., S. 69.
494 A.a.O., S. 72.
495 A.a.O., S. 74.

Hauptthema nur mäßiges Interesse entgegenbrächte. Am folgenden Verhandlungstag, an dem das Wort des Ausschusses zum Thema „Sonntag und Freizeit" zur Diskussion gestellt wurde, war daher der Synodale von Bismarck bemüht, klar zu stellen, dass dieser Eindruck falsch und „das Interesse der Vertreter der Gemeinden an dieser Frage groß" sei.[496] Nach einigen einführenden, persönlichen Worten wurde die Empfehlung des Ausschusses verlesen. Grundsätzlich wurde empfohlen, das Thema weiterhin auf Synoden und in den Gemeinden zu diskutieren. Einem an Dietzfelbingers theologischen Ausführungen entlehntem Eingangsteil folgte ein zweiter Passus über die Verantwortung der Gemeinde. Das „treue Festhalten am Gottesdienst" sei der „entscheidende Dienst" der Gemeinde für die Welt, was entsprechende Anstrengungen hinsichtlich der zeitlichen und räumlichen Präsenz der Gottesdienste erforderlich mache.[497]

Im dritten und letzten Teil wurde die gebotene Mitverantwortung der Kirche für die Welt thematisiert. Nach einem Dank an alle Kräfte, die zur Arbeitszeitverkürzung beigetragen haben, wurden in sieben Punkten Selbstverpflichtungen und Forderungen der Kirche fixiert: Die Gemeinden sollten differenzieren, welche Arten von Arbeit in ihrer Mitte vertreten seien, sich selber aktiv in die Verhandlungen über Arbeitszeiten einbringen, sich bezüglich der vollkontinuierlichen Woche angesichts der Internationalität der Wirtschaftsverflechtungen ökumenisch auf eine Strategie verständigen, bei unbedingt erforderlicher Sonntags- und Schichtarbeit auf eine möglichst große Anzahl von arbeitsfreien Sonntagen hinwirken, aufmerksam die Entwicklung von Arbeitszeiten im Dienstleistungsbereich beobachten, die Nöte der völlig überlasteten Landbevölkerung in Blick nehmen, sich sowohl für Teilzeitoptionen berufstätiger Frauen einsetzen wie auch für die Schaffung von mehr Kinderspielplätzen und darauf hinwirken, dass mehr billige Familienferienstätten errichtet werden. Schließlich forderte die Empfehlung eine Verlängerung des zu kurzen 12-tägigen Urlaubs. Nach langer Diskussion – die Synode nahm sich dafür einen Sitzungstag Zeit – wurde die Vorlage des Ausschusses mit wenigen Änderungen einstimmig angenommen.

Damit war ein vorläufiger Schlusspunkt der synodalen Auseinandersetzung über die Frage der Sonntagsheiligung, der 40-Stunden-Woche und Freizeitentwicklung markiert. Man kann eindeutig sagen, dass in dem Zeitraum zwischen 1948 und 1960 die kirchliche Auseinandersetzung über jene Fragen der zeitlichen Organisation der Gesellschaft eine Intensität gewonnen hat, die selbst in den 80er und 90er Jahren – also in der Zeit, die beispielsweise geprägt war von der Auseinandersetzung um die Einführung der 35-Stunden-Woche – nicht wieder erreicht wurde.

---

496 A.a.O., S. 187.
497 Vgl. a.a.O., S. 191f.

Bezüglich der gleitenden Arbeitswoche erklärt sich das Ende der Diskussion möglicherweise schlichtweg aus der für die Kirche zufrieden stellenden Regelung, wie sie bundesweit 1961 beschlossen worden war. In den 60er und 70er Jahren rückten hingegen für die EKD und auch die Landeskirchen andere Themen in den Vordergrund, wie zum Beispiel der Mauerbau, der Vietnamkrieg oder auch die mehrfach diskutierte Frage des politischen Mandats der Kirche. Bevor nun im zweiten Teil des Kapitels die kirchliche Debatte der 80er und 90er darzustellen ist, soll im Folgenden die dargestellte Debatte bis 1960 abschließend resümiert werden.

2.4.2.5 Eine Bilanz

1. Die 50er, 60er und 70er Jahre zeichneten sich bezüglich der Arbeitszeitentwicklung durch eine weitreichende Einlösung von Präferenzen der Mehrheit der Beschäftigten aus. Diese richteten sich maßgeblich auf einen Zuwachs an Freizeit in Form der 40-Stunde-Woche, des arbeitsfreien Wochenendes und verlängerter Urlaubszeiten. Auch wenn für bestimmte Beschäftigtengruppen in diesem Zeitraum auch ein Zuwachs an gelegentlicher Sonntagsarbeit zu verzeichnen ist, der für die Betroffenen dann besonders gravierend wurde, wenn er in Verbindung mit Schicht- und Nachtarbeit stand, änderte dies nichts an der grundsätzlich etablierten Akzeptanz einer Wochenendkultur, die ihre Substanz aus ihrem Charakter als abgrenzendes Pendant eines Freizeitblocks zur fünftägigen Arbeitswoche gewann. Eine Reihe von betriebswirtschaftlichen, arbeitsmarktpolitischen wie wohlstandsorientierten Gründen verhalfen der Zeitinstitution des arbeitsfreien Wochenendes zu einem breiten gesellschaftlichen Konsens. Die darüber hinaus nunmehr auch in Erscheinung getretenen Abweichungen vom Normalarbeitszeitstandard in Form von wachsender und zu regulierender Mehrarbeit, überwiegend weiblicher Teilzeitarbeit, wie auch der Gleitzeitarbeit ergänzten diese Entwicklung relativ unauffällig. Dass mit der Gleitzeitwoche auch eine Dynamisierung der Lage der Arbeitszeit Gestalt bekam, stand im Trend einer Vorstellung von zeitsouveräner Disponibilität des Einzelnen, über den Einsatz seiner Arbeitszeit eigenständiger zu verfügen. Der Bezugspunkt dieser Form der Gleitzeit war in der Regel die Fünf-Tage-Woche.

2. Viel problematischer, wenn auch quantitativ, was die Quote der betroffenen Beschäftigten anbelangt, nicht gravierend, war die Entwicklung zu einer Ausdehnung der gleitenden Arbeitswoche auf den gesamten siebentägigen Zeitraum, die unter dem Stichwort der kontinuierlichen Arbeitswoche schon seit den ersten Nachkriegsjahren bis zum Beginn der 60er Jahre verhandelt und geregelt wurde. Hier

setzten Kontinuisierungstendenzen ein, die erst Jahrzehnte später zur systematisch verbreiteten Entfaltung kommen sollten.[498]

3. Die Reduzierung der wöchentlichen Arbeitszeit, die Etablierung der 5-Tage-Woche, der sukzessive Anstieg der Urlaubstage und die Verringerung der Erwerbsjahre durch längere Bildungsphasen und Möglichkeiten zum vorzeitigen Renteneintritt sind insgesamt als Bestandteile eines verstetigt wachsenden Stellenwerts der Freizeit zu bewerten. Die Tatsache, dass dieser Zuwachs an erwerbsarbeitsfreier Zeit verbunden war mit einem produktivitätsbedingten Anstieg der Reallöhne, bewirkte zugleich, dass diese gewonnene Zeit auch vermehrt zur Güterinvestition, Konsumtion und der Inanspruchnahme personenbezogener Dienstleistungen einer wachsenden Freizeitindustrie genutzt wurde. Die Tendenz der 20er Jahre, dass über die Sonntagsarbeit hinaus diese Aktivitäten – vom Wochenendtourismus, dem Hausbau bis zur Wahrnehmung des sich entwickelnden Breitensports – in eine Nutzerkonkurrenz zu den kirchlichen Aktivitäten standen, war der maßgebliche Anlass für die evangelische Kirche, dieses Phänomen intensiv zu diskutieren.

4. Die evangelische Kirche hat sich in dem Zeitraum bis 1960 mit keinem Thema so intensiv auseinandergesetzt wie mit jenen Eckdaten der Neukonstruktion der gesellschaftlichen Organisation der Zeit. Grundsätzlich ist zu dieser Diskussion zu sagen, dass sie sich auf protestantisch eigene Weise durch argumentative Pluralität profiliert hat und infolgedessen auch die Mühe nachvollziehbar ist, die häufig bei der Verabschiedung synodaler Erklärungen zu Tage trat.

5. Auffällig ist hinsichtlich der Außenwirkung, dass beiden großen Kirchen in ihrer zeitpolitischen Rolle als Anwalt der Aufrechterhaltung des arbeitsfreien Sonntags von Wirtschaft und Politik eine nicht zu übergehende Gewichtigkeit zugeschrieben wurde, was die Einbeziehung in diesbezüglich gestaltende Gesprächsrunden, die auf Drängen der Kirchen in Auftrag gegebenen Gutachten als auch die Schriftwechsel mit der nordrhein-westfälischen Regierung und mit Bundeskanzler Adenauer belegen. Als für den Sonntag Zeittakt gebende Institution waren die Kirchen voll und ganz etabliert. Dabei ist bemerkenswert, dass die evangelische Kirche, wie die Stellungnahme des sozialethischen Ausschusses ausdrücklich zeigt, die Debatte über die gleitende Arbeitswoche mit Sachkompetenz geführt hat und gegenüber der pauschalen Beurteilung der rheinischen Landessynode von 1948 und dem mit Blick auf das gerade erst erloschene System des Faschismus fragwürdigen Hinweis auf die

---

498 Vgl. Kapitel 1.6.2.

drohende „Entchristlichung des Volkslebens" deutlich an Differen-
zierungsvermögen gewonnen hat.

6. Gleichwohl ist eine gewisse überschießende Vorsicht zu konstatieren, mit der die konkrete Regelung der gleitenden Arbeitswoche
primär unter dem Blickwinkel eines sich auftuenden Dammbruchs
bewertet wurde. Letztendlich wurde an dieser Frage doch das be-
drohliche Szenarium einer völligen Erosion der Sonntagsheiligung
im kirchlichen Sinne festgemacht, wobei interessanterweise zu
unterscheiden ist zwischen den überwiegend positiven kirchlichen
Äußerungen derer, die in direktem Bezug zu den betroffenen Indust-
riestandorten stehen, und den warnenden Voten in zumeist ländlichen Regionen.

7. Die Frage der Sonntagsheiligung war nicht nur bezogen auf die gleitende Arbeitswoche, sondern auch für die übrigen Aspekte der veränderten Freizeitentwicklung dominanter Kristallisationspunkt fast
aller kirchlichen Einwürfe. Auf der grundsätzlichen Ebene einer
ambivalenten Bewertung der Freizeitentwicklung, insbesondere des
Wochenendes, die zwischen der Warnung vor Konsumterror und
„Apparatismus" einerseits und der Befürwortung der Arbeitszeitverkürzung andererseits schwankte, galt das eigeninstitutionelle
Interesse der Einforderung einer schiedlichen Trennung von Freizeitangeboten in Kultur, Medien, Konsum und Sport am Samstag
und dem gottesdienstlichen Freiraum am Sonntag.

8. Als bemerkenswert positiv muss die aus den eigenen Reihen mehrfach geübte Kritik an der Starrheit der kirchlichen Angebotsstruktur
verbucht werden zu Gunsten einer Kirche, die ihre raum-zeitliche
Präsenz der gewandelten Lebensstilentwicklung der Menschen an-
passt. Dahinter kam die Überzeugung zur Geltung, dass die Präsenz
von Kirche in Gottesdienst, Verkündigung und Seelsorge für die
Menschen tatsächlich hilfreich und notwendig ist. Die nicht unkritisch zu übersehende Kehrseite dieser Überzeugung war, dass diese
Form der eingeforderten Präsenz meist auf dem Nährboden einer
negativen Bewertung des Freizeitverhaltens entwickelt wurde, bei
der zu fragen ist, inwieweit sie die tatsächlichen Nöte der Menschen
im Blick hatte, anstatt diese eher programmatisch zu unterstellen.

9. Folglich waren diese pastoralen Erneuerungsversuche, wie sie auch
schon in den 20er Jahren diskutiert worden waren, mit dem pädago-
gischen Impetus einer kirchlichen Hilfeleistung zum echten
Gebrauch der Freizeit im Sinne der Besinnung, des Spiels, der
wirklichen Ruhe und Einkehr und – vor allem – des Gottesdienstes
versehen. Aber auch hier hat sich, wie insbesondere die Kritik von
Symanowski zeigt, die evangelische Kirche nicht vor einer Kultur

der Eigenkritik an solchen Formen der Bevormundung gescheut. Überhaupt finden sich auch durchaus Beiträge, wie etwa der von Uhl auf der EKD-Synode 1960, die in sachlicher Weise die realistisch zu diagnostizierenden negativen Effekte der Arbeitszeitentwicklung – Verdichtung, Erosion der gemeinsamen sozialen Zeiten, Belastung von Frauen, Jugendlichen und Familien – aufzeigten, ohne eine unrealistische Vision kirchlicher Bewältigungskompetenz dieser Probleme heraufzubeschwören. Mit anderen Worten: In diesen Voten kommt exemplarisch eine gewisse Bescheidenheit zur Geltung, die Zeit gestaltende Rolle der Kirche nicht zu hoch anzusetzen.

10. Über die Fokussierung auf die rein formale Sicherung des arbeitsfreien Sonntags zur Gewährleistung des Gottesdienstbesuchs hinaus wurden in der Diskussion auch Aspekte eingeführt, die das mit der Sonntagsheiligung lancierte Zeitverständnis betreffen. Mehrfach wurde besonders im Kontext der theologischen Begründung der Feiertagsheiligung auf die Qualifizierung der Zeit hingewiesen, für die der Sonntag exemplarisch als Zeichen steht. Bei allem Unterschied zwischen der lutherischen Tradition und der von Barth und Kreck vertretenen reformierten Tradition, kommt in beiden Richtungen der Verweischarakter des Sonntags zur Geltung, sei es für die eschatologische Dimension einer unter dem Signum der Auferstehung stehenden Durchbrechung der Todesmacht (Dietzfelbinger), sei es unter dem Gesichtspunkt, den besonders Barth betont hat, dass das Feiertagsgebot die Begrenzung des menschlichen Handelns und die Tatsache zur Geltung bringt, dass der Mensch sich und sein Leben nicht sich selbst, sondern dem gnädigen Wirken Gottes verdankt. Allerdings liegt ein maßgeblicher Unterschied zwischen lutherischer und barthscher Prägung darin, dass Barth diesen Verweischarakter gleichberechtigt im Sonntaggottesdienst wie auch in der Unterbrechung von Arbeit verheißen sah, während die lutherische Tradition die Unterbrechung der Arbeit allenfalls dann mit dieser Verheißung in Verbindung brachte, wenn der Sonntag mit bestimmten Tätigkeiten „echter Ruhe" gefüllt sei.

11. Diese Verengung auf den Gottesdienst als das Proprium der Sonntagsheiligung ist, wie mehrfach nachgewiesen wurde, Indiz der in den synodalen Diskussionen jener Zeit dominanten theologischen Auffassung, dass die Arbeitsunterbrechung letztlich nicht theologisch begründet und schon gar nicht inhaltlich mit der Sabbattradition in Verbindung gebracht werden könne. Gegen die katholische – ebenso kritisch anzufragende – Auffassung, der Sabbat sei im Hegelschen Sinne im Sonntag aufgehoben, wird auf evangelischer Seite variantenreich mit Hilfe kirchengeschichtlicher, exegetischer und systematischer Argumente die These untermauert, dass der

Sabbat durch Jesus abgetan sei und jede Form der Reglementierung der Sonntagstätigkeiten als „Semisabbatarianismus" zu verwerfen sei. Unter Aufnahme der antijüdischen Stoßrichtung der kirchlichen Tradition wurde hier von evangelischer Seite die vermeintliche Dichotomie von Gesetz und Evangelium auf die Polarität von Sabbat und Sonntag angewendet und damit nicht nur ein Zerrbild der jüdischen Sabbatpraxis entworfen, sondern auch die jüdische Existenz Jesu inklusive seiner Sabbatpraxis exegetisch geleugnet. Die Chance, angesichts der Shoah auch die eigene theologische Tradition kritisch auf ihre antijüdischen oder gar antisemitischen Implikationen zu befragen, und die Reflexion der biblischen Sabbattradition in eine Neuorientierung des theologischen Stellenwertes der arbeitsunterbrechenden Sonntagspraxis münden zu lassen, wurde nicht ergriffen. Faktisch hat diese Fokussierung auf den Gottesdienst den kirchlichen Argumenten hinsichtlich der Sonntagsarbeit ein Stück Plausibilität und Schlagkraft genommen. Die humanitären und sozialen Aspekte der Sonntagsheiligung – Erholung, Pflege der Familienkultur, Bürgerbeteiligung[499] – wurden überwiegend lediglich aufgegriffen, weil sie anknüpfen konnten an Aspekte eines konsensfähigen gesellschaftlichen Leitbildes jener Zeit, das selbst in weiten Kreisen der Arbeitgeber mitgetragen wurde.

Dass die Verfolgung des kirchlichen Eigeninteresses – maßgeblich die Gewährleistung des Sonntagsgottesdienstes – dennoch insgesamt erhebliche Beachtung fand, und hier, in der Begrifflichkeit Giddens gesprochen, ein durchaus vertrauensbildender und orientierender Reembeddingprozess vonstatten gehen konnte, ist sicher dem Umstand zu verdanken, dass dieses Interesse teilweise anknüpfungsfähig war an die Interessen der Gewerkschaften, der Arbeitgeber und der Politik, die – wenn auch aus unterschiedlichen Gründen und mit unterschiedlicher Intensität – das arbeitsfreie Wochenende und die Fünf-Tage-Woche als Errungenschaft des Nachkriegsdeutschlands verbuchten. Wenn man so will, hat sich die evangelische Kirche als eine Institution dargestellt, die zwar teilweise den tabuisierenden Rückzug auf Traditionen vollzog, an-

---

499 Interessanterweise wird das Argument der mangelnden Bürgerbeteiligung und politischen Partizipation durch den ununterbrochenen Betrieb, also die vollkontinuierliche Produktion, meines Wissens erstmals in der Schweiz thematisiert. Auf der Tagung in Boldern wird diesbezüglich moniert: „Das schweizerische öffentliche Leben, insbesondere das politische, beruht weitgehend auf der aktiven Teilnahme des einzelnen Bürgers. Es sei nur etwa an die Funktion eines Gemeinderates oder eines Gewerkschaftsfunktionärs erinnert. Es besteht nun die Gefahr, dass ganze Berufskategorien in gewissen Gegenden von solcher mitverantwortlicher Teilnahme am öffentlichen Leben ausgeschlossen werden. Der Arbeiter im ununterbrochenen Betrieb kann seine Fähigkeiten weder einer politischen Partei, noch einer Gewerkschaft, noch einem Verein zur Verfügung stellen." Industrielle Sonntagsarbeit, S. 38.

dererseits aber dennoch eine diskursiver Offenheit pflegte, mit der sie –
unter Berücksichtigung wirtschaftlicher Prozesse und veränderter
Lebensstilentwicklung – bemüht war, ihre Argumente so einzubringen,
dass bei aller traditionellen Fokussierung auf den Sonntag, der Wandel
der gesellschaftlichen Organisation nicht unbeachtet blieb.

Als Manko sollte sich jedoch im Laufe der Jahre erweisen, dass nicht
der Aspekt der Arbeitsunterbrechung, sondern allein der Gottesdienst
eine eigenständige theologische Würdigung erfuhr. Inhaltlich wurde
damit dem Argument Vorschub geleistet, dass es den Kirchen eigentlich
dann auch genügen müsse, wenn nur der Sonntagvormittag weitgehend
arbeitsfrei bliebe, um den Gottesdienstbesuch zu ermöglichen. Damit
seien ihre eigeninstitutionellen Interessen ausreichend bedient, womit
zugleich der nicht ganz unberechtigte Verdacht gesetzt ist, dass dieses
Interesse die entscheidende Antriebskraft für das zeitpolitische Engagement der Kirche sei. Als ob Horst Symanowski diese Kritik schon in
den 50er Jahren geahnt hätte, betraf seine Ermahnung den drohenden
Wandel hin zu einer Kirche, die zunächst ihre eigeninstitutionellen Interessen in den Vordergrund rückt und dabei die Tuchfühlung mit den tatsächlichen Interessen und Lebensumständen der Menschen zu verlieren
droht.

Was diese Ermahnung als positiver Anspruch an eine sich neue orientierende kirchliche Zeitpolitik bedeuten kann, soll im letzten Kapitel behandelt werden. Zuvor aber wird zu fragen und zu untersuchen sein,
inwieweit die kirchliche Diskussion der 80er und 90er Jahre neue
Aspekte sachbezogener und theologischer Art eingeführt hat.

2.5 Die Entwicklung zur 35-Stunden-Woche und der Einsteig in die forcierte Flexibilisierung

Wie bereits dargestellt, war die 40-Stunden-Woche in der Metallindustrie 1967 erfochten worden, wenn auch noch zehn Jahre verstreichen
sollten, bis sich dies als Arbeitszeitstandard von über 90 Prozent aller
Beschäftigten in Deutschland etablieren sollte. Allerdings lag die effektive Arbeitszeit deutlich darüber und umfasste beispielsweise im industriellen Sektor noch 1974 durchschnittlich fast zwei wöchentliche
Arbeitsstunden mehr.[500] Trotz dieser Überstundenkontingente war die
40-Stunden-Woche zu einem Referenzpunkt einer gesellschaftlich breit
verankerten Zeitordnung gewachsen, deren Konsensfähigkeit zudem
auch mit Blick auf ähnliche Entwicklungen der westeuropäischen Länder gewährleistet zu sein schien. Unter dem Stichwort „Humanisierung
der Arbeitswelt" galten zeitliche Optimierungsstrategien der IG Metall
zunächst nicht der Reduzierung der wöchentlichen Regelarbeitszeit,
sondern angesichts der Überstundensituation und der Verdichtungsphä-

---

500   Vgl. Schneider, Michael: Streit, S. 179.

nomene überwiegend automatisierter Produktionsabläufe sowohl der Einschränkung der Mehrarbeit durch geregelten Freizeitausgleich als auch verbesserten Pausenregelungen.[501] Der geforderte Freizeitausgleich wurde zunehmend auch beschäftigungspolitisch begründet, seine Durchsetzung allerdings nur zum Teil erreicht. Die IG Druck und Papier konnte im Manteltarifvertrag von 1984 für die Druckindustrie lediglich einen Anspruch auf wahlweise Abgeltung der Mehrarbeit in Freizeit oder Geld erzielen und in der Metallindustrie wurde Freizeitausgleich erst bei mehr als 16 monatlichen Überstunden verbindlich.[502]

1973 erfocht die IG Metall unter dem Motto „Arbeitszeitverkürzung in der Arbeit" im Bezirk Nordwürttemberg/Nordbaden nach zweiwöchigen Schwerpunktstreiks bei Bosch und Daimler Benz für Akkord- und Prämienarbeiter „fünf Minuten Erholungszeit und drei Minuten persönliche Zeit, für die der persönliche Durchschnittslohn gezahlt wurde".[503]

Angesichts der Leistungsverdichtung verstärkte die IG Metall ihre Strategie einer tarifierten Pausenregelung in Kombination mit definierten Arbeits- und Leistungsbedingungen. In einem Entwurf der Bezirksleitung Stuttgart von 1982 war die Fortschreibung der Pausenregelungen von fünf auf sechs Minuten pro Stunde und in der Nachtschicht ab 19 Uhr auf zwölf Minuten avisiert. Die Pausenregelung wurde über ihren Erholungseffekt hinaus auch verstanden als eine Zeit der Kommunikation und Gruppenbildung. Das Soziologische Forschungsinstitut in Göttingen charakterisierte sie in einer Begleitstudie als „Gestaltungs- und Handlungsspielräume, die eine eigene individuelle und soziale Logik gegen eine Logik der ökonomischen und physiologischen Kalkulation und Rentabilität etablieren", womit sie ihr zusätzlich einen Symbolgehalt zuschrieb für den Konflikt zweier Zeitverwendungslogiken, die an dieser Regelung aufeinander stießen.[504]

Außer den Freizeitausgleichs- und Pausenregelungen zielte die gewerkschaftliche Strategie der 70er Jahre auch auf verlängerte Urlaubszeiten von mindestens sechs Wochen sowie eine Verkürzung der Lebensarbeitszeit. So etwa forderte der DGB 1972 und 1974, neben der Umsetzung der 40-Stunden-Woche in allen Branchen, längeren Urlaub. Nach einem Streik erfocht die IG Metall Ende der 70er Jahre für alle Beschäftigten der Eisen- und Stahlindustrie sowie in der Metallindustrie den sechswöchigen Urlaub.[505]

Was die Verkürzung der Lebensarbeitszeit anbelangt, so sah der Vorstand der Gewerkschaft Nahrung-Genuss-Gaststätten einen Branchenfonds vor, den die Unternehmen mit 25 Prozent des Nettojahresgewinns zur Finanzierung verkürzter Lebensarbeitszeit bedienen sollten. Gedacht

---

501 Vgl. Scharf, Günter: Geschichte, S. 690ff.
502 A.a.O., S. 690f.
503 Schneider, Michael: Streit, S. 174f.; vgl. Scharf, Günter: Geschichte, S. 691f.
504 A.a.O., S. 693.
505 Vgl. Jansen, Hans; Lang, Klaus: Überwintern, S. 10.

war an eine altersabhängige Staffelung, nach der Beschäftigte vom 55. Lebensjahr an 35 und vom 60. Lebensjahr 30 Stunden pro Woche arbeiten sollten. Der Europäische Gewerkschaftsbund entwickelte 1979 die Strategie einer zehnprozentigen Verkürzung der Arbeitszeit, wobei die Umsetzung durch Verkürzung der wöchentlichen Arbeitszeit auf 35 Stunden, durch Erhöhung des Urlaubsanspruchs auf sechs Wochen, durch die Rente mit 60, durch Verlängerung der Schulpflicht bis zum 16. Lebensjahr, durch Arbeitsbefreiung zum Zweck der beruflichen Fort- und Weiterbildung oder durch die Kombination mehrerer dieser Elemente erreicht werden sollte.[506]

Entscheidend für die konzentrierte Wendung hin zur Strategie der 35-Stunden-Woche waren die gesamtwirtschaftlichen Rahmenbedingungen eines konjunkturellen und strukturellen Einbruchs am Arbeitsmarkt mit einer Arbeitslosenzahl, die von über 1 Millionen Menschen 1973 auf 2,3 Millionen im Jahr 1983 angewachsen war. Ankündigungen, die 40-Stunden-Woche unterschreiten zu wollen, wie sie schon 1969 von der IG Chemie-Papier-Keramik ausgegangen waren, erhielten nunmehr im Kontext der Wirtschaftskrise eine unerwartet breite Rückendeckung in gewerkschaftlichen Kreisen. Schon 1974 erhob die Deutsche Postgewerkschaft konkret die Forderung nach der 35-Stunden-Woche, 1975 proklamierte die DAG eine Arbeitszeitverkürzungsstrategie in Richtung 36 Stunden wöchentlicher Arbeitszeit. Die IG Metall schloss sich der Forderung nach der 35-Stunden-Woche auf dem Düsseldorfer Gewerkschaftstag im Oktober 1977 an.[507]

Zugleich aber schwächte die Arbeitsmarktkrise die Verhandlungsstärke der Gewerkschaften. Von daher verwundert es auch nicht, dass, völlig konträr zur relativ leicht gewonnenen Zustimmung der Arbeitgeber zur Arbeitszeitverkürzung der 50er und frühen 60er Jahre, die Arbeitgeber in der zweiten Hälfte der 70er Jahre unmissverständlich deutlich machten, dass sie eine weitere Reduzierung der wöchentlichen Arbeitszeit auf 35 Stunden strikt ablehnen würden. Sowohl die damit vermeintlich verbundenen Wettbewerbsnachteile als auch die daraus resultierenden negativen Effekte für den Arbeitsmarkt – aufgrund von befürchteten Standortverlagerungen – machten, zumal vor dem Hintergrund eines vergleichsweise schwachen wirtschaftlichen Wachstums von durchschnittlich 2,4 Prozent von 1976 bis 1982, aus ihrer Sicht das gewerkschaftliche Anliegen indiskutabel. Ein Einlenken signalisierten sie lediglich bei der Frage der Lebensarbeitszeitverkürzung auf 60 Jahre für Männer und 58 Jahre für Frauen, was sicher dem Kalkül entsprang, dass damit keine finanziell gravierende Belastung für die Unternehmensseite gegeben war.[508]

Die Fronten waren dermaßen verhärtet, dass 1978/79 im ersten Arbeits-

506   Vgl. Schneider, Michael: Streit, S. 175; S. 178.
507   Vgl. a.a.O., S. 176.
508   Vgl. a.a.O., S. 179.

kampf um die 35-Stunden-Woche der nordrhein-westfälischen Eisen- und Stahlindustrie die Arbeitgeber mit massiven Aussperrungen reagierten, was ein Einlenken der IG Metall erforderlich machte. Mit nur verhaltener Zustimmung bei der Urabstimmung (54,4 Prozent) wurde ein Kompromiss errungen, der zwar numerisch durch Vermehrung von Freischichten zu einer auf das Jahr gerechnet durchschnittlichen wöchentlichen Arbeitszeit von 38,5 Stunden führte, allerdings nichts an der faktischen Beibehaltung der 40stündigen Regelarbeitszeit änderte.[509]

Die Gewerkschaften mussten zunächst bei den eigenen Mitgliedern intensiv um die Plausibilität ihres Anliegens ringen, zumal die Kritik an der 35-Stunden-Woche nicht nur im Arbeitgeberlager, sondern auch in der konservativ-liberalen Bundesregierung heftig geübt wurde. Bundeskanzler Kohl bezeichnete die Gewerkschaftsforderung als „dumm, absurd und töricht"[510] und auch die Bundesbank, der Sachverständigenrat, wissenschaftliche Institute, die Kammern und Innungsverbände übten in bislang unbekannter Schärfe ihre Kritik. Ebenso blies den Gewerkschaften in der öffentlichen Berichterstattung heftig der Wind entgegen.[511]

Die IG Metall hatte sich nicht nur auf beschäftigungspolitische Begründungsmuster beschränkt, sondern warb mit einer inhaltlichen Trias, nämlich dem beschäftigungspolitischen Argument „Arbeit sichern und schaffen", dem Humanisierungsargument „Arbeit humanisieren" und dem gesellschaftspolitischen „Leben und Gesellschaft gestalten". Bevor die Mitglieder auf diese Strategie eingeschworen werden konnten, mussten zunächst die Funktionäre selber durch Informationskampagnen geschult werden, was angesichts einer einstimmigen Beschlussfassung auf dem Gewerkschaftstag 1983 offenbar gelungen war. Die Mobilisierung der Mitglieder erfolgte durch eine intensiv geführte Diskussion und eine umfangreiche Fragebogenaktion mit allein 650 000 Rückläufen.[512] Darüber hinaus verstand es die IG Metall ihr Vorhaben auch gesamtgesellschaftlich zu verankern und die Unterstützung der SPD, aber auch von Verbänden, Wissenschaftlerinnen und Wissenschaftlern, Kunst und Kultur sowie kirchlichen Gruppen zu gewinnen.

Im Frühjahr 1984 kam es dann sowohl in der Metall- als auch in der Druckindustrie zu den längsten Arbeitskämpfen der Nachkriegsgeschichte um die 35-Stunden-Woche mit vollem Lohnausgleich. Erstmals in ihrer Geschichte sah sich die IG Metall genötigt, gleich in zwei Tarifgebieten, Nordwürttemberg/Nordbaden und Hessen, den Arbeits-

---

509 Vgl. a.a.O., S. 180ff.
510 Vgl. Lang, Klaus: Gewerkschaftliche Arbeitszeitpolitik – 35-Stunden-Woche und was danach?, in: Seifert, Hartmut (Hrsg.): Jenseits der Normalarbeitszeit. Perspektiven für eine bedürfnisgerechtere Arbeitszeitgestaltung. Köln 1993, S. 249–270, S. 252 (I.F.: Gewerkschaftliche Arbeitszeitpolitik).
511 Vgl. Jansen, Hans; Lang, Klaus: Überwintern, S. 14.
512 Vgl. a.a.O., S. 15f.

kampf aufzunehmen. Die Arbeitgeber reagierten mit der „heißen" Aussperrung von 110 000 Beschäftigten und der „kalten" Aussperrung von 443 000 Beschäftigten in anderen Tarifgebieten.[513] Nach einem siebenwöchigen Streik, während dessen die Arbeitgeber fälschlicherweise darauf gesetzt hatten, dass die Streikkraft sich erschöpfen würde, wurde unter der Verhandlungsführung von Georg Leber eine Schlichtung erzielt, die im Wesentlichen einen Kompromiss zwischen den Arbeitszeitverkürzungswünschen der Gewerkschaften und der Flexibilisierungsstrategie der Arbeitgeber beinhaltete. Die 35-Stunden-Woche sollte schrittweise bis zum Januar 1995 umgesetzt werden. Der erste Teilschritt, der Einstieg in die 38,5-Stunden-Woche wurde mit Wirkung zum 1. April 1985 vereinbart, während den Arbeitgebern das Zugeständnis gemacht wurde, dass „die individuelle regelmäßige wöchentliche Arbeitszeit (…) gleichmäßig oder ungleichmäßig auf 5 Werktage verteilt werden" könne und „die wöchentliche Arbeitszeit (…) im Durchschnitt von zwei Monaten verteilt werden" müsse.[514] In der Folgezeit sollte sich zeigen, dass die Umsetzung durch eine Vielzahl von Modellen variierte, sei es durch gleichmäßig tägliche Verkürzung, durch Freie-Tage-Regelungen, durch Gleitzeitregelungen oder durch Kombinationsmodelle.[515] Die Ausgleichszeiträume wurden sukzessive verlängert und 1993 mit Einführung der 36-Stunden-Woche auf 12 Monate ausgedehnt. Der erste Tarifvertrag sah auch eine Differenzierung vor, durch die einzelne Beschäftigte länger arbeiten konnten, wenn dafür andere noch kürzer arbeiteten, also die durchschnittliche wöchentliche Arbeitszeit auch für den Durchschnitt aller Beschäftigten galt. Seit 1993 wurde diese Differenzierung erweitert um eine Quotenregelung, die vorsah, dass – je nach Vereinbarung – bis zu 13 oder 18 Prozent der Beschäftigten verlängerte Arbeitszeiten bis 40 Stunden haben konnten, vorausgesetzt, sie wurden zu dieser Regelung nicht gezwungen und ihre Ablehnung war nicht mit Nachteilen verbunden.[516] Zugesichert war auch, dass diese Beschäftigten selber entscheiden konnten, ob sie ein höheres Entgelt in Anspruch nehmen oder innerhalb des Ausgleichszeitraums einen Freizeitblock von mehr als sechs Wochen ansparen wollen.[517]
Wie bereits im Eingangskapitel aufgezeigt, hatte das Flexibilisierungspotenzial, das mit der sukzessiven Ausdifferenzierung des Tarifvertrages von 1984 in den folgenden Jahren zur Entfaltung kommen sollte,

---

513 Vgl. Scharf, Günter: Geschichte, S. 699.
514 Herrmann, Christa; Promberger, Markus; Singer, Susanne; Trinczek, Rainer (Hrsg.): Arbeitszeitflexibilisierung, S. 19.
515 Vgl. a.a.O., S. 19f.
516 Vgl. a.a.O., S. 37; vgl. Lang, Klaus: Gewerkschaftliche Arbeitszeitpolitik, S. 256f.
517 Vgl. Ledeganck, Rainer: Wochenende gesichert, in: Kirchlicher Dienst in der Arbeitswelt. Zeitschrift für evangelische Arbeitnehmer und evangelische Industrie- und Sozialarbeit, Nr. 4/1990, S. 77f. (I.F.: Wochenende gesichert).

zur damaligen Zeit noch kaum jemand überschaut. Christa Herrmann, Markus Promberger, Susanne Sieger und Rainer Trinczek sprechen insofern zu Recht von einer Inkubationsphase, in der „etwas passiert, ohne dass man es nach außen hin merkt".[518] In den 80er Jahren waren zum Beispiel in der Metallindustrie lediglich zwei bis vier Prozent der Beschäftigten von diesen Flexibilisierungsformen betroffen, was aber nicht darüber hinwegtäuschen darf, dass gleichzeitig mit Hilfe einschlägiger Managementkompetenz exemplarische Flexibilisierungsmodelle entwickelt wurden. Zusätzlich bauten viele Unternehmensleitungen eine Beratungsinfrastruktur auf, der das diesbezügliche gewerkschaftliche Know-how – als diese Struktur dann in den 90er Jahren geballt zur Anwendung kam – nicht genügen konnte.

Neben diesem betriebssoziologisch substantiellen Element der Inkubationsphase kam ein prozedurales hinzu: Durch die ständige Diskussion und Verwerfung teilweise utopisch wirkender Varianten der Arbeitszeitflexibilisierung entstand mental ein innerbetrieblicher Gewöhnungsprozess, eine Art klimatische Vertrautheit mit dem Thema.[519] Beide Aspekte, die technische wie klimatische Vorbereitung der Anwendungsphase, sollten dazu führen, dass sich unter den veränderten wirtschaftlichen Rahmenbedingungen seit Mitte der 90er Jahre die neuen Arbeitszeitmodelle durchschlagend vollzogen. Unter dem Eindruck einer politischen Atmosphäre, die die deutsche Arbeitsgesellschaft im Kontext des Globalisierungsdiskurses und diskutierter Standortverlagerungen als „zu teuer, zu wenig innovativ, zu verbürokratisiert und vor allem zu unflexibel"[520] etikettierte, verschärfte sich der Druck auf die Flexibilisierungsgestaltung. Hinzu kam die Tatsache einer scharfen Rezession seit Mitte der 90er Jahre sowie einer durch die Arbeitsmarktkrise eh schon stark verschobenen Balance von Beschäftigten und Arbeitgebern zu Gunsten letzterer. Und schließlich, gefördert durch die Verbetrieblichung von Arbeitszeitregelungen, also eine relativ hohe Autonomie der einzelnen Betriebe, eine eigene, innerbetriebliche Variante der Arbeitszeitorganisation zu finden, wurde der – auch für die Verbandspolitik der Arbeitgeber nicht ganz unproblematische – Effekt erzeugt, den Wettbewerb um die ökonomisch rentabelste Entkopplung von individueller Arbeitszeit und Betriebsnutzungszeit und die Kontinuisierung von Betriebsnutzungszeit zu verschärfen.[521]

Leistungsverdichtung, Individualisierung von Arbeitszeit, Druck auf das Wochenende und Versuche der Reetablierung des Samstags als Regelarbeitstag, Desynchronisierung von sozialen Zeiten, das sind nur einige der negativen Effekte, die mit dieser Flexibilisierungsstrategie nach

518 Herrmann, Christa; Promberger, Markus; Singer, Susanne; Trinczek, Rainer (Hrsg.): Arbeitszeitflexibilisierung, S. 35.
519 Vgl. a.a.O., S. 38.
520 A.a.O., S. 39.
521 Vgl. a.a.O., S. 39ff.

Ablauf der „Inkubationsphase" rasant eingetreten sind.[522] Diese Strategie blieb verständlicherweise nicht auf den Produktionsbereich beschränkt, sondern erweiterte auch die Nachfrage nach Dienstleistungen einer wachsenden Freizeitindustrie sowohl am Wochenende als Kompensationszeitraum für vielfach verdichtete Arbeitszeit als auch innerhalb der Woche durch Ausdehnung von Ladenöffnungszeiten.[523] Es wurde schon deutlich, dass die Gewerkschaften in den 80er Jahren sehr stark bemüht waren, ihre Strategie der 35-Stunde-Woche auch gesellschaftspolitisch zu verankern. Sie suchten Bündnisse, was letztlich der Einsicht entsprang, dass die Gewerkschaften als Arbeitszeit gestaltender Akteur auf die Mitwirkung anderer angewiesen waren, zumal es auch um externe Effekte der Arbeitszeitregelungen auf die Freizeit, die Familie und die politische Kultur des Landes ging, die durchaus die Interessen anderer Institutionen und Organisationen tangierten. Es wird nun im Folgenden dieses Kapitel abschließend unter anderem die Reaktion der evangelischen Kirche auf diese Veränderung der gesellschaftlichen Organisation der Zeit darzustellen und zu bewerten sein. Dabei wird auch der Frage nachzugehen sein, inwieweit sie ihre zeitpolitische Kompetenz diesbezüglich eingebracht hat.

2.6 Zeitpolitische Themen der evangelischen Kirche von den 60er Jahren bis zum Beginn der 80er Jahre

In den kirchenamtlichen Dokumenten der 60er, 70er und frühen 80er Jahre, also den EKD-Synoden und den synodalen Diskussionen und Beschlüssen der Landessynoden, findet sich keine prominente Auseinandersetzung mit arbeitszeitpolitischen Themen oder Aspekten veränderter Freizeitentwicklung. Die Hauptthemen der EKD-Synode, die zugleich auch Akzente für die Landessynoden setzten, waren in den 60er und 70er Jahren unter anderem mit der grundsätzlichen Frage des politischen Mandats der Kirche befasst,[524] konkreten politischen Vorgängen,

---

522 Vgl. dazu ausführlich Kap. 1.5–1.7.
523 Vgl. Kap. 1.6.2.
524 Vgl. Aufgaben und Grenzen kirchlicher Äußerungen zu gesellschaftlichen Fragen. Eine Denkschrift der Kammer für soziale Ordnung der Evangelischen Kirche in Deutschland, Gütersloh 1970. Die Diskussion über diese Frage war bereits auf der Synode der EKD 1967 entflammt und personalisierte sich hier an einem Streit zwischen dem leitenden Bischof der VELKD, Landesbischof Lilje, und Helmut Gollwitzer über Gollwitzers Kritik an der politisch einseitigen Referentenliste des Kirchentages 1967. Die dahinter zur Geltung kommende Grundsatzfrage des politischen Mandats der Kirche wurde auch mit der Denkschrift nicht abschließend beantwortet und machte sich beispielsweise auch noch auf der EKD-Synode 1972 an den Ostverträgen im Streit um die Zustimmung zur Ratifizierung durch Bischof Scharf fest. Vgl. Beckmann, Joachim (Hrsg.): Kirchliches Jahrbuch für die Evangelisch Kirche in Deutschland 1967, 94. Jahrgang, Gütersloh 1969, S. 95ff.; Beckmann, Joachim (Hrsg.): Kirchliches Jahrbuch für die Evangelische Kirche in

wie dem Vietnamkrieg, der Ostpolitik oder der Novellierung des §218 verpflichtet oder auch mit der eigeninstitutionelle Krise steigender Kirchenaustritte beschäftigt, wie etwa auf der EKD-Synode 1971.[525] Zwar wurden Themen, die durch Veränderungen der zeitlichen Organisation der Gesellschaft bedingt waren, im kirchlichen Kontext behandelt, aber überwiegend außerhalb kirchenamtlicher Äußerungen, beispielsweise in einschlägigen theologischen Fachzeitschriften, diskutiert. Hier ging es etwa um die Relevanzkrise der Gottesdienstkultur und die Funktion des Sonntags im Kontext eines sich verändernden Freizeitverhaltens.[526] Gewarnt wurde von kirchlicher Seite mehrfach, zu positiv und naiv auf die sich entwickelnden Freizeitbedürfnisse zu reagieren, ohne kritisch zu reflektieren, dass diese Suche nach positiver Freizeitgestaltung kompensatorischen Charakter gewonnen hat angesichts der Zunahme entfremdeter Arbeit. Darüber hinaus, so wird in der Denkschrift „Leistung und Wettbewerb" gewarnt, bestehe die Gefahr, „dass der Wille zu immer besserer und höherer Leistung auch die Freizeitwelt in Besitz nimmt".[527] Eingefordert wurde angesichts dieser Entfremdung von Arbeit und Freizeit oder gar der negativen Sogwirkung der Arbeit auf das Freizeitverhalten, dass die Kirche sich auch für sinnvolle

Deutschland 1968, 95. Jahrgang, Gütersloh 1970, S. 96ff; Beckmann, Joachim (Hrsg.): Kirchliches Jahrbuch für die Evangelische Kirche in Deutschland 1969, 96. Jahrgang, Gütersloh 1971, S. 67ff.; Beckmann, Joachim (Hrsg.): Kirchliches Jahrbuch für die Evangelische Kirche in Deutschland 1972, 99. Jahrgang, Gütersloh 1974, S. 115ff. (I.F.: Jahrbuch 1972).
525 Vgl. Beckmann, Joachim (Hrsg.): Kirchliches Jahrbuch für die Evangelische Kirche in Deutschland 1971, 98. Jahrgang, Gütersloh 1973, S. 3ff.
526 Vgl. Müller, Karl Ferdinand: Gottesdienst und Öffentlichkeit. Zur Frage der Kommunikation des Evangeliums heute, in: Lutherische Monatshefte, Dezember 1971, S. 648–654. Der Direktor der Kirchenmusikhochschule Müller provozierte in diesem Beitrag mit der These, dass die „Teilhabe am Leiden Christi (…) die höchste Form der Doxologie" sei und folglich Gottesdienst „Nachfolge in der Welt bedeute". Daher gebe es keinen grundsätzlichen Unterschied mehr „zwischen dem Gottesdienst der versammelten Gemeinde am Sonntag in der Kirche und dem Dienst der Christen an der Welt durch Stellvertretung". (A.a.O., S. 651). Dieser „von einem atheistischen Ansatz aus" entwickelten Gottesdienstkonzeption wurde denn auch entgegengehalten, dass der Gottesdienst sich wesentlich durch das auf den „dreieinigen Gott gerichtete Geschehen in der Mahlgemeinschaft" konstituiere. Vgl. Hieronimus, Ekkehard: Sammelpunkte der Gemeinde. Antwort an K.F. Müller, in: Lutherische Monatshefte, März 1972, S. 147f. Bezüglich veränderter Freizeitorientierung der Jugendlichen wurde beispielsweise auf der Basis einer wissenschaftlichen Untersuchung eines Modellprojekts der Jugendarbeit in Leonberg das Plädoyer für eine stärker auf Selbstverwaltung gegründete Jugendarbeit in kirchlicher Trägerschaft gehalten. Vgl. Röhm, Eberhard: Freizeit-Raum für die Jugend. Konsequenzen aus einer empirischen Untersuchung, in: Lutherische Monatshefte, November 1971, S. 567–569.
527 „Leistung und Wettbewerb". Sozialethische Überlegungen zur Frage des Leistungsprinzips und der Wettbewerbsgesellschaft. Eine Denkschrift der Kammer der Evangelischen Kirche in Deutschland für soziale Ordnung, Gütersloh 1978, S. 80 (I.F.: Leistung).

Arbeitsbedingungen und -inhalte einzusetzen habe und zu einer Aufhebung der „Entfremdung von Arbeit und Freizeit" beitragen müsse.[528] Dieser Aspekt fand, unter dem besonderen Blickwinkel der Entfremdung der Arbeitswoche vom Charakter des Sonntags, auch Eingang in die synodale Auseinandersetzung. Schon auf der *EKD-Synode 1968* hatte Karl-Heinz Sohn dieses Problem im Rahmen seines Vortrags über die Strukturprobleme der Industriegesellschaft behandelt. Angesichts des Tempos, mit dem sich die industrielle Entwicklung inklusive der Verdichtung von Arbeit vollziehe, sei vor der drohenden Inkongruenz von Sonntag und der Arbeitswoche zu warnen:

„Bleibt es nicht frommer Wunsch, die christliche Lehre und ein eigenes philosophisches Weltbild in seiner Tagesarbeit zu respektieren? Verweist man beides statt dessen nicht besser in den Bereich der Freizeit, weil sie bei der täglichen Arbeit nur hemmen und stören? Gibt es unter diesen Umständen überhaupt noch eine Übereinstimmung der Probleme des Alltags mit den Lehren des Sonntags und den Prinzipien der Ewigkeit?"[529]

Auf der *EKD-Synode 1982 in Berlin-Spandau* formulierte der Sozialethiker Theodor Strohm ganz ähnlich seine diesbezügliche Warnung vor der Dichotomie von Arbeit und Freizeit allerdings mit wesentlich deutlicheren Konsequenzen:

„Die christliche Ethik muss davor warnen, den ganzen Menschen in der Unverwechselbarkeit seiner Gottesebenbildlichkeit entweder der Arbeitswelt wie einem Gesetz zu unterwerfen, oder umgekehrt die Freizeitwelt als ‚Reich der Freiheit' zu stilisieren, das dem ‚Reich der Notwendigkeit' einfach dual entgegengesetzt werden könnte. Vielmehr gilt es, des Menschen Berufung zur Humanität hier und dort zu bewähren und beide vor dem Überhandnehmen destruktiver, die Menschlichkeit zerstörender Mächte zu bewahren. Deshalb dürfen wir auch nicht ablassen von dem Prinzip der Mitverantwortung und Mitbestimmung im Betrieb bzw. Unternehmen, nicht ablassen von der Forderung nach der Humanisierung der Arbeit."[530]

Das Kriterium der Mitbestimmung und der Humanisierung der Arbeitswelt als Entsprechung zu einer theologisch begründeten Gotteseben-

---

528 Vgl. Bergengruen, Hermann: Sinn in der Freizeit: Wählen, was uns weiterbringt, in: Lutherische Monatshefte, Dezember 1971, S. 612–614. In eine ähnliche Richtung geht auch die Kritik an den „Thesen zur Freizeit-Politik" des Evangelischen Arbeitskreises für Freizeit und Erholung, sie würden zu naiv und empirisch ungesichert von einem höheren Freiheitsgrad der Freizeit ausgehen, ohne zu berücksichtigen, dass es durchaus Menschen gibt, die beim Arbeiten mehr Freizeit erleben als in der Freizeit. Vgl. Hertel, Peter: Freizeit-Thesen: Mehr als Platitüden?, in: Lutherische Monatshefte, August 1977, S. 484–487.
529 Berlin-Spandau 1968. Bericht über die regionale Tagung (West) der 4. Synode der Evangelischen Kirche in Deutschland vom 6. bis 11. Oktober 1968: „Die Zukunft der Kirche und die Zukunft der Welt", Hannover 1969, S. 55–77, S. 71f.
530 Vgl. Berlin-Spandau 1982. Bericht über die fünfte Tagung der sechsten Synode der Evangelischen Kirche in Deutschland vom 7. November bis 12. November 1982, Hannover 1983, S. 235f.; S. 236 (I.F.: Berlin-Spandau 1982).

bildlichkeit zu entfalten, bot also auch eine zeitpolitische Implikation: So sehr diese Gottesebenbildlichkeit als qualitativer Anspruch uneingeschränkt die gesamte Lebenszeit des Menschen beansprucht, so wenig lässt sich eine „Abschreibung" von Arbeitszeit als Reich der Notwendigkeit aus theologischer Sicht legitimieren.[531] Dieses Votum, das eine humane Gestaltung der Arbeitszeit einfordert, liegt sehr nahe bei anderen, die nun auch bezüglich der Freizeit Kriterien ihrer positiven Gestaltung suchen.

Sehr dicht bei gewerkschaftlichen Forderungen wurde vereinzelt im kirchlichen Kontext das Argument der „Verfügbarkeit von Zeit" als ein solches Kriterium positiver Freizeitgestaltung aufgegriffen. Einer, der dies zur Diskussion stellte, Jürgen Knoll, setzte damit zugleich einen provokant kirchenkritischen Impuls gegenüber den theologischen Traditionen, die eine positive Qualifizierung von Zeit per definitionem eigentlich nur dem Sonntag zuschrieben und den Rest der Woche – auch die Freizeit in ihr – als demgegenüber zweitrangige Zeit bewerteten.[532] Wenn die Kirche, so Knoll, hingegen begreifen würde, dass sich in der Verfügung über die eigene Zeit, der „unabgegoltene Anspruch an ein freigestelltes Leben" spiegelt, dann müsse sie sich umfänglich für diese ganzheitliche Dimension einsetzen, anstatt zu meinen, dieser Anspruch sei wesentlich am Sonntagmorgen einzulösen. Die Kirche müsse lernen, das emanzipatorische Interesse zu vertreten, dass der Mensch frei über seine Zeit verfügen könne, und damit quasi den Sonntag in die Woche rücken wolle. Folglich müsse sie sich auch einsetzen für mehr Möglichkeiten zur kreativen Eigenarbeit und für einen neuen, an Kommunikationsbedürfnissen orientierten Städtebau.[533] Interessant und provokant zugleich die Schlusssätze jener einzelnen Stimme im evangelischen Raum:

„In allem: in den Planungs- und Entscheidungsvorgängen und in der Schaffung institutioneller Rahmenbedingungen wären die emanzipativen Intentionen des Glaubens einzubringen. (…) Unterdessen wird sich der Sonntag ausdehnen: Als Wochenende. Als Sonntag des Jahres im Urlaub. Als Sonntag des Lebens durch früheren Ruhestand und längeres Alter. Die Zukunft verwischt die Grenze zwischen

531 Eine alternative Argumentationsstruktur angesichts dieser Dichotomie von Arbeit und Freizeit bestand darin, kirchliche Forderungen nicht so sehr auf die Humanisierung der Arbeitswelt zu konzentrieren, sondern der Wiederentdeckung der eigentlichen Ruhe des Sonntags durch die Arbeitsunterbrechung, insbesondere aber durch die Feier des Gottesdienstes das Wort zu reden. „Gott gibt dadurch, dass er den Menschen aus den Zwängen von Alltag und Erwerb herausnimmt auch Anteil an der schöpferischen Distanz seiner selbst zur Welt." Grundwerte und Gottes Gebot. Gemeinsame Erklärung des Rates der EKD und der Deutschen Bischofskonferenz, Gütersloh/Trier 1979, S. 27.
532 Vgl. Knoll, Jürgen: Funke der Freiheit im Alltag. Der Sinn des Sonntags in industrieller Gesellschaft, in: Lutherische Monatshefte, Juni 1972, S. 292–296 (I.F.: Funke der Freiheit).
533 Vgl. a.a.O., S. 296.

heiliger und profaner Zeit noch mehr, denn das Maß freier Zeit wird sich in den Alltag hinein erweitern. Wird dann ein Sonntag wieder ‚heilig'? Wenn er das Glück nicht verdächtigt, als ob es nur uneigentlich in die Welt gehöre. Wenn er den Menschen nicht an Ordnung verrät. Wenn er die Gesellschaft auf ihre besseren Möglichkeiten verpflichtet. Wenn er den Alltag verändert. Sollen Freude und Freiheit nicht im Sperrbezirk alter oder neuer Riten verkommen, muss ihr Funke aufs alltägliche Leben überspringen."[534]

Dieses engagierte Votum für das Öffnen kirchlicher Sperrbezirke, die nur das Terrain der sonntäglichen Ruhe und des Gottesdienstes abstecken, aber das weite Umfeld der in der Woche gelegenen Möglichkeiten „geschenkter Zeit" nicht beachten und ebenso wenig die Chance wahrnehmen, in der Woche die „Intention des Sonntags in den Alltag einzubringen",[535] blieb ungehört und das Thema insgesamt auf den Synoden weithin unbeachtet.

Ein ebenso nur am Rande behandeltes Thema war das Verhältnis der evangelischen Kirche zu den Medien, insbesondere dem sonntäglichen Fernsehprogramm. Aus kirchlicher Perspektive war besonders die zeitliche Nutzerkonkurrenz zum Kirchgang anstößig, die bezüglich des Fernsehens darin gesehen wurde, dass das „Ostzonenfernsehen" bereits am Sonntagvormittag sendet, angeblich mit der Absicht, „die Zuschauer und unter ihnen besonders die Kinder und die Jugend vom Kirchgang abzuhalten".[536] Galten noch in den frühen 60er Jahren eher große grundsätzliche Vorbehalte, ob die Kirche selber überhaupt dagegen steuern und sonntags einen Gottesdienst ausstrahlen solle, ob dieser dann ohne die Feier des Abendmahls überhaupt ein solcher sei und ob hier nicht Konkurrenzen zum sonntäglichen Gemeindegottesdienst erzeugt würden, so hatten sich diese Vorbehalte innerhalb von zwei Dekaden entsprechend der rasanten Verbreitung dieses Mediums erledigt. Jetzt standen eher praktische Fragen im Raum, beispielsweise, ob denn der Fernsehgottesdienst nach der Ordnung der Agende vollzogen werden sollte und ob auch Studiogottesdienste statt der üblichen Direktübertragungen aus einer Gemeinde legitim und sinnvoll seien. Immerhin konnte der Öffentlichkeitsreferent der VELKD 1982 zu dem Ergebnis kommen, dass viele kirchenferne Gemeindeglieder „zu Gottesdienstteilnehmern über das Medium Fernsehen" geworden seien, „ohne jemals

---

534 Ebd.

535 Jürgen Knoll bezog sich hierbei auf ein Modell in Coburg. Hier wurde ein Gemeindezentrum errichtet, das neben einem Gemeindesaal, der Bibliothek, dem Konfirmandenraum, Kirch- und Jugendraum auch als gelegentlicher Fest- und Begegnungsplatz fungierte. Kirche sollte dadurch von ihrer kommunikativen Möglichkeit im Alltag der Woche begriffen werden, anstatt sich in den sakralen und zeitlichen Rahmen des sonntäglichen Gottesdienstes zurückzuziehen. Vgl. a.a.O., S. 295.

536 Vgl. Reich, Herbert: Gottesdienstliche Sendungen im Fernsehen, in: Kirchenzeitung der Lutherischen Kirche Deutschlands, März 1961, S. 76–78. A.a.O., S. 76.

selbst den Weg in eine Kirche zu finden".[537] Eine zeitliche, innerkirchliche Konkurrenz zwischen Fernsehgottesdienst und Gemeindegottesdienst wurde also nicht gesehen.

Ein Problem zeitlicher Nutzerkonkurrenz wurde ausdrücklich angegangen und Mitte der 60er Jahre auch vom Ratsvorsitzenden der EKD, Präses Scharf, thematisiert. Gemeint ist das Verhältnis zum Sport, das in der Vergangenheit eher negativ bestellt war. In einem Briefwechsel zwischen Scharf und dem Präsidenten des Deutschen Sportbundes Daume wurden ausgesprochen versöhnliche und um Lösung bemühte Worte von beiden Seiten gefunden.[538] Daume war an Scharf herangetreten mit der vorlaufenden Einschätzung, dass Kirche und Sport in den „Grundzügen des ihre Aufgaben und Bestrebungen bestimmenden Menschenbildes weitgehend übereinstimmen".[539] Folglich bat er darum, dass die Kirche sich in der Schule, in der Erwachsenbildung und an den Hochschulen für die Belange des Sportes einsetzen solle. Er räumte ausdrücklich ein, dass der Sport die Gottesdienstzeiten zu respektieren habe, wies aber auch auf den Konflikt hin, dass angesichts der Knappheit der Sportplätze oftmals ein Beginn der Spiele ab mittags zeitlich nicht ausreiche. Daher regte er an, das Gottesdienstangebot um abendliche oder Frühgottesdienste zu erweitern.[540] Er begrüßte die inzwischen in manchen Landeskirchen erfolgte Berufung von Arbeitskreisen Kirche und Sport und machte die Anregung, dass auf den Kirchentagen zukünftig auch das Thema Sport verhandelt werden solle. Schließlich gab er Scharf noch die Empfehlungen des Arbeitskreises V zur Sonntagsheiligung zur Kenntnis, in denen unter anderem zu lesen war, dass der Sportbund wenigstens einen veranstaltungsfreien Sonntag pro Monat anstrebe, in ländlichen Regionen Sportwettkämpfe sonntags nur nachmittags stattfinden und Gottesdienste in die offiziellen Sportprogramme aufgenommen werden sollten.[541]

Scharf bedankte sich für den Brief und erklärte die Bereitschaft im kirchlichen Raum zu prüfen, ob speziell an der kirchlichen Hochschule Berlin eine Lehrbeauftragung für Sportwissenschaft erteilt werden könne und hielt den Kontakt zwischen den theologischen Fakultäten und den Sport-Instituten für erstrebenswert.[542] Er hielt ebenso die zeitliche Konkurrenz zwischen Sport- und Kirchenveranstaltungen für potenziell konfliktträchtig, sprach sich aber nicht für eine von oben verordnete Regelung, sondern für eine gemeinsam gesuchte Regelung von

---

537 Jeziorowski, Jürgen: Wort und Sakrament am Bildschirm. Mediale Übertragung und Übertragbarkeit von Gottesdiensten, in: Lutherische Monatshefte, November 1982, S. 548–550, S. 549.
538 Vgl. Beckmann, Joachim (Hrsg.): Kirchliches Jahrbuch für die Evangelische Kirche in Deutschland 1965, 92. Jahrgang, Gütersloh 1967, S. 91–98.
539 A.a.O., S. 92.
540 Vgl. a.a.O., S. 93.
541 Vgl. a.a.O., S. 94f.
542 Vgl. a.a.O., S. 96.

Kirchengemeinden und Sportverbänden vor Ort aus.[543] Er bedauerte, dass beim Kölner Kirchentag noch keine Präsenz von Fragen des Sports eingeräumt worden war, wollte sich aber für eine Behandlung dieser Fragen auf den folgenden Kirchentagen persönlich einsetzen und stellte schließlich insbesondere für Höchstleistungssportler eine Konzeption zur seelsorglichen Betreuung in Aussicht. Der Brief endete mit der Bilanz, dass dieser Schriftwechsel für ihn ein Zeichen sei, „dass das Verhältnis von Sport und Kirche in ein neues, außerordentlich erfreuliches Stadium gelangt ist".[544]

Im olympischen Jahr 1972 veröffentlichte eine von der Kammer für soziale Ordnung benannte Kommission eine Studie unter dem Titel „Sport, Mensch und Gesellschaft".[545] In dieser Studie wurde betont, dass Sport und Spiel „wichtige Beiträge zu einem menschlichen Leben in einer freieren Gesellschaft" seien und erklärt, es sei ein Versäumnis, „dass der Sport in der kirchlichen Arbeit und der theologischen Wissenschaft bisher nur unzureichend behandelt worden ist".[546] Als Desiderat an die Adresse der Kirche wurde sogar gefordert, eine „neue Auslegung des Gebots ‚Du sollst den Feiertag heiligen' über die überlieferten kirchlichen Auffassungen hinaus" zu suchen, sich also von einer zu engen Fixierung dieser Gebotsauslegung auf den Gottesdienst zu lösen![547]

Die in jenen Jahren vielfach beklagte Relevanzkrise des Gottesdienstes war Anlass für eine von der Vereinigten Evangelisch-Lutherischen Kirche in Deutschland (VELKD) an das Allensbacher Institut in Auftrag gegebene Untersuchung. Geleitet war das Interesse dieser Untersuchung von der Frage, wie der Gottesdienst anziehender gestaltet werden könne, um Menschen wieder für die Kirche zu gewinnen.[548] Eine zweite Studie der EKD unter dem Titel „Wie stabil ist die Kirche?", folgte drei Jahre später. Beide Studien sind ein Indiz dafür, dass die evangelische Kirche intensiv über die für sie angemessene und erwartete Präsenz reflektiert hat, allerdings ohne dass bezüglich der zeitlichen Dimension ihres Handelns oder ihrer Orientierung im Zuge der Veränderung der zeitlichen Organisation der Gesellschaft irgendwelche maßgeblichen Hinweise zu entnehmen wären.

Abschließend bleibt zu sagen, dass die kirchenoffiziellen Beiträge der

---

543 Vgl. a.a.O., S. 97.
544 A.a.O., S. 98.
545 Vgl. Beckmann, Joachim: Jahrbuch 1972, S. 184–187.
546 A.a.O., S. 186.
547 Vgl. a.a.O., S. 187.
548 Vgl. Seitz, Manfred: Auf der Suche nach Bestätigung. Einsichten aus der VELKD-Umfrage zum Gottesdienst, in: Lutherische Monatshefte, März 1973, S. 132–134. Im Ergebnis wurden beispielsweise an Zielgruppen, vorrangig an Jugendlichen orientierte Sondergottesdienste empfohlen. Vgl. Seitz, Manfred: Kirchgänger mit Vorbehalten. Erste Auswertung einer Repräsentativumfrage, in: Lutherische Monatshefte, Januar 1973, S. 11–13.

60er und 70er Jahre kaum eine explizite Thematisierung der zeitlichen Umstrukturierung der Gesellschaft vorweisen. Das Votum zum Sport bildet hier eine Ausnahme. Zeitrelevante Themen wie Kirche und Sonntagsfernsehen, die Krise des Gottesdienstes, neue Gestaltungsherausforderungen insbesondere angesichts einer sich ändernden Freizeitkultur wurden zwar aufgegriffen, fanden aber so gut wie keinen Niederschlag in den offiziellen Dokumenten oder waren zumindest nicht profiliert zugespitzt auf den zeitlichen Aspekt dieser Themen. Allerdings sind einige wenige Ausführungen im Kontext der Befassung mit den Strukturproblemen der Industriegesellschaft zeitpolitisch ausgesprochen weiterführend, auch wenn sie keine Wirksamkeit bezüglich synodaler Verlautbarungen gefunden haben. Bemerkenswert ist diesbezüglich der schon 1968 von Karl-Heinz Sohn und 1982 von Theodor Strohm in die synodale Diskussion eingebrachte Hinweis auf die Gefahr, dass die Arbeitswoche kirchlicherseits quasi als Reich der Notwendigkeit abgeschrieben werde, wenn nicht auch die Qualität der Arbeitswoche unter den Anspruch der Gottebenbildlichkeit des Menschen gestellt werde. Eine Forderung, die Jürgen Knoll schon in den frühen 70er Jahren in eine explizit zeitpolitische Begrifflichkeit gefasst hatte, indem er die Verfügbarkeit von Zeit als das umfassende Kriterium benannt hatte, das das kirchliche Engagement über den Sonntag hinaus auf die ganzheitliche Dimension der menschlichen Lebenszeit verweist. Solche Voten vermochten jedoch die kirchliche Diskussion nicht entscheidend zu prägen. Einen neuen Zugang zur „Frage der Zeit" sollte die evangelische Kirche erst auf dem Umweg über ein anderes Phänomen bekommen: Die wachsende Arbeitsmarktkrise.

2.7 Zeitpolitische Positionierungen der evangelischen Kirche seit den frühen 80er Jahren

2.7.1 Die ökumenischen Verlautbarungen der 80er Jahre

Schon im November 1977, also relativ zu Beginn der Entwicklung struktureller Arbeitslosigkeit in der Bundesrepublik Deutschland, thematisierte die evangelische Kirche auf ihrer *Synode in Saarbrücken* die Problematik der Arbeitslosigkeit.[549] 22 Jahre nach der Synode in Espelkamp wandte sie sich damit erstmals wieder den brennenden Fragen der Arbeitsgesellschaft zu, wenn auch diesmal unter einem veränderten Blickwinkel. In ihrem Votum betonte sie die besondere seelische Belastung, die der Verlust des Arbeitsplatzes mit sich bringe, da die zentrale Funktion der Erwerbsarbeit als Maßstab der „Leistungs- und

---

549 Vgl. Hauschild, Wolf-Dieter; Wilkens, Erwin (Hrsg.): Kirchliches Jahrbuch für die Evangelische Kirche in Deutschland 1976/77, 103./104. Jahrgang, Gütersloh 1981, S. 154–156.

Konsumgesellschaft" und als Faktor, der über die „Teilhabe am gemein-
schaftlichen Leben" entscheide, oftmals erst beim Verlust des Arbeitsplatzes transparent werde.[550] Die Synode ermutigte daher alle Verantwortlichen in Bund, Ländern und Gemeinden sowie die Tarifparteien,
sich für die Bekämpfung der Arbeitslosigkeit einzusetzen. Den Gewerkschaften schrieb sie dabei die Aufgabe zu, moderate, lediglich am Infla-
tionsausgleich orientierte Lohnabschlüsse anzubieten und darüber
hinaus wegen der beschäftigungseffektiven Wirkung die Produktivitäts-
zuwächse eher in Arbeitszeitverkürzung umzusetzen.[551]
Die Forderung nach Arbeitszeitverkürzung auch ohne vollen Lohnausgleich wurde in jenen Jahren mehrfach im protestantischen Lager erhoben, um das – damals noch für möglich gehaltene – Ziel der Vollbeschäftigung zu erreichen.[552] Allerdings wurde auf der bereits erwähnten
EKD-Synode in Berlin-Spandau 1982 durchaus auch auf die Gefahr zunehmender Leistungsverdichtung im Zuge einer weiteren Arbeitszeitverkürzung hingewiesen und angesichts des Mismatch von Angebots-
und Nachfragestruktur der Arbeitskräfte angemahnt, die Erwartung an
tatsächliche Beschäftigungseffekte deutlich zu minimieren.[553] Das insgesamt zu verbuchende Plädoyer der evangelischen Kirche für eine
Reduzierung der Wochenarbeitszeit war also dem „höheren" Zweck der
Vollbeschäftigung verschrieben und entsprang auch nicht, wie es beim
Thema Sonntagsheiligung doch mehrfach zu konstatieren war, eigen-
institutionellem Interesse. Hier war stattdessen der politische Impuls
maßgeblich, sich angesichts der – kirchlich durchaus kritisch diskutierten[554] – zentralen Funktion der Erwerbsarbeit als Vergesellschaftungs-
faktor für ihre gerechte Verteilung einzusetzen.

550　Vgl. a.a.O., S. 154.
551　Vgl. a.a.O., S. 155.
552　Vgl. Cordes, Cord: Mit dem Mangel an Arbeit leben. Alle müssen beisteuern,
um die Lage zu meistern, in: Lutherische Monatshefte, März 1976, S. 203–205; vgl.
Heienbrok, Klaus: Ein Stück verweigerten Lebens. Ans Arbeitslossein soll sich
niemand gewöhnen müssen, in: Lutherische Monatshefte, Oktober 1980, S. 593–
595. Heienbrok argumentiert hier mit Rekurs auf ein sozialethisch einzuforderndes
Recht auf Arbeit: „Das Recht auf Arbeit ist einzulösen, es verdient denselben Rang
wie das Recht auf Eigentum und der Schutz des Privateigentums. Alle Ansätze, hier
zu realistischen Lösungen zu kommen, zum Beispiel über generelle Arbeitszeitverkürzung, strukturelle Lohnveränderung und Verteilung von Arbeit auf alle, ist
eine dringliche Aufgabe, die die Kirche zu unterstützen hat." A.a.O., S. 595.
553　So zum Beispiel der damalige Präsident des Deutschen Instituts für
Wirtschaftsforschung, Dr. Hans-Jürgen Krupp, in seinem Vortrag auf der EKD-
Synode 1982. Trotz der Relativierung überzogener beschäftigungspolitischer Erwartungen forderte er andererseits aber – vermutlich an die Arbeitgeberseite gerichtet – eine „Enttabuisierung der Arbeitszeitdiskussion (...) auch wenn der Beitrag
der vertretbaren Arbeitszeitdiskussion zur Lösung des Arbeitslosigkeitsproblems
relativ gering ist." Vgl. Berlin-Spandau 1982, S. 242f.
554　Vgl. Barth, Karl: KD III, 4, S. 540ff.; Hanselmann, Johannes: Arbeit ist kein
Wert an sich. Rechtfertigung geschieht vor aller Leistung, in: Lutherische Monatshefte, Juni 1976, S. 309–311.

Die Tatsache, dass die EKD-Synode im November 1982 „Sinn und Wandel der Arbeit in der Industriegesellschaft – Herausforderung für die Kirche" zum Schwerpunktthema wählte, markiert den zentralen Stellenwert, den der Wandel der Arbeitsgesellschaft und ihre strukturelle Arbeitslosigkeit in der kirchlichen Aufmerksamkeit gewonnen hatte. Das Sozialwissenschaftliche Institut der EKD hatte bereits eine „Kirchliche Erklärung zu Arbeit und Arbeitslosigkeit" herausgegeben, ebenso hatte der Kirchliche Dienst in der Arbeitswelt ein Arbeitspapier unter dem Titel „Die Zukunft der Arbeit" verfasst.[555] Besondere Aufmerksamkeit zog die Studie der Kammer der Evangelischen Kirche für soziale Ordnung auf sich, die unter dem Titel „Solidargemeinschaft von Arbeitenden und Arbeitslosen" kurz vor der Synode erschienen war.[556] Für unseren Zusammenhang ist die Studie insofern von Interesse, als dass sie einerseits den Solidargedanken unter dem vorrangigen Interesse einer gerechten Verteilung von Arbeit mit einer Aufforderung an die Arbeitsplatzinhaber verband, Arbeitsplätze zu teilen, „was vielfach nur durch Opfer der bereits Beschäftigten möglich" sei.[557] Damit hatte sie also relativ unkonkret den Gedanken einer Arbeitszeitverkürzung beziehungsweise individuellen Teilzeitoption ohne Lohnausgleich als beschäftigungseffektives Instrument zur direkten Anfrage an die Beschäftigten erhoben. Darüber hinaus ist andererseits bemerkenswert, dass sie die Unternehmer sogar aufforderte, besondere Arbeitsplätze für das Wochenende „bei vollkontinuierlichem Betrieb anzubieten, also die Zwei-Tage-Woche bei 50% des Wochenlohnes einzurichten".[558] Es mag sein, dass es das grundsätzliche Vertrauen in die Funktionsfähigkeit „gesetzlicher und tarifvertraglicher Schutzvorschriften gegen jeglichen Missbrauch der Wochenendarbeit" war, das hier zum Zuge kam.[559] Möglicherweise zeugte dieses Plädoyer auch davon, dass man kirchliche Ansprüche auf den Sonntag gegenüber dem Produktionssektor weitgehend gesichert sah und folglich aus sozialethischen und beschäf-

---

555 Vgl. Daiber, Karl-Fritz: Die Situation ist unverändert ernst. Arbeitslosigkeit als Herausforderung an die Kirche, in: Lutherische Monatshefte, August 1983, S. 359–362, S. 359.
556 Vgl. Studie der Kammer der Evangelischen Kirche in Deutschland für soziale Ordnung: „Solidargemeinschaft von Arbeitenden und Arbeitslosen" – Sozialethische Probleme der Arbeitslosigkeit, Gütersloh 1982 (I.F.: Solidargemeinschaft).
557 A.a.O., S. 39.
558 A.a.O., S. 53. Erstaunlich ist an diesem Votum nicht nur, dass es noch nicht einmal eine Garantie zur Gottesdienstteilnahme einfordert für diejenigen, die dies wünschen, sondern auch nicht bemüht ist nachzuweisen, dass diese Teilzeitarbeit am Wochenende überhaupt beschäftigungseffektive Wirkung hat. Vgl. zur Kritik daran: Koch, Herbert: Woche ohne Sonntag? Die Wirtschaft, die Kirchen und das Sabbatgebot, Hannover 1989, S. 30f. (I.F.: Woche).
559 Przybylski, Hartmut: Schutz der übrigen Zeit vor dem weiteren Zugriff der Gegenwart. Einige kirchliche Positionen im gegenwärtigen Streit um die Wochenendarbeit, in: Arbeitsrecht der Gegenwart, Band 26, Berlin 1989, S. 105–120 (I.F.: Schutz).

tigungspolitischen Gründen diese Form der Wochenendarbeit und des kirchlichen Zugeständnisses meinte ungefährdet empfehlen zu können. So wird denn auch zwei Jahre später in der ökumenischen Verlautbarung der EKD und der Katholischen Bischofskonferenz: „Den Sonntag feiern" die eigentliche Gefahr der Destruktion der Sonntagskultur nicht in Verbindung gebracht mit zunehmenden Flexibilisierungsstrategien in der Produktion, sondern mit einem durch die Freizeitindustrie geschürten individuellen Fehlverhalten bei der Freizeitgestaltung.[560] Sachgerecht an dieser Auffassung ist sicher, dass im Segment der Freizeitindustrie und der personenbezogenen Dienstleistungen im Kultur-, Gaststätten- und Hotelgewerbe seit den 80er Jahren ein deutlicher Anstieg der Sonntagsarbeit zu verzeichnen ist. Aber fragwürdig ist, inwieweit ein moralischer Appell an die Konsumenten und die Warnung davor, dass das Übermaß an sonntäglichen Freizeitangeboten zu einer familienunfreundlichen, konsumorientierten Rastlosigkeit führe, irgendeinen Ansatzpunkt bieten konnte, um der beklagten „Unrast des Konsums" zu begegnen.[561] Vor dem Hintergrund dieser negativen Bewertung des Freizeitverhaltens wurde nun vehement die für die Christen zentrale Stellung des Gottesdienstes betont, der als Mitte der Gemeinde das eigentliche „Sonntagsgebot" durch Gemeinschaft, Ruhe und Besinnung vermittle. Der Sinn des Sabbats sei „in die Feier des Sonntags aufgenommen. Der erste Tag der Woche war der Anfang der Schöpfung. Die Auferstehung Jesu Christi" sei „der Anfang der neuen Schöpfung." Und für Schöpfung und Auferstehung zu danken, ist nun der eigentliche in der gottesdienstlichen Feier praktizierte Sinn des Sonntags!

Es ist ganz offensichtlich, dass dieses Votum nicht nur erneut der Theorie der Enteignung des Sabbats durch den Sonntag das Wort redet, sondern auch eine dualistische Licht-Dunkel-Typologie bemüht, durch die eine dem Konsum und der besinnungslosen Rastlosigkeit verfallene Welt der in der Kirche zum Tragen kommenden Gegenkultur echter Ruhe und Besinnung gegenübergestellt wurde. Das ist eine Typologie, die bereits mehrfach in den kirchlichen Dokumenten der 50er und 60er Jahre zu erkennen war. Die strategische Stoßrichtung dieses Votums scheint es zu sein, mit ökumenisch geballter Kraft dem Gottesdienst gegen die wachsende Konkurrenz individueller Freizeitgestaltung eine nachdrückliche Referenz als Zentrum der eigentlichen und exklusiv sinnvollen Sonntagkultur zu verleihen. Dabei liegt auch wiederum in konsequenter Aufnahme weiter Teile kirchlicher Tradition eine unhistorische und exegetisch nicht haltbare Gleichsetzung von Sabbatgebot gleich Sonntagsgebot gleich Gottesdienstpflicht vor.[562]

---

560 Vgl. „Den Sonntag feiern" (1984), in: EKD-Texte 22, Hannover 1988, S. 11–15 (I.F.: EKD-Texte 22).
561 Vgl. a.a.O., S. 11.
562 Deutlich kritisiert Herbert Koch in diesem Sinne: „Erneut ist zu fragen, ob hier nicht ein wesentlicher Bestandteil des Kanonischen Rechts der katholischen

Im Jahr der schwersten Streikwelle des Nachkriegsdeutschlands und der heftigen Auseinandersetzung um den Einstieg in die 35-Stunden-Woche samt der anhängigen Flexibilisierungsfragen ist es signifikant, mit welcher Abstinenz bezüglich der Wahrnehmung aktueller, zeitpolitischer Vorgänge ein kirchliches Votum solitär das kircheneigene Interesse einer nachhaltigen Positionierung der Gottesdienstkultur verfolgt hat. Statt die Erweiterung von Handlungs-, Gestaltungs- und auch Konsummöglichkeiten, die in den 80er Jahren mit zunehmendem Güter- und Zeitwohlstand möglich wurden – bei aller Angemessenheit einer kritischen Auseinandersetzung –, auch von ihren positiven, emanzipatorischen Möglichkeiten her zu bewerten, wurden diese pauschal diskreditiert. Zugleich aber wurde die aus der Sicht der sonntags arbeitenden Menschen eigentliche Problematik, nämlich die des Verlustes sozialer Zeiten, gar nicht thematisiert. Beide Kirchen verharrten im Kontext der gesellschaftlichen Veränderungsdynamik in Form des strukturellen Wandels hin zu einer Dienstleistungsgesellschaft in der Polarisierung von Gottesdienst und dem vermeintlich missbräuchlichen Freizeitverhalten. Im Kern ist dies begründet in einer reduzierten und einseitigen Wertschätzung des „kirchlichen Zeitraums" in Abgrenzung gegenüber allen anderen „profanen Zeiten".

Man mag dies als eine weitere Bestätigung für die oben erwähnte These werten, dass in einer über mehrere Jahre sich erstreckenden Inkubationsphase die tatsächlichen durch den Leberkompromiss initiierten Auswirkungen der Flexibilisierung nicht in den Blick kamen. Bezogen auf den Druck, dem der Sonntag zunehmend ausgesetzt war, sollte sich dies für die kirchliche Wahrnehmung allerdings sehr schnell ändern. Der diesbezügliche kirchliche Widerstand machte sich aber eher an den Bestrebungen der deutschen Textilindustrie fest, die schon seit Mitte der 70er Jahre bemüht war, eine Änderung der Arbeitszeitordnung zu Gunsten einer Lockerung der Regelung zur Gewährleistung der sonntäglichen Arbeitsruhe zu bewirken.[563]

Kirche evangelischerseits mitgetragen wird, ohne dazu der eigenen theologischen Tradition gegenüber Rechenschaft abzulegen. Und es dürfte ein Gebot der intellektuellen Redlichkeit sein, darauf hinzuweisen, dass der Duktus dieses gemeinsamen Wortes, der sich auf die Formel bringen lässt ‚Sabbatgebot=Sonntagsgebot=Gottesdienstpflicht‘, biblisch keineswegs verifizierbar ist. Was sich hier vollzieht, ist vielmehr eine konsequente kirchliche Vereinnahmung des Sabbatgebots mit stark gesetzlichen Zügen, die den Ballast der Erkenntnis historisch-kritischer Exegese nicht abzuwerfen braucht, weil sie ihn sich erst gar nicht aufgeladen hat. Was sich in diesem ‚Wort‘ ausspricht, ist letztlich eine frustrierte Kirche, die meint, den Stellenwert des Christlichen in der Gesellschaft ausschließlich an der Gottesdienstteilnahme ablesen zu müssen und sich zu einer von der Kirche emanzipierten Welt in kein konstruktives Verhältnis zu setzen vermag. Koch, Herbert: Woche, S. 34.
563 Vgl. Welche Grenzen beschränken den Griff nach dem freien Sonntag? Epd-Dokumentation Nr. 37/1989 (I.F.: Grenzen). Faktisch erfolgreiche Zugriffe auf den Sonntag durch die erwirkte Genehmigung von Sonntagsarbeit aus letztlich rein öko-

Die Textilindustrie in Deutschland hatte im Zeitraum seit 1970 bis zum Ende der 80er Jahre eine vergleichsweise harte Konkurrenzsituation auf dem europäischen und internationalen Markt erlebt. Eine Steigerung der Importrate ausländischer Textilerzeugnisse um das fast Fünffache, ein Beschäftigungsabbau von über 50 Prozent auf gut 200 Tausend Beschäftigte im Jahr 1989, eine hohe Kapitalintensität der Produktion sowie überdurchschnittlich hohe Produktionszeiten ließen als vermeintlich einziges Mittel, um der Wettbewerbssituation noch gerecht werden zu können, den Ruf nach einer Änderung des Arbeitszeitgesetzes laut werden, die die vollkontinuierliche Produktion auch aus wirtschaftlichen Gründen ermöglichen sollte.[564] Die Novellierung des Arbeitszeitgesetzes stagnierte. Der Entwurf sah lediglich Ausnahmen aus Gründen des Gemeinwohls vor. Der Vorschlag des Bundesrates, Ausnahmen für den Betrieb „von hochmechanisierten oder automatisierten Produktionsanlagen, bei denen (…) ein erheblicher Teil wartender, steuernder und überwachender Tätigkeit vorliegt", zuzulassen, fand in der Bundesregierung keine Mehrheit.[565]

Die bereits im September 1985 herausgegebene zweite gemeinsame ökumenische Erklärung „Der Sonntag muss geschützt bleiben"[566] verriet schon durch ihren Titel eine gewisse politische Stoßrichtung, die sich im Text als explizit gegen die Bestrebungen der Textilindustrie gerichtet erweisen sollte, den Sonntag aus Konkurrenz- und Rentabilitätsgesichtspunkten zur Arbeit freizugeben. Der Einzelne und die Gesellschaft brauche den Sonntag, „um zu erfahren, dass Produktion und Rentabilität nicht den Sinn des Lebens ausmachen". Die Wirtschaft müsse „dem Menschen und der Entfaltung seines ganzen Lebens die-

---

nomischen Gründen sollten folgen. Sie betrafen die Firma Siemens, die 1986 in Regensburg die Genehmigung erhielt, weil sich ansonsten die Ausschussquote der Produkte (integrierte Schaltungen) um fünf Prozent erhöhen würde. Der Großkonkurrent IBM zog aus ähnlichen Gründen, die als technisch deklariert wurden, nach. Vgl.: Frey, Martin; Schobel, Paul (Hrsg.): Konflikt um den Sonntag. Der Fall IBM und die Folgen, Köln 1989.

564 Vgl. Neundörfer, Konrad: Sonntagsarbeit aus wirtschaftlichen Gründen, in: Grenzen, S. 5–18. Vgl. Schmidt, Klaus: Begrenzte Ausnahmen vom Gebot der Sonntagsruhe: Kriterien und Leitlinien aus der Sicht von Gesamttextil, in: Grenzen, S. 24–34.

565 Vgl. a.a.O., S. 27. An diesem Entwurf des Bundesrates hatte der Sozialausschuss der Evangelischen Kirche von Westfalen in seiner „Stellungnahme zur Frage der möglichen Ausweitung der Arbeit an Sonn- und Feiertagen" deutliche Kritik geäußert, die sich die westfälische Kirchenleitung in ihrer Sitzung am 18./19.9.1985 zu Eigen machte. Vgl. Brief des Landeskirchenamtes vom 16. Oktober 1985 an die Superintendenten (Az: 39401/C 7–16), einzusehen im Archiv des Landeskirchenamtes der Evangelischen Kirche von Westfalen, Bielefeld, (I.F.: Stellungnahme).

566 Vgl. „Der Sonntag muss geschützt bleiben" (1985), in: EKD-Texte 22, S. 16–18.

nen" und dürfe „nicht den Menschen den wirtschaftlichen Erfordernissen unterordnen".[567]
In drei Punkten wurde die kirchliche Argumentation pro Sonntagsruhe zusammengefasst. Theologisch wurde zunächst, anknüpfend an das gemeinsame Wort des Vorjahres, nochmals der Sonntag als christliches Äquivalent zum Sabbat beschrieben. Es scheint sich demnach die katholische Lehre von der Übertragung des Sabbats auf den Sonntag gegenüber der lutherischen Tradition – die noch in den 50er Jahren, prominent vertreten von Beckmann und Lohse, die strikte Geschiedenheit von Sabbat und Sonntag betonte – in diesen Verlautbarungen durchgesetzt zu haben. Folglich verwundert es auch nicht, dass unter dem zweiten Punkt in Anlehnung an das Wort Jesu, der Sabbat sei um des Menschen willen da, außer der gottesdienstlichen auch die soziale, anthropologische und die Familien stabilisierende Eigenart des Sonntags gewürdigt wird. Das zentrale Argument, dass die Sonntagsruhe um des Menschen willen da sei, bediene letztlich auch ein wirtschaftliches Interesse, da ohne Mußezeit und Abstand von der Arbeit die Produktivität der Menschen leide. Im dritten Punkt wird schließlich die kulturelle Dimension des Sonntags grob umrissen, die auf dem Spiel stehe, wenn „in der Gesellschaft Arbeits- und Freizeit beliebig gewählt werden könnten und damit die Ruhe und Muße im öffentlichen Leben verlorengingen".[568]
In der Auseinandersetzung mit den Vertretern von Gesamttextil wurde mit Bezug auf dieses ökumenische Wort von kirchlicher Seite insbesondere die Konzentrierung auf den visionären Charakter des Sonntags für entscheidend gehalten. Gegen den Trend, das Leistungsprinzip der Erwerbsarbeit auch in den Freizeitbereich zu übertragen und eine „Montagsrealität" sogar am Sonntag zu praktizieren, habe das gemeinsame Wort umgekehrt deutlich gemacht, dass wir auch „unter der Woche gewissermaßen ‚Sonntagskinder'" seien.[569] Mit der Zurückweisung des Rentabilitätsdenkens habe dieses Votum die „Freiheit des Menschen von der totalen Unterordnung unter die Arbeit und damit unter das Reich der Notwendigkeit" eingefordert und damit die „Vision von einem humanen menschlichen Leben gemeint", was mehr sei als nur der Streit um einen bestimmten Wochentag.[570] Der Sonntag wird hier also zum Symbol eines Zeitverständnisses, das Ausdruck einer biblisch begründeten Anthropologie ist.
Interessant allerdings, dass diese Befürwortung der grundsätzlichen Zurückweisung wirtschaftlicher Ansprüche an den Sonntag, wie sie der Oberkirchenrat der EKD, Tilmann Winkler, auf einer Tagung mit Ver-

---

567 A.a.O., S. 17.
568 Vgl. Winkler, Tilmann: Der Schutz des Sonntags aus sozialethischer Sicht, in: Grenzen, S. 19–23, S. 19.
569 A.a.O., S. 20.
570 A.a.O., S. 19.

tretern von Gesamttextil begrüßt hatte, gegen Ende der Tagung eine gewisse Korrektur erfuhr. Deutlich realisiert wurde offenbar auf dieser Tagung, dass es bei dem Vorstoß von Gesamttextil um eine sehr engmaschige und an viele Bedingungen (Kapitalintensität, bereits regelmäßige Samstagsarbeit, hohe Importquote, drohender Beschäftigungsabbau) geknüpfte Ausnahmeregelung gehen sollte, die zudem nur für etwa drei bis vier Prozent der Beschäftigten in der Textilindustrie auf der Basis von Freiwilligkeit gelten sollte und insgesamt einen Dammbruch nicht befürchten ließ. Tilman Winkler stellte in Rechnung, dass die Kirche ihre grundsätzliche Kritik zu sehr an der diskutierten Sonntagsarbeit von maximal 20 Tausend Beschäftigten festgemacht habe, anstatt diese eher an der Sonntagsarbeit von Millionen zu üben, die möglicherweise nicht mit gleichermaßen starken Argumenten verteidigt werden könne.[571] Er befürwortete die Abwägung, sich den betroffenen Unternehmen der Textilbranche bezüglich der Sonntagsarbeit nicht in den Weg zu stellen, wenn andererseits sichergestellt würde, dass der Grundsatz der Ultima ratio für die Sonntagsarbeit insgesamt gelte und im Ergebnis dann vermutlich statt „4 Millionen nur noch 2 oder 3 Millionen am Sonntag arbeiten".[572] Diese Argumentation, die sich sehr intensiv auch um die Überprüfung rein wirtschaftlicher Begründungen von Ausnahmeregelungen bemüht hatte, ist bezeichnend für eine gewisse Schwerpunktverlagerung der kirchlichen Positionierung.

Eine ausschließlich gottesdienstbezogene Argumentation, wie sie oftmals in den 50er Jahren und auch noch in der ersten gemeinsamen Erklärung 1984 zu finden war, ist um eine Argumentation ergänzt worden, die sich der sozialen Dimension des Sonntags verpflichtet weiß und für die eine – wie auch immer begründete – Affinität zum Sabbat grundlegend ist.[573]

---

571 Vgl. ders.: Begrenzte Ausnahmen vom Gebot der Sonntagsruhe – Kriterien und Leitlinien aus sozialethischer Sicht, in: Grenzen, S. 35–36.

572 A.a.O., S. 36.

573 Es mag sein, dass auch innerhalb der kirchlichen Bewertung der Stellungnahme von 1984 die Kritik aufkam, dass hier zu sehr eigeninstitutionelle Beweggründe im Vordergrund stehen. Auf der Landessynode der Evangelisch-lutherischen Kirche Hannovers vom April 1987 wird denn auch das Motto der Auseinandersetzung um die Sonntagsheiligung, „Wer den Sonntag schützt, schützt auch den Menschen", also die gemeinnützige und menschengerechte Stoßrichtung begründet mit dem Hinweis, dass darin auch deutlich werden solle, dass der Sonntag nicht „aus egoistischem kirchlichem Interesse reklamiert" würde. Dies belegt zumindest, dass solche Vorwürfe grundsätzlich im Raum waren. Vgl. 20. Landessynode der Ev.-lutherischen Landeskirche Hannovers, X. Tagung vom 26. bis 29. April 1987, Hannover 1987, S. 29f. (I.F.: 20. Landessynode). Massive, besonders auch theologisch begründete Kritik, wurde – wie bereits erwähnt – von Herbert Koch geäußert. Er sieht in allen drei Verlautbarungen einen Duktus, der letztlich auf den Gottesdienst als die eigentliche Heiligung des Sonntags zielt. Zuzustimmen ist Koch, dass auch die letzte Verlautbarung mit einer deutlichen Verengung der Charakterisierung der Sabbatfeier als Sammlung der Juden „zum gemeinsamen Gebet und zur Lesung

Dies bestätigt sich auch in dem dritten und bislang letzten ökumenischen Votum zur Sonntagsfrage, „Unsere Verantwortung für den Sonntag" von 1988. Hier kommt die Sorge um eine weitere Aushöhlung des arbeitsfreien Sonntags in einem ausführlichen Neun-Punkte-Katalog zur Sprache.[574] Dieser prangert eine gesamtgesellschaftliche Tendenz an, die die Sonntagsruhe sowohl durch technologische Innovationsdynamik, steigende Reparatur- und Wartungsarbeiten, Expandierung des freizeitbezogenen Dienstleistungssektors als auch durch sozial-kulturelle Veranstaltungen wie Volksfeste, Märkte und Sportveranstaltungen bedrohe.[575] Dagegen wird nun in einem zweiten Teil wiederum auf die Sabbattradition rekurriert, die den siebten Tag der Woche in mehrfacher biblischer Begründung als Ruhetag qualifiziert habe.
Eher unpräzise wird zum Verhältnis zwischen Sabbat und Sonntag formuliert, für die christliche Sonntagsfeier gelte, dass sie „noch vieles von der Sabbatfeier" enthalte. Dann wird weiter ausgeführt: „Sie ist vom letzten auf den ersten Tag der Woche verlegt worden, auf den Tag, an dem Jesus von den Toten erstanden ist. Deshalb ist der Sonntag der Tag des Herrn (Offb 1,10), gesegnet und heilig."[576] Entsprechend dieser am Inhalt des Sabbats orientierten Sonntagsauslegung wird denn auch deutlich gesagt, der Sonntag symbolisiere, dass der Mensch nicht in seiner Arbeit aufgehen dürfe.[577]
Der letzte Teil differenziert wiederum in traditionsreicher Weise, dass die Ruhe dieses Tages mehr sei als das „Ausruhen von ermüdender Arbeit", so unverzichtbar dies auch sei. Allerdings setzt dieser Teil ausdrücklich als Aufruf an die Christen ein, bringt also ein christliches Verständnis von Sonntagsheiligung zum Ausdruck, das nicht den Anspruch auf allgemeine Gültigkeit erhebt. Für die Christen sei eben die Feier des Gottesdienstes von zentraler Bedeutung, denn erst sie biete jene schöpferische Ruhe, die als „Besinnung und Bewusstwerdung des Sinns unse-

---

der Schrift" letztlich auf eine Argumentationsfigur hinausläuft, „die konsequent zum Gottesdienst als dem entscheidenden Charakteristikum hinführt." Gleichwohl ist die Tatsache, dass die soziale Dimension des Sonntags stärker als zuvor betont wird, nicht zu übersehen. Vgl. Koch, Herbert: Woche, S. 35ff.
574 Vgl. „Unsere Verantwortung für den Sonntag" (1988), in EKD Texte 22, S. 2–10.
575 Vgl. a.a.O., S. 2–4.
576 A.a.O., S. 5. Ähnlich unklare Formulierungen finden sich auch in anderen kirchlichen Dokumenten. So heißt es in der Stellungnahme des Sozialausschusses der Westfälischen Landeskirche, dass das „Gebot der Sabbat-Ruhe im Alten Testament (…) im christlichen Verständnis des Sonntags eine wichtige Rolle" spiele. Vgl. Stellungnahme, S. 1. Auf der Landessynode der Evangelisch-lutherischen Kirche Hannovers, die sich 1987 schwerpunktmäßig mit der Sonntagsheiligung befasst hat, heißt es zum Verhältnis von Sabbat und Sonntag, dass „die Errungenschaften des Sabbat (…) auch den Bedeutungsgehalt des Sonntags" bestimmten. 20. Landessynode, S. 31.
577 Vgl. EKD-Texte 22, S. 5.

res Daseins", als „Hinwendung zu Gott, unserem Schöpfer und unserem Ziel" ihren eigentlichen Sinngehalt findet.[578] Darüber hinaus aber findet das Votum durchaus joviale Worte bezüglich der autonomen Verfügung über die Freizeit am Sonn- und Feiertag, die offenbar bemüht sind, keine Abwertung von Sport, Kultur und Unterhaltung zu betreiben: „An Sonn- und Feiertagen sollten wir das tun, was uns Erholung und Freude bereitet. Dazu gehören die Besinnung, die innere Einkehr, die schöpferische Entfaltung, die Erbauung, das Zu-sich-selbst-Kommen und Abstand-Gewinnen, aber auch das gemeinsame Spiel, die Zerstreuung (!), die bereichernde Unterhaltung und der spielerische Wettbewerb."[579] Grundsätzlich sollten diese Freizeitaktivitäten nicht den instrumentellen, rekreativen Charakter der Zurüstung für die Arbeit, sondern ihre eigenständige Bedeutung haben.[580]

In dieser für die Christen reklamierten Positionierung, dass zu differenzieren sei zwischen der Ruhe als Erholung von Arbeit und der eigentlichen Heiligung des Sonntags, die erst in der Feier des Gottesdienstes ihr Proprium habe, liegt letztlich wohl auch die Differenz gegenüber dem gewerkschaftlichen Engagement für die Beibehaltung des arbeitsfreien Samstags begründet. Das arbeitsfreie Wochenende wird zwar als „soziale Errungenschaft" der Gewerkschaften gewürdigt, die nicht ohne Not preisgegeben werden dürfe, gleichwohl bestehe „aus christlicher Sicht zwischen dem Sonntag und dem ‚Wochenende' ein qualitativer Unterschied".[581] Als Konsequenz dieses Unterschieds wird dann auch den unter internationalem Wettbewerbsdruck stehenden Unternehmen zugebilligt, unter Einschluss des Samstags „die Arbeitszeit so zu organisieren, dass einerseits die Zukunft des Unternehmens gesichert und damit die Arbeitsplätze erhalten werden, und dass andererseits der Sonntag nicht gefährdet wird."[582]

Was also die Verlautbarungen der EKD und der Katholischen Bischofskonferenz der 80er Jahre anbelangt, so ist zu bilanzieren, dass sie deutlich bezüglich der kollektiven Arbeitsunterbrechung auf den Sonntag fokussiert sind. Von einer anfänglich eher unpolitischen Stellungnahme, die die Frage der Sonntagsheiligung als das Problem individuell fehlgeleiteten Freizeitverhaltens wertete und daher den zentralen Sinngehalt des Gottesdienstes als Zentrum der Sonntagskultur zu erinnern versuchte, gewannen die ökumenischen Verlautbarungen zunehmend politisches Profil. Die technologischen, wirtschaftlichen und soziokulturellen Faktoren, die die Sonntagskultur aus kirchlicher Sicht angriffen,

---

578 A.a.O., S. 7.
579 Ebd.
580 Dies wurde auch schon in der Denkschrift „Leistung und Wettbewerb" betont: „Freizeit, Ruhe und Muße tragen ihren Wert in sich. Sie haben nicht nur den Zweck, den Menschen für die Arbeit wieder fit zu machen oder ihn sonst wie zu verwerten." Leistung, S. 81.
581 EKD-Texte, S. 8.
582 A.a.O., S. 9.

wurden zunehmend deutlicher differenziert. Eine positive Würdigung einer nicht kirchlich gebundenen Freizeitgestaltung wird ausdrücklich vorgenommen, was verdeutlicht, dass das Moment der Arbeitsunterbrechung aus kirchlicher Sicht einen zunehmend positiven Stellenwert bekommen hat. Der theologische Hintergrund der ökumenischen Verlautbarungen ist erkennbar die katholisch geprägte Lehre von der Aufhebung des Sabbats in den Sonntag, was den normativen Charakter der arbeitsunterbrechenden Ruhe bekräftigte, wenn auch deutlich darauf insistiert wurde, dass diese Ruhe ihr eigentliches Zentrum in der Gottesdienstfeier finde. Gerade letztere begründet eben jenen „qualitativen Unterschied" zwischen Samstag und Sonntag, was nur sehr bedingt eine Koalitionsfähigkeit mit dem gewerkschaftlichen Einsatz für die nachhaltige Etablierung des gesamten arbeitsfreien Wochenendes zuließ.[583]
Das Bündnis, das Kreise der IG Metall für ihren Kampf um die 35-Stunden-Woche als gesellschaftspolitisches Projekt und gegen die Erosion des arbeitsfreien Samstags in kirchlichen Kreisen gesucht hatten, konnten sie bei den offiziellen kirchlichen Positionen der beiden großen Kirchen auf Bundesebene nicht finden.[584]
Gleichwohl haben die beiden Kirchen umgekehrt sich gegen vielfache Voten aus der Wirtschaft und gegen das Drängen der Textilindustrie nicht auf eine Zustimmung zu den Versuchen gesetzlicher Verankerung von kalkulierbaren Öffnungsklauseln bewegen lassen. Auf der erwähnten Tagung in der Sozialakademie wie auch im „Wort zum rechten Gebrauch des Sonntags", das der Arbeitskreis Evangelischer Unternehmer von 1988 herausgegeben hatte, wurde denn auch kritisiert, dass die Kirchen mit zweierlei Maß messen. Sie forderten, „die gegenwärtige Praxis unserer Freizeitgesellschaft kritisch zu hinterfragen" und dem Produktionssektor, der eh schon vergleichsweise wenig Sonntagsarbeit

---

583 Ganz in diesem Sinne formulierte Ende der 80er Jahre der Sozialethiker Günter Brakelmann: „Deutlich gesagt: Der Sonntag ist zu sichern, der Samstag kann, wenn klare, nachweisbare Gründe vorliegen, zur Disposition gestellt werden. Es gibt gute Gründe für den Samstag, wie es sie für den Sonntag gibt. Das Programm der Flexibilisierung trifft eindeutig auf kirchlich-theologische Ablehnung, wenn es um die Einbeziehung des Sonntags geht. Aus kulturellen und sozialen Gründen ist es geboten, sich gegen einen grundsätzlichen Abbau des Wochenendes zu wenden. Aber aus wirtschaftlichen und technologischen Gründen kann es notwendig sein, den Samstag zum Werktag zu machen, wenn ein entsprechender Freizeitausgleich gesichert ist." Brakelmann, Günter: Sonntagruhe aus theologischer Sicht. Arbeit und Ökonomie machen nicht das ganze Leben aus, in: Soziale Ordnung und christliche Ethik. Materialien zu wirtschaftsethischen Grundfragen und zu aktuellen Problemen wie ‚Sonntagsarbeit'. Epd-Dokumentation Nr. 15/1998, S. 53–54, S. 54.
584 Dies betrifft allerdings nicht die vielfältigen Kooperationszusammenhänge von Gewerkschaften und kirchlichen Gruppen, wie beispielsweise dem Kirchlichen Dienst in der Arbeitswelt. Das prominenteste Beispiel ist dafür sicher der gemeinsame Kampf von kirchlichen Kreisen und Gewerkschaften gegen die Einführung der Sonntagsarbeit bei IBM in Sindelfingen. Vgl. Frey, Martin; Schobel, Paul (Hrsg.): Konflikt.

gegenüber dem Dienstleistungssektor habe, im Einzelfall auch aus ökonomischen Notwendigkeiten heraus „Ausnahmen von der generellen Sonntagsruhe" zuzugestehen.[585] Es mag sein, dass diese Angriffe wie auch die Tatsache eines nur leichten Anstiegs der von Sonntagsarbeit Betroffenen von 12 auf 15 Prozent bis zum Jahr 1995 der Grund dafür sind, dass die Kirchen auf die dann 1994 erfolgte Novellierung des Arbeitszeitgesetzes nicht mehr zeitnah mit einem ökumenischen Votum reagierten. Obwohl seit dieser Regelung die Sonn- und Feiertagsarbeit bei weitgehender Auslastung der zulässigen wöchentlichen Betriebszeit dann genehmigt werden kann, wenn bei „längeren Betriebszeiten im Ausland die Konkurrenzfähigkeit unzumutbar beeinträchtigt ist" (§ 13,5 Arbeitszeitgesetz) und somit Befürchtungen der Kirchen, die sie in den 80er Jahren mehrfach thematisiert hatten, nämlich dass wirtschaftliche Gründe maßgeblich sein könnten für die Genehmigung von Sonntagsarbeit, eingetreten sind, hat auch die EKD sich bis Ende der 90er Jahre zu keiner kirchenamtlichen Positionierung mehr bewegen lassen.[586] Im gemeinsamen Sozialwort der beiden Kirchen „Für eine Zukunft in Solidarität und Gerechtigkeit" von 1997 wird die Sonntagsfrage nur noch an einer Stelle erwähnt:

„Ein unersetzliches Gut der Sozialkultur ist der Sonntag. Der Schutz des Sonntags ist immer mehr dadurch bedroht, dass ihm ökonomische Interessen vorgeordnet werden. Der Sonntag muss geschützt bleiben. Als Tag des Herrn hat er einen zentralen religiösen Inhalt. Er ist auch gemeinsame Zeit der Familie, der Freunde und Nachbarn und damit ein wichtiges Gut, das nicht zur Disposition gestellt werden darf."[587]

Diese vergleichsweise sehr allgemeine und ohne weitere Konkretion bezüglich der Änderung des Arbeitszeitgesetzes, der Flexibilisierungsfragen oder auch der erneut entbrannten Diskussion über eine weitere Verkürzung der wöchentlichen Arbeitszeit auf 32 Stunden[588] gehaltene Passage steht in zweierlei Hinsicht in der Tradition früherer Veröffentlichungen: Der Samstag und das Wochenende bleiben unerwähnt und der Sonntag wird – zudem als der einzige Fokussierungspunkt kirchlich-zeitpolitischen Interesses – primär unter seinem religiösen Sinngehalt

---

585 Arbeitskreis Evangelischer Unternehmer in der Bundesrepublik Deutschland (Hrsg.): Der Sonntag ist für alle da – ein Wort zum rechten Gebrauch des Sonntags in unserer Gesellschaft, in: Epd-Dokumentation, Nr. 2/1989, S. 1–16, S. 16.
586 Vgl. Kap. 2.7.2.2.
587 Für eine Zukunft in Solidarität und Gerechtigkeit. Wort des Rates der Evangelischen Kirche in Deutschland und der Deutschen Bischofskonferenz zur wirtschaftlichen und sozialen Lage in Deutschland, Hannover/Bonn 1997, S. 88f. (Zukunft).
588 Vgl.: Zwickel, Klaus, in: Industriegewerkschaft Metall/Vorstand (Hrsg.): „Die Zeiten ändern sich – Arbeitszeit verkürzen und gestalten – gegen Arbeitslosigkeit." Arbeitszeitpolitische Konferenz der IG Metall vom 7.-9. Mai 1998 in Hannover, S. 10–21, (I.F.: Zeiten).

gewürdigt, wenn auch die soziale und kulturelle Dimension deutlich erwähnt wird.

2.7.2 Weitere Aspekte der Diskussion der 80er und 90er Jahre

2.7.2.1 Der Einsatz für das arbeitsfreie Wochenende

Was für die EKD zu bilanzieren war, gilt nicht in gleicher Weise für die landessynodalen Diskussionen, beispielsweise des Rheinlands, Westfalens und der Hannoverschen Landeskirche und auch nicht für die Beiträge, die der Kirchliche Dienst in der Arbeitswelt zahlreich in jener Zeit zwischen Ende der 80er und Ende der 90er Jahre geliefert hat.

Die Aspekte der Ruhe und der Unterbrechung von Arbeit werden nicht nur verstärkt in den Vordergrund gerückt, sondern auch über den Sonntag hinaus mit dem Plädoyer für die Beibehaltung der soziokulturellen Errungenschaft des arbeitsfreien Wochenendes verbunden.

Bemerkenswerte Unterschiede zu den gemeinsamen ökumenischen Verlautbarungen weisen die „Leitsätze zu Fragen der Sonntagsheiligung und Sonntagsgestaltung" auf, die auf der *Landessynode der Ev.-luth. Landeskirche Hannovers* mit dem Titel „Wer den Sonntag schützt, schützt auch den Menschen" verabschiedet wurden.[589] Auch wenn hier eingangs betont wird, dass die „Feier des gemeinsamen Gottesdienstes (…) für Christen die Mitte des Sonntags" sei, nimmt die Thematisierung der Arbeitsruhe doch einen breiten eigenständigen Raum ein. Die Arbeitsruhe sei Ausdruck einer leistungsunabhängigen Gleichheit aller Menschen vor Gott, der „Leistungsfähigen", der „Leistungsgeminderten" und der „Leistungsbehinderten", habe also eine inkludierende Dimension. Zudem sei die Bedeutung des Sonntags als Institution „ein Zeichen von Freiheit" in einer demokratischen Gesellschaft. Auch der ökologische Gedanke hielt Einzug in die Sonntagsdebatte: Ruhe im Sinne der Arbeitsunterbrechung diene der Erneuerung nicht nur des Menschen, sondern auch der Natur. Interessant, dass auch die Arbeitslosigkeit in diesem Kontext zur Sprache kommt. Sie wird beschrieben als eine Form der Ruhe, die der Sabbatruhe gerade nicht entspreche, denn „Arbeit ohne Ruhe ist ebenso unwürdig wie Ruhe ohne Arbeit, die durch Arbeitslosigkeit erzwungen wird". Mit diesem Votum gelingt es der Synode, die theologische Sinngebung des Sonntags weit über den Gottesdienst hinaus als „Institution der allgemeinen Arbeitsruhe aufzuweisen." Damit wird der Gottesdienst zugleich davon entlastet, die

---

589 Im Folgenden zitiert nach: Presse- und Informationsstelle der Ev-luth. Landeskirche Hannovers (Hrsg.): „dia" – Daten, Informationen, Argumente. Hannover, Heft 2/1987, S. 18f.

„komplexe sozialethische Dimension des Sonntags allein verifizieren zu müssen."[590] Ähnlich wie die Hannoversche Synode, aber mit schärferer Rhetorik versehen, prangert auch der badische Landesbischof Engelhardt auf der ordentlichen *Tagung der badischen Landessynode im Frühjahr 1987* die Arbeitslosigkeit als eine „pervertierte ‚Sabbatruhe'" an. Es sei fatal, „die einen zur erzwungenen ‚Sabbatruhe', zur Arbeitslosigkeit, zu zwingen, während die anderen nur noch in Arbeit aufgehen".[591] Gleichzeitig kündigte er an, dass die badische Landeskirche Vorschläge für ein „berufliches Sabbatjahr ausgearbeitet" habe, „um auf diese Weise Voraussetzungen für Arbeitsplätze zu schaffen".[592]

Insofern hat also die Berücksichtigung theologischer Aspekte der Sabbattradition mehrfach die synodalen Positionierungen bestimmt. Sowohl die Gewichtung der arbeitsunterbrechenden Ruhe inklusive ihrer emanzipatorischen und ökologischen Dimension, als auch die Bezugnahme auf die Arbeitslosigkeit als pervertierte Sabbatruhe wie auch die konkrete Planung von Sabbatjahren im kirchlichen Raum sind einer theologischen Orientierung zu verdanken, die eine im Wesentlichen auf den Gottesdienst reduzierte zeitpolitische Positionierung überwunden hat.

Es gab außerdem eine Reihe von Stimmen, die versuchten, das Plädoyer für den *arbeitsfreien Samstag* sozialethisch unverzichtbar zu machen und damit – ohne dies ausdrücklich anzuführen – das EKD-Votum vom „qualitativen Unterschied" zwischen Samstag und Sonntag zu relativieren.[593] 1989 verabschiedete die *westfälische Landessynode* ein Votum, das schon im Titel „Sonntagsheiligung – Schutz des Wochenendes" deutlich die Doppelstrategie anzeigt, sich sowohl für die Erhaltung des arbeitsfreien Sonntags als auch für die des arbeitsfreien Wochenendes einzusetzen.[594] Das Votum konstatierte die Tendenz, den Samstag wieder als Regelarbeitstag einzuführen.[595] Als besorgniserregend wurde die Zunahme der Wochenendarbeit in den öffentlichen Dienstleistungen, vor allem im Freizeitsektor, betrachtet und daher eine kritische Überprüfung des Umfangs der diesbezüglichen Wochenendarbeit eingefordert.

---

590 Koch, Herbert: Woche, S. 43.
591 Verhandlungen der Landessynode der Evangelischen Landeskirche in Baden. Ordentliche Tagung vom 26. April bis 30. April 1987, S. 15.
592 Ebd.
593 Vgl. Przybylski, Hartmut; Rinderspacher, Jürgen P. (Hrsg.): Das Ende gemeinsamer Zeit? Risiken neuer Arbeitszeitgestaltung und Öffnungszeiten, Bochum 1988; Dahm, Karl-Wilhelm; Mattner, Andreas; Rinderspacher, Jürgen P. (Hrsg.): Sonntags nie? Die Zukunft des Wochenendes, Frankfurt/New York 1989.
594 Vgl. Verhandlungen der 2. (ordentlichen) Tagung der 11. Westfälischen Landessynode vom 13. bis 17. November 1989, Bielefeld 1990, S. 170–172 (I.F.: Westfälische Landessynode 1989).
595 Diese Tendenz konnte zumindest in der Metallindustrie Anfang Mai 1990 im Göppinger Abkommen nochmals zurückgewiesen werden. Vgl. Ledeganck, Rainer: Wochenende gesichert, S. 77.

Samstag und Sonntag seien eine zusammenhängende Einheit, die beide dem „Zeitwohlstand" der Menschen dienten und dem Gottesdienst, der Kommunikation, der Bildung und Erholung den erforderlichen Raum böten.[596] Ähnlich wie in den 50er Jahren wurde auch die Selbstverpflichtung der Kirche, bezüglich ihrer eigenen Inanspruchnahme von Arbeit zurückhaltend zu sein, angemahnt, allerdings nicht nur auf den Sonntag, sondern nunmehr auf das Wochenende insgesamt bezogen.[597] Der *„Kirchliche Dienst in der Arbeitswelt"* bekräftigte entsprechend in seiner Erklärung zur Tarifrunde 1990:

„Sowohl der jüdische Sabbat wie der christliche Sonntag, aber auch der von der Arbeiterbewegung erkämpfte arbeitsfreie Samstag sind Tage, an denen die einzelnen Menschen wieder zu sich selber finden sollen, und an denen die Gesellschaft in ihrem Zusammenhang gestärkt werden soll. Die Zukunft des Sonntags entscheidet sich in unserer Gesellschaft bereits daran, wie wir mit dem Samstag umgehen. Christen und ihre Kirchen sollen darum ihre Kräfte nicht im Einsatz für einen freien Sonntag allein erschöpfen. Vielmehr sollen sie sich mit denen verbünden, die für das freie Wochenende als gemeinsame Zeit unserer Gesellschaft eintreten. Ein getrennter Kampf der Gewerkschaften um den Samstag und der Kirchen um den Sonntag wird in einer Niederlage für beide enden."[598]

596 Wesentlich zurückhaltender waren diesbezüglich die Bischöfe der Nordelbischen Evangelisch-lutherischen Kirche. Immerhin konnten sie zugestehen, dass der „arbeitsfreie Samstag eine sozialer Zugewinn von hohem Wert sei „und das arbeitsfreie Wochenende „auch gemeinschaftsbildende Funktion habe, die uns im Augenblick dringend von Nöten ist". Aber zugleich warnten sie vor einer Egalisierung der Besonderheit des Sonntags als rein zeitliches Quantum eines Wochenendes, was zur „Entleerung" des Sonntags führe. Schließlich endete dieses Votum dann auch sehr nah bei dem gemeinsamen Wort, indem es klarstellte, dass die evangelische Kirche sich nicht mit „gleichem Gewicht" für den arbeitsfreien Samstag wie für den arbeitsfreien Sonntag einsetzt. „Der arbeitsfreie Samstag ist ein sinnvoller Zugewinn, mit dem sehr verantwortlich umzugehen ist. Der Sonntag dagegen ist ein absolutes Gut." „Ein hohes Gut". Wort der Bischöfe der Nordelbischen Ev.-Luth. Kirche zum Thema „Schutz des Sonntags", in: Kirchlicher Dienst in der Arbeitswelt. Zeitschrift für evangelische Arbeitnehmer und evangelische Industrie- und Sozialarbeit, Nr. 2/1990, S. 42.
597 Vgl. Westfälische Landessynode 1989, S. 171.
598 Vgl.: Zeitsouveränität contra Flexibilisierung. Erklärung des Kirchlichen Dienstes in der Arbeitswelt zur Tarifrunde 1990, in: Kirchlicher Dienst in der Arbeitswelt. Zeitschrift für evangelische Arbeitnehmer und evangelische Industrie- und Sozialarbeit, Nr. 2/1990, S. 43f., S. 43, (I.F.: Kirchlicher Dienst 2/1990). Die Kritik an der getrennten Zuständigkeit von Kirchen und Gewerkschaften wurde schon ein Jahr zuvor von Friedhelm Hengsbach mit fast denselben Worten geübt: „Einen getrennten Kampf der Kirche für den Sonntag und der Gewerkschaften für den Samstag werden beide verlieren. Samstag und Sonntag stehen in einem funktionalen Zusammenhang." So auf einer Konferenz zur Verteidigung des freien Wochenendes in Mainz am 23.2.1989. Das Amt für Sozialethik und Sozialpolitik der Evangelischen Kirche im Rheinland hatte im Spätsommer 1989 eine Argumentationshilfe für die „Diskussion um das Wochenende" veröffentlicht. Fazit dieses Papiers war, dass man angesichts der „Gesamtheit der im Raum stehenden Argumente" zu dem Schluss kommen müsse, „das Wochenende als soziokulturelle Ein-

Als ausgesprochen differenziert und auch theologisch reflektiert erwies sich die Erklärung zur Samstags- und Sonntagsarbeit der *Evangelischen Kirche im Rheinland*. Schon in ihrem Vorwort führte sie die Diskussion um das Wochenende in eine bislang so nicht bedachte Weite, indem sie betonte, dass es mit Fragen der Arbeitszeitpolitik um die Frage der Lebensqualität gehe, wie wir „in Zukunft leben wollen", eine Frage, die alle gesamtgesellschaftlichen Folgen mit bedenken müsse, statt sie nur verengt unter wirtschafts- oder beschäftigungspolitischen Gesichtspunkten zu diskutieren.[599] Es müsse zum einen differenziert werden zwischen Arbeiten, die aus zwingenden Gründen am Wochenende geleistet werden müssten und solchen, die allein aus Wettbewerbsgründen heraus legitimiert werden. Zum anderen müsse, auch wenn der Sonntag vom Samstag zu unterscheiden sei, doch gesehen werden, dass beide Tage nicht zu trennen seien, da sie gemeinsam „einen Ruhepunkt" bildeten. Die Wiedereinführung des Samstags als Regelarbeitstag hätte mehrere Folgen, die auch den Sonntag beträfen: So würden Haus-, Garten-, und Reparaturarbeit auf den Sonntag verschoben, der Druck auf die sonntägliche Ladenöffnung stärker und insgesamt die sozialen Lebensbezüge zerstört. Das gelte insbesondere da, wo sie „durch Nacht- und Schichtarbeit sowie eine hohe Zahl von Überstunden" schon zerrüttet sind. Interessant und zugleich wegweisend ist über diesen funktionalen Zusammenhang von Samstag und Sonntag hinaus die theologische Begründung, auf der das Plädoyer für das arbeitsfreie Wochenende basiert:

„Die Sonntagsruhe dient der Aufrechterhaltung eines gesamtgesellschaftlichen Zeitrahmens, der Orientierung und der Entlastung von Ansprüchen aus der Arbeitswelt (…) Wie ein Blick auf das alttestamentliche Sabbatgebot zeigt, hatte schon der jüdische Sabbat diese Bedeutung. Der Sabbat relativiert die Arbeit des Menschen vor Gott und stiftet Gemeinschaft durch das Kennzeichen des ‚Aufhörens'. Dieses Aufhören richtet sich gegen jede rein ökonomische Logik. Der Sabbat stiftet Gemeinschaft und ist auch eine Erinnerung daran, dass nicht der Mensch, sondern Gott der Herr der Schöpfung ist. Er erinnert uns daran, dass in der Begrenzung Segen liegt. Zur Ermöglichung dieser Ruhe gehört inzwischen auch der Samstag. Er wird vornehmlich zur Erledigung nicht erwerbsbezogener Arbeit benutzt. Erst durch diese ‚Vorschaltung' des erwerbsfreien Samstags kann der Sonntag in vollem Maße zum Ruhepunkt für den einzelnen und für die Familie werden."[600]

heit zu schützen." Ledeganck, Rainer; Moll, Hans-Hermann: Die Diskussion um das Wochenende. Argumente und Gegenargumente. Der Diskussionsstand. Einzusehen im Archiv der Evangelischen Kirche im Rheinland, Düsseldorf 1989.
599 Vgl. Evangelische Kirche im Rheinland: Was ist uns das Wochenende wert? Erklärung zur Samstags- und Sonntagsarbeit, in: Kirchlicher Dienst in der Arbeitswelt. Zeitschrift für evangelische Arbeitnehmer und evangelische Industrie- und Sozialarbeit, Nr. 1/1990, S. 7f., S. 7.
600 Ebd.

In diesem Votum ist die sabbattheologische Fundierung der Sonntagsruhe weiter differenziert. Die Praxis der Sonntagsruhe wird zunächst – unabhängig von ihrer historischen Entstehung – inhaltlich parallelisiert zur Funktion des Sabbats, den gesellschaftlichen Zeitrahmen zu strukturieren, Orientierung zu bieten und von Ansprüchen der Arbeitswelt zu entlasten.

Mit der Kategorie des Aufhörens, der Unterbrechung und Zurückweisung ökonomischer Ansprüche wird also hier die eigentliche Zielsetzung der Ruhe beschrieben. Die dieser Funktion dienende quantitative Zeitgröße der Arbeitsunterbrechung ist demnach variabel. Es genügt nicht, dass sie nur den Sonntag umfasst, sondern zur Gewährleistung dieser Ruhe, auch von nicht erwerbsgebundener Arbeit, braucht es unter den gegebenen gesellschaftlichen Bedingungen auch den Samstag! Denn dieser bietet den Zeitraum zur Erledigung der nicht erwerbsgebundenen Arbeit. Anders gesagt: Der Samstag partizipiert nach diesen Ausführungen insofern an der theologisch qualifizierten Ruhe, soweit er für den Sonntag den Freiraum für die reproduktiven Tätigkeiten bietet und den Sonntag diesbezüglich entlastet. Strukturanalog zu gewerkschaftlichen Positionen wird der Samstag, wie schon in einem „vorläufigen Positionspapier" des KDA von 1987, als „Pufferzone für den Mußetag Sonntag" definiert,[601] eine These, die von der freizeitsoziologischen Forschung jener Zeit bestätigt wurde.[602]

Die Erwähnung des Gottesdienstes bleibt aus! Nicht der Gottesdienst, sondern die Kategorie des Aufhörens, also die Zurückweisung ökonomischer Verwertbarkeit, wird als das Proprium des Sabbats bzw. des ihm vergleichbaren Sonntags beschrieben. Auch nicht nur der Gottesdienst, sondern der Tag als solcher erinnere an Gottes Schöpfungshandeln und wirke als Erinnerungsposten für die segensreiche und schöpfungsgemäße Begrenzung ökonomischer Ansprüche durch die Ruhe. Entscheidend an dieser Argumentation und in dieser Eindeutigkeit zugleich neu ist, dass der arbeitsfreie Samstag und Sonntag als unverzichtbare funktionale Einheit betrachtet werden zur Gewährleistung der Sabbatruhe am Sonntag. Ein Gefälle zwischen beiden Tagen bleibt jedoch bestehen, sofern die letztlich theologische Kategorisierung allein dem Sonntag als Einlösung jener Ruhepraxis zukommt. Aber der weiterführende Gedanke, der hier zum Tragen kommt, ist, dass nach dem zeitlichen Freiraum gefragt wird, der erforderlich ist, um dem zu entsprechen, was mit der biblischen Kategorie der Ruhe gemeint ist. Eine Reduktion auf die Parteinahme für den arbeitsfreien Sonntag ist folglich hier im Ansatz auch theologisch korrigiert, indem der Inhalt des biblischen Ruheverständnisses zum kirchlich-normativen Bezugspunkt für die Debatte um die gesellschaftliche Organisation der Zeit wird.

---

601 Vgl. Przybylski, Hartmut: Schutz, S. 112.
602 Vgl. Rinderspacher, Jürgen P.: Am Ende der Woche. Die soziale und kulturelle Bedeutung des Wochenendes, Bonn 1987.

2.7.2.2 Die Novellierung des Ladenschlussgesetzes

Nachdem sich – seit seiner gesetzlichen Grundlage von 1989 – bis Mitte der 90er Jahre der verkaufsoffene Donnerstag eingebürgert hatte, wurde zum 1. November 1996 erneut das Ladenschlussgesetz geändert, das nunmehr eine Ladenöffnungszeit werktags bis 20.00 Uhr und samstags bis 16.00 Uhr zuließ. Entscheidend für den kirchlichen Protest waren zwei weitere Eckpunkte der Gesetzesnovellierung. Zum einen betraf dies die Neuregelung der Arbeitszeiten in Bäckereien und Konditoreien, die das bisherige Nacht- und Sonntagsbackverbot aufhob und am Sonntag das Herstellen, Austragen und Verkaufen von Backwaren erlaubte. Zum anderen ging es um die Erweiterung der Möglichkeiten, verkaufsoffene Sonntage aus Anlass von Märkten, Messen und ähnlichen Veranstaltungen an jährlich höchstens vier Sonn- und Feiertagen durch die Gemeinde- bzw. Stadträte zu genehmigen.

Es ist bezeichnend, dass sich der kirchliche Protest der „Amtskirche" weder mit den Auswirkungen der veränderten Ladenschlusszeiten auf die Beschäftigten, insbesondere auf die wachsenden Flexibilisierungsanforderungen von Frauen, noch mit dem steigendend Ausbau von – teilweise prekären – Teilzeitarbeitsplätzen zu Lasten von Vollzeitstellen oder mit der drohenden Wettbewerbsverzerrung zu Lasten der kleinen Einzelhandelsbetriebe befasst hat. Sie hat auch diesen Wandel der gesellschaftlichen Organisation von Zeit primär unter dem Aspekt seiner Auswirkungen auf den Sonntag diskutiert.[603]

Die Diskussion um das „sonntägliche Brötchen" wurde vergleichsweise intensiv in der *Evangelisch-lutherischen Landeskirche Hannover* geführt, weshalb sie hier stellvertretend für die Diskussion in anderen Landeskirchen dargestellt werden soll.[604] Die Landessynode hatte im Januar 1997 beschlossen, das Thema „Sonntagsheiligung" nochmals vom Arbeitswelt- und vom Öffentlichkeitsausschuss beraten zu lassen zwecks einer Vorlage für die kommende Landessynode. Das Papier, das im Mai vorgelegt wurde, plädierte dafür, angesichts der gefährdeten Sonntagsheiligung sich mit allen gesellschaftlichen Gruppen zu verbünden, denen der Sonntagsschutz ein Anliegen sei, was möglicherweise als direkte Offerte gegenüber den Gewerkschaften zu verstehen war.

---

603 Anders der Kirchliche Dienst in der Arbeitswelt sowohl der rheinischen Kirche als auch der badischen Landeskirche. Vgl. Die Situation im Einzelhandel. Eine Problemskizze zum Thema Ladenöffnungszeiten, vorgelegt vom Sozialethischen Ausschuss der Evangelischen Kirche im Rheinland, Düsseldorf 1996, einzusehen im Archiv der Evangelischen Kirche im Rheinland, Düsseldorf.
604 Auf der 12. Landessynode der Evangelischen Kirche in Württemberg ist das Thema von Landesbischof Renz lediglich mit dem Hinweis auf die Gewissensnot konkretisiert, dass im Falle der Aufhebung des Brötchenbackverbotes eine schwere Belastung für nicht wenige christliche Bäcker anstünde. Vgl. 12. Evangelische Landessynode Stuttgart, 4. Juli 1996, 2. Sitzung, Stuttgart 1996, S. 37 (I.F.: 12. Landessynode).

Bezüglich des sonntäglichen Brötchenverkaufs wurde eine sehr moderate Stimme erhoben, dass es nicht darum gehen könne, „den sonntäglichen Brötchenverkauf zu beklagen oder gar zu bekämpfen." Stattdessen sei argumentative Arbeit gegenüber den Bäckern und den Kunden zu betreiben, um beide „vom Sinn der Sonntagsruhe" zu überzeugen. Die Gesetzeslage sei ausreichend.[605] Dieses Votum fand keine Zustimmung auf der Landessynode. Der Grund war, dass im Februar 1997 der Kirchenkreis Uelzen eine Resolution – „Nicht vom Brötchen allein" – beschlossen und auf der Landessynode beantragt hatte, dass diese einen ähnlichen Beschluss fassen solle. In der Resolution war zunächst gewarnt worden vor einem Verdrängungswettbewerb zu Lasten der kleinen Familienbetriebe, dann aber wurde auf die grundsätzliche Dimension abgehoben, dass den gemeinschaftszerstörenden Entwicklungen der Sonntagsaushöhlung eine Grenze gesetzt werden müsse. Um den Verdacht einer rein kirchengeleiteten Interessenlage auszuräumen, wurde ausdrücklich hervorgehoben, dass es in dieser Frage nicht nur um die Kirche gehe, sondern „um die Humanität unserer Gesellschaft".[606] Angesichts der Tatsache, dass die gesetzliche Entscheidung bereits gefallen sei, gelte es wenigstens alle Christen und Christinnen aufzurufen, den Sonntag zu verteidigen und „am Sonntag keine Brötchen zu kaufen."[607]
Das Präsidium der Landessynode hatte mit Blick auf diese beiden widersprüchlichen Positionen zum sonntäglichen Brötchenverkauf eine Überweisung dieser Frage an den Öffentlichkeitsausschuss zur weiteren Beratung und Wiedervorlage beschlossen. Dieser verzichtete darauf, der kommenden Landessynode im November 1997 eine erneute Resolution vorzulegen und plädierte für ein diskursives Verfahren, den Gemeinden in Form eines zu beschließenden Fragebogens aufzutragen, sich ganz konkret mit der Bedeutung des Sonntags vor Ort zu befassen und zu überlegen, welche Aktionen „Lust auf den Sonntag" machen könnten. Daher sei dem Uelzener Antrag nicht zu folgen. Mit großer Mehrheit beschloss die Synode dieses Votum.[608]
In dieser Auseinandersetzung wird eine gewisse strategische Unsicherheit deutlich, wie im Zeitalter einer diagnostizierten Säkularisierungsentwicklung[609] die kirchlichen Anliegen in den gesellschaftlichen Ge-

---

605 Vgl. 22. Landessynode der Ev.-luth. Landeskirche Hannovers, IV. Tagung vom 28. bis 31. Mai 1997, Band 4, Hannover 1997, S. 483f. (I.F.: 22. Landessynode, IV).
606 A.a.O., S. 339.
607 Ebd.
608 Vgl. 22. Landessynode der Ev.-luth. Landeskirche Hannovers, V. Tagung vom 25. bis 28. November 1997, Band 5, Hannover 1997, S. 115f.; S. 465ff. (I.F.: 22. Landessynode, V).
609 In diesem Sinne analysierte die ursprüngliche Fassung des Berichtes des Öffentlichkeitsausschusses der Hannoverschen Landeskirche eine im Zuge der Säkularisierung eingetretene Vermittlungsproblematik kirchlicher Anliegen, wenn sie

staltungsprozess einzubringen seien. Die Tendenz, sich mit Resolutionen zu begnügen und dabei auf die selbstverständliche Evidenz des kirchlichen Auftritts zu setzen, wich hier der strategischen Überlegung, dass argumentative Überzeugungsarbeit und gemeindliche Selbstkritik ebenso zu betreiben seien wie die Suche nach Interessen-Bündnissen in dieser Frage.

Bezüglich der verkaufsoffenen Sonntage gab die *württembergische Landessynode* in einem Wort an die Gemeinden ihrer großen Sorge über die jüngste Gesetzesänderung Ausdruck, „durch die der besondere Charakter des Sonntags als Tag der Besinnung auf Gott, der Gemeinschaft und der Erholung" verloren gehe. An die Gemeinden gerichtet appellierte sie, eigene Anstrengungen eines sinnvollen Sonntagsangebots zu unternehmen, die eigene Praxis sonntäglicher Verkaufsveranstaltungen kritisch zu überprüfen, sich gegen die Instrumentalisierung ihrer Veranstaltungen für verkaufsoffene Sonntage zu wehren und sowohl das direkte Gespräch mit den Verantwortlichen in den Kommunen und dem Handel zu suchen, als auch auf die Einhaltung des Rechts zu drängen, vor Erteilung einer Genehmigung gehört zu werden.[610] Diese Mischung aus einem Aufruf zur selbstkritischen Überprüfung der eigenen Praxis und einer sehr konkret an den Möglichkeiten der Gemeinden orientierten Handlungsanleitung ist wiederum kennzeichnend für eine kircheninstitutionelle Vorgehensweise, die eher eine pragmatisch orientierte Hilfestellung zur Umsetzung auf der Ebene der Gemeinden leisten möchte.[611]

Die Diskussion über eine weitere Novellierung des Ladenschlussgesetzes riss nicht ab. Am 4. Januar 1997 hatte der Bundeswirtschaftsminister seine Unzufriedenheit mit der bestehenden Regelung bekundet, was wenige Tage später auf der *rheinischen Landessynode* zu einem Initiativantrag führte, die Landessynode möge die Kirchenleitung beauftragen, „sich bei Bund und/oder Ländern deutlich dafür einzusetzen, dass die Öffnungszeiten der Geschäfte an Sonn- und Feiertagen auf keinen

---

formuliert: „Da theologische Argumente der Sonntagsheiligung in unserer säkularen Gesellschaft zunehmend schwerer zu vermitteln sind, ist es wichtig, sich mit solchen gesellschaftlichen Gruppen zu verbünden, für die der Sonntagsschutz eine soziale Errungenschaft ist." 22. Landessynode, IV, S. 484.

610   Vgl. 12. Landessynode, S. 337f.

611   Nicht immer ist dies jedoch in dieser Konkretion vorgenommen worden. Der badische Landesbischof Engelhardt beispielsweise kritisierte zwar in seinem Eingangsbeitrag auf der Landessynode1997 ähnlich wie die württembergische Synode Kirchengemeinden, die selber für ihre Verkaufsveranstaltungen Sonntagsöffnungen beantragen. Aber die konkreten Hinweise, wie sich denn die Gemeinden im Kontakt mit dem Einzelhandel und den Kommunen verhalten sollen, blieben aus zu Gunsten eines allgemeinen Plädoyers, dass für die Christen der Gottesdienst im Mittelpunkt stehen sollte. Vgl. Verhandlungen der Landessynode der Evangelischen Landeskirche in Baden. Ordentliche Tagung vom 13. April bis 16. April 1997, Karlsruhe 1997, S. 9.

Fall erweitert werden".[612] Der Antrag wurde an den Öffentlichkeitsausschuss überwiesen und schließlich zur erneuten Beratung an den ständigen Ausschuss für öffentliche Verantwortung, den Sozialethischen Ausschuss und an die Kirchenleitung überwiesen.[613]

Eine heftige Diskussion um eine den Sonntag tangierende Ausweitung der Ladenöffnungszeiten entzündete sich im Spätfrühjahr 1999, nachdem die Landesregierung in Dresden ganz Sachsen zum Tourismusgebiet erklärt hatte und den Kommunen damit zugestand, die Ladenöffnungszeiten auf den Sonntag auszudehnen.[614] Das Abwandern von Kaufkraft in das benachbarte Polen sollte damit vermieden werden. Das Ergebnis war, dass binnen Kürze der Einzelhandel in über 200 sächsischen Kommunen sonntags seine Artikel zum Verkauf anbot. Wie ein Flächenbrand weitete sich diese Liberalisierung auf das benachbarte Sachsen-Anhalt und von dort – allerdings unter Inanspruchnahme der „Bäderregelung" von knapp 200 Orten – auf Mecklenburg-Vorpommern aus. Der Höhepunkt dieser ostdeutschen „Sonntagsrevolte" wurde am 1. August 1999 erreicht. Nachdem der Berliner Senat die gesamte Innenstadt zum touristischen Zentrum erklärt hatte, deklarierte der Chef der Ostberliner Kaufhoffiliale am Alexanderplatz sämtliche Artikel als „Berlin-Souvenir", ein offensichtlicher Rechtsbruch, der dann auch mit 50.000 DM Bußgeld geahndet wurde. Mitte August wurden in Berlin angeblich traditionelle Feste, die kurioserweise zum ersten Mal stattfanden, zum Anlass genommen, entsprechend der neuen Ladenschlussregelung am Sonntag zu öffnen. Zwölf Läden feierten mit Zustimmung des Senats die „Tropical-Beach-Party" mit Plastikpalmen zwischen den Plattenbauten am Bahnhof-Ost.[615]

Als erste reagierte die *Evangelische Kirche in Berlin-Brandenburg* am 16. August mit einer Pressemitteilung, die zur Verweigerung aufrief, die erweiterten Möglichkeiten des Sonntagseinkaufs wahrzunehmen. Zu-

612 Verhandlungen der 46. ordentlichen rheinischen Landessynode, Tagung vom 5. bis 11. Januar 1997 in Bad Neuenahr, Düsseldorf 1997, S. 109, (I.F.: Verhandlungen 1997).
613 Vgl. a.a.O., S. 280f. Angesichts dieser sehr konkreten Vorgänge verwundert es, dass auf der EKD-Synode 1997 in Wetzlar innerhalb des Hauptvortrages von Prof. Cornehl über den Gottesdienst nur sehr allgemein vor der Rund-um-die-Uhr-Gesellschaft gewarnt und mehr kirchliche Wachsamkeit eingefordert wird, ohne auf die genannten Tendenzen ausführlicher und konkreter einzugehen. Dies betrifft ebenso die bereits 1994 beschlossene und erstmals 1995 wirksam gewordene Abschaffung des Buß- und Bettages als gesetzlicher Feiertag. Vgl. Wetzlar 1997. Bericht über die zweite Tagung der neunten Synode der Evangelischen Kirche in Deutschland vom 2. bis 7. November 1997, Hannover 1998, S. 170 (I.F.: Wetzlar 1997).
614 Vgl. Der Sonntag in Gefahr. Probleme & Positionen. Eine Studie des Kirchlichen Dienstes in der Arbeitswelt, Einwürfe II/1999, Bochum 1999, S. 20ff. (I.F.: Sonntag).
615 Vgl. Berliner Sonntage sind lang, dank ganz neuer Traditionen, in: Frankfurter Rundschau 14. 8.1999, S. 6.

gleich wurde eine breite Passage der Unterstellung eigener Versäumnisse gewidmet, überhaupt den Sinn der Sonntagsheiligung in Verkündigung und Unterricht deutlich gemacht zu haben.[616] Rückendeckung bekam diese Interventionsbemühung durch eine *Erklärung des Rates der Evangelischen Kirche in Deutschland und der Deutschen Bischofskonferenz* vom September 1999, „Menschen brauchen den Sonntag",[617] sowie durch die EKD-Synode in Leipzig, auf der der Inhalt der gemeinsamen Erklärung nochmals ausdrücklich unterstützt wurde.[618] Summiert wurden die Faktoren, die nach Einschätzung der Erklärung zu einer „schleichende(n) Aushöhlung des Sonntagschutzes in Deutschland" führen.[619] Genannt wurden unter anderem die Novellierung des Arbeitszeitgesetzes von 1994, die Neuregelung des Ladenschlussgesetzes, die wachsende Inanspruchnahme von Sonntagsöffnung in Kur- und Erholungsorten und „die überzogene Anerkennung von Orten als Erholungsorte und Tourismusziele einzig zu dem Zweck, in ihnen erweiterte Ladenöffnungszeiten zu ermöglichen (Bäder- und Tourismusverordnungen)".[620] Auffällig an dieser gemeinsamen Erklärung ist, dass mit der schon im Titel angezeigten Zentralbotschaft der soziale und anthropologische Wert der Sonntagsruhe in Form der Unterbrechung des „Kreislauf(s) von Arbeit und Konsum" in den Mittelpunkt rückt. In diesem Sinne formuliert die Erklärung:

> „Zum verantwortlichen Umgang mit der Zeit gehört die regelmäßige Unterbrechung. ‚Zeitbrachen', also unbewirtschaftete Zeit, sind für die Wahrnehmung menschlicher Freiheit unentbehrlich. Wer seine Zeit bis zum Äußersten auskaufen will und den Rhythmus der Zeit missachtet, untergräbt die natürlichen Lebensbedingungen ebenso wie die Bedingungen der Freiheit."[621]

Eine an dieser Erklärung anknüpfende und einen ihrer Sätze zitierende bundesweite ökumenische Kampagne: „Ohne Sonntag gibt es nur noch

---

616 „Sonntagsruhe ist eine heilsame Unterbrechung des Alltags", Pressemitteilung vom 16. August 1999, einzusehen beim Öffentlichkeitsbeauftragten der Evangelischen Kirche in Berlin-Brandenburg, Berlin. Ausführlich setzte sich auch der Kirchliche Dienst in der Arbeitswelt mit den jüngsten Entwicklungen auseinander. Vgl. Sonntag, S. 3ff.
617 Vgl. Menschen brauchen den Sonntag. Gemeinsame Erklärung des Rates der Evangelischen Kirche in Deutschland und der Deutschen Bischofskonferenz, 1999. Epd-Dokumentation 40/99, 1999, S. 23–26, (I. F.: Menschen), zitiert nach Ziffern.
618 Vgl. Leipzig 1999. Bericht über die vierte Tagung der neunten Synode der Evangelischen Kirche in Deutschland vom 7. bis 11. November 1999, S. 653. Bundeskanzler Schröder, der auf dieser Synode ein Grußwort hielt, bekräftigte, dass der Sonntag „nicht der Kommerzialisierung aller Lebensbereiche zum Opfer fallen" dürfe, was die Synode in ihrem Beschluss zum Anlass nahm, auf diese programmatische Erklärung nochmals zustimmend hinzuweisen. Vgl. a.a.O., S. 47; S. 653 (I.F.: Leipzig 1999).
619 Menschen, (6).
620 A.a.O., (7).
621 A.a.O., (11).

Werktage", hob entsprechend auch den entlastenden humanen und sozialen Aspekt der sonntäglichen Unterbrechung der Werktage in den Vordergrund. Auch wenn die Erklärung fokussiert ist auf die Zurückweisung ökonomischer Totalverfügung und insofern de facto viel stärker als in früheren Erklärungen an sabbattheologische Implikationen des biblischen Ruheverständnisses anknüpfte, so überwindet die diesbezügliche theologische „Begründung" doch nicht die fragwürdige Vereinnahmung der Sabbattradition, wie sie schon mehrfach begegnet ist: Die Christen berufen sich auf die Tradition des Sabbats, weil sein „Sinn (...) in die Feier des Sonntags aufgenommen" wurde.[622] Zudem sei nicht der Sabbat, sondern der Sonntag der erste, nicht der siebte Tag Bezugspunkt für die Spanne von alter und neuer Schöpfung: „Der erste der sieben Schöpfungstage ist der Anfang der Schöpfung. Die Auferstehung Jesu Christi ist der Anfang der neuen Schöpfung. So umgreift der Sonntag alte und neue Schöpfung."[623]

Hier wird also wiederum eine Anknüpfung an die Sabbattradition vorgenommen in Form ihrer gleichzeitig geschichtstheologisch enteignenden Disqualifizierung: Der Sabbat als Präludium des wahren sonntäglichen Feiertags ist im Sonntag aufgehoben, womit zugleich der Mehrwert des Sonntags gegenüber dem Sabbat zumindest indirekt konstatiert wird.

Die zum Juni 2003 erneut novellierte Fassung des Ladenschlussgesetzes mit einer Ausdehnung der samstäglichen Ladenöffnungszeiten bis 20.00 Uhr provozierte zunächst keine kirchamtliche Stellungnahme mehr, was verständlich ist angesichts der Tatsache, dass eine von liberalen Kräften angestrebte Lockerung der Sonntagsschutzbestimmungen zunächst mehrheitlich im politischen Lager auf Ablehnung zu stoßen schien. Eine Wende vollzog sich jedoch im Frühjahr 2004 auf Grund einer Klage der Galeria Kaufhof. Die Metro-Tochter hatte das Ladenschlussgesetz angefochten und auf seine gänzliche Aufhebung geklagt. Am 9. Juni wies zwar das Bundesverfassungsgericht mit einer denkbar knappen Entscheidung die Klage zurück, erklärte aber zugleich, dass von der Bundesregierung zu überprüfen sei, inwiefern eine bundeseinheitliche Regelung weiterhin sachgemäß sei. Empfohlen wurde, eine grundsätzliche Neuregelung der Ladenschlusszeiten vom Bund in die Länderhoheit zu übertragen. Wie diese Neuregelung aussehen sollte, wurde nicht weiter differenziert, nur dass das Verkaufsverbot an Sonn- und Feiertagen Bestand haben sollte. Die Deutsche Bischofskonferenz und der Rat der EKD erklärten denn auch, dass mit der Abweisung der Klage der Sonntag vor dem Kommerz gerettet sei, womit ihr Hauptinteresse gewahrt blieb.[624]

---

622 A.a.O., (13).
623 Ebd.
624 Vgl. Verfassungsgericht billigt Ladenschlussgesetz, in: AFP Agence France-Presse GmbH, 9. Juni 2004, gefunden in www.123recht.net.

Ende September folgte der Bundesrat auf Initiative des Landes Baden-Württemberg dem richterlichen Votum und entschied mit deutlicher Mehrheit, der Länderkompetenz die entscheidende Gestaltungskraft einzuräumen. Es wird sich zukünftig zeigen, welche Dynamik bezüglich der Öffnungszeiten damit in Gang gesetzt wird. Wie bereits erwähnt, hat die im Frühsommer 2005 gewählte neue Landesregierung von Nordrhein-Westfalen bereits die vollständige Freigabe der wöchentlichen Ladenöffnungszeiten proklamiert.[625] Theoretisch könnten sich samstägliche Öffnungszeiten bis abends 22.00 oder 23.00 Uhr einstellen, was jedenfalls das kirchliche Votum, dass der Sonntag davon nicht tangiert werde, kaum aufrechterhalten ließe. Der Sonntag würde dann – wie schon vor der Entstehung des arbeitsfreien Wochenendes – für die davon betroffene Gruppe der überwiegend weiblichen Beschäftigten im Einzelhandel erheblich mit reproduktiven Tätigkeiten belastet sein.[626]

2.7.2.3 Der Streit um den Buß- und Bettag

Die Frage, wie die paritätische Finanzierung der Pflegeversicherung zu gewährleisten sei, führte Mitte der 90er Jahre zu einer Diskussion, ob nicht die Preisgabe des Buß- und Bettages als Feiertag und somit eine Verlängerung der jährlichen Arbeitszeit um acht Stunden ein Lösungsangebot sein könnte, das die wirtschaftliche Logik der Arbeitgeber ausreichend bediente, ohne zu sehr auf den Widerstand der Kirchen zu stoßen. In der Tat erwies sich, dass der kirchliche Widerstand zumindest in der medialen Öffentlichkeit nicht so sehr in Erscheinung trat und sich erst nach der Abschaffung des Buß- und Bettags als Feiertag auch öffentlichkeitsrelevant formierte.[627]

---

625 Vgl. Kap 1.6.2.
626 Gegenwärtig verzeichnen wir allerdings einen gewissermaßen konträren Trend, nämlich den Rückzug ausgerechnet der Konzerne im Einzelhandel, die jene Extensivierung der Öffnungszeiten massiv vorangetrieben haben. Die drohende Schließung von bundesweit 70 Karstadtfilialen im Sommer 2004 ist bezüglich ihrer Auswirkungen auf die Öffnungszeiten in den Zentren noch nicht auszumachen. Sie kann möglicherweise als Indiz dafür gelten, dass letztendlich das ökonomische Kalkül dieses Konzerns, durch eine Erweiterung der Öffnungszeiten eine vermehrte Kaufkraftbindung zu erzeugen, schon unter den bestehenden Ladenschlussregelungen nicht aufgegangen ist. Die Reaktion einiger Kommunen, nun die drohende Verödung der Innenstadtbereiche zu befürchten, zeigt an, dass die Strategie, die Attraktivität mancher Innenstadtbereiche zu einseitig durch – den zeitlich möglichst ausgedehnten – Konsumfaktor zu steigern, eine stadtplanerische Neuorientierung verlangt inklusive der Überlegung, welche Öffnungszeiten überhaupt sinnvoll sind.
627 Diese Aufmerksamkeit wurde besonders durch das Volksbegehren zur Wiederherstellung des Buß- und Bettages als gesetzlicher Feiertag erzielt, das maßgeblich von der Nordelbischen Kirche vorangetrieben wurde. Vgl. Jürgensen, Claus: Ein Rückblick auf den Volksentscheid zur Wiederherstellung des Buß- und Bettages

Wenige Wochen bevor die gesetzliche Regelung erstmals griff, erklärte die *EKD-Synode im November 1995* auf einer „Kundgebung" ihren diesbezüglichen Protest. Beklagt wurde, dass „ein öffentlich anerkannter Tag der Besinnung und Einkehr weggenommen worden" sei, ein Tag, der doch daran erinnere, „dass wir Menschen das Eingeständnis von Schuld, die Bereitschaft zur Umkehr und die Chance des Neuanfangs immer wieder nötig haben".[628] Eine gewisse Verlegenheit kommt in diesem Votum allerdings darin zum Ausdruck, dass auf der einen Seite der Buß- und Bettag enorm hochbewertet wird und selbst der Vergleich mit der Benennung Gottes in der Präambel des Grundgesetzes nicht gescheut wird, andererseits aber auch konstatiert wird, dass die kirchliche Praxis dieses Tages fragen lasse, „ob wir in der Vergangenheit den Buß- und Bettag ernst genug genommen und die mit ihm gegebenen Möglichkeiten ausreichend genutzt haben".[629] Entsprechend gehen denn auch die konkreten „Bitten" der Synode in eine zweifache Richtung. Die Gemeinden werden aufgerufen, diesem Tag wieder ein erkennbares Profil zu geben, und die politisch Verantwortlichen angemahnt, alternative Finanzierungswege zu erarbeiten und „Voraussetzungen für die Wiedergewinnung des Buß- und Bettages als eines gesetzlichen Feiertages" zu schaffen.[630]

Die 45. ordentliche rheinische Landessynode 1996 war nur am Rande mit der Frage des Buß- und Bettages befasst und brachte auch lediglich das „Ergebnis" einer Bitte des Präses an die Gemeinden, der Gestaltung dieses Tages mehr Wert beizulegen.[631] Ein Antrag, den Gemeinden zu empfehlen, den Buß- und Bettag von Veranstaltungen frei zu halten, die kein Gottesdienst sind, wurde im Innerkirchlichen Ausschuss nicht weiter beraten und daher auch nicht zur Beschlusslage vorgelegt.[632] Ein Jahr später kam das Thema auf Antrag des nebenamtlichen Kirchenleitungsmitgliedes Oberlinger erneut zur Beratung. Dieser forderte die Synode auf, dem Öffentlichkeitsausschuss den Auftrag zur Formulierung einer Eingabe an die Landesregierung zu erteilen, die die Wiedergewinnung des Bußtages zum Ziel hat.[633] Der Öffentlichkeitsausschuss erarbeitete darauf hin eine Beschlussvorlage, die sich dieser Intention anschloss, ergänzt um den Dank an die Gemeinden für die vielfältigen Gestaltungsanstrengungen, durch die sie diesen Tag bedacht hatten.

als gesetzlicher Feiertag in Schleswig-Holstein, in: CuS-Heft 1/1998, gefunden in: www.brsd.de/archiv.

628 Friedrichshafen 1995. Bericht über die sechste Tagung der achten Synode der Evangelischen Kirche in Deutschland vom 5. bis 10. November 1995, Hannover 1996, S. 1147 (I.F.: Friedrichshafen).

629 A.a.O., S. 1148.

630 Ebd.

631 Vgl. Verhandlungen der 45. ordentlichen rheinischen Landessynode. Tagung vom 7. bis 11. Januar 1996 in Bad Neuenahr, 1996, S. 67.

632 Vgl. a.a.O., S. 67, S. 260.

633 Vgl. Verhandlungen 1997, S. 107.

Konkret wurde die Kirchenleitung beauftragt, mit den Landesregierungen auf dem Gebiet der rheinischen Kirche (Nordrhein-Westfalen, Rheinland-Pfalz, Saarland und Hessen) „unverzüglich Gespräche aufzunehmen", um die Wiedergewinnung des Bußtages als kirchlicher Feiertag zu erwirken.[634]

Auch auf der *47. ordentlichen rheinischen Landessynode 1998* wurde letztmals das Thema aufgegriffen und einstimmig der Antrag der Kreissynode Bad-Godesberg angenommen. Die Kreissynode hatte ihr Bedauern darüber formuliert, dass sowohl das von der nordelbischen Kirche initiierte Volksbegehren, eine Bundesratsinitiative des Freistaates Bayern, als auch die verabredeten Gespräche der Kirchenleitung mit den Landesregierungen keinen Erfolg bezüglich der Wiedereinführung des Buß- und Bettages als gesetzlicher Feiertag vorzuweisen hatten. Angesichts dieser Ernüchterung verwundert es nicht, dass der abschließende Appell, „nicht nachzulassen im Einsatz für den Schutz der Sonn- und Feiertage in unserem Land", keine weitere konkrete, kirchenpolitische Strategie mehr eröffnete.[635] Ein darüber hinausgehendes Ansinnen der Kreissynode Bad-Godesberg, ein Volksbegehren zur Wiedereinführung des Buß- und Bettages als gesetzlicher Feiertag anzustrengen, wurde denn ohne weitere Folgen an den Ausschuss für öffentliche Verantwortung überwiesen.[636]

Letzteres deutet auch auf eine Skepsis hin, die in anderen Landeskirchen durchaus weiterging und nicht nur die Frage betraf, inwieweit ein Volksbegehren in dieser Sache Sinn macht, sondern auch, ob die evangelische Kirche sich überhaupt gegen die Streichung des Bußtages zu Lasten der paritätischen Finanzierung der Pflegeversicherung einsetzen sollte. Schon auf der EKD-Synode 1997 in Wetzlar hatte der Synodale Schoepffer zu bedenken gegeben, dass der Erfolg des Volksbegehrens in Schleswig-Holstein zur Wiedereinführung des Buß- und Bettages letztlich zu einer Mehrbelastung der Beschäftigten führe und insofern kirchenpolitisch nicht opportun sei.[637] Gegen diesen Einwand wurden dennoch das anstehende Volksbegehren vom 30. November sowie alle Initiativen zur Wiedererlangung des Bußtages als gesetzlicher Feiertag unterstützt und programmatisch erklärt, man werde „nicht ruhen, bis die falsche Entscheidung von damals rückgängig gemacht worden" sei, was zugleich die letzte Bemerkung in dieser Frage für die kommenden Jahre auf EKD-Ebene bleiben sollte.[638]

Vergleichsweise intensiv hat die *Evangelische Landeskirche Württem-*

---

634 Vgl. a.a.O., S. 2.

635 Vgl. Verhandlungen der 47. ordentlichen rheinischen Landessynode. Tagung vom 11. bis 16. Januar 1998 in Bad Neuenahr, 1998, S. 201, S. 256f.

636 Vgl. a.a.O., S. 191*.

637 Vgl. Wetzlar 1997. Bericht über die zweite Tagung der neunten Synode der Evangelischen Kirche in Deutschland vom 2. bis 7. November 1997, Hannover 1998, S. 426.

638 A.a.O., S. 556.

berg auf ihrer 12. Synode im November 1996 um diese Frage gerungen. Eine Resolution des Kirchenbezirks Geislingen hat sie zurückgewiesen, in der die Landessynode aufgefordert wurde, sich für die Wiedereinführung des Buß- und Bettages einzusetzen. Einbezogen in die Diskussion wurde die Kritik der Deutschen Angestellten Gewerkschaft (DAG) an dem Volksbegehren. Die DAG hatte ihre Befürchtung deutlich gemacht, dass die Arbeitnehmer bei einem für die Kirche erfolgreichen Verlauf die Beschäftigten den gesamten Anteil der Pflegeversicherung zahlen müssten. Die württembergische Synode hielt es vor allem mit Blick auf die angespannte Finanzlage der Sozialversicherungen und mit Blick auf die erneut aufzurollende Kompensationsfrage nicht für opportun, für „die Wiedergewinnung des staatlichen Feiertags einzutreten". Statt einen „weiteren Nachruf" zu starten, müsse es darum gehen, „zukunftsorientiert zu denken und jedem weiteren Zugriff auf Feiertage zu wehren".[639] Mit großer Mehrheit wurde daher von einem Volksbegehren abgesehen und stattdessen ein Wort an die Gemeinden verfasst, das in zweifacher Hinsicht besonders interessant ist: Zum einen wurde die als verloren eingeschätzte Auseinandersetzung um den Buß- und Bettag weiterführend als Anstoß zur Selbstkritik aufgegriffen, zu fragen, inwieweit nicht durch eigene kirchliche Aktivitäten die Feiertage und der Sonntag ausgehöhlt werden. Zu diskutieren sei zum anderen, ob nicht die Wiedergewinnung des ganzen Tages statt nur der Zeit für den Gottesdienst anstehe! So heißt es:

> „Wir sollten uns deutlich fragen: Wie gestalten wir in unseren Gemeinden zunächst einmal schon die Gottesdienste wirklich als ein den ganzen Tag prägendes Fest? Wie bieten wir auch über die Gottesdienste hinaus in unseren Gemeinden Möglichkeiten an, wirklich Gemeinschaft von Christen zu erfahren?"[640]

Theologisch ist dieser Impuls offenbar angestoßen von dem Gedanken, das jüdische Erbe des Sabbats bezüglich der ganzheitlichen Würdigung eines Tages wieder neu zu entdecken.[641] Um diese Ganzheitlichkeit als Bollwerk gegen die Ökonomisierung der Zeit zu gewährleisten, gelte es nun zum anderen Bündnisse einzugehen mit denen, die ebenfalls ein Interesse an den arbeitsfreien Sonn- und Feiertagen haben, z.B. die Sportvereine.[642] Erstmals wurden in diesen Gedanken der Bündnisgemeinschaft auch die jüdischen Gemeinden einbezogen. So erklärte der Synodale Rohloff:

---

639 12. Evangelische Landessynode. Stuttgart, 28. November 1996, 8. Sitzung, S. 330.
640 A.a.O., S. 334.
641 Vgl. a.a.O., S. 336.
642 „Ich denke wir sollten aufpassen, dass wir da nicht eine geschlossene Kirchensache aus dem Sonntag machen, wenn wir uns um eine neue Sonntagskultur bemühen. Der Sportbereich scheint sehr breit mit Kirche zusammenzuarbeiten. Vielleicht müssen wir da noch alte Vorurteile, die ich auch einmal hatte, abbauen." So die Synodale Frau Thumm, a.a.O., S. 335.

„Den Sonntag wissen wir hineingenommen in die Tradition des jüdischen Sabbats (...) Ich halte Ausschau nach Koalitionären, die uns um unsere Sorge um den Sonntag (auch Sabbat) unterstützen. Der wöchentliche Ruhetag als Sonntag und Sabbat könnte zu einer Koalition zwischen Juden und Christen führen. Ausgehend von dem Glauben an den einzigen Gott sind hier Christen und Juden gerufen, in dieser Welt, über diese Welt über uns selbst Zeugnis abzulegen."

In zweifacher Hinsicht ist das Votum der württembergischen Landeskirche bemerkenswert. Zum einen wird eine Reduktion der kirchlichen Zeitgestaltung auf den Gottesdienst ausdrücklich als defizitär kritisiert und eine kirchlich Zeit gestaltende Prägung des ganzen Tages eingefordert. Der theologische Hintergrund dieser Forderung ist einer sabbattheologischen Rezeption zu verdanken. Zum anderen werden ausdrücklich Koalitionen etwa mit den Sportverbänden oder den jüdischen Gemeinden thematisiert, womit indirekt eine Einschätzung zur Geltung kommt, dass die Kirche alleine der Ökonomisierung der Zeit nicht in ausreichendem Maße entgegentreten kann.

2.7.2.4 Kirchliche Auseinandersetzung um Arbeitszeitverkürzung

Verglichen mit den Auseinandersetzungen über das Ladenschlussgesetz und seine Auswirkungen auf den Sonntag, über die sonntägliche Öffnung von Bäckereien oder auch verglichen mit dem über mehrere Jahre hinweg geführten Streit über die Wiedereinführung des Buß- und Bettages, sind die kirchlichen Positionen zur Arbeitszeitdiskussion eher sporadisch. Wie bereits erwähnt, war schon Ende der 70er und Anfang der 80er Jahre das eher verhaltene Plädoyer für eine kollektive oder auch nur individuelle Verkürzung der wöchentlichen Arbeitszeit zu Gunsten von mehr Beschäftigung der Herausforderung geschuldet, die die evangelische Kirche mit der Arbeitsmarktkrise gestellt sah.

Diese war auch für das so genannte *„Wilckens-Papier"* der Anlass, benannt nach dem damaligen nordelbischen Bischof Ulrich Wilckens, das im Juli 1985 in der Wochenzeitschrift „DIE ZEIT" erschienen war. Es stellte das Ergebnis eines von ihm geleiteten Expertenkreises dar, dem außerdem der Kieler Fabrikant Klaus Murmann, der Vorsitzende des DGB-Bezirks Nordmark Jan Sierks, der Landesleiter der DAG Peter David, der stellvertretende CDU-Landesvorsitzende und Landwirtschaftsminister Günter Flessner und der SPD-Fraktionsvorsitzende im Kieler Landtag Björn Engholm angehörten. Wilckens' Grundgedanke war es, die „Idee des Lastenausgleichs" der Nachkriegszeit auf eine gerechte Arbeitsverteilung zu übertragen.[643]

Arbeitszeitpolitisch forderten die genannten Autoren ein, dass Arbeitszeitgestaltung verstärkt als Instrument der Beschäftigungspolitik einge-

---

643 Vgl. Hauschild, Wolf-Dieter; Wilkens, Erwin (Hrsg.): Kirchliches Jahrbuch für die Evangelische Kirche in Deutschland 1985, 112. Jahrgang, Gütersloh 1988, S. 165.

setzt werden müsse. Strategien der Arbeitszeitverkürzung sollten vielfältig nutzbar und reversibel gestaltet werden. Konkret wurde vorge-
schlagen, flächendeckend das 10. Schuljahr einzuführen und die
Ausbildung zu verlängern, womit neben dem Effekt einer sinnvollen
Bildungsinvestition auch ein späterer Einstieg in das Erwerbsleben gegeben wäre. Am anderen Ende der Erwerbsbiografie sollte es zu einer
Ausweitung von betriebswirtschaftlich kostenneutralen Vorruhestands-
regelungen kommen. Diese konkreten Vorschläge einer Verkürzung der
Erwerbsjahre wurden ergänzt um ein bemerkenswertes Votum zur Verkürzung der Wochenarbeitszeit. Realistischerweise müsse man hier von
einer weiteren Verkürzung ausgehen – eine Einschätzung, die ein Jahr
nach dem Leber-Kompromiss nicht verwundert –, aber, und das ist für
ein Votum, an dem auch Unternehmensvertreter beteiligt waren, erstaunlich, dies könne „im Takt des durchschnittlichen Produktivitäts-
fortschritts mit Lohnausgleich geschehen".[644]

Dieses gemeinsame Votum von maßgeblichen Multiplikatoren ver-
schiedenster Provenienz fand neben der Kritik beispielsweise des idea-
Journalisten Gustav Wiegand durchaus berechtigte Beachtung, war es
doch in dieser Deutlichkeit ein nahezu einzigartiges Interessenbündnis,
das sich einer kirchlichen Initiative verdankte und zu einem beachtlich
differenzierten und konkreten Votum im Interesse einer gerechteren
Umverteilung der Arbeit führte. Das nur zwei Monate später veröffentlichte *gemeinsame Wort des Rates der Evangelischen Kirche in
Deutschland und der Deutschen Bischofskonferenz* zur Arbeitslosigkeit
war dagegen wesentlich unprofilierter. Unter dem Stichwort der
Arbeitsumverteilung findet sich kein Wort zur Reduzierung der durchschnittlichen wöchentlichen Arbeitszeit, sondern lediglich ein Plädoyer,
Überstunden zu vermeiden und mehr Teilzeitarbeitsplätze zur Verfügung zu stellen.[645]

Die *EKD-Synode 1993 in Osnabrück* hatte sich in einem Beschluss zu
„Arbeitsmarkt und sozialer Verantwortung" erneut um ein Votum zur
Arbeitsmarktkrise bemüht. Bezüglich des für unseren Kontext wichtigen
arbeitszeitpolitischen Aspekts ist auffällig, dass der Flexibilisierung von
Arbeitszeit eine durchaus wichtige Rolle beigemessen wurde, „auch
ohne vollen Lohnausgleich" eine Möglichkeit zur Vermeidung von
Entlassungen zu bieten.[646] Möglicherweise stand dieses Votum unter
dem Eindruck des zum 1.1.1994 beschlossenen Einstiegs in die 28,8-
Stunden-Woche für die westdeutschen Werke der Volkswagen AG, der
schon im Vorfeld wegen seiner beschäftigungssichernden Wirkung all-

---

644 A.a.O., S. 168.
645 Vgl. a.a.O., S. 171.
646 Vgl. Osnabrück 1993. Bericht über die vierte Tagung der achten Synode der
Evangelischen Kirche in Deutschland vom 7. bis 12. November, Hannover 1994, S.
995f. (I.F.: Osnabrück 1993).

gemeine Aufmerksamkeit fand.[647] Grundsätzlich forderte der synodale Beschluss ein, dass bei Arbeitszeitverkürzungen mit Lohnverzicht alle Beschäftigten, auch die Vorstände, in die Lohnkürzungen einbezogen werden und für die unteren Einkommen ein Lohnausgleich geschaffen werden sollte.[648]

Die im *Mai 1995* erschienene *Studie der Kammer der EKD für soziale Ordnung unter dem Titel „Gemeinsame Initiative – Arbeit für alle!"* hat jenes im EKD-Votum aufgegriffene Thema der Flexibilisierung differenzierter behandelt. Unter besonderer Fokussierung der anzustrebenden Vereinbarkeit von Familie und Beruf plädierte das Votum für eine gleichberechtigte Ausgestaltung von Teilzeitarbeit, zumal „ein nicht unerheblicher Teil der Vollzeitbeschäftigten (…) gerne auf Teilzeitbeschäftigung umsteigen" würde.[649] Um dies zu gewährleisten, müssten aber sowohl die Freiwilligkeit der Arbeitszeitreduzierung gegeben sein, die Kalkulierbarkeit der Arbeitszeitlage als auch die Möglichkeit zur späteren Aufstockung der wöchentlichen Arbeitszeit. Eine rein kapazitätsorientierte variable Arbeitzeit (KAPOVAZ), die lediglich die betriebswirtschaftlichen Interessen eines möglichst effektiven Einsatzes der Arbeitskräfte im Blick hat und die Interessen der Beschäftigten an einer zeitsouveränen Verfügung über die Lage der Arbeitszeit unberücksichtigt lässt, wird ausdrücklich zurückgewiesen.[650] Es ist deutlich erkennbar, dass in diesem Votum Aspekte der Diskussion über Gender Mainstreaming aufgegriffen und zum zentralen Anliegen einer gleichberechtigten Teilhabe von Frauen und Männern am Arbeitsvolumen inklusive einer familiengerechten Arbeitszeitregelung erhoben wurden. Bezüglich einer weiteren Reduzierung der kollektiven wöchentlichen Arbeitszeit enthielt sich die Kammer einer Parteinahme, gab aber zu bedenken, dass bei einer weiteren Verkürzung der Wochenarbeitszeit auch zu berücksichtigen sei, dass „Rationalisierungseffekte und durch unflexible Arbeitsorganisationen entstehende Mehrkosten auch den Wegfall von Arbeitsplätzen zur Folge haben können".[651]

Auch diese Studie der Kammer ist angestoßen durch die Situation einer sich verfestigenden Arbeitsmarktkrise von ca. 3,5 Millionen registrierten Arbeitslosen im Jahre 1995. Folglich sind die sozialethischen und theologischen Begründungsmuster auch an einer Theologie der Arbeit entwickelt, die es einerseits ablehnt, dem Menschen erst durch Arbeit

---

647 Vgl. Jürgens, Kerstin; Reinecke, Karsten: Zwischen Volks- und Kinderwagen. Auswirkungen der 28,8-Stunden-Woche bei der VW AG auf die familiale Lebensführung von Industriearbeitern, Berlin 1998, S. 11.
648 Vgl. Osnabrück 1993, S. 996.
649 Gemeinsame Initiative – Arbeit für alle! Eine Studie der Kammer der EKD für soziale Ordnung als Beitrag zum Konsultationsprozess über ein gemeinsames Wort der Kirchen zur wirtschaftlichen und sozialen Lage in Deutschland, Hannover 1995, S. 43.
650 Vgl. a.a.O., S. 43f.
651 A.a.O., S. 43.

seinen Wert und seine Würde zuzusprechen, andererseits aber konstatiert, dass faktisch die Erwerbsarbeit Teilnahme an der Gesellschaft eröffnet und sich daher ein „ethisch begründetes und verpflichtendes Menschenrecht auf Arbeit" ergebe.[652]

Dies wird an dieser Stelle nur erwähnt, um deutlich zu machen, dass das arbeitszeitpolitische Votum in dieser Studie, aber auch in der genannten Stellungnahme der EKD von 1993, keine eigenständige theologische oder sozialethische Begründung erfährt, sondern als strategische Hilfsargumentation am theologisch begründeten Votum zur Beseitigung der Arbeitsmarktkrise partizipiert. Dies ist ein ausdrücklicher Unterschied zu den Argumentationen, in denen es um den Schutz des Sonn- oder Feiertags ging, die in der Regel eine theologische Herleitung erfahren haben.

Im Mai 1998 hatte die IG Metall auf ihrer arbeitszeitpolitischen Tagung in Hannover unmissverständlich die Strategie proklamiert, durch kollektive Reduzierung der wöchentlichen Arbeitszeit auf 32 Stunden einen beschäftigungswirksamen Beitrag zum Abbau der Massenarbeitslosigkeit leisten zu wollen.[653] Klaus Zwickel erklärte in seinem Eröffnungsplädoyer:

> „Notwendig ist eine Perspektive der Arbeitsumverteilung durch weitere Arbeitszeitverkürzungen – in der Metallwirtschaft und in der Gesamtwirtschaft, in Deutschland und in Europa, als ein entscheidender Weg, als der wichtigste tarifpolitische Beitrag, die Massenarbeitslosigkeit zu überwinden und der Arbeitsgesellschaft Zukunft zu geben (…) Das Vorstandspapier plädiert für eine generelle Arbeitszeitverkürzung von 10 Prozent im Volumen. Das entspricht der 32-Stunden-Woche oder dem 1400-Stunden-Jahr. Ich gebe einer klaren Forderung nach der 32-Stunden-Woche den Vorrang."[654]

Um der Umsetzung dieser Strategie eine operative Basis zu geben, wurde u.a. eine im Herbst 1998 in der Hans-Böckler-Stiftung lokalisierte Initiative „Arbeit:Leben:Zeit – Forum von Kirche und Gewerkschaft" ins Leben gerufen. Ausschlaggebend für dieses – in dieser Form einer auf der wissenschaftlichen Ebene angesiedelten Arbeitsgemeinschaft – ungewöhnliche Bündnis von evangelischer Kirche und Gewerkschaften war die Einschätzung, dass jene arbeitszeitpolitische Option in Richtung 32-Stunden-Woche sehr dicht bei dem im Sozialwort der beiden großen Kirchen „Für eine Zukunft in Solidarität und Gerechtigkeit" formulierten Grundgedanken vom Teilen der Erwerbsarbeit lag.[655] Die gewerkschaftlichen Protagonisten erhofften sich durch

652 A.a.O., S. 6.
653 Vgl. Becker Uwe; Wiedemeyer Michael: Verunsicherung.
654 Zwickel, Klaus, in: Zeiten, S. 12; S. 20.
655 Auch wenn – wie erwähnt – dass Sozialwort der Kirchen sich nicht für eine kollektive Arbeitszeitverkürzung ausgesprochen hat, so sind doch gewisse sozialutopische Ansätze nicht zu leugnen, die auch arbeitszeitpolitische Relevanz haben. So etwa heißt es dort: „Arbeit ist genügend vorhanden. Es müssen Mittel und Wege

die kirchliche Kooperation den effektiven Zugang zu einer breiten gesellschaftlichen Debatte. Gleichzeitig war diese Strategie sowohl innerhalb der IG Metall als auch im Kreise der übrigen Gewerkschaften keineswegs unumstritten. Es kam nicht von ungefähr, dass schon ein Jahr
später auf dem Gewerkschaftstag der IG Metall in Hamburg die
wöchentliche Arbeitszeitverkürzung als lediglich *eine* tarifpolitische
Möglichkeit benannt wurde, während Klaus Zwickel nunmehr die Rente
ab 60 als primäres Ziel favorisierte.

Angesichts dieser auch im gewerkschaftlichen Lager deutlichen Unsicherheit, welche arbeitszeitpolitische Strategie denn nun zu wählen
sei, wird der Antrag des Synodalen Lingner auf der *EKD-Synode 1999
in Leipzig* verständlich, eine Untersuchung über Modelle der Arbeitszeitverkürzung und Verteilung von Arbeit in Deutschland und dem
europäischen Raum zu erstellen. Der Antrag mündete nach einer Diskussion in einen Beschluss zur „Verteilung von Arbeit und Arbeitszeit",
mit welchem die Synode die Kammer der EKD für soziale Ordnung bat,
bis zur nächsten EKD-Synode einen schriftlichen Bericht über gelun-
gene Modelle der Verteilung von Arbeit und Arbeitszeitverkürzung vorzulegen.[656]

Ein Jahr später wurde den EKD-Synodalen auf der *Synode in Braunschweig* ein umfassender Text der Kammer für soziale Ordnung vorgelegt, der vom Sozialwissenschaftlichen Institut der EKD unter Federfüh-
rung von Jürgen P. Rinderspacher erarbeitet worden war. Unter dem
Titel „Arbeitszeitpolitik gegen Arbeitslosigkeit? – Strategien zwischen
Wachstum und Umverteilung"[657] wurde inhaltlich die Frage der kirchlichen Stellungnahmen zu zeitpolitischen Themen durchaus bereichernd
bearbeitet, allerdings nicht ausführlicher diskutiert.

In der Studie wurde die Position vertreten, dass eine Strategie der Umverteilung von Arbeit, mithin also eine Arbeitszeitverkürzung, keine –
wie oftmals aus neoliberaler Sicht behauptet – wachstumshemmende
Wirkung habe, so lange sie sich im Rahmen des Verteilungsspielraums
aufhält.[658] Damit wurde auch weiterhin einer kirchlichen Position Recht
gegeben, die die beschäftigungseffektiven Wirkungen der Arbeitszeitverkürzung als Instrument gegen die strukturelle Arbeitslosigkeit im
Blick hat. Auf der anderen Seite müsse deutlich gesehen werden, dass
die arbeitsmarktpolitischen Effekte der Arbeitszeitverkürzung ziemlich
ausgereizt seien, zumal einerseits das Mismatch von Angebots- und
Nachfragestruktur nicht einfach zu Neueinstellungen im Zuge der Arbeitszeitverkürzung führe und andererseits der Trend bestehe, den Ver-

---

gefunden werden, den gesellschaftlichen Reichtum so einzusetzen, dass sie auch
bezahlt werden kann." Zukunft, Ziffer 174.
656 Vgl. Leipzig 1999, S. 654.
657 Vgl. EKD, Kammer für soziale Ordnung: Arbeitszeitpolitik gegen Arbeitslosigkeit? – Strategien zwischen Wachstum und Umverteilung, in: Epd-Dokumentation, Nr. 48/00, 6. November 2000, S. 31–62 (I.F.: Arbeitszeitpolitik).
658 Vgl. a.a.O., S. 38ff.

teilungsspielraum möglichst eng noch unter den Produktivitätsfortschritt zu drücken.[659] Vor allem aber könne Arbeitsumverteilung nur zum Erfolg führen, wenn der Staat, also Bund, Länder und Kommunen, ein solches Programm ausdrücklich unterstützen und mit gesetzlichen Maßnahmen flankieren. Es müsse zudem deutlich abgewogen werden, wo der Einsatz für Arbeitszeitverkürzung, der sich zu eng auf die Beschäftigungseffekte von Arbeitszeitpolitik reduziert, zur Destabilisierung von Arbeitszeitstandards führe, wie etwa der Erosion des arbeitsfreien Wochenendes oder einer unkalkulierbaren Arbeitszeitlage. Daher müsse Arbeitszeitpolitik künftig wieder ein „komplexes Zielbündel im Blick haben, nicht nur die Beseitigung der Arbeitslosigkeit".[660] Gleichwohl sei zu prognostizieren, dass angesichts des tendenziell sinkenden Arbeitsvolumens zukünftig auch Umverteilungsfragen nicht obsolet seien. Hier gelte es für Kirche wachsam zu analysieren.

Gleichsam wie eine empfohlene Marschroute der kirchlichen Sondierungen lesen sich folgende Zeilen, die übrigens auch auf der Synode ausdrücklich erwähnt wurden und die Frage eröffneten, wie denn die Synode mit diesem Papier praxisbezogen umzugehen gedenke:[661]

„Insofern lässt sich argumentieren, dass auf Grund eines hegemonialen wirtschaftstheoretischen Paradigmas, innerhalb dessen jede Form von Umverteilung systemwidrig erscheint und daher zurückgewiesen wird, zwar die gesellschaftliche Aufmerksamkeit für alternative Konzepte gegenwärtig verstellt ist. Möglich wäre, dass der politische Druck noch weitaus stärker werden muss, etwa durch den Auftrieb, den die Arbeitslosigkeit dem Rechtsradikalismus verleiht, um den Blick für andere politische, auch ‚systemwidrige' Handlungsoptionen zu erweitern."[662]

Wenn man so will, war dies eine indirekte Ermutigung an die Synodalen ihr prophetisches Mandat wahrzunehmen und zum geeigneten Zeitpunkt die sozialethisch durchaus richtige Idee der Umverteilung von Arbeit durch kollektive Arbeitszeitverkürzung aufzugreifen, nämlich gerade dann, wenn die externen Schäden einer rein wachstumsorientierten Angebotspolitik mit hoher Arbeitslosigkeit im politischen Raum greifbar werden. Der gefasste Beschluss der Synode, die in diesem Text vorhandenen Impulse „zu beachten und konstruktiv aufzunehmen", entbehrte allerdings nicht nur, wie erwähnt, einer ausgiebigen vorlaufenden Diskussion, sondern war auch in seinem pragmatischen Gehalt so substanzlos, dass er keine weitere Behandlung des Themas in den folgenden Jahren mehr eröffnete.[663]

---

659 Vgl. a.a.O., S. 34; S. 38.
660 A.a.O., S. 57.
661 Vgl. Braunschweig 2000. Bericht über die fünfte Tagung der neunten Synode der Evangelischen Kirche in Deutschland vom 5. bis 9. November 2000, Hannover 2001, S. 355 (I.F.: Braunschweig 2000).
662 EKD, Kammer für soziale Ordnung: Arbeitszeitpolitik, S. 57.
663 Vgl. Braunschweig 2000, S. 548.

Mit dem Verweis auf das hegemoniale wirtschaftstheoretische Para-
digma sollte Rinderspacher für die folgenden Jahre mehr als Recht behalten. Nicht nur, dass die Stimmen der Arbeitszeitverkürzungspolitik
weitgehend verstummten.[664] Die Strategie der Arbeitszeitverlängerung
gewann im Mainstream einer neoliberalen Einmütigkeit ein erhebliches
Gewicht. In der öffentlichen Diskussion wurde Arbeitszeitverkürzung
zum unheilvollen Evergreen stilisiert[665] und der Druck faktischer
Arbeitszeitverlängerung auf betrieblicher Ebene bei immerhin noch
gleichbleibenden durchschnittlichen tariflichen Arbeitszeiten nahm immer mehr zu.[666] Der „Pendelschlag zurück zur 40-Stunden-Woche oder
zu noch längeren Arbeitszeiten" insbesondere für Männer in Vollzeit,
vornehmlich für Angestellte und ausdrücklich für Hochqualifizierte,
setzte bereits seit Mitte der 90er Jahre ein.[667] Im Jahr 2004 ist im

664 Die Versuche, eine Diskussion über eine Reduzierung der Arbeitszeit wieder
in Gang zu setzen, sind zwar mehrfach besonders im wissenschaftlichen Kontext
angegangen worden, ohne aber im gewerkschaftlichen Lager selber Fuß zu fassen.
So etwa plädiert der Osnabrücker Politologe Mohssen Massarrat für eine Reduktion
der wöchentlichen Arbeitszeit ohne vollen Lohnausgleich und mit einer Aus-
gleichskomponente für die unteren Einkommensgruppen. Dies habe den Effekt, dass
einem „geringeren verfügbaren Einkommen (…) ein Mehr an verfügbarer Zeit für
jeden selbst, für die Familie und für ein solidarisches Zusammenleben, insgesamt
ein Mehr an Lebensqualität und Zeitwohlstand" gegenüberstehe. Massarrat, Mohssen: Die 30-Stunden-Woche für Europa, in: Frankfurter Rundschau, 17. Dezember
2003, S. 9. Der Bremer Arbeitswissenschaftler Helmut Spitzley wies darauf hin,
dass die Beschäftigungseffekte kürzerer Arbeitszeit zu geringeren Ausgaben bei der
Arbeitslosenversicherung führen, gesundheitspolitisch der Trend zu längeren
Arbeitszeiten kontraproduktiv sei und die Politik der „kurzen Vollzeit für alle" zudem „ein entscheidender Beitrag zur Generationengerechtigkeit" sei. Für die Umsetzung eines solchen Projekts brauche es Unterstützung „in der Politik, in Unternehmen, von Gewerkschaften und Arbeitgeberverbänden, von Individuen und in
Familien." Die Kirchen kamen für ihn bezeichnenderweise nicht in den Blick.
Spitzley, Helmut: Kurze Vollzeit für alle, in: Frankfurter Rundschau, 10. September
2003, S. 9.
665 Vgl. Franz, Wolfgang; Peters, Ralf Henning; Steiner, Viktor: Arbeitszeitverkürzung – ein unheilvoller Evergreen, in: Frankfurter Allgemeine Zeitung, 11. März
2000, S. 15.
666 Öffentlichkeitswirksame Beispiele für die Diskussion um die Arbeitszeitverlängerung im Jahr 2004 waren beispielsweise die faktische Einführung der 40-Stun-
den-Woche in den beiden Siemens-Werken Kamp-Lindfort und Bocholt sowie bei
Thomas Cook. Die Konzernleitung von Opel Rüsselsheim und von MAN brachte
ihre diesbezügliche Planung offensiv in die Presse, ebenso forderten die Arbeitgeberverbände von Bau und Bahn tarifliche Öffnungsklauseln, die Arbeitszeit per
betrieblicher Entscheidung von 39 auf 42 Stunden erhöhen zu können.
DaimlerChrysler verlängerte auf 39-Stunden für Randbereiche. Für die Maler und
Lackierer wurde die 39-Stunden-Woche festgeschrieben. Die Länder waren teilweise schon 2003 aus dem Tarifvertrag ausgeschieden und hatten – wie in Berlin –
wöchentliche Arbeitszeiten von über 40 Stunden eingeführt.
667 Lehndorf, Steffen: Zurück zur 40-Stunden-Woche? – Wirksamkeit und Krise
der tariflichen Arbeitszeitregulierung, in: WSI-Mitteilungen 6/2004, S. 306–311, S.
307.

„Durchschnitt – aber nur im Durchschnitt – (...) die 40-Stunden-Woche wieder zur faktischen Normalarbeitszeit in Deutschland geworden".[668] Ergänzt wurde diese Entwicklung um Forderungen nach einer Verlängerung der wöchentlichen Arbeitszeit auf 40 oder gar 42 Stunden, die in politischen Zirkeln der FDP, der CDU und selbst der SPD erhoben wurde.[669] Im September 2004 hatte der CDU-Generalsekretär Laurenz Meyer, wissenschaftlich flankiert vom Chef des DIW, Hans-Werner Sinn, unter dem Titel „Wachstum, Arbeit, Wohlstand" den Entwurf für den Leitantrag zum Bundesparteitag im Dezember erarbeitet. Er sah unter anderem vor, „dass die Arbeitszeitverkürzungen der Vergangenheit teilweise wieder rückgängig gemacht werden bei gleichbleibendem Lohnniveau".[670]

Es verwundert nicht, dass in diesem Klima sowohl die Zahl der Urlaubstage als auch der gesetzlichen Feiertage in die Diskussion geriet. Michael Rogowski, Präsident des Bundesverbandes der Deutschen Industrie, bemerkte: „Es wäre nicht unzumutbar, wenn die Deutschen künftig fünf statt sechs Wochen bezahlten Urlaub hätten."[671] Furore machte die vom schleswig-holsteinischen CDU-Vorsitzenden Peter Harry Carstens erhobene Forderung, eine bundeseinheitliche Anpassung der Feiertagsanzahl vorzunehmen, und zwar nach norddeutschem Muster. Dies hätte gegenüber den südlichen Bundesländern eine Reduktion um vier Tage bedeutet, da diese 13 statt nur 9 Feiertage haben. Die Initiative scheiterte jedoch besonders am Protest der süddeutschen Schwesterpartei CSU. Selbst die PDS-Bundestagsabgeordnete Petra Pau nannte die Forderung „bayernfeindlich und obendrein gottlos".[672]

Mit den Worten Anthony Giddens formuliert kristallisiert sich spätestens seit dem neuen Jahrtausend bezüglich der zeitlichen Organisation der Arbeitswelt ein Disembedding-Prozess heraus, in dem ehemals selbstverständlich erscheinende Zeitinstitutionen, wie das arbeitsfreie Wochenende, inklusive des arbeitsfreien Samstags, die 35-Stunden-Woche wie auch der sechs Wochen umfassende Jahresurlaub, radikal in Frage gestellt werden. Gleichwohl ist dies nicht als Rückentwicklung in die Zeit der 60er Jahre zu bewerten, weil es sich vor dem Hintergrund einer wesentlich flexiblerer und verdichteter gewordenen Leistungsbeanspruchung und im Kontext einer enormen Strukturkrise des

---

668 A.a.O., S. 308.

669 So etwa brachte Bundestagspräsident Wolfgang Thierse zum 9. November 2004 einen Vorschlag in die Diskussion, die Beschäftigten in den alten Bundesländern sollten sich den Arbeitszeiten der neuen Bundesländer von 40 bis 42 Stunden anpassen. Vgl. www.stern.de 8. November 2004.

670 Vorstoß für längere Arbeitszeiten, in: Frankfurter Rundschau, 29. September 2004, S. 7.

671 Industrie fordert kürzeren Urlaub, in: Frankfurter Rundschau, 9. Juli 2004, S. 9.

672 Politiker wollen Feiertage streichen, in: Frankfurter Rundschau, 12. Juli 2004, S. 1.

Arbeitsmarktes mit nahezu fünf Millionen registrierten Erwerbslosen vollzieht.

In der ZEIT beklagte der ehemalige Generalsekretär der CDU, Heiner Geißler, den Gesamttrend eines der Globalisierung verschriebenen stetigen Sozialabbaus, einer nur noch an der Rendite orientierten Unternehmenskultur, die Arbeitszeitausbeutung und Entlassungen leichtfertig kalkuliert mit der Leitfrage: „Wo bleibt euer Aufschrei?".[673] Damit wandte er sich auch explizit an die Kirchen. Bezüglich der Entwicklung der Arbeitszeitverlängerung, die vermutlich mit dem Jahr 2004 noch nicht den Zenit ihres Negativtrends erreicht hat, ist zumindest deutlich, dass die evangelische Kirche hinsichtlich einer Positionierung außerordentlich zurückhaltend ist. Mag sein, dass redlicherweise dafür auch die Einsicht maßgeblich ist, dass sie sich selber aus Gründen stetig zurückgehenden Kirchensteueraufkommens in der Bedrängnis sieht, die Arbeitszeiten für ihre Mitarbeitenden auszudehnen. Zumindest ist – um es an einem Beispiel deutlich zu machen – signifikant, dass die Arbeitsrechtlichen Kommissionen in 2004 für den Bereich der Diakonischen Werke Rheinland, Westfalen und Lippe 21 Notlagenregelungen genehmigt bzw. beschlossen haben, die teilweise auch eine Verlängerung der wöchentlichen Arbeitszeit beinhalten.

Darüber hinaus ergibt sich allerdings eine Bewertung dieser Zurückhaltung angesichts des hier vorgenommenen historischen Überblicks über die kirchlichen Äußerungen im Kontext der sich wandelnden zeitlichen Organisation der bundesdeutschen Gesellschaft: Es ist nicht von der Hand zu weisen, dass dieser Zurückhaltung auch die gängige Einschätzung im kirchlichen Kontext zugrunde liegt, dass die Veränderung der wöchentlichen Arbeitszeit, solange sie nicht unmittelbar den Sonntag tangiert, kaum theologische Anknüpfungspunkte der Kommentierung biete. Eine kirchenpolitische „Einmischung" ist von daher, so diese Logik, nicht geboten.

2.7.3 Eine Bilanz

Die kirchlichen Auseinandersetzungen im Kontext der gesellschaftlichen Organisation der Zeit seit Ende der 70er Jahre waren einerseits ausgelöst durch die Arbeitsmarktkrise, die mit ihrer stetigen Verfestigung einer strukturellen Arbeitslosigkeit auf immer höherem Niveau zu Recht als der maßgebliche Deregulierungsfaktor der gesellschaftlichen Zeitstruktur gelten kann. Die millionenfache Entwertung von Lebenszeit durch die erzwungene Exklusion von der Arbeitswelt und damit auch der gesellschaftlichen Teilhabe wurde der Kirche zum Anlass, verschiedentlich Forderungen nach einer Arbeitszeitverkürzung ohne Lohnaus-

---

673   Geißler, Heiner: „Wo bleibt euer Aufschrei?", in: DIE ZEIT, 11. November 2004, S. 26.

gleich zu erheben oder auf die individuelle Bereitschaft zur Arbeitszeitverkürzung oder der Aufnahme von Teilzeit zu setzen. Allerdings wurde gegenüber einer kollektiven Arbeitszeitverkürzungsstrategie Zurückhaltung gewahrt, zumal auch Stimmen laut wurden, wie etwa auf der EKD-Synode in Spandau 1982, die zu erwartende Beschäftigungseffekte einer kollektiven Arbeitszeitverkürzung deutlich relativierten. Im Jahr der schwersten Streikwelle des Nachkriegsdeutschlands und heftiger Auseinandersetzung um den Einstieg in die 35-Stunden-Woche samt der anhängigen Flexibilisierungsfragen enthielt sich die evangelische Kirche zumindest auf EKD-Ebene einer konkreten Parteinahme für die kollektive Arbeitszeitverkürzung. Mag sein, dass dafür auch entscheidend war, dass dieses Thema keine eigenständige theologische Bewertung erfuhr, sondern allenfalls als ein abgeleitetes – und eben auch umstrittenes – Instrument betrachtet wurde, mehr Menschen einen Zugang zur Arbeit und damit auch zu einem theologisch hoch bewerteten Gut zu verschaffen.

Ganz anderes ist andererseits die theologische Zentralität der Sonntagsfrage in den Dekaden seit den frühen 80er Jahren zu verbuchen. Sie stellt auch für diesen Zeitraum das eigentliche zeitpolitische Hauptthema dar. Die erste ökumenische Verlautbarung der 80er Jahre zur Sonntagsfrage galt primär der Sorge um eine Aushöhlung der kirchlichen Sonntagskultur, was durchaus kritisch in kircheneigenen Reihen fragen ließ, wie ausgerechnet in diesen Zeiten ein kirchliches Votum solitär die eigenen Interesse einer nachhaltigen Positionierung des Gottesdienstes betreiben konnte. Denn problematisch erschien diesen Kritikern nicht die Tatsache eines Sonntagsvotums an sich, sondern eher seine Reduktion auf die Werbung für den Gottesdienstbesuch und seine pauschale Diskreditierung eines fehlgeleiteten sonntäglichen Freizeitverhaltens. Die soziokulturellen Auswirkungen der Flexibilisierung kamen noch gar nicht in den Blick. Erst die nachfolgenden ökumenischen Verlautbarungen sollten ihr (zeit)politisches Profil verstärkt durch die Auseinandersetzung mit den Flexibilisierungs- und Verdichtungsstrukturen der Arbeitszeit und den Tendenzen zur Ökonomisierung des Sonntags gewinnen.

Theologisch waren diese beiden Voten von 1985 und 1989 geprägt von einer normativen Einforderung einer strikten Einhaltung des arbeitsfreien Sonntags besonders gegenüber den Forderungen der Textilindustrie, die mit Rücksicht auf ihre internationale Konkurrenzsituation auf eine Ausnahmegenehmigung drängte. Der katholische Einfluss machte hier eine spezifische Interpretation des Sabbaterbes geltend, die einerseits, mehr als im protestantischen Lager üblich, auf die Arbeitsruhe drängte, andererseits aber zugleich einer geschichtstheologisch fragwürdigen Enteignung des Sabbats durch seine Aufhebung im Sonntag das Wort redete. Die Konsequenz dieser daraus resultierenden solitären Hervorhebung des Sonntags war die mangelnde Bündnisfähigkeit der Kirchen mit den Gewerkschaften bezüglich der Bewahrung der inzwischen in der Erosion begriffenen Institution des arbeitsfreien Wochenendes. Der definierte „qualitative Unterschied" zwischen Samstag und Sonntag versperrte die Sicht für die inzwischen gewachsene Einheit beider Tage zum Wochenende, inklusive der Tatsache, dass der Sonntag erheblich an Qualität einbüßt ohne einen für die Reproduktionsarbeit freien Samstag. Entgegen dieser ökumenischen Verlautbarungen auf EKD-Ebene galt die differenzierte Mühe einiger Landeskirchen, wie etwa das Votum der westfälischen und der hannoverschen Synode, die Erklärung der rheinischen Kirchenleitung und das Votum des kirchlichen Dienstes in der Arbeitswelt, wesentlich umfassender einem Plädoyer für die Beibehaltung des arbeitsfreien Samstags. Der Charakter des Wochenendes wurde – hergeleitet aus sabbattheologischen Aspekten – in der Zurückweisung ökonomischer Verfügungsansprüche verankert und der Primat des Sonntags wurde – so besonders das rheinische Votum – ausdrücklich nicht im Gottesdienst, sondern in der Kategorie des Aufhörens und der Unterbrechung ökonomischer Logik gesehen. Bemerkenswert, dass der Aufruf zur selbstkritischen Reflexion sogar die Frage umfasste, inwieweit die Kirche selber auch ihre Mitarbeitenden am Wochenende, also auch am Samstag, an Arbeit bindet.

Umso auffallender ist, dass sich die evangelische Kirche im Zusammenhang mit der Diskussion um die Liberalisierung des Ladenschlussgesetzes wiederum nur mit der Sorge um den Sonntag befasst zeigte. Dass gerade die Öffnungszeiten im Einzelhandel zu besonders extremen zeitlichen Belastungen vor allen Dingen für Frauen führt und die Novellierung des Ladenschlussgesetzes mit samstäglichen Öffnungszeiten bis 20.00 Uhr auch den Sonntag für die Betroffenen erheblich beeinträchtigt, fand keinen Widerhall in synodalen Voten. Die Stimmen von Symanowski, Sohn, Strohm oder Knoll, die Jahre zuvor auf je eigene Weise eine ganzheitliche Wahrnehmung der zeitlichen Strukturen und Belastungen der Menschen einforderten und vor einer reduzierten Zuständigkeit der evangelischen Kirche für den Sonntag warnten, blieben diesbezüglich jedenfalls weitgehend wirkungslos.

Eine letzte Beobachtung macht sich an der kirchlichen Diskussion um die Streichung des Buß- und Bettages sowie die Öffnung der Bäckereien am Sonntag fest. Es hat den Anschein, als sei mit diesen Fragen unmittelbar auch die zeitpolitische Relevanz der Institution Kirche in Frage gestellt. In den Zeiten der 50er und 60er Jahre wäre die Streichung eines kirchlichen Feiertages oder die Erweiterung von Ausnahmeregelungen bezüglich der Sonntagsarbeit ohne ein mit den beiden großen Kirchen abgestimmtes Verhalten politisch kaum durchsetzbar gewesen. Das zähe Ringen um Sondergenehmigungen für die gleitende Arbeitswoche in der Eisen- und Stahlindustrie, in der es immer wieder zu wirkungsvollen Protesten der beiden Kirchen gekommen war, hatte dies eindrücklich belegt. Die beiden Kirchen waren als zeittaktgebende Institution, zumindest was die Sonn- und Feiertage anbelangt, unhinterfragt akzeptiert. Die Streichung des Buß- und Bettages führte zu einer Verunsicherung der Kirchenseite, weil die Kritik aus den eigenen Reihen, diesen Tag in seinem Sinngehalt schon selber entleert zu haben, eine gewisse institutionelle Schwäche zum Vorschein brachte. Der gescheiterte Versuch, in Schleswig-Holstein durch ein Volksbegehren die Entscheidung rückgängig zu machen, ist auch als ein Indiz dafür zu werten, dass die Kirche in dieser Frage nicht mehr die Mehrheit der Bevölkerung auf ihrer Seite hatte. Konsequenterweise wurde der Ruf nach zeitpolitischen Bündnissen etwa mit dem Sport und auch mit der jüdischen Gemeinde laut, da man offensichtlich die strategische Schwäche des kirchlichen Handelns erkannt hatte. Die Frage der Gestaltung des Buß- und Bettages als auch des Brötchenkaufs am Sonntag statt in synodalen Erklärungen festzuschreiben, lieber an den verantwortlichen Umgang in den Gemeinden zu delegieren, ist einerseits auch Ausdruck der Verunsicherung, die Antwort auf diese Fragen per Synodenbeschluss festzulegen, andererseits aber muss dies auch als positives Zeichen einer Kirche gewertet werden, die Praxis vor Ort nicht zu bevormunden und die diskursive Offenheit zu bewahren, in einer Zeit, in der zeitliche Basisselbstverständlichkeiten an Prägekraft verlieren.

2.8 Ausblick

Es ist jene diskursive Offenheit, die nicht zuletzt Anknüpfungspunkt für diese Arbeit ist, sofern sie in Rechnung stellt, dass die evangelische Kirche immer wieder ihre theologischen Grundannahmen reflektiert, diskutiert und zu Kriterien ihrer positionellen Einwürfe gemacht hat. Positiv anknüpfen will diese Arbeit daran insofern, als dass sie mit dem abschließenden Kapitel einen Beitrag zur theologischen Neuorientierung und Korrektur leisten möchte in der Frage, welches kirchliche Mandat für den Umgang mit der Zeit auf dem Nährboden des biblischen Erbes freigelegt werden kann. Denn das diesbezügliche theologische Denken hat die evangelische Kirche auf fragwürdige Weise in eine zu enge Fixierung auf den Sonntag und nicht selten – noch enger – auf die Bewahrung der Gottesdienstkultur gebunden. Fragwürdig deshalb, weil sie mit ihrer traditionellen Abwehr eines „Sabbatarianismus", einer offensichtlichen oder zumindest latenten antijüdischen Stoßrichtung unterlegen ist, ohne sich konsequent für die im jüdisch-christlichen Dialog zu Recht gestellte Frage zu öffnen, wie die Wiedergewinnung des biblischen Erbes, wie es in der Hebräischen Bibel und im Leben und der Weisung des Juden Jesus von Nazareth zur Geltung kommt, in den je konkreten theologischen Fragen Korrekturen veranlassen muss. Die Wiedergewinnung sabbattheologischer Inhalte für eine Neuausrichtung kirchlich-zeitpolitischen Handelns ist dabei das zentrale theologische Anliegen dieser Arbeit.[674]

---

674 Ein erster diesbezüglicher Versuch des Verfassers galt der theologischen Begründung des arbeitsfreien Wochenendes. Vgl. Becker, Uwe: Die ‚menucha'. Eine

Damit ist neben der theologischen Absicht auch eine sozialethische bereits angedeutet. Es geht nicht nur um die Frage, aus welchen guten theologischen Gründen, sondern auch auf welche Weise sich die evangelische Kirche als zeitpolitischer Akteur im Kontext der zeitlichen Organisation der Gesellschaft, die eingangs an den Leitworten der Flexibilisierung, der Ökonomisierung und der Informalisierung dargestellt wurde, einbringen kann. Dies betrifft die evangelische Kirche sowohl als Institution, wie sie vornehmlich auf synodaler Ebene zur Kenntnis genommen wird, als auch mit ihren Gestaltungsmöglichkeiten als Organisation in den Gemeinden. Auf beiden kirchlichen Ebenen sollen daher für die Konkretisierung zeitpolitischen Handelns sozialethische Kriterien gewonnen werden, die zumindest die Richtungspfade weisen wollen, für den Weg, den eine kirchliche Zeitpolitik einzuschlagen hätte. Mit dem letzten Kapitel wird insofern gleich doppelt Neuland betreten. Einerseits betrifft dies den Versuch einer theologischen Neuorientierung zwecks der Entwicklung von Kriterien und Maximen für das zeitpolitische Handeln der Kirche. Zum zweiten aber gilt dies dem Phänomen der Zeitpolitik selber, die zwar allerorten praktisch präsent ist, aber in ihrer Eigenständigkeit als eigens zu entwickelndes Wissenschafts- und Politikfeld gerade erst in den Kinderschuhen steckt.[675]

theologische Begründung des arbeitsfreien Samstags. In: Pastoraltheologie. Monatsschrift für Wissenschaft und Praxis in Kirche und Gesellschaft, 85. Jahrgang, Heft 9, September 1996, S. 346–365.
675 Vgl. Kapitel 1.9.

3. Kirchliche Zeitpolitik

3.1 Theologische Grundlegung

3.1.1 Die Relevanz der Tora

Wie ausführlich dargelegt, ist innerhalb der zeitpolitischen Positionierung und diesbezüglichen Argumentation der evangelischen Kirche seit 1948, abgesehen von wenigen Ausnahmen, keine sabbattheologische Argumentation bemüht worden. Wenn ja, dann geschah dies eher in einer den Sabbat enteignenden Weise. Dass die Sabbattheologie in der kirchlichen Diskussion um Fragen der veränderten zeitlichen Organisation der Gesellschaft und der Erosion des Sonntags nur sehr zurückhaltend in Anspruch genommen und teilweise ausdrücklich zurückgewiesen worden ist, wurde – wie bereits an Luther verdeutlicht – nicht zuletzt theologisch begründet.[676] Dies wirft nun die zu beantwortende Frage auf, auf welcher Basis die Rezeption der biblischen Sabbattheologie zu legitimieren ist. Bis heute ist es jedenfalls keineswegs unstrittig, ob die Theologie des Sabbats für die christliche Theologie Relevanz hat. In der protestantischen Exegese und Systematik wurden und werden zwei Argumente dagegen angeführt. Das eine ist unmittelbar auf den Sabbat bezogen und mündet in die Kernaussage, Jesus habe sich der

---

676 Ähnlich und mindestens ebenso deutlich wie im großen Katechismus beschreibt Luther in seiner Schrift „An einen guten Freund" die Relativität der Arbeitsunterbrechung am Sabbat als „zeitlichen Schmuck" gegenüber dem eigentlich entscheidenden Anliegen des Gottesdienstes. Diese zeitliche begrenzte Bindung und die Hinfälligkeit des Gebotes der Arbeitsunterbrechung sieht Luther ausdrücklich im Zusammenhang der Hinfälligkeit des Geltungsanspruchs der Tora insgesamt: „Also das dritte Gebot vom Sabbat, darauf die Juden stark pochen, ist an ihm selbst ein gemein Gebot aller Welt. Aber der Schmuck, damit es Moses schmückt und seinem Volk zueigne, ist niemand als allein den Juden insonderheit aufgelegt, gleichwie im ersten Gebot niemand als allein die Juden sonderlich glauben und bekennen, dass der gemeine Gott aller Welt sie aus Ägypten geführt hat (!). Denn des dritten Gebots eigentliche Meinung ist, dass wir an dem Tage Gottes Wort lehren und hören sollen ... Dass nun Moses den siebenten Tag nennet, und wie Gott die Welt in sechs Tagen geschaffen hat, darum sie nichts arbeiten sollen, das ist der zeitliche Schmuck, ... der auch nicht ewig bleiben sollte, so wenig als das ganze Gesetz Mosi." Luther, Martin: An einen guten Freund Martinus Luther Doctor, in: Martin Luther, Schriften wider Juden und Türken, Ausgewählte Werke, Band 3 der Ergänzungsreihe, München 1938, S. 29–60, S. 54f.

jüdischen Sabbatpraxis entledigt und ihre Gültigkeit in Frage gestellt. Das andere hermeneutisch grundsätzliche Argument bestreitet die Relevanz der jüdischen Tora für den christlichen Glauben insbesondere mit Verweis auf den gesetzlichen Charakter der Torasatzungen im Gegensatz zum Evangelium des Neuen Testaments. Protegiert wurde diese These auf besonders wirkungsvolle Weise schon von Julius Wellhausen.[677] Für ihn war das Gesetz eine jüdische Erstarrungsform gegenüber einem ursprünglich lebendigen israelitischen Glauben. Mit dieser These wurden „alle im Protestantismus und insbesondere seit der Aufklärung wirksamen negativen Urteile über Gesetz und Judentum historisiert".[678] Die hartnäckig vertretene Antithese vom „Gesetz" des Alten Testaments und dem „Evangelium" des Neuen Testaments hat sich teilweise bis in die neuere Exegese gehalten.[679] Sie ist seit der Reformation in einer Reihe von antithetischen Dualismen entfaltet worden, deren gemeinsames Charakteristikum die Abwertung des Alten Testaments und die Relativierung seines Geltungsanspruchs für den christlichen Glauben ist.[680]

Inzwischen ist die Berechtigung dieses hermeneutischen Ansatzes mehrfach von Seiten der evangelischen Exegese und Systematik bestritten worden und differenzierten Versuchen einer neuen Verhältnisbestimmung der beiden Testamente gewichen, die sich gegen eine historisierende oder die Tora als Gesetz subsumierende Abwertung des Alten Testaments wehren. So etwa hat der niederländische Theologe Kornelis Heiko Miskotte einen „Überschuss" konstatiert, der dem Alten Testament gegenüber dem Neuen innewohnt, das sei ein *„Rand von Gedanken"*, der im „Neuen Testament nicht überboten, auch nicht ge-

---

677 Vgl. Wellhausen, Julius: Prolegommena zur Geschichte Israels, Berlin 1927.

678 Crüsemann, Frank: Die Tora. Theologie und Sozialgeschichte des alttestamentlichen Gesetzes, Gütersloh 1997, S. 8 (I.F.: Tora).

679 „Eine Variante dieser These ist die moderne Unterscheidung zwischen einer sog. prophetischen Zionstora und einer sog. ‚gesetzlichen Mosetora', wobei die prophetische Zionstora in das ‚gesetzesfreie Urchristentum' und die gesetzliche Mosetora in das sog. pharisäische ‚Gesetzesjudentum' ausmünden sollen." Klappert, Bertold: Die Wiederentdeckung des alten Evangeliums. Eine Einführung in Leo Baecks Schrift „Das Evangelium als Urkunde der jüdischen Glaubensgeschichte", in: Von Dobbeler, Axel; Erlemann, Kurt; Heiligenthal, Roman (Hrsg.): Religionsgeschichte des Neuen Testaments. Festschrift für Klaus Berger zum 60. Geburtstag, Tübingen/Basel 2000, S. 161–190, S. 182 (I.F.: Die Wiederentdeckung).

680 „Zur Durchführung der Unterscheidung und Relativierung von Gesetz und Evangelium ist von der Reformationszeit an eine ganze Reihe von *Dualen* entwickelt worden (...) Die *Duale* Forderung – Gabe, Anspruch – Zuspruch, Imperativ – Indikativ und die damit erfolgende Strukturierung der Theologie von Gesetz und Evangelium haben eine mächtige Wirkungsgeschichte nicht nur im Raum der protestantischen Kirche gehabt." Welker, Michael: Erwartungssicherheit und Freiheit. Zur Neuformulierung der Lehre von Gesetz und Evangelium, in: Evangelische Kommentare. Monatszeitschrift zum Zeitgeschehen in Kirche und Gesellschaft, 18. Jahrgang 1985, S. 680–683 und 19. Jahrgang 1986, S. 39–42, S. 680 (I.F.: Erwartungssicherheit).

leugnet" werde, dort aber „in den Hintergrund getreten" sei.[681] Dies sei nicht nur ein quantitativer Überschuss von Gedanken, wie etwa „die *Skepsis*, die *Auflehnung*, die *Erotik*, die *Politik*", sondern auch qualitativ bringe das Alte Testament einen Mehrwert, was sich insbesondere in dem „Ausblick auf die Zukunft" festmache, der so im Neuen Testament nicht zu finden sei.[682]

Auch wenn mit Recht kritisiert werden kann, dass die Zuschreibung der offenen Zukunft als Differenzkriterium des Alten zum Neuen Testament der Überprüfung nicht standhält und die Gefahr einer solchen Schematisierung darin liegt, mehr das Trennende als das Verbindende beider Testamente zu betonen,[683] so bleibt es doch Miskottes Verdienst, für den Gedanken sensibilisiert zu haben, dass das Alte Testament nicht einfach im Neuen aufgehoben und damit seine Lektüre und Wegweisung für die Christen nicht obsolet geworden ist. Pointiert betont Karl Barth schon 1938 deutlich den Gedanken der alleinigen Angewiesenheit des Verständnisses des Neuen Testaments auf die hebräische Bibel: „Denn die kanonische Geltung des Alten Testaments ist nicht nur keine willkürliche Ergänzung des evangelisch-apostolischen Christuszeugnisses durch die alte Kirche, sondern sie war (...) in der neutestamentlichen Bibel selbst so begründet, dass diese, nur wenn man sie völlig unleserlich machen wollte, ohne jenen ursprünglichen Kanon als Zeugnis von Gottes Offenbarung gewürdigt und verstanden werden könnte."[684]

681 Miskotte, Kornelis Heiko: Wenn die Götter schweigen. Vom Sinn des Alten Testaments, München 1966, S. 177.
682 Ebd.
683 „Was Miskotte hier zusammenstellt, ist alles mehr eine *Differenz der geistigen Sphären*, in denen Gottes Wort im Alten Testament bewegt wird, als eine letzte Differenz in den Verheißungen (...) Denn *das Neue Testament ist in der gleichen Sphäre zur Hause wie das Alte*, – ist ja auch als Sammlung genau zu der gleichen Zeit zusammengestellt worden, in der die Juden die Schrift der Hebräischen Bibel zu einer schriftlichen Tora zusammengestellt haben." Marquardt, Friedrich-Wilhelm: Was dürfen wir hoffen, wenn wir hoffen dürfen? Eine Eschatologie, Band 1, Gütersloh 1993, S. 159 (I.F.: Was dürfen wir hoffen?).
684 Barth, Karl: Kirchliche Dogmatik I/2 Zollikon 1938, S. 541. Ähnlich konnte auch Hans-Joachim Iwand formulieren: Als Christen tretet ihr „nun ein in eine besondere, neue, ganz und gar euch fremde Welt, in eine Welt, da Gott mit seinen Knechten redet, handelt, sich ihnen naht und ganz nahe, ganz freundlich und ganz barmherzig mit ihnen umgeht. Ihr tretet ein in die Welt Abrahams und Davids, in die Welt, aus der heraus der Psalter gebetet wurde, ihr tretet in die Welt, aus der Maria kam, aus der der Messias selbst als Herr dieses ganzen Hauses (Hebr 3,6) hervortrat. Darum dürft ihr euch hier daheim fühlen (...) Vergesst das *mit* nicht, ihr seid eingepfropfte Zweige. Wie könnt ihr ohne die Wurzel leben?" Iwand, Hans-Joachim: Predigt-Meditationen, Band 1, Göttingen 1977, S. 21ff. Vgl. zur Israeltheologie Iwands: Klappert, Bertold: Israel und die Völkerwelt. Stadien der Israeltheologie Hans-Joachim Iwands, in: Ders.: Miterben der Verheißung. Beiträge zum jüdisch-christlichen Dialog, Neukirchen 2000, S. 241–258.

Auf einen Beitrag bezüglich der Verhältnisbestimmung von Gesetz und Evangelium soll an dieser Stelle eingegangen werden, weil er auch hinsichtlich der sabbattheologischen Vergessenheit kirchlicher Argumentation nicht unerheblich ist. Michael Welker hat einen differenzierten Versuch unternommen, die Funktion der alttestamentlichen Gesetzeskorpora zu analysieren. Am Beispiel des so genannten sichemitischen Dodekalogs (Dtn 27,15–26), in dem eine Reihe von zwölf Bestimmungen jeweils mit einer Fluchformel für den Täter gesetzeswidriger Vergehen anhebt und mit einer durch das gesprochene Amen des ganzen Volkes vollzogenen Bestätigung schließt, zeigt er auf, dass es hier nicht „primär um Verurteilung" geht, sondern um eine von den Kultteilnehmern vollzogene Selbstverpflichtung.[685] Mit dieser konstituieren sie nach Welker „soziale Sicherheit und erwartbare soziale Zukunft." Einzelne Vergehen wurden im Laufe der Jahre durch einen Abstraktions- und Objektivierungsprozess durch kasuistisches Recht in einem gesetzlichen Rahmen erfasst, der das Ausmaß der daraus latent entstehenden Gegengewalt ebenso begrenzt, wie er die unheilvolle Situation etwa durch Wiedergutmachung und Entschädigung befriedet.

Was das Gesetz leistet, ist eine kalkulierbare „Erwartungssicherheit".[686] Die Rechtsbildung greift dabei „begrenzend und ausbalancierend ein".[687] Allerdings stellen sich auch Fälle der Nichtüberprüfbarkeit ein, die sich dem direkten Instrument der Rechtssetzung auf diese Weise entziehen. Hier sieht Welker nun, wie Gott auf zweifache Weise ergänzend ins Spiel kommt: Zum einen geschieht dies durch den öffentlich zu leistenden Eid vor Gott, zum anderen durch die Selbstankündigung Gottes, „dass er auf der Seite der unschuldig unterdrückten Menschen steht, dass er den Schuldigen und Unrechtsprechenden nicht freispreche (Exodus 23,7)".[688] Damit aber wird das durchaus irrtumsfähige individuelle Rechtsbewusstsein, das nicht vor Unrechtsetzungen gefeit ist, um die Rechtspartei ergreifende Perspektive Gottes erweitert und korrigiert: „Für den von der ungerechten Öffentlichkeit Bedrängten heißt das, dass er sich nun nicht auf ein persönliches, privates Rechtsempfinden zurückziehen muss, sondern dass er sich von einem der Objektivierung fähigen Rechtsbewusstsein gefordert und gestärkt wissen kann, das von der Gemeinschaft augenblicklich verfehlt wird." Die Intention des Gesetzes ist das Erbarmen. Wo die faktische Rechtssetzung dieses nur unzulänglich in Geltung setzt oder ihm sogar widerspricht, stellt sich die Parteinahme Gottes in dessen Dienst und rückt die primäre Intention des Gesetzes klar. Insofern gilt: „Das Gesetz will das Erbarmen routinisieren (…) das Erbarmen soll sicher erwartbar werden."[689]

---

685 Welker, Michael: Erwartungssicherheit, S. 681.
686 A.a.O., S. 680.
687 A.a.O., S. 682.
688 A.a.O., S. 683.
689 A.a.O., S. 40.

Diese Perspektive Gottes wird im Modus der identitätsstiftenden Erinnerung vergegenwärtigt.[690] Der Verweis auf die Knechtschaft in Ägypten im Dekalog ist ein Beispiel für die Erinnerungs- und Identitätsbrücke gegen das Vergessen derer, die diese Befreiungsgeschichte nicht am eigenen Leib erlebt haben, um – etwa bezüglich des Umgangs mit den Fremden – Recht und Gerechtigkeit setzend aktualisiert zu werden. Welker konstatiert, dass gerade diese Erinnerungspraxis in ihrer gegenwärtigen Leistungskraft eindeutig begrenzt ist. „Wir leben in einer Zeit, in der die Bildung stabiler sozialer Identität über Geschichtserfahrung immer schwieriger und unwahrscheinlicher wird."[691] Es sollte deutlich geworden sein, dass sich dieser Tatbestand auch in der Geschichte der christlichen Theologie bestätigt findet, und zwar in der Vergessenheit des jüdischen Erbes im Allgemeinen wie der Tora getreuen Sabbattradition Jesu im Besonderen.

Eine Differenz der geistigen Sphären von Altem und Neuem Testament und ihre polarisierende Zuordnung von Gesetz und Evangelium ist aber nicht nur von Seiten der evangelischen Exegese und Systematik bestritten worden, sondern auch von Teilen jüdischer Theologie selber. Stellvertretend für jene Stimmen jüdischer Theologie sei hier Leo Baeck genannt. In seiner 1938 verfassten Abhandlung „Das Evangelium als Urkunde der jüdischen Glaubensgeschichte" fasst er den Ertrag seiner umfassenden Auseinandersetzung mit dem Evangelium als jüdische Literatur zusammen.[692] Sowohl die ursprüngliche Überlieferung der Evangelien als auch die formale Gattung „gehören für ihn ganz und gar in die jüdische Geschichte und Glaubensgeschichte" und stehen für ihn gänzlich in jüdischer Tradition des Umgangs mit den Schriften der Tora.[693] Diese zeichnet sich für ihn dadurch aus, dass es in stetiger Ver-

---

690   Diese aktive Vergegenwärtigung ist auch Gegenstand sowohl der Sabbatfeier als auch der Passaliturgie. Nach Klaus Müller ist das Passathema des Sabbats „zeitübergreifend. Biblisch meint Gedenken, Erinnern nicht nur ein Zurückblicken auf irgendetwas Vergangenes. Immer ist die Gegenwart mitbetroffen, wie die jüdische Passaliturgie formuliert: ‚Jede Generation soll sich selbst so ansehen, als sei sie aus Ägypten geführt worden, denn so der Midrasch, es heißt ja nicht: der die Väter und Mütter – damals – herausgeführt hat aus Ägypten, sondern: der *dich* herausgeführt hat mit starkem Arm.' Jeder Sabbat feiert Befreiung *jetzt*. Und jeder Verzicht auf den Sabbat wäre selbstgewähltes Verbleiben in der Tyrannei und Verzicht auf den Exodus *heute*." Müller, Klaus: Diakonie im Dialog mit dem Judentum. Eine Studie zu den Grundlagen sozialer Verantwortung im jüdisch-christlichen Gespräch, Heidelberg 1999, S. 498f. (I.F.: Diakonie).
691   Welker, Michael: Erwartungssicherheit, S. 41.
692   Baeck, Leo: Aus Drei Jahrtausenden. Das Evangelium als Urkunde der jüdischen Glaubensgeschichte. in: Friedlander, Albert H.; Klappert, Bertold; Licharz, Werner (Hrsg.): Leo Baeck Werke, Band 4, S. 403–447, Gütersloh 2000 (I.F.: Das Evangelium). Vgl. zur Einordnung dieses Aufsatzes in sein Gesamtwerk: Klappert, Bertold: Die Wiederentdeckung.
693   Schreiner, Stefan: Leo Baeck und das Neue Testament. Anmerkungen zur Methodologie seiner neutestamentlichen Studien, in: Mühlstein, Verena; Krüger-

gegenwärtigung immer wieder das je Gesagte und Gemeinte der Überlieferung zu entdecken gilt. Baeck schreibt über diesen Umgang mit der Schrift:

„Sie war das Buch, neben dem es im Grunde kein anderes geben sollte, sie war damit weit mehr als nur ein Buch, als alles, was sonst immer geschrieben war. Sie verlangte darum auch mehr als nur gelesen und gekannt zu sein, sie sollte in jedem ihrer Worte immer wieder entdeckt, immer neu zu eigen genommen werden. Aus der Idee des geistigen Erbes erwuchs ihr das Gebot, in der Bibel zu suchen und zu forschen, damit sie immer wieder wahrhaft zu sprechen und aufzuzeigen beginne. Man suchte und forschte, was das Wort das geschrieben steht, verkünde, was es lehre *(maggid ha-katuw, melammed ha-katuw)*. Das Wort, das man las, konnte nie nur ein geschriebenes, fertiges Wort sein, sondern es war immer ein redendes, ein sich bewegendes, weiterschreitendes. So hatte die Bibel gleichsam die doppelte Weise: Sie war das geschriebene Buch, die ‚schriftliche Lehre‘, die man immer wieder las und abschrieb, und sie war das durch Menschen erschlossene und gepredigte Buch, die ‚mündliche Lehre‘, die man immer wieder verkündete und vernahm und weiter überlieferte.“[694]

Genau in dieser Tradition, der Anknüpfung und Zuerkennung der Überlieferung, sieht Baeck aber auch Paulus, wenn er sagt: „Ich habe empfangen, was ich euch überliefert habe.“ (1 Kor 11,23). Seine Betonung, dass Opfertod und Auferstehung Christi nur im Lichte der Überlieferung „nach der Schrift" erkennbar sind, bestätigt, dass das Wort der Schrift für ihn „letzter Maßstab alles Wirklichen" war.[695] So wie die hebräische Bibel, etwa im Vergleich der Bücher Samuels und der Könige mit den Büchern der Chronik, Berichtetes ergänzt, aktualisiert und weiterdichtet, so finde sich ein vergleichbarer Umgang mit der Tradition auch in den Evangelien, was Baeck an der Gegenüberstellung der Vaterunserbitten bei Lukas und Markus verdeutlicht. Darin trete die christliche Tradition zunächst in keiner Weise „mit ihrer Art aus dem allgemeinen Kreise und Charakter der jüdischen" heraus.[696] Die Evangeliumsüberlieferung ist mit ihrer Art der Wiederentdeckung des Gegenwärtigen im Überlieferten inklusive ihres Messiasglaubens und der Parusieerwartung, indem sie jedes bedeutsame Ereignis als „eine seit langem gegebene Antwort", als „die Erfüllung der Prophezeiung", begreift „nichts anderes als alle Überlieferung in der jüdischen Welt jener Tage".[697]

Day, Helga; Nagorni, Klaus (Hrsg.): Leo Baeck – Zwischen Geheimnis und Gebot. Auf dem Weg zu einem progressiven Judentum der Moderne, Karlsruhe 1997, S. 192–221, S. 201f. (I.F.: Leo Baeck).

694 Baeck, Leo: Das Evangelium, S. 408.
695 A.a.O., S. 412.
696 A.a.O., S. 421.
697 A.a.O., S. 420.

Allerdings habe sich im Kontext der paulinischen Mission allmählich ein „Umformendes" ereignet.[698] Auch wenn Paulus durchaus noch geleitet ist von dem Wissen, dass Gott sein Volk nicht verstoßen habe, dass es vielmehr die Wurzel ist, die die Völkerwelt als die Zweige trägt, so setzt für Baeck doch mit dem paulinischen Schrifttum eine folgenschwere Transformation dessen an, was in den Evangelien an ursprünglicher Überlieferung der Lehre und des Weges Jesu zur Sprache kommt:

„Nicht die Lehre Jesu, sondern eine Lehre von ihm, nicht der Glaube, den er in sich getragen und der aus ihm zu seinen Jüngern strahlte, sondern der Glaube an ihn hat hier den Platz. Nicht das Gebot und der Trost, mit denen sich Jesus an die Bedrückten, die Leidenden und Irrenden gewendet hat, sondern das Sakrament, das in seinem Namen gläubig empfangen wird, nicht sein Leben und Wirken und Dulden, sondern seine Menschwerdung, sein Sterben und Auferstehen, nicht sein Gottesdienst an den Menschen, seine Verkündigung des Gottesreiches, sondern sein Heil, das dem Menschen, welcher an ihn glaubt, damit zukommt, nicht eine Aufgabe und eine Zuversicht, sondern eine erfüllte Gnade, nicht ein fordernder Glaube, sondern eine Erlösungslehre steht hier im Mittelpunkt und bestimmt hier alles."[699]

Die missionarische Transformation, überliefertes jüdisches Erkennen ins griechische Denken zu übertragen, ist für Baeck durchaus auch Kennzeichen jüdischer Mission, wie sie bei Philo oder Josephus zu Tage trat, aber die Gefahr, von der Baeck deutlich sieht, dass die christliche Theologie ihr unterlegen ist, ist ihre zunehmend antijüdische Ausrichtung: Man „war versucht, zu den Griechen und Römern hin zu dichten."[700] Die Zerstörung des Tempels wurde als Zeichen der Verurteilung derer gedeutet, die den Juden Jesus nicht als Messias anerkennen wollten, und die entsprechende Weissagung wurde Jesus nachträglich in den Mund gelegt. Aus der jüdischen Wurzel, der Verwobenheit in die Überlieferung der Tora, wurde das Gegenüber zu *den* Juden, jenen, denen nach dem Barnabasbrief der Bund nicht mehr gilt und über die im Johannesevangelium wie von einem fremden Volk die Rede ist. „Nicht um den Platz Jesu in seinem jüdischen Volke, nicht um ein Neues im Judentum, wie in der alten Überlieferung der Gemeinde, handelt es sich jetzt, sondern ausschließlich um ein Neues *gegen* das Judentum, und die Stellung Jesu *gegen* das jüdische Volk."[701]

Es ist das eindrückliche Verdienst Baecks, dass er schon und ausgerechnet 1938, dem Jahr, in dem ein Antijudaismus in den Flammen der Synagogen in mörderischen Antisemitismus umgeschlagen ist, die Evangelien in ihrer ursprünglichen Traditionsbindung an die Tora Isra-

---

698 Zu Inhalt und Wandel der Paulussicht bei Baeck von einem Paulus, der das Judentum an den Hellenismus verraten habe, zu einem, dessen jüdisches Denken zuzugestehen sei, vgl.: Schreiner, Stefan: Leo Baeck, S. 210ff.
699 Baeck, Leo: Das Evangelium, S. 426.
700 A.a.O., S. 429.
701 A.a.O., S. 432f.

els zur Entdeckung freigelegt hat. Abschließend resümiert Baeck mit
einer nach wie vor in der christlichen Theologie noch nicht durchweg
eingeholten Erkenntnis und mit einer mit Blick auf die Shoah großen
Zumutung an die jüdische Theologie selber:

> „(Das Evangelium) ist ein jüdisches Buch vielmehr deshalb, durchaus und ganz
> deshalb, weil die reine Luft, die es erfüllt und in der es atmet, die der Heiligen
> Schrift ist, weil jüdischer Geist, und nur er, in ihm waltet, weil jüdische Not, jüdi-
> sches Wissen und jüdische Erwartung, sie allein, es durchklingen – ein jüdisches
> Buch inmitten der jüdischen Bücher. Das Judentum darf an ihm nicht vorübergehen,
> es nicht verkennen, noch verzichten wollen. Auch hier soll das Judentum sein Eige-
> nes begreifen, um sein Eigenes zu wissen."[702]

Baecks grundlegende These ist inzwischen auch in ihren an anderen
Stellen – und im Zuge dieser Arbeit nicht darstellbaren – begründeten
detaillierten Rekonstruktionen in vielen Bereichen von der bibelwissen-
schaftlichen Exegese bestätigt worden, so dass Stefan Schreiner bilanzieren kann:

> „(Man kann) nicht umhin zuzugeben, dass seine Untersuchungen, insbesondere hin-
> sichtlich der Einordnung des Evangeliums ebenso wie der Evangelien in den Ge-
> samtzusammenhang der jüdischen Tradition, der mündlichen Überlieferung, durch
> die neuere Bibelwissenschaft *grosso modo* ihre Bestätigung erfahren haben. Das gilt
> vor allen Dingen für seine Analyse des Überlieferungsbegriffs und die daraus her-
> geleiteten Konsequenzen (…) Vor allem sein Beitrag für ein vertieftes Verstehen
> von Jesu Judesein, des Jüdischen in Jesus und der Botschaft von ihm ist von daher
> neu zu würdigen."[703]

---

702 A.a.O., S. 447. Friedrich-Wilhelm Marquardt hat diesen Gedanken für seine
Eschatologie fruchtbar gemacht, indem er den Aspekt der Hoffnung als einen kontinuierlich beide Testamente durchziehenden Aspekt verdeutlicht hat. Methodisch
bewusst hat er dabei als Ausgangspunkt zunächst nur neutestamentliche Hoff-
nungstexte zu Grunde gelegt, um diese Kontinuität zu erschließen, anstatt – vom
Alten Testament herkommend – der falschen Dualität von Verheißung (Hoffnungs-
texte der Hebräischen Bibel) und Erfüllung (im Neuen Testament) Vorschub zu
leisten: „Bewusst haben wir die Aspekte des Hoffens bisher aus den Jesusschriften
des Neuen Testaments, nicht aus der Hebräischen Bibel zusammengetragen: um
unsere Analyse freizulegen von der Suggestion alter theologischer Traditionen, die
die Welt des Neuen Testaments als einer Welt der Erfüllung der Welt des Alten
Testaments als einer Welt des Wartens und Hoffens gegenüberstellt (…) Das ist
eine Figur des Vorurteils (…) Gerade christlicher Glauben hat das Hoffen in sich, es
ist in der Tiefe angewiesen auf Bewährung aus der Zukunft. Darin aber erweist es
sich wurzelhaft zugehörig der Welt Israels, die nun in der Tat eine durch und durch
hoffnungsvolle Welt ist, weil ihr das Volk des Bundes die Verheißungen durch die
Geschichte trägt, die Gott diesem Volk zur treuen Weitergabe an alle anderen Völker anvertraut hat. Christen gehören gerade als Hoffende in den Umkreis der Verheißungen Gottes an das jüdische Volk. Aus diesem Zusammenhang rührt der
geschichtliche Hoffnungscharakter auch des christlichen Glaubens." Marquardt,
Friedrich-Wilhelm: Was dürfen wir hoffen?, S. 78.
703 Schreiner, Stefan: Leo Baeck, S. 219f.

Baeck hat damit also wegweisend auf die Kontinuität des Evangeliums innerhalb des jüdischen Umgangs mit der Tradition verwiesen und damit zugleich im Grundsatz eine Separierung von jüdischer, gar „gesetzlicher" Tora und christlichem „Evangelium" als unzulässige Eintragung in den Textbestand desavouiert.

In dem, was auch Karl Barth über „Gesetz und Evangelium" mit seiner Kernaussage vom Gesetz als notwendiger Form des Evangeliums richtungsweisend formuliert hat, sind ihm – und damit indirekt auch Baeck – inzwischen breite Teile der exegetischen wie systematischen Theologie gefolgt, allerdings zumeist auf einem abstrakten Niveau, ohne den Textbestand der Tora theologisch fruchtbar zu machen.[704]

Mit dem bisher Gesagten sind christliche und jüdische Stimmen zur Geltung gekommen, die mit Recht konstatieren, dass das Neue Testament nur im Kontext der hebräischen Bibel zu verstehen ist. Sie beschreiben zudem die Kontinuität von hebräischer Bibel und Neuem Testament als jüdische Literatur und belegen, dass die traditionsreiche und die beiden Testamente trennende Zuordnung von Gesetz und Evangelium nicht sachgemäß ist. Damit bleibt jedoch die Frage – nicht zuletzt angesichts einer kirchengeschichtlich nachweisbar antijüdischen Hermeneutik des Neuen Testaments – noch unbeantwortet, welchen Umgang die christliche Theologie jenseits der Vergessenheit der Tora einerseits und ihrer Enteignung andererseits sachgemäß einzugehen hat. Diese Fragestellung ist in den letzten Jahren vermehrt intensiv und systematisch angegangen worden und verbindet sich unter anderem mit Namen wie Frank Crüsemann, Bertold Klappert, Heinz Kremers, Friedrich-Wilhelm Marquardt und Klaus Müller. Auf unterschiedliche Weise sind diese Theologen, jenseits des im Einzelfall Divergierenden, bemüht, die Tora in ihrer unverbrüchlichen Geltung für die christliche Theologie relevant zu machen.

In jüngster Zeit ist die diesbezügliche Diskussion besonders durch Klaus Müller angestoßen worden.[705] Die Kriterien für die Rezeption der Tora liegen für ihn nicht im selbstgesetzten Maßstab christlicher Theologie, sondern können nur im Hören auf das dazu vom Judentum Gesagte entwickelt werden. Dazu verweist er auf durchaus konträre rabbinische Traditionen. Während Rabbi Meir im 2. Jahrhundert ein „Goj, der sich mit der Tora beschäftigt, wie ein Hoherpriester" gilt und seiner Meinung nach gemäß Lev 18,5 jeder Mensch, der die Gebote der Tora tut, durch sie leben wird, bestreitet hundert Jahre später Rabbi Jochanan die Berechtigung zur Befassung mit der Tora außerhalb des Judentums radikal: Ein „Goj, der sich mit der Tora befasst, verdient den Tod."[706] Müller sieht keine dieser beiden Positionen durchgesetzt, sondern statt-

---

704 Vgl. zu den Belegen wie auch zur Kritik: Crüsemann, Frank: Tora, S. 9.
705 Müller, Klaus: Tora für die Völker. Die noachidischen Gebote und Ansätze zu ihrer Rezeption im Christentum, Berlin 1998 (I.F.: Tora).
706 A.a.O., S. 13f.

dessen mit talmudischer Dialektik in sanhedrin 59a gegenübergestellt.
„Nicht Toraentzug lautet die rabbinische Antwort, sondern präzise
Unterscheidung zwischen der Weisung an Israel und an die Völker."[707]
Die Tora für die Völker ist für ihn im „Lehrstück von den sieben noachidischen Geboten" gegeben, „bis heute *der* hermeneutische Unter-
scheidungsschlüssel, den das Judentum der Völkerwelt für die Frage
nach ihrem Verhältnis zur Tora anzubieten hat".[708] Die Entstehungsgeschichte der noachidischen Tora habe paradoxerweise unter den historischen Bedingungen der hadrianischen Judenverfolgung eingesetzt. „Es
diskutiert eine Generation von jüdischen Gelehrten die Implikationen
der Tora für Nichtjuden im Wirkungsbereich einer Zeit, die seitens der
Nichtjuden (...) die Tora diskreditiert und unter Verdikt gestellt hat."[709]
Ihr Leitmotiv war die Entfaltung einer lebenserhaltenden,[710] „univer-
sale(n) Weisung",[711] deren Kardinaltrias die Abwehr von Götzendienst,
Unzucht und Blutvergießen war.[712] Diese Trias als Kernstück und ihre
Entwicklung und Erweiterung zur Siebenerreihe, der Verpflichtung auf
die Rechtspflege (1), der Unterlassung von Götzendienst (2), von Got-
teslästerung (3), Unzucht (4), Blutvergießen (5), Raub (6) und dem Ver-
zehr eines Gliedes vom lebenden Tier (7),[713] ist systematisch verbunden
„als Konsolidierung einer universalethischen Idee aus verschiedenen
tannaitischen Überlieferungsströmen", die als Angebot an die christliche
Theologie bis heute nicht aufgegriffen worden sei.[714] Müller selber versteht seine Ansätze zu einer christlichen Rezeption der noachidischen
Gebote als eine „*methodische* Durchführung des schlichten Satzes (...),
dass wir uns in den Disziplinen der Theologie Wegweisung gefallen
lassen durch das Zeugnis Israels, sofern es uns zugedacht ist".[715] Damit
ist er bemüht, den von ihm selbst aufgestellten Anspruch Rechnung zu
tragen, dass die christliche Theologie sich von einer die Tora enteignenden und vereinnahmenden Vorgehensweise zu distanzieren habe.
In seinem methodischen Ansatz ist Müller explizit Friedrich-Wilhelm
Marquardts Prolegomena zur Dogmatik verpflichtet und dessen Kernthese, dass christliche Theologie angesichts ihrer mit Auschwitz gesetzten radikalen Fraglichkeit, die bis in die Wurzel des Redens von
Gott reicht, unbedingt gefordert ist, „nicht nur jüdische Inhalte
mit(zu)bedenken, sondern – so weit es geht – im Gebiet christlicher

---

707 A.a.O., S. 16.
708 A.a.O., S. 17.
709 A.a.O., S. 48.
710 Vgl. a.a.O., S. 53.
711 A.a.O., S. 59.
712 Vgl. a.a.O., S. 51ff.
713 Vgl. a.a.O., S. 25.
714 A.a.O., S. 62.
715 A.a.O., S. 19.

Dogmatik jüdisch denken lernen zu wollen".[716] Müller wertet mit Blick auf Marquardt seine eigene Untersuchung als einen Versuch, „am Anliegen seiner *Prolegomena* weiterzuarbeiten".[717] Umgekehrt wiederum hat Marquardt im ersten Band seiner Eschatologie die Forschung Müllers ausführlich aufgenommen und expliziert.[718] Ohne hier ausführlich auf Marquardts Eschatologie eingehen zu können, soll wenigstens seine Antwort auf die Verhältnisbestimmung der christlichen Theologie zur Tora im Kern ausgeführt werden.[719] Die diesbezüglich zentrale Frage, die Marquardt im zweiten Paragrafen seines ersten Eschatologiebandes selber stellt, lautet: „Gelten die Verheißungen, die Gott an Israel gerichtet hat – und die er an Israel gerichtet hat auch dann, wenn sie die übrige Menschheit mitbetreffen – wirklich unvermittelt, direkt und unkompliziert wirklich auch uns?"[720]

Marquardt stellt diese Frage nicht nur vor dem Hintergrund der Israelvergessenheit der Kirche, sondern – nicht zuletzt – auch vor dem Hintergrund einer sehr fragwürdigen christlichen Bewegung, die Differenz zum Judentum „in aller Unschuld" der Auschwitzvergessenheit näherungsweise zu leugnen und sich als in den „Israelbund aufgenommen" zu begreifen, auch wenn man sich zwar nicht beschneiden ließe, noch sich den 613 mizwot unterwerfe, sich aber stattdessen „irgendeine eigene Evangelische Halacha zusammen" suche.[721] Gegen diese anmaßende Anbiederungs- und Umarmungsgeste formuliert Marquardt sehr persönlich:

„Für mich persönlich folgt daraus, dass mich in der Beziehung zu Juden viel weniger meine theologischen Interessen leiten, als dankbare Hingabe an ihr überlebendes Leben und an ihre vom Zion ausgehende Lehre, gerade auch an der, die mich nach herkömmlicher Lehre gar nichts anzugehen scheint, die ich theologisch weder einordnen noch assimilieren kann. Und für mich gehört dazu auch ein möglichst ausdauerndes Offenhalten der Frage, ob wir *wirklich* durch die gleiche Bibel, im gleichen Bund, durch den gleichen Gott unter die gleichen Verheißungen und Hoffnungen gestellt sind wie das jüdische Volk, mindestens aber die Frage: Ob ich mir der Kosten bewusst bin, die das jüdische Volk, das ja noch nie triumphieren gelernt hat wie die Kirche, für diese Bibel, diesen Bund, diesen Gott und diese Verheißungen hat zahlen müssen, und was es womöglich noch zahlen muss, wenn ich mich ihm als ungebetener Gast so einfach ins Haus setze (…) *Zu den Normen für das,*

---

716 Marquardt, Friedrich-Wilhelm: Von Elend und Heimsuchung der Theologie. Prolegomena zur Dogmatik, München 1992, S. 179.

717 Müller, Klaus: Tora, S. 19.

718 Vgl. Marquardt, Friedrich-Wilhelm: Was dürfen wir hoffen?, S. 200–335.

719 Eine exzellente Auseinandersetzung mit Marquardts Eschatologie bietet Bertold Klappert: Klappert, Bertold: Tora und Eschatologie. Auf dem Schulweg der Tora. Mose-Tora – Christus-Tora – noachidische Völkertora und die neue Welt Gottes. Friedrich-Wilhelm Marquardt zum Gedenken, in: Licharz, Werner; Zademach, Wieland (Hrsg.): Treue zur Tradition als Aufbruch in die Moderne. Visionäre und mahnende Stimmen aus Judentum und Christentum, Waltrop 2005, S. 188–263.

720 Marquardt, Friedrich-Wilhelm: Was dürfen wir hoffen?, S. 163.

721 Vgl. a.a.O., S. 161.

*was heute Gotteswort im Menschenwort erkennbar machen kann, zähle ich darum
eine Bestätigung durch Israel".*[722]

Die hier eingeforderte Zustimmungsbedürftigkeit und Zustimmungsfähigkeit christlicher Theologie durch Juden sieht Marquardt – Müller
folgend – nun aber gerade im Angebot der noachidischen Tora seitens
des Judentums an die Völkerwelt. Zwar wirken sich die Israel gegebenen Gottesverheißungen auch auf die Völker aus, sie sind in der Balance
von „Teilgabe und Distanz"[723] zu Israel, in der Rolle der aktiven Zuschauer der Geschichte zwischen Gott und Israel (Jes 52,10),[724] sie sind
aufgefordert zum gottesdienstlichen Lobgesang mit Israel (Ps 66,1;
66,8; 67,4–5),[725] reizen Israel selber zur *„Berichterstattung an die Völker"*[726] (Ps 96,3), sind – wie Ägypten und Assyrien – selber Segensemp-
fänger (Jes 19,23–24),[727] und ihnen gilt die Verheißung der Völkerwallfahrt zum Zion inklusive der verheißenen Mithineinnahme als „Lehr-
linge der Tora"[728] (Jes 2,2–5; Mi 4,1–4). Was aber die Inanspruchnahme der Tora anbelangt, so sieht Marquardt – ähnlich wie Müller –
für die Nachkommen Noahs, die Menschen aus der Völkerwelt, allein
die Rezeption der noachidischen Tora ausdrücklich durch jüdische
Stimmen bestätigt.

Marquardt schließt zwar nicht aus, dass dieses Angebot als ein vorran-
giges, erst einmal einzugehendes Lernen der Tora zu verstehen ist, bevor über eine weitere Nähe zur Tora nachzudenken ist,[729] aber zum gegenwärtigen Zeitpunkt ist für ihn eindeutig: „Mit den noachidischen
Geboten kann die nicht-jüdische Menschheit einen ersten, für alle entscheidenden Schritt in die Zukunft tun: sich zuordnen den ‚Bündnissen
der Verheißung' und ihr Dasein ‚ohne Hoffnung in der Welt' aufgeben
(Eph 2,12). Die noachidischen Gebote sind also eschatologisch belang-
reich als Weisungen an Gojim, die Hoffnungslosigkeit der Welt zu
überwinden".[730] Deutlich aber gilt es, gegen jede Vereinnahmung den
Charakter der noachidischen Tora in Unterscheidung zur Tora des Isra-
elbundes zu sehen. Erstere ist ein „jüdisches Minimum an Gottesver-
pflichtung" und „dient zugleich als ein heidnisches Maximum an Er-
laubnis, dem Gott Israels zuzugehören."[731]

Müller und Marquardt ist in der Intention zu folgen, einer Vereinnahmung jüdischer Tradition und Toraweisung durch christliche Theologie,

---

722 A.a.O., S. 162.
723 A.a.O., S. 181.
724 Vgl. a.a.O., S. 170.
725 Vgl. a.a.O., S. 174.
726 Ebd.
727 Vgl. a.a.O., S. 179.
728 Ebd.
729 Vgl. a.a.O., S. 200.
730 A.a.O., S. 152.
731 A.a.O., S. 182.

sei es aus naiver Anbiederung oder aus bevormundenden Enteignungsversuchen heraus, zu wehren. Die von Marquardt zu Recht eingeforderte respektvolle Distanz beschreibt Michael Wyschogrod eindeutig folgendermaßen: „Nicht-Juden mussten nicht Juden werden, um an der messianischen Zukunft Anteil zu bekommen."[732] Und ebenso wie die genannten Autoren verweist er auf die Meinung der alten Rabbinen, dass allerdings die noachidischen Gebote als Verpflichtung gegenüber den Heiden Geltung haben. Wenn sie diese erfüllen, „würden sie auch in der kommenden Welt einen Platz finden".[733] Aber er fragt weiter: „Sind Christen einen Schritt weiter als gerechte Heiden? Vielleicht. – Es hängt davon ab, wie sie ihr Christentum verstehen. Christen, die das Judentum abschaffen oder aufsaugen wollen, sind vermutlich keine gerechten Heiden."[734] Die Befolgung der noachidischen Gebote ist demnach eine nicht zu unterlassende Grundforderung, über die auch Bertold Klappert sagen kann:

„Wären die Heidenchristen in ihrer Geschichte doch wenigstens Noachiden gewesen! Hätten sie sich doch wenigstens mit dem ihnen vom Judentum, ja vom Gott Israels eröffneten Ort und geschenkten Status praktisch und theoretisch einverstanden erklärt! Hätten sie doch wenigstens noachidisch eine Lebensgemeinschaft mit dem jüdischen Volk eingeübt! Aber sie haben das radikale Nein der christlichen Tradition zur Mose- und Israel-Tora gesprochen und sind so mitverantwortlich bis hin zu den Konsequenzen von Auschwitz."[735]

Folgt man also jener doppelten Intention, zu betonen, die Identität des Judentums von christlicher Seite aus mit angemessener Distanz zu wahren – Christen müssen nicht Juden werden – und dennoch das Angebot der Teilgabe am Judentum und der Tora zu realisieren, bleibt doch die Frage, ob letztere, wie Marquardt und Müller betonen, allein durch die noachidischen Gebote gegeben ist, und damit die christliche Torarezeption auf die noachidischen Gebote zwingend reduziert bleibt. Es wird zu fragen sein, ob diese Reduktion inneralttestamentlich und innerneutestamentlich theologisch sachgerecht und ausreichend ist. Wäre dem so, dann wäre der Sabbat eine allein innerjüdische Gabe, denn explizit wird er im Rahmen der noachidischen Gebote nicht genannt. In gewisser Weise rückt Klaus Müller in seiner Habilitationsschrift selber von dieser Reduzierung auf die Rezeption der noachidischen Gebote ab.[736] Im Kontext der Entfaltung von Umrissen einer „sabbatlichen Diakonie"

---

732 Wyschogrod, Michael: Nachwort, in: Schweitzer, Wolfgang: Der Jude Jesus und die Völker der Welt. Ein Gespräch mit Paul M. van Buren, Berlin 1993, S. 215–221, S. 221.
733 Ebd.
734 Ebd.
735 Klappert, Bertold: Tora, S. 215.
736 Vgl. Müller, Klaus: Diakonie.

führt er aus, dass „dem Sabbatmotiv (…) das Moment des Universalen und Grenzüberschreitenden" zu Eigen ist.[737] Er schreibt:

> „Rabbi Judan lehrte: Das Gebot ‚Gedenke des Sabbattages' (Ex 20,8) hat Gott den Völkern, das Gebot ‚Halte den Sabbattag' (Dtn 5,12) hat er Israel gegeben. Für den rabbinischen Lehrer des 4. Jahrhunderts liegt mithin in der charakteristischen Doppelüberlieferung des Sabbatgebotes ein Hinweis auf seine doppelte Adressatenschaft: Ein die Gegenwart gestaltendes ‚Gedenken' des Sabbattages in schöpfungstheologischer Weite gemäß Ex 20,8 ist diesem Verständnis nach auch der universellen Völkerwelt eröffnet, ein ‚Halten' des Sabbat in bundesgeschichtlicher Zuspitzung auf die Befreiungstat Gottes und die Gabe der Tora am Sinai wäre demgegenüber Israels Erbe."[738]

Die theologische Zulässigkeit einer Reduktion der christlichen Torarezeption allein auf die noachidischen Gebote hat beispielsweise Frank Crüsemann bestritten. Zunächst führt er dafür ein eher funktional orientiertes Argument an. Seiner Meinung nach kommen die noachidischen Gebote in ihrer Konkretion gar nicht ohne Bezug zu den Weisungen der Tora aus. Denn, wie „sollte, um nur ein Beispiel zu nennen, das noachidische Gebot der Rechtspflege, der Errichtung eines Gerichtswesens, in allen Fragen nach der Gerechtigkeit des Rechts, man denke nur an das Recht der Fremden, ohne Blick auf die gesamte Tora und ihre Gerechtigkeit auskommen?"[739]
Der hermeneutische Zugang zur Bestimmung des Ortes, „an dem wir uns als Nichtjuden befinden" liegt für ihn – darin nahe bei Marquardt, wenn auch mit anderen Schlussfolgerungen – in Dtn 4,6–8.[740] Hier werde die unverbrüchliche Zusammengehörigkeit von Gott, Israel und Tora festgehalten, während die Völker sich „zunächst in einer Zuschauerrolle befinden."[741] Die Völker hingegen staunen über die Nähe zwischen Gott und Israel und über die in den Geboten und Rechtssatzungen zur Geltung kommende Gerechtigkeit. Insofern werde zwar der „Schluss, dass die derart bestaunte Tora, auch für die Völker selbst, für ihr Leben und ihr Recht zum Maßstab wird, (…) nicht ausdrücklich gezogen", er liege aber „in der Tendenz des Gesagten."[742]
Mit dieser Aussage geht Crüsemann deutlich über Marquardt hinaus. Auch wenn er betont, dass das „Staunen die Grundlage des Ganzen" und – nochmals – die Tora „eine nicht uns gegebene (…) Weisung Gottes" sei, stellt doch die hier geweckte Bewunderung für eine in dieser Form einmalig zur Geltung kommende Gerechtigkeit für ihn einen „Ansatzpunkt" an die Tora dar, der zugleich eine „Grundlage christli-

---

737 A.a.O., S. 485.
738 A.a.O., S. 486.
739 Crüsemann, Frank: Maßstab: Tora. Israels Weisung für christliche Ethik, Gütersloh 2003, S. 34.
740 Vgl. a.a.O. S. 26.
741 A.a.O., S. 27.
742 Ebd.

cher Ethik" hergebe, „die biblisch wie sachlich angemessener ist, als alle anderen mir bekannten Versuche, christliche Ethik zu begründen".[743] Das Erkenntnis leitende Interesse Crüsemanns wird hier deutlich, einer an die Tora gebundenen christlichen Ethik eine Basis zu geben und sich damit gegen das methodische Verfahren zu richten, sich auf eklektische Weise der Texte zu bedienen oder gar gänzlich von ihnen absehend auf der vermeintlichen Grundlage eines ewig bestehenden Naturrechts ethische Aussagen zu gewinnen.[744] Dennoch bleibt fraglich und interpretationsoffen, wie denn aus der Rolle des Zuschauers und im Rahmen der Kategorie der Bewunderung bei gleichzeitiger Wahrung der solitären Zusammengehörigkeit von Tora und Israel eine für die Völkerwelt plausible Verbindlichkeit und inhaltliche Auswahl der Torarezeption erschlossen werden kann. Denn auch Crüsemann spricht nur davon, dass *in* der Tora „ein Ort für Weisungen Gottes an die von ihm geschaffene Menschheit" ist und „der Abstand im Blick" sein müsse, „der uns von der Tora trennt".[745]
Der Akzent, dass bei ihm das Distanzmoment zu überwiegen scheint, verschärft die Frage, wie denn die Tora für eine christliche Rezeption und ethische Relevanz fruchtbar gemacht werden kann. Auch die Ant-

---

743 „All dies kann nur bedeuten, dass unbeschadet des historischen Abstandes allein die Tora die Grundlage einer biblisch orientierten christlichen Ethik sein kann. Aber sie ist nicht für die Menschheit, sondern für Israel formuliert. Der eine Wille des einen Gottes hat unauflöslich Israel als menschlichen Partner. Weder ist eine Entfernung Israels aus der Tora möglich, noch kann die Christenheit sich an die Stelle Israels setzen. Das damit gegebene Dilemma kann seine Lösung nur in einer christlichen Torarezeption finden, die sich auf die nicht für die Kirche, sondern für Israel formulierte Tora einlässt, also die Einheit von Gott, Tora und Israel zu der Grundlage macht, von der alle konkrete Auslegung ausgeht." Crüsemann, Frank: Tora, S. 424.

744 Vgl. a.a.O., S. 11f. Allerdings ist hier auch kritisch anzufragen, nach welchen Kriterien Crüsemann meint, die historisch durchaus abständigen ethischen Weisungen der Tora für die Gestaltungsfragen der Gegenwart relevant machen zu können. Diesbezüglich kritisch fragt Christofer Frey an: „Wie soll aber die Geschichtlichkeit einer durch Jahrhunderte gewordenen Tora mit ihrer ‚bestürzenden Aktualität' (12) zusammengehen? Schuldenerlass gegenüber bedrohten kleinbäuerlichen Familien und Schuldenerlass gegenüber einem Schwellenland, das sich durch Produktion von militärischen Gütern hervortut und dessen Oberschicht weltweit spekuliert, sind zweierlei: Das eine ein Akt der Solidarität, das andere ein Diktat finanzpolitischer Umsicht. Asyl für einen Totschläger und Aufnahme bedrohter Fremder gehen weit auseinander; und die Rechtsstellung des Fremden in Israel sollten wir Ausländern in unserem Land wahrhaftig nicht zumuten! Hier unmittelbare Aktualität zu wittern bedeutet, die Ethik auf einen unbestimmten Appell schrumpfen zu lassen, statt kritische Reflexionen gelebten oder neuen Ethos in Gang zu setzen." Frey, Christofer: Tora für Protestanten, oder über die sich rasch abwechselnden Evidenzen in der protestantischen Theologie, in: Frey, Christofer; Huber, Wolfgang; Rendtorff, Trutz; Ruh, Hans; Strohm, Theodor (Hrsg.): Zeitschrift für Evangelische Ethik, 38. Jahrgang 1994, S. 242–246, S. 244f.

745 Crüsemann, Frank: Tora, S. 10.

wort, die Crüsemann im Kontext der Auseinandersetzung mit Lohfink und Zenger bezüglich der Frage entwickelt, ob rechtmäßig von einer Hineinnahme der Kirche in den Bund Gottes mit Israel die Rede sein kann, kann diese Spannung nicht auflösen.

Lohfink und Zenger bejahen diese Frage mit Rekurs auf ihre jeweilige Psalminterpretation. Lohfink sieht in Psalm 25 einen Teil der kompositionellen Einheit mit Psalm 24, der in Vers 3 die Frage aufwirft, wer zum Berg des Herrn hinaufziehen dürfe. Die darauf folgende Antwort in Vers 4–6 mit den in Vers 4 genannten Bedingungen – „reine Hände und ein lauteres Herz" – bestätigt für ihn, dass dieser Psalm „von der eschatologischen Wallfahrt der Völker zum Zion" handelt.[746] Die folgenden Psalmen 25 und 26 interpretiert er mit Blick auf das kompositionelle Ganz als eschatologische Vorwegnahme der „Gebete von Menschen aus den Völkern"[747] und betrachtet insbesondere Psalm 25 als den einzigen alttestamentlichen Text, „in dem für die Endzeit der Geschichte auch den Menschen aus den Völkern Anteil an Israels ‚Bund' zugesprochen wird".[748] Ähnlich argumentiert Zenger mit Blick auf Psalm100. Die Anrede an die ganze Erde in Vers 1 – „Jauchzt JHWH zu, du ganze Erde!" – sieht er auch in den folgenden Versen kontinuierlich gewahrt, sowohl in Vers 2 und Vers 4, in denen der Aufruf zum Gottesdienst und zum Einzug in die Tore und Vorhöfe des Tempels ergeht, als auch in Vers 3, für Zenger eine Variante der Bundesformel. Insgesamt liege hier eine Aufforderung zur Völkerwallfahrt zum Zion vor und die „besondere Würde Israels als Bundesvolk" werde „auf alle Völker übertragen".[749]

Crüsemann hält sowohl die These Lohfinks, insbesondere das zugrunde liegende Konzept einer nicht belegten Psalmen-Sammlung, für konstruiert[750] als auch die These Zengers von einer gleichbleibenden Adressatengruppe in Psalm 100.[751] Hinzu kommt die Kritik, dass „berit", der hebräische Begriff für die Übersetzung von „Bund" in Psalm 100 nicht verwendet wird.[752] Dagegen steht Crüsemanns entscheidende Aussage, dass von einer Hineinnahme der Völkerwelt in den Bund Israels schon

---

746 Lohfink, Norbert: Der neue Bund und die Völker, in: Kirche und Israel 6, 1991, S. 115–133, S. 122.
747 Ebd.
748 A.a.O., S. 127.
749 Zenger, Erich: Israel und Kirche im gemeinsamen Gottesbund. Beobachtungen zum theologischen Programm des 4. Psalmbuchs (Ps 90–106), in: Marcus, Marcel; Stegemann, Ekkehard W.; Zenger, Erich (Hrsg.): Israel und Kirche heute. Beiträge zum christlich-jüdischen Dialog, Festschrift für Ernst Ludwig Ehrlich, Freiburg 1991, S. 246–253, S. 248.
750 Vgl. Crüsemann, Frank: „Ihnen gehören … die Bundesschlüsse" (Röm 9,4). Die alttestamentliche Bundestheologie und der christlich-jüdische Dialog, in: Kirche und Israel 1, 1994, S. 21–38, S. 29.
751 Vgl. a.a.O., S. 31.
752 Vgl. a.a.O., S. 30.

rein begrifflich nirgendwo im Alten Testament die Rede ist. Stattdessen sei aber belegt,

„(…) dass der Bund Gottes mit Israel nicht nur vor dem Forum der Völkerwelt geschlossen wird, sondern für diesen auch Konsequenzen hat: Israel wird danach zum Mittler der heilsamen Nähe des Schöpfers für die Nichtisraeliten. Von den Völkern aus gesehen kommen sie zu dem mit Israel verbundenen Gott. Ihr Verhältnis zu Gott wird nicht noch einmal mit dem gleichen Begriff berit bezeichnet, wenn man vom Noahbund absieht."[753]

Diese Sichtweise – angebotene Gottesnähe, aber nicht Torabund –, die zunächst im exegetischen Grundbestand von Bertold Klappert geteilt wird, ergänzt Crüsemann jedoch noch umfassender um die Aussage, dass auch bei Paulus der Bundesbegriff nur für Israel verwandt wird. Dies wirft die Frage auf, ob von Crüsemann nicht nur zu Recht behauptet wird, „dass innerhalb des Tanach von einer solchen Einbeziehung der Völker in den Bund Gottes mit Israel im Hinblick auf keine alttestamentliche Stelle gesprochen werden kann", sondern, entscheidend darüber hinausgehend, ob „von einer durch Jesus erfolgten Öffnung des Israel-Bundes für die Heidenchristen nicht geredet werden" kann. Dann aber, so Klappert, könne auch von „einer Relevanz der Tora Israels für die Kirche aus den Völkern" keine Rede sein.[754]

Bertold Klappert, dem wir in seiner Argumentation folgen, versucht hingegen genau zu differenzieren, wie die Toraverbundenheit auch bundestheologisch legitimiert ist. Den Zugang dazu findet er primär innerneutestamentlich, wenn auch mit einer voraussetzungsvollen alttestamentlichen Exegese der Bundestheologie. Die zentrale vorausgehende Verhältnisklärung ist für ihn die zwischen dem erneuerten Mosebund in Exodus 32–34 und dem in Jeremia 31 geschlossenen „prophetisch verheißenen neuen Bund."[755] Er folgt hier der Exegese von Werner H. Schmidt, dass zwar zwischen beiden Bundesschlüssen zu unterscheiden sei, aber nicht im Sinne der Ersetzung des Alten Bundes durch den Neuen Bund. Stattdessen lege die Gemeinsamkeit beider, derselbe Bund mit demselben Volk, die bleibende Tora wie auch das gleiche Ziel der Gotteserkenntnis, die Aussage nahe, dass der *„Mose-Bund, aufbewahrt und bekräftigt für ganz Israel im prophetisch verheißenen Neuen Bund"* zur Geltung kommt. Klappert formuliert:

„Die Erneuerung des Bundes trotz der Sünde des Volkes und trotz des sündigen Volkes (Ex 32–34) und die *eschatologische Neuschöpfung* im Neuen Bund (Jer 31) in Treue zum ursprünglichen Sinaibund (Ex 19–24) sind zwar nicht zu trennen, aber doch wohl zu unterscheiden. Nicht zuletzt deshalb, weil die von der Prophetie ver-

---

753 A.a.O., S. 34.
754 Klappert, Bertold: Israel und die Kirche in einem Gottesbund. Umstrittenes im jüdisch-christlichen Verhältnis, in: Ders.: Miterben der Verheißung. Beiträge zum jüdisch-christlichen Dialog, Neukirchen-Vluyn, 2000, S. 348–370, S. 360.
755 A.a.O., S. 361.

heißene Neuschöpfung (Jes 43,18; 44,1–5; 65,17) und die zu ihr gehörende Ausgießung des Geistes (Ez 36) dann im Neuen Testament (Gal 3,2ff; 6,15; 2. Kor 5,17; Act 2) die Ermöglichung und Voraussetzung dafür sind, dass auch Menschen aus der Völkerwelt in den Bund Gottes mit Israel einbezogen und in diesen hineingenommen werden können. Diese inner*alttestamentlich* nicht angesagte Einbeziehung ist dann inner*neutestamentlich* als schöpferische Tat des seinem Bund mit Israel treuen Gottes erfahren und verkündigt worden (Act 10ff.). *Erst der prophetisch verheißene Neue Bund*, der wesentlich zugleich die Treue zum ursprünglichen Mose-Bund mit seinem Volk Israel und zur Gabe der Mose-Tora an sein Volk Israel ist, ist also der Horizont auch der Geschichte Jesu Christi, durch welche es zur *Hineinnahme der Kirche in den eschatologischen Neuen Bund mit Israel* kommt."[756]

Sowohl die Geschichte Jesu, sein Tora-Gehorsam wie seine Toraauslegung (Mat 4–7) als auch die Feier „des *letzten Pessach-Mahles Jesu*, in welchem wiederum Ex 24 und Jer 31 im Zentrum der Deute- und Gabe-Worte Jesu stehen", sind für Klappert nur verständlich im Horizont der prophetischen Verheißung des Neuen Bundes.[757] Jesus ist erst als dieser „toragehorsame Mensch von Jer 31 (…) der *vere Judaeus* und von daher erst der *vere homo*". Für Klappert ist in Abgrenzung zu Pannenberg und anderen das „Abendmahl Jesu keine Stiftung eines neuen Menschenbundes (…), sondern es ist eine *Einstiftung* (Schalom ben Chorin), eine *Hineinstiftung* in den verheißenen Neuen Bund (Mk 14,24.25)".[758] Allerdings darf dies nicht in Kategorien der Erfüllung beschrieben werden, was nicht nur suggerieren würde, dass die Verheißung von Jer 31 mit dem Auftreten Jesu erledigt wäre, sondern auch, dass sie quasi sakramental zum ekklesialen Eigentum transformiert wäre. Stattdessen gilt, dass zwar christologisch eine – von durchaus auch anderen Formen der jüdischen – „Antizipation des prophetisch verheißenen Neuen Bundes" erfolgt ist, die aber nicht einfach ekklesiologisch wiederholbar ist.[759] Mit anderen Worten: Es bleibt eine Differenz zwischen dem, was der toragehorsame Jude Jesus gelebt und gelehrt hat, und dem, was kirchliche Praxis und Lehre ist. Das Ziel der Gotteserkenntnis, die endgültige eschatologische Erfüllung des Neuen Bundes ist darin noch keineswegs eingelöst. Stattdessen hofft die Kirche mit Israel gemeinsam darauf, dass Gott dermaleinst alles in allem ist.

Ist also die Kirche innerneutestamentlich betrachtet mit dem Pessachmahl durch Jesus in den neuen eschatologischen Bund hineingenommen, so hat sie zumindest indirekt Anteil am Sinaibund und damit auch an der Sinaitora. Klappert formuliert:

„Israel und die Kirche leben miteinander in der Zwischenzeit zwischen den Antizipationen einerseits und der Vollendung des prophetisch verheißenen Neuen Bundes andererseits, also auf dem Weg von den Antizipationen zur Vollendung des Neuen

---

756 A.a.O., S. 362.
757 A.a.O., S. 365.
758 Ebd.
759 A.a.O., S. 366.

Bundes (Röm 11,27f). Nimmt die Kirche innerhalb der Antizipation und Etappen des von der Prophetie verheißenen Neuen Bundes am Weg Israels teil, dann nimmt sie damit indirekt auch teil an der Tora des Mose (Buchstabe und Geist). *Hineinnahme in den Bund ist aber immer nur Mit-Teilhabe. Mit-Teilhabe ist aber auch Hineinnahme.*"[760]

Diese Mithineinnahme steht also in einer mehrfach gebrochenen Nähe zum Bund Gottes mit Israel: Sie ist bezüglich des prophetisch verheißenen Bundes allein christologisch durch Geschichte und Weisung des Juden Jesus begründet und nicht durch Abbildung der faktischen kirchlichen Wirklichkeit, sie bedeutet – das aber immerhin – indirekte Teilhabe an Sinaibund und -tora, nicht ihre direkte „Übernahme" und sie ist in alledem konterkariert durch das Faktum des mit Auschwitz gesetzten Versagens der Kirche. Aber in dieser Gebrochenheit bleibt sie doch Nähe, nicht empirisch bestätigt, mit Auschwitz sogar nahezu ausgelöscht, sondern auf den Weg der Hoffnung, die für die Kirche allein durch den vere Judaeus aus Nazareth anschlussfähig wird an die Hoffnung Israels.

Folgt man Klappert mit Blick auf die hier gewonnene Verhältnisbestimmung zwischen Israel und Kirche, so wird sich das Bemühen um die Bewahrung beider Elemente von Nähe und Distanz in jedem Teilstück zu entfaltender Theologie und christlich begründeter Ethik als Maßstab konkret zu bewähren haben. Weder Enteignung noch Vergessenheit des jüdischen Erbes und der Gabe der Tora sind hier passierbare Wege. Zwar sind wir als Kirche der „durch Jesus Christus erfolgten Bestimmung nach in den prophetisch verheißenen Bund Gottes mit seinem Volk Israel hineingenommen", aber, so die Frage Klapperts, was „besagt diese Aussage nach dem Versagen der Kirche – bis Auschwitz und nach Auschwitz – gegenüber dieser christologischen Bestimmung?" Klappert antwortet: „Die Antwort auf diese Frage muss jeder und jede von uns, müssen wir alle mit unserem Leben und mit unserer Theologie, mit unserer Liturgie und dann auch mit unserem politischen Gottesdienst geben."[761]

Wenn im Folgenden der Versuch unternommen wird, die Sabbattheologie hinsichtlich ihrer Implikationen für eine kirchliche Zeitpolitik relevant zu machen, dann versteht sich dies als *ein* Versuch einer solchen Antwort. Weder die Toravergessenheit, die vielfältig in der kirchlichen Positionierung zu Fragen der Konstruktion gesellschaftlicher Organisation von Zeit zu Buche geschlagen ist, sollte die kirchlichen Argumentationen weiterhin prägen, noch sollte die latente Enteignungstheologie, die den Sabbat für die Christen tendenziell mit dem Sonntag als aufgehoben und erledigt betrachtet, fortgeschrieben werden. Gegenüber diesen beiden negativen Abgrenzungen gilt jedoch eine weitere: Es geht nicht darum, als Christen den Sabbat zu übernehmen – die Christen

760 A.a.O., S. 368.
761 A.a.O., S. 370.

müssen nicht Juden werden. Aber positiv gilt es zu fragen, wie denn eine Dimension der Sabbattheologie zu entfalten ist, die ihre theologische Legitimation unter Berücksichtigung dieser Distanz dennoch mehrfach gewinnt. Denn sie nimmt ernst, dass die neutestamentlichen Texte nur im Horizont der hebräischen Bibel verständlich und was Eigenart der Entwicklung und des Inhalts anbelangt jüdische Literatur sind. Sie distanziert sich von der falschen Tradition einer dualistischen Gegenüberstellung von alttestamentlichem „Gesetz" und neutestamentlichem „Evangelium". Und sie sieht die Kirche in der verheißungsvollen Bestimmung, durch Jesus Christus hineingenommen zu sein in den prophetisch verheißenen Bund Gottes mit seinem Volk Israel und damit indirekt Anteil zu haben an der Tora des Mose. Was dies – hoffentlich dem von Marquardt genannten Kriterium einer möglichen Zustimmungsfähigkeit und Zustimmungsbedürftigkeit der Theologie durch jüdische Stimmen folgend – für eine Theologie des Sabbats bedeutet, soll im Folgenden entfaltet werden.

3.1.2 Die Theologie des Sabbats

3.1.2.1 Der Sabbat – ein Palast in der Zeit

Das angemessene Verständnis der Sabbattheologie Jesu ist nur zu gewinnen vor dem Hintergrund der alttestamentlichen Belege zu Praxis und theologischen Implikationen des Sabbats. Der Begriff *schabbat* findet sich 112 Mal in den biblischen Büchern des Alten Testaments, weitgehend verteilt über alle Alterschichten von der alten Pentateuchquelle J bis zum Nehemiabuch. Allerdings fehlt seine Erwähnung in der Weisheitsliteratur, den späteren Propheten und bis auf Ps 92 auch im Psalter.[762] Im Verhältnis zu seiner Bedeutung für Israel wie auch zur umfassenden Textvielfalt der hebräischen Bibel kommt er vergleichsweise selten vor, was schon die Mischna in Hagiga I,8 bemerken ließ: „Die Gesetze über den Sabbat (...) sind wie Berge, die an einem Haar hängen; nur wenig in der Schrift (behandelt), sind zahlreich ihre Bestimmungen."[763] Aber auch die „wenigen" Stellen sollen hier nicht in aller Ausführlichkeit dargestellt werden, da dieses Unterfangen, erstens, bereits mehrfach in der Literatur anzutreffen ist[764] und es, zweitens, im Kontext dieser Arbeit nur um die maßgeblichen Aspekte der Theologie des Sabbats gehen soll unter besonderer Berücksichtigung ihrer zeitstrukturierenden und -qualifizierenden Relevanz.

---

762 Vgl. Spier, Erich: Der Sabbat, Berlin 1989, S. 14 (I.F.: Sabbat).
763 Zitiert ebd.
764 Vgl. u.a.: Grimm, Werner: Der Ruhetag. Sinngehalt einer fast vergessenen Gottesgabe, Frankfurt M./ Berlin 1980 (I.F.: Ruhetag); Spier, Erich: Sabbat.

Das heißt: Über die Analyse der wirtschaftsethischen Dimension der Theologie des Sabbats hinaus, wie sie etwa Franz Segbers entfaltet hat,[765] gilt hier das besondere Augenmerk der Analyse, welche Funktion die Sabbattheologie für die Konstruktion der Zeit und für das Verständnis von Zeit gehabt hat.

Was die Herkunft und Entwicklung des Sabbats anbelangt, so ist beides nicht mehr im Einzelnen rekonstruierbar. Der Siebenerrhythmus ist zwar einerseits de facto unabhängig von natürlichen Rhythmen wie etwa den Mondphasen, andererseits wird der Sabbat in vorexilischer Zeit häufig in Verbindung mit „Neumond" gebracht. Naheliegend ist für Crüsemann davon auszugehen, dass der Sabbat ursprünglich einen Vollmondtag bezeichnete, „jedenfalls einen regelmäßig wiederkehrenden und kultisch wichtigen Tag" (vgl. Am 8,5; Hos 2,13; Jes 1,13; 2 Kön 4,23) und erst in exilischer Zeit der Begriff für den ehemaligen Vollmondstag „Sabbat" zur Bezeichnung des alle sieben Tage stattfindenden Ruhetages gewählt wurde.[766]

Wie dem auch sei, andere Exegeten bestreiten eine vorexilische Verbindung von Sabbat und Vollmondtag,[767] entscheidend ist, dass der alle sieben Tage begangene Ruhetag keine kultische Feier zum Inhalt hatte. Das belegt auch die wohl älteste Fassung des Gebots, am siebenten Tag keine Arbeit zu verrichten, in Ex 34,21. Dort heißt es: „Sechs Tage sollst du arbeiten, aber am siebenten Tag sollst du aufhören (hebräisch: *tischbot*, von der Wurzel *schbt*). Beim Pflügen und bei der Ernte sollst du aufhören." Auffällig ist, dass hier der siebte Tag rein negativ bestimmt wird. Das geforderte „Aufhören" ist entscheidend und ausreichend, eine darüber hinausgehende positive Beschreibung als „Ruhen" oder eben ein kultisches Moment sind nicht zu finden. Aber deutlich wird auch, dass das Gebot nicht eine abstrakte zeitlose Lehre verbreitet, sondern kontextuell an ein konkretes „Du" gerichtet ist. Naheliegend, „an den frei wirtschaftenden israelitischen Bauern" zu denken, der selbst in Zeiten intensiv geforderter landwirtschaftlicher Arbeit, insbesondere auch während der Ernte, unter keinen Umständen entgegen eines solchen ökonomisch nachvollziehbaren Kalküls am siebten Tag

---

765 Segbers, Franz: Die Herausforderung der Tora. Biblische Impulse für eine theologische Wirtschaftsethik, Luzern 1999 (I.F.: Tora).
766 Crüsemann, Frank: Bewahrung der Freiheit. Das Thema des Dekalogs in sozialgeschichtlicher Perspektive, München 1983, S. 55 (I.F.: Bewahrung). Die These Crüsemanns, der hier Gnanna Robinson folgt, ist jedoch nicht unumstritten. Andere Exegeten kommen zu dem Schluss, „dass der Sabbat nicht (...) für den Vollmondtag steht, sondern dass es schon in vorexilischer Zeit in der Prophetie des 8. Jahrhunderts erkennbar neben dem Mondzyklus den Zyklus der Sieben-Tage-Festwoche gab". Kegler, Jürgen: „Was ist am Sabbat erlaubt?" (Lk 6,9). Das Ringen um den Sabbat in den biblischen Schriften, in: Füssel, Kuno; Segbers, Franz: „... so lernen die Völker des Erdekreises Gerechtigkeit". Ein Arbeitsbuch zu Bibel und Ökonomie, Luzern/Salzburg 1995, S. 240–256, S. 250 (I.F.: Ringen).
767 Vgl. ebd.

seiner Arbeit nachgehen darf.[768] Der siebte Tag ist der menschlichen Verfügungsgewalt unter wirtschaftlichen Gesichtpunkten entzogen, er ist eine ökonomisch betrachtet unverwertbare Zeit. Ein dritter, aus dem Kontext sich ergebender Aspekt betrifft die Nachbarschaft der israelitischen Bewohner zu den Nichtisraeliten (V 10). Die Verschiedenheit wird akzeptiert, den Nichtisraeliten sogar zugestanden, ihren Götzen zu opfern (V 15), aber das Gebot, am siebten Tag nicht zu arbeiten, dient innerhalb des nachbarschaftlichen Miteinanders doch zugleich der „Abgrenzung von den nichtisraelitischen Mitbewohnern".[769] Somit kommen zwei wesentliche Bestimmungen dieses siebten Tages zur Geltung: Dem Gebot inhärent ist die Unterbrechung der Arbeit, seine expressive Wirkung ist die Identität stiftende Abgrenzung Israels gegenüber Dritten.

Damit erschließt der Ruhetag einen doppelten Aspekt des Zeitverständnisses: Die Zeit des siebten Tages wird qualitativ anders erfahren als die sechs Tage der Arbeit, sie gewinnt ihre Qualität aus der Unterbrechung zeitlicher Verwendungskontinuitäten und sie wird zum vermittelnden Medium sozialer Zugehörigkeit und Identifizierbarkeit.

Eine vermutlich etwas jüngere Fassung im Bundesbuch Ex 23,12 lautet: „Sechs Tage sollst du deine Arbeit tun, aber am siebten Tag sollst du aufhören (*tischbot*), damit ruhe (*januach*) dein Rind und dein Esel und aufatme der Sohn deiner Magd und der Fremdling." Die Entsprechungen zum Text in Ex 34, nämlich wiederum keine Erwähnung des Kultus als auch die inhaltliche Bestimmung des Tages im Aufhören, wird einerseits erweitert um die inhaltliche Füllung dieses Aufhörens durch die Kategorie der Ruhe und um eine entscheidende *soziale Komponente*: Die abhängigen Arbeitstiere wie auch menschlichen Arbeitskräfte sollen in den siebten Tag eingebunden werden mit der Zweckbestimmung an ihm „ruhen" beziehungsweise „aufatmen" zu können. Der unmittelbare Adressat des Gebots wird damit gleichsam in die soziale Verantwortung gestellt, über das bloße Aufhören hinaus den siebten Tag für sich selbst und für diejenigen, die sich in seiner direkten Abhängigkeit befinden, hart arbeiten oder als Fremde verdingen, als Wohltat erlebbar zu machen.[770] Mit Bezug auf vergleichbare Ausführungen in Ex 20 formuliert Benno Jacob:

---

768 Kessler, Rainer: Das Sabbatgebot. Historische Entwicklung, kanonische Bedeutung und aktuelle Aspekte, in: Georgi, Dieter; Heimbrock, Hans-Günter; Moxter, Michael (Hrsg.): Religion und Gestaltung der Zeit, Den Haag 1994, S. 92–107, S. 93 (I.F.: Sabbatgebot).
769 A.a.O., S. 94.
770 Dass hier wie auch im Dekalog die Frau nicht ausdrücklich erwähnt wird, ist für Benno Jacob ein Hinweis darauf, dass sie nicht als Abhängige angesehen wurde, sondern in der Anrede mit gemeint ist. „Nicht genannt ist unter den Personen das Weib des Angeredeten, die *Frau* des Hauses. Der Grund ist natürlich nicht die geringe Meinung von ihr, die es nicht einmal der Erwähnung wert hält, oder gar die Ungeheuerlichkeit, dass sie von der Ruhe ausgeschlossen sei, sondern im Gegenteil ihre hohe Schätzung. Sie ist keine Arbeiterin und Untergebene des Mannes, sondern

„Den Mensch als Mensch erfasst das Gebot. Er sei Herr oder Knecht, so soll er nicht länger als sechs Tage werken. In dieser Absolutheit liegt die eigentliche soziale Größe des Gebots. Der in das fremde Joch gespannte Knecht schmachtet nach der Erlösung durch den Ruhetag, und das Gebot vertröstet ihn darauf. Der Herr bedürfe seiner nicht, er kann sich die Ruhe nach eigenem Gutdünken wählen und mag den von dem Gesetz auferlegten Ruhetag sogar als unbequeme Beschränkung der individuellen Freiheit betrachten, sein eigenes Geschäft rastlos zu betreiben. Da führt ihn der Sabbat vor Augen, dass er auch nur Mensch ist wie der Knecht und der Knecht von Gottes Gnaden gleichfalls ein geborener Freiherr. Für den Knecht ist der Ruhetag ein Anspruch an Lohn nach erzwungener sechstägiger Arbeit, für den Herrn ist die Arbeit an sechs Tagen die Grenze der Zulassung, und im Sabbat begegnen sich beide."[771]

In Ex 23 wird also die soziale Gruppe, der die Zeitstrukturierung und -qualifizierung durch den Sabbat gilt, erweitert. Soziale Differenzen und Abhängigkeitsstrukturen werden – abstrakt gesprochen – durch den Faktor Zeit tendenziell negiert.

Die Formulierungen in den beiden Dekalogen in Dtn 5 und Ex 20 ergänzen und erweitern die bisherigen Inhalte um entscheidende Aspekte. Beide Varianten, von denen Dtn 5 vermutlich gegenüber Ex 20 die ältere ist, weisen zunächst zentrale Übereinstimmungen auf. Übereinstimmend wird bei beiden gegenüber den älteren Texten ausdrücklich der siebte Tag, dessen Einhaltung gefordert wird, als Sabbat bezeichnet, was diesen Tag deutlicher als bisher durch die Begrifflichkeit von den übrigen Tagen abhebt. Die Einhaltung wird in beiden Texten verstärkt durch die Aufforderung, den Sabbat zu heiligen, was jedoch inhaltlich keine Differenz zum Bisherigen bedeutet – auch hier geht es um das Aufhören mit der Arbeit –, begrifflich aber wird an den siebten Schöpfungstag angeknüpft (Gen 2,3). Zudem fügen beide Texte hinzu, dass es der „Sabbat für Jahwe, deinen Gott" ist, was sowohl den Gedanken verstärkt, dass der Sabbat Gabe Gottes ist, als auch verdeutlicht, dass „mit der Einhaltung der Arbeitsruhe am siebten Tag (…) Jahwe geehrt werden" soll.[772] Rainer Albertz vermutet, dass der „stark mahnende Ton", der hier zur Geltung kommt, darauf schließen lässt, „dass es nötig war, für die Annahme dieser neuen Institution unter den Familienvätern zu werben".[773]

mit ihm identisch und mit dem „du" gleichfalls angeredet." Jacob, Benno: Das Buch Exodus, Stuttgart 1997, S. 576 (I.F.: Exodus).

771 A.a.O., S. 574f. Dem entspricht, was Abraham Heschel grundsätzlich mit Blick auf das Verhältnis von Raum und Zeit einleitend zur Bedeutung des Sabbats sagt: „Die Macht, die wir in der Welt des Raumes erlangen, endet plötzlich an der Grenze der Zeit." Heschel, Abraham J.: Der Sabbat. Seine Bedeutung für den heutigen Menschen, Neukirchen-Vluyn 1990, S. 1 (I.F.: Sabbat).

772 Albertz, Rainer: Religionsgeschichte Israels in alttestamentlicher Zeit, Teil 2. Vom Exil bis zu den Makkabäern, Göttingen 1997, S. 425 (I.F.: Religionsgeschichte).

773 Ebd.

Beide Texte sind auch gleich strukturiert: Sie heben an mit der Formulierung des Gebots selber, daran schließen sich Bestimmungen der Arbeitsruhe an und schließlich folgt ihre – gegenüber den älteren Texten ebenfalls neu – theologische Begründung.[774] Dtn 5 bezieht diese Begründung explizit auf den Exodus und stellt damit „die Arbeitsbefreiung für Sklaven und Mägde (...) ausdrücklich in das Licht der Befreiung aus Ägypten".[775] Frank Crüsemann hat denn diese Erinnerung auch als Ermahnung zur kontinuierlichen „Bewahrung der Freiheit"[776] verstanden, deren Gefährdung durch die Vergessenheit des Exodus in der Missachtung des Sabbats lauert: Die Erinnerung an die erlittene Knechtschaft dient der Vermeidung ihrer Wiederholung in Form der selbst produzierten Versklavung unter das Joch kontinuierlicher Arbeit sowohl für sich selbst als auch für andere, denn „alle Wochen durch das ganze Leben arbeiten, würde den Menschen zu lebenslänglicher Knechtschaft verdammen".[777] Der Sabbat bewahrt also das Humanum, das sich in dieser Freiheit realisiert.

Wenn auch die Dekalogfassung des Buches Exodus statt des direkten Verweises auf die Exoduserfahrung eine Begründung für die Feier des Sabbats anführt, die schöpfungstheologisch verankert ist, so mag man zwar von „einer stärker kultisch" orientierten Prägung sprechen,[778] aber fragwürdig ist doch, ob hier angemessen interpretiert werden kann, dass „das soziale Moment des Sabbatgebotes" eher zurücktritt.[779] Entscheidend bleibt doch hervorzuheben, dass beide Texte das Primat des Sabbatvollzugs in der Unterbrechung der Arbeit sehen und dass das Gebot, nicht zu arbeiten (*awd*) schon rein sprachlich an den Prolog des Dekalogs und die dort angeführte Herausführung aus Ägypten anknüpft.[780] Beide Texte beziehen ausdrücklich in die geschenkte Gabe des Sabbats die Lohnabhängigen ein. Benno Jacob führt den Gesichtspunkt der Unterbrechung von kontinuierlicher, unaufhörlicher Arbeit auch ausdrücklich unter Bezug auf die Dekalogfassung in Ex 20 an, wenn er paraphrasiert: „Du sollst *höchstens* sechs Tage arbeiten, *nicht sieben*, d.h. nicht unaufhörlich."[781]

---

774 Vgl. Kessler, Rainer: Sabbatgebot, S. 95.
775 Albertz, Rainer: Religionsgeschichte, S. 426.
776 Crüsemann, Frank: Bewahrung.
777 Jacob, Benno: Exodus, S. 573.
778 Kegler, Jürgen: Sabbat, S. 249.
779 Segbers, Franz: Tora, S. 181.
780 „Im klaren Licht der Texte und damit der Geschichte liegen die sozialen Begründungen. Im Dekalog jedenfalls ist in diesem Gebot wie sonst in keinem der Rückbezug auf den Prolog auch sprachlich gegeben: „Sechs Tage sollst du arbeiten ..." (Ex 20,9) (...) So geht es in diesem Gebot, liest man es vom Prolog her, um die exemplarische Wahrnehmung und Praktizierung des von Jahwe geschenkten Status der Freiheit, in dem sich die Angeredeten befinden." Crüsemann, Frank: Bewahrung, S. 57f.
781 Jacob, Benno: Exodus, S. 573.

Ihm ist auch die genauere Differenzierung bezüglich der Frage zu verdanken, um welche Art der Arbeit es an den sechs Wochentagen geht. Jacob unterscheidet anhand der beiden in Ex 20,9 gebrauchten Bezeichnungen für die Arbeit an sechs Tagen, die Buber übersetzt mit „dienen" und „Arbeit machen". Der erstere (hebräische Wurzel *awd*) „bedeutet einen Personenstand = sechs Tage magst du einen Herrn haben, Knecht sein und arbeiten müssen".[782] Knechtschaft ist Arbeit aber nur, wenn sie ausschließlich von daher bestimmt „Aufgabe der persönlichen Freiheit und Hergabe der eigenen Kraft an Fremdes ist".[783] Die andere, ergänzende Wendung „deine Arbeit machen" (hebräisch: *waischita kol melochtecha*) bezeichnet hingegen „ein objektiv nützliches, zweckdienliches Schaffen und (...) die darauf gerichtete sinnvolle Tätigkeit."[784] Gerade dieses Wort dient aber auch als Umschreibung für die Tätigkeiten, die es am Sabbat nicht zu tun gilt und die logischerweise dann auch – neben den anderen – an den sechs Tagen Inhalt der Arbeit gewesen sein müssen. Dass sowohl für die erledigten Tätigkeiten der Arbeitswoche wie für die zu unterlassenden am Sabbat dasselbe Objekt (*mal'achah*) verwendet wird, zeigt, dass es einen Zusammenhang von „Inhalt und Würde" beider Zeiteinheiten gibt.[785] Es ist zudem die Schöpfungstätigkeit, von der Gott in Gen 2,2 am siebten Tage ruhte, die unter denselben Begriff gefasst wird (*mal'achah*). Ex 20,11 greift also diesen positiv konnotierten Begriff für die Beschreibung der Arbeit auf, die es in der Woche zu tun gibt und die durch die Ruhe am Sabbat zum Abschluss gebracht werden soll. Über den dadurch angezeigten „paritätischen" Zusammenhang der sechs Tage mit dem siebten formuliert Benno Jacob:

„Sie sind die beiden Seiten derselben Sache, ergänzen einander und haben dieselbe Wurzel. (...) Ebensogut wie die Ruhe am siebenten Tag folgt die Arbeit an den sechs Tagen dem göttlichen Vorbilde, wenn sie *mal'achah*, sinnvolle, zweckmäßige, lebensfördernde Arbeit ist und mit der Ruhe am Sabbat abgeschlossen werden soll. Die irdische und weltliche Arbeit an den sechs Tagen wird dadurch nicht minder zur *Pflicht* wie die Ruhe am siebenten und erhält gleichfalls eine Art religiöser Würde und Verdienstlichkeit. Sie ist eine Vorhalle zum Heiligtum."[786]

---

782 Ebd.
783 Ebd. Dies wird auch innerhalb der Sozial- und Wirtschaftsethik beispielsweise von Arthur Rich mit Blick auf den für die Ethik normativen biblischen Befund bestätigt, wenn er resümiert: „Die Arbeit versteht sich nie nur als notwendiges und darin oft genug mühsames Mittel zur Bestreitung des Lebensunterhaltes, sie versteht sich nicht minder als Medium eines das Menschsein des Menschen bestätigenden Wirkens." Rich, Arthur: Wirtschaftsethik, Band II. Marktwirtschaft, Planwirtschaft, Weltwirtschaft aus sozialethischer Sicht, Gütersloh 1990, S. 26 (I.F.: Wirtschaftsethik II).
784 Jacob, Benno: Exodus, S. 574.
785 „Der Sabbat als ein Tag, an dem man keine Arbeit tut, ist nicht eine Herabsetzung der Arbeit, sondern deren Bejahung". Heschel, Abraham J.: Sabbat, S. 24.
786 Ebd.

Für Jacob ist also im Sabbat ein qualitativer Anspruch an die Arbeit in der Woche angelegt, „Vorhalle zum Heiligtum" zu sein, womit indirekt geboten wäre, dass sie nicht durchgängig den Charakter nur fremdverfügter Arbeit haben darf.

Es geht also um ein Doppeltes mit dem Sabbat: um seine Befreiung auch von zweckdienlicher, durchaus als sinnvoll zu betrachtende Arbeit, als auch um die Bewahrung gerade dieser zweckdienlichen und sinnvollen Arbeit in der Woche als ergänzendes Gegenüber zur Ruhe des Sabbats.[787]

Es besteht ein untrennbarer inhaltlicher Zusammenhang zwischen Arbeit und Ruhe. Weder ein Klassen bildendes striktes Gegenüber von Muße und Arbeit im aristotelischen Sinn[788] noch eine ebenso aristotelische Verzweckung der Ruhe zur Wiedergewinnung der Arbeitsfähigkeit[789] prägen das Denken des Dekalogs. Stattdessen tritt hier eine positive inhaltliche Bestimmung von Arbeit und Ruhe zu Tage, die beide als anspruchsvolle Einheit in mehrfacher Hinsicht verbindet: Die Arbeit wird erst durch Ruhe abgeschlossen, ohne die sie den Charakter von Arbeit verliert und zur Fronarbeit wird.[790] Aber die Ruhe „beruhigt" auch nicht alle Arbeitsverhältnisse und legitimiert nicht jede Art der Arbeit. Zudem gilt: Da diese Ruhe in einem inneren Zusammenhang mit der Arbeit steht, wird, wem die Arbeit verweigert wird, auch diese Ruhe genommen.[791] Es ist zu unterscheiden zwischen der Sabbatruhe und

---

787 Politisch umfassender hat Jürgen Moltmann diese Interdependenz von Sabbatfeier und den Rahmenbedingungen des sonstigen Lebenszusammenhangs formuliert: „Kein politischer, sozialer und ökonomischer Exodus aus Unterdrückung, Deklassierung und Ausbeutung führt wirklich in die Freiheit einer menschlichen Welt ohne den Sabbat, ohne das Lassen aller Werke, ohne die Ruhe findende Gelassenheit in der Gegenwart Gottes. Umgekehrt finden Menschen niemals den Sabbatfrieden in der Gegenwart Gottes, wenn sie keine Befreiung aus Abhängigkeit und Unterdrückung, aus Unmenschlichkeit und Gottlosigkeit finden." Moltmann, Jürgen: Gott in der Schöpfung. Ökologische Schöpfungslehre, München 1985, S. 289 (I.F.: Schöpfung).

788 Vgl. Ebach, Jürgen: Ursprung und Ziel. Erinnerte Zukunft und erhoffte Vergangenheit. Biblische Exegesen, Reflexionen, Geschichten, Neukirchen-Vluyn 1986, S. 90f. (I.F.: Ursprung).

789 „Das Spiel ist nämlich eine Art von Erholung und der Erholung bedürfen wir, weil wir nicht ununterbrochen arbeiten können." Aristoteles: Nikomachische Ethik, München 1992, Buch X, 6, S. 294. Abraham Heschel sieht dieses aristotelische Denken auch bei Philo, der den „Sabbat nicht im Geist der Bibel erklärt, sondern im Geist des Aristoteles." Heschel, Abraham J.: Sabbat, S. 12.

790 Jürgen Ebach entwickelt diesen Gedanken anhand von Gen 2,2: „Das Vollenden der Arbeit und das Ausruhen von der Arbeit sind, das besagt Gen 2,2, nicht zwei verschiedene Dinge; vielmehr wird durch die Ruhe die Arbeit abgeschlossen. (…) *Wie Arbeit ohne Ruhe unvollständig bleibt, ist Ruhe ohne Arbeit schwer zu leben.*" Ebach, Jürgen: Ursprung, S. 100f.

791 Vgl. Ebach, Jürgen: Den Feiertag heiligen, in: Albertz, Heinrich (Hrsg.): Die zehn Gebote. Eine Reihe mit Gedanken und Texten. 4. Gedenke des Sabbattages, dass du ihn heiligest …, Stuttgart 1986, S. 82–89, S. 87 (I.F.: Feiertag).

einer „falsche(n) Ruhe der ‚Fleischtöpfe Ägyptens', der die resignative Sehnsucht der Murrenden in der Wüste galt". Jürgen Ebach hat diese Differenz exegetisch erhoben und deutlich gemacht, dass der biblische Ruhebegriff *(menucha)* einen *„positiven* Zielbegriff" meint, der nun dann real eingelöst ist, wenn sowohl der rechte Geber, Gott, als auch „der rechte Ort und die rechte Zeit" gegeben sind. Wer diese Ruhe „zu früh haben will, (…) der wird gezwungen sein (…) einen zu hohen Preis zu entrichten, z.b. den Verlust der Freiheit".[792]

Ist die Sabbatruhe frei von Verzweckung, und das ist sie eben nur dann, wenn die Arbeitsverhältnisse dies auch zulassen, dann kommt ihr die Bedeutung einer „dritten Zeit" zu jenseits von Arbeit und daraus bedingter Erholung, eine Zeit, deren Sinn darin zur Geltung kommt, befreit zu sein „von der zweckgerichteten, instrumentellen Zeit".[793] Danach lässt sich bilanzieren:

Eine Arbeitswoche, deren entfremdeter und fremdverfügter Charakter den Sabbat nur noch zur Regeneration funktionalisiert, um der Arbeit der kommenden Woche standzuhalten, ist nicht nur Ausdruck pervertierter Arbeit, sondern pervertiert durch seine Verzweckung auch wiederum den Sabbat. Die Qualifizierung der Zeit, wie sie mit der Gabe des Sabbats vollzogen wird, bleibt nicht auf den Sabbat reduziert, sondern legt sich im Kontext der Verbundenheit von Arbeit und Ruhe beziehungsreich auf die übrige Zeit aus. Eine Dichotomie, wie sie in den kirchlichen Beiträgen zur Sonntagsdebatte mehrfach begegnet ist, die den Sonntag als zu bewahrendes und das kirchliche Interesse allein bindendes „Reich der Freiheit" der Arbeitswoche als für das kirchliche Interesse eher gleichgültiges „Reich der Notwendigkeit" gegenüberstellt, ist von daher sabbattheologisch nicht zu legitimieren.

Der Beziehungsreichtum zwischen dem Sabbat und der übrigen Zeit wird unter verschiedenen Gesichtspunkten belegt und führt zunächst zu der noch unbehandelten Frage nach der Bedeutung des schöpfungstheologischen Bezugs der Begründung des Sabbats in Ex 20. Dort heißt es in V 11 nach der Übersetzung Luthers: „Denn in sechs Tagen hat der Herr Himmel und Erde gemacht und das Meer und alles, was darin ist, und ruhte am siebenten Tage. Darum segnete der Herr den Sabbattag und heiligte ihn." Die den siebten Tag in Gen 2,2 kennzeichnende Trias wird auch hier aufgenommen: „Er ruhte, Er segnete und Er heiligte den siebten Tag".[794] Heschel hat eindrücklich darauf hingewiesen, dass mit dieser erstmalig im biblischen Kanon aufgeführten Bezeichnung „hei-

792 Ebach, Jürgen: Über „Freiheit" und „Heimat". Aspekte und Tendenzen der *menucha*, in: Daniels, Dwight R.; Gleßmer, Uwe; Rösel, Martin (Hrsg.): Ernten, was man sät. Festschrift für Klaus Koch zu seinem 65. Geburtstag, Neukirchen-Vluyn 1991, S. 495–518, S. 503f.
793 Segbers, Franz: Gedenke des Sabbattages! Impulse aus einer Ökonomie des Sabbat für eine lebensdienliche Wirtschaftsweise, in: Dialig-Du Siach, Nummer 55, Juni 2004, S. 20–39, S. 29 (I.F.: Gedenke).
794 Heschel, Abraham J.: Sabbat, S. 12.

lig" (*kadosch*) es „außerordentlich bemerkenswert" sei, dass nicht etwa ein Gegenstand des Raumes erwähnt wird, „dem der Charakter der Heiligkeit zukäme", sondern in der Bibel offenbar mit dieser Qualifizierung des Sabbats *„die Heiligkeit der Zeit"* zum Ausdruck gebracht werden soll.[795] „Die Bedeutung des Sabbat ist, die Zeit zu feiern und nicht den Raum."[796]

Insofern geht der Sabbat nicht in der quantitativen Dimension einer 24stündigen arbeitsfreien Zeit auf, sondern er verweist als „ein Palast in der Zeit"[797] auf eine qualitative Dimension der Zeit als von Gott gesegnete und geheiligte Gabe. Der Sabbat generiert damit zugleich ein anderes Verständnis von Zeit – nämlich als Gabe, nicht als Besitz oder Herrschaftsinstrument –, das aber nicht auf den Sabbat allein begrenzt bleibt. Dieser Gedanke wird gestärkt durch eine begriffliche und sachliche Äquivalenz zwischen dem Sabbat und dem Menschen in Ex 31,13:

„Sage den Israeliten: Haltet meinen Sabbat, denn er ist ein Zeichen zwischen mir und euch von Geschlecht zu Geschlecht, damit ihr erkennt, dass ich der Herr bin, der euch heiligt."

Die dem Sabbat nach- und zugeordnete Heiligung des Menschen und damit seiner Lebenszeit vollzieht sich Identität stiftend in der Praxis des Sabbats. Insofern formuliert Rainer Albertz zu Recht: „Der Vollzug der Arbeitsruhe erhielt hier im Laufe der Zeit die Dignität eines Bekenntniszeichens (*ot*) für das israelitische Gottesverhältnis (...) und wurde zum Ausdruck des ewigen Bundes (*berit olam*) zwischen Jahwe und seinem Volk." Aber darin allein geht das hier zur Sprache gebrachte nicht auf. Die Heiligkeit des Menschen, seine Zugehörigkeit zum Schöpfer, wird zwar in der Praxis der Unterbrechung der Arbeit am Sabbat zur Geltung gebracht, aber so wie der Sabbat nicht ohne Bezug ist zu den übrigen Tagen der Woche und in ihm die Zeit schlechthin eine von Gott geheiligte Gabe ist, so wird auch der Mensch in seiner Lebensspanne umfassend in diese Heiligkeit einbezogen.

Der Sabbat ist Bundeszeichen und Erkenntniszeichen der hier zugesprochenen Heiligkeit des Menschen, „heilig" aber ist er nicht nur am Sabbat. Die Heiligkeit vollzieht sich zugleich im Leben unter den Bedingungen des „Irdischen, Geschichtlichen und Profanen", aber sie beansprucht den Menschen, nicht darin aufzugehen, sondern sich angesichts seiner Geschöpflichkeit und seines Gegenübers zu Gott das Moment der Unverfügbarkeit zu bewahren. Heiligkeit ist der „Gegenbegriff zum Zweckhaften, zum Plausiblen, dem gesellschaftlich und ökonomisch Einleuchtenden (...) Der Sabbat kommt und legt sich ‚quer' zu allem Irdisch-Vorfindlichen, er ist *reine Unterbrechung*, transzendentale Stö-

---

795 A.a.O., S. 8.
796 A.a.O., S. 9.
797 A.a.O., S. 13.

rung aller zivilisatorischen Plausibilitäten."[798] Die Anteilgabe an der Heiligkeit stiftet wiederum heilvolle, soziale Beziehungen von Mensch zu Mensch. Diese ethische Dimension dessen, was diese Heiligkeit konkret bedeutet, wird – worauf hier nicht näher eingegangen werden kann – beispielsweise in Lev 19 für das tägliche Leben, den Umgang in der Familie, das soziale Umfeld oder die Gastfreundschaft gegenüber den Fremden ausführlich behandelt.

Für unseren Zusammenhang ist es wesentlich, danach zu suchen, wie dieser Zusammenhang von Sabbat und der übrigen Zeit sich darstellt. Dies soll an zwei Beispielen verdeutlicht werden: der Erzählung von der Gabe des Mannas (Ex 16) und der Institution des Sabbat- und Jobeljahres.

Die Erzählung vom „Mannawunder" hebt an mit der Schilderung des murrenden Volkes, das nach „fünfzehn Tagen des zweiten Monats, nachdem sie von Ägypten ausgezogen waren" (V 2f) angesichts ihres leiblichen Bedürfnisses sich zurücksehnt nach den „Fleischtöpfen Ägyptens". Das Bedürfnis nach der von Jürgen Ebach als „falsche Ruhe" gekennzeichneten Sehnsucht nach Ruhe in Unfreiheit ist also das Auftakt gebende Motiv dieser Begebenheit. Die Mose ansprechende Gegenwart Gottes sagt nun die allmorgendliche Versorgung mit Brot, das vom Himmel regnet zu, ergänzt um die Zusage, dass es am sechsten Tag „doppelt so viel sein wird, wie sie sonst täglich sammeln" (V 5). Für das tägliche Sammeln wird jede Familie angewiesen, nur nach der Menge ihres wirklichen Bedarfs zu sammeln. Wer mehr nimmt, soll erleben, dass das Übrige wurmig und stinkend wird (V 20). Schließlich gilt es, sich auf die Zusage zu verlassen, dass die Sammlung am sechsten Tag ausreichend sein wird für den Sabbat. Das Kalkül des Volkes richtet sich gegen diese Zusage der ausreichenden Vorsorge mit dem Ergebnis, dass das über den Bedarf hinaus Gesammelte morgens verdorben war – außer wie zugesagt am Sabbat – und jedes Begehren, am Sabbat doch noch hinaus zu gehen, um zu sammeln, ohne Erfolg blieb.

Man mag zu Recht diese Begebenheit als eine „Lehrgeschichte über die rechte Weise des Wirtschaftens" verstehen, die deutlich macht: Wirtschaften ist aus biblischer Sicht „keine Veranstaltung der Bereicherung, der Habgier einiger, sondern hat dafür zu sorgen, dass alle bekommen, was sie zum Leben brauchen".[799] Insofern steht diese Begebenheit für eine inhaltliche Füllung des Sabbats als einem Versuch, „einseitige Ökonomisierung zu begrenzen und dadurch Ökonomie als lebensdienlich auszuweisen".[800] Aber darüber hinaus gibt es einen zeitlichen Aspekt dieser Lebensdienlichkeit, der in dieser wirtschaftsethischen Betrachtungsweise nicht ganz aufgeht.

798   Müller, Klaus: Diakonie, S. 500.
799   Segbers, Franz: Gedenke, S. 28.
800   A.a.O., S. 30.

Die von Gott getroffene Vorsorge für den Sabbat überragt zwar qualitativ die übrigen Tage, denn an ihm muss nicht einmal gesammelt werden. Aber auch in der Woche spiegelt sich in der Gewährung des Lebensbedarfs wider, was der Sabbat in Reinkultur abbildet: Das Unterbrechen ökonomischer Verwendungslogik. Mehr zu horten, als der tägliche Bedarf abverlangt, also eine sich gerade nicht am Genügenden, sondern am ökonomisch Machbaren orientierende Verwendungslogik von Zeit wird auch innerhalb der Woche als letztlich überflüssiges, weil erfolgloses Unterfangen vorgeführt. Der Sabbat und die sechs übrigen Tage stehen auch unter dem Gesichtspunkt einer solchen Qualifizierung von Zeit in einem inneren Verhältnis zueinander.

Was die Verhältnisbestimmung des Sabbats zur übrigen Zeit anbelangt, so gibt die Institution des Sabbatjahres Aufschluss über eine weit über die Woche hinausgehende zeitliche Strukturierungsrelevanz. Das Bundesbuch erweitert den im Sabbat sich niederschlagenden Siebenerrhythmus auf ein Sabbatjahr in jedem siebten Jahr. In Ex 23,10f heißt es:

„Sechs Jahre kannst du in deinem Land säen und die Ernte einbringen; im siebten Jahr sollst du es brach liegen lassen und nicht bestellen. Die Armen in deinem Volk sollen davon essen."

In der Begründung des Sabbatjahres kommt eine Kombination von ökonomischen und ökologischen Motiven zur Geltung, die explizit in der jüngsten Fassung in Lev 25,1f um ein religiöses ergänzt wird durch den Hinweis, dass das Land dem Herrn ein Sabbatjahr feiern soll. Anders als man erwarten könnte, soll das „Surplus, das erwirtschaftet wird, (…) nach diesem Gesetz nicht als Abgabe abgeführt, aber auch nicht in Reichtum umgesetzt werden, es wird durch Freilassung des geschenkten Ackers in Nichtstun vertan".[801] Die Umverteilung gesellschaftlichen Reichtums geht einher mit dem alle sieben Jahre zu erwartenden „Zeitwohlstand" der Gebenden. Es ist davon auszugehen, dass die Brache alle sieben Jahre zugleich auch ein ökologisch sinnvolles Aufatmen der Natur mit sich brachte.[802] Die von daher möglicherweise eher ökologisch motivierte Ackerbrache wird in Dtn 15,1ff. um einen stärker sozial motivierten Schuldenerlass erweitert:

„Alle sieben Jahre sollst du ein Erlassjahr halten. So aber soll's zugehen mit dem Erlassjahr: Wenn einer seinem Nächsten etwas geborgt hat, der soll's ihm erlassen und soll's nicht eintreiben von seinem Nächsten oder von seinem Bruder; denn man hat ein Erlassjahr ausgerufen dem Herrn."

---

801 Crüsemann, Frank: Tora, S. 267.
802 Vgl. Hüttermann, Aloys: Die ökologische Botschaft der Thora. Die mosaischen Gesetze aus der Sicht eines Biologen, in: Naturwissenschaften 80, 1993, S. 147–156.

Mit dem Schuldenerlass geht es nicht mehr nur darum, dass „der Arme bestenfalls *auch* am Sabbatjahr partizipieren" kann, sondern die hier eingeforderte soziale Gerechtigkeit betrifft ihn unmittelbar als Person.[803] Er tritt in den Status des Entschuldeten und das ist mehr als lediglich die Teilhabe an der Fürsorge durch die Ackerbrache alle sieben Jahre. Die hinter der Verschuldung stehende Verelendungssituation wird in Neh 5 deutlich beschrieben. Selbst die Verpfändung von Frauen und Kindern war an der Tagesordnung, und um der Verarmung zu entgehen, suchten manche die Flucht oder griffen zum Mittel der Bandenbildung (vgl. dazu 1 Sam 22,1–2).[804] Der durch den Schuldenerlass entschieden vollzogene Eingriff in das brutale Kreditwesen ist für Frank Crüsemann „das neben dem Zinsverbot wichtigste Wirtschaftsgesetz".[805] Der Sinn sei unbestreitbar faktisch der, „dass in jedem siebten Jahr alle Schulden gestrichen werden sollen".[806] Das brachte allerdings die Problematik mit sich, gegen Ende der Siebenjahresfrist nur noch geringe Akzeptanz zum Verleihen anzutreffen, wogegen ausdrücklich „das ganze Gewicht der religiösen Tradition eingesetzt" wurde: „Der Schrei derer, die dann nichts mehr bekommen, wird Gott erreichen und ihn zum Einschreiten bringen."[807] Crüsemann hat auch darauf hingewiesen, dass die Entschuldungspraxis im Prinzip in den Staaten des Zweistromlandes schon sehr früh belegt ist, was nicht weiter verwundert, denn dafür sprachen, volkswirtschaftlich betrachtet, durchaus sinnvolle ökonomische Gründe. Allerdings ist für diese vergleichbare Praxis nirgendwo der für Israel verpflichtende Siebenjahresrhythmus belegt, der der Entschuldung ein nicht unerhebliches Maß an Berechenbarkeit und eine für viele Notleidende verlässliche Aussicht auf eine wiedergewonnene Lebensperspektive bot.[808]

Kurz dargestellt werden soll noch der biblische Gedanke des alle sieben mal sieben Jahre, also im fünfzigsten Jahr stattfindenden Jobeljahres, dessen gesicherter Nachweis tatsächlicher Praxis allerdings nicht gegeben ist.[809] Das Jobeljahr hat seinen Namen von dem zu seinem Auftakt geblasenen Widderhorn, dem „Jobel".[810] Kerngedanke des Jobeljahres ist die im fünfzigsten Jahr vorgesehene Wiederherstellung früherer Besitzverhältnisse sowie die Beendigung der Schuldsklaverei. So heißt es in Lev 25,10–13:

---

803 Crüsemann, Frank: Der größere Sabbat – oder die Weisung, sich nicht zu Tode zu arbeiten. Bibelarbeit über 3.Mose 25,1–13, in: Albertz, Heinrich (Hrsg.): Die zehn Gebote. Eine Reihe mit Gedanken und Texten. 4. Gedenke des Sabbattages, dass du ihn heiligest ..., Stuttgart 1986, S. 91–105, S. 97.
804 Vgl. Segbers, Franz: Tora, S. 188.
805 Crüsemann, Frank: Tora, S. 264.
806 A.a.O., S. 265.
807 Ebd.
808 Vgl. a.a.O., S. 265f.
809 Vgl. Segbers, Franz: Tora, S. 199.
810 Vgl. a.a.O., S. 197.

„Und ihr sollt das fünfzigste Jahr heiligen und sollt eine Freilassung ausrufen im Lande für alle, die darin wohnen; es soll ein Erlassjahr für euch sein. Da soll ein jeder bei euch wieder zu seiner Habe und zu seiner Sippe kommen. Als Erlassjahr soll das fünfzigste Jahr euch gelten. Ihr sollt nicht säen und, was von selber wächst, nicht ernten, auch, was ohne Arbeit wächst, im Weinberg nicht lesen; denn das Erlassjahr soll euch heilig sein; vom Felde weg dürft ihr essen, was es trägt. Das ist das Erlassjahr, da jedermann wieder zu dem Seinen kommen soll."

Im Kontext dieses Gesetzes wird in V 23 über die bereits in Ex 23 erwähnte Ackerbrache und die nach Dtn 15,12ff. alle sieben Jahre gebotene Beendigung der Schuldknechtschaft hinaus grundsätzlich auch die zeitliche Befristung des Landbesitzes bestimmt. Begründet wird dies mit dem Hinweis auf die eigentlichen Besitzverhältnisse: das Land gehört Gott allein. Franz Segbers hält unter Bezug auf Kuno Füssel diese Vorgabe für eine durchaus „handhabbare Regel. (…) Der Kaufpreis des Bodens (Äcker, Weinberge u.ä.) wird durch die Anzahl der Ernteerträge bestimmt und richtet sich deshalb nach dem Gebrauchswert und nicht nach dem marktwirtschaftlichen Tauschwert."[811]

Das damit in Grenzen gehaltene Spekulationskalkül hat aber auch eine zeitliche Dimension. Die Zeit wird in ihrem ökonomischen Gebrauchswert ein Stück entwertet. Mit der Darlegung der wirklichen Besitzverhältnisse des Landes, das Gott allein gehört, wird auch indirekt die Zeit in eine veränderte Relation zum Menschen gestellt: Sie ist eben nicht Medium grenzenloser Besitzakkumulation, sondern unter Verwertungsgesichtspunkten begrenzte und nur beliehene Zeit. Der Gedanke der Unverfügbarkeit der Zeit und des Durchbrechens unaufhörlicher Verwendungskontinuitäten von Menschen und Eigentum, wie er schon im Sabbat präsent gehalten und praktiziert wird, legt sich mit dem Erlass- und Jobeljahr auf den Lebensrhythmus des Menschen als ganzes.[812] Weder Besitz in Form von Äckern und Land, noch Menschen sind ungebunden in zeitlich unbegrenzte Verfügung gelegt, sondern – abgesehen von der durch den Tod eh begrenzten Zeit – an die von Gott gebotene Grenze des Siebenjahrerhythmus gewiesen. Die menschliche Lebenszeit wird in alledem durch eine soziale Dimension qualifiziert, die Vorrang hat vor jedem linear ausgerichteten ökonomischen Verwendungsimperativ.

Ein letzter im Kontext dieser Arbeit darzustellender Aspekt der Sabbattheologie betrifft ihre eschatologische Dimension. In Jes 61,1–3 heißt es:

---

811 A.a.O., S. 199.
812 Dass der Sabbatrhythmus sich auf die Lebenszeit auslegt, betont auch Klaus Müller: „In dieser Weise durch den Sabbatrhythmus strukturierte Lebenszeit zu gewinnen, ist etwas, was den biblisch orientierten Menschen und seine gesamte Lebenswelt – *kurzfristig, mittelfristig* und auch *langfristig* – prägt. Kurzfristig alle sieben Tage, mittelfristig alle sieben Jahre und langfristig – schon jenseits der normalen Lebenserwartung – alle 7 mal 7 = 49 bzw. 50 Jahre." Müller, Klaus: Diakonie, S. 502.

„Der Geist Gottes, des Herrn ist auf mir, weil der Herr mich gesalbt hat, den Elenden gute Botschaft zu bringen, die zerbrochenen Herzens zu verbinden, zu verkünden den Gefangenen die Freiheit, den Gebundenen, dass sie frei und ledig sein sollen; zu verkündigen ein gnädiges Jahr des Herrn und einen Tag der Vergeltung unsres Gottes, zu trösten alle Trauernden, zu schaffen den Trauernden zu Zion, dass ihnen Schmuck statt Asche, Freudenöl statt Trauerkleid, Lobgesang statt eines betrübten Geistes gegeben werden, dass sie genannt werden ‚Bäume der Gerechtigkeit‘, ‚Pflanzungen des Herrn‘, ihm zum Preise."

Die hier berichtete Beauftragung zur Ankündigung eines gnädigen Jahres und eines Tages der Vergeltung,[813] erfolgt inmitten der nachexilisch desolaten Situation des Volkes Israel. Gerade die unbestimmte Nennung von Jahr und Tag zeigt, „dass nicht an ein bestimmtes Ereignis, sondern an eine Zeitenwende in allgemeinerem Sinn gedacht ist".[814] Was auch immer damit konkret gemeint sein mag, eindeutig ist, dass, erstens, diese Verheißung an Israel gebunden ist[815] und, zweitens, die inhaltliche Füllung als angekündigte Freilassung der Gefangenen von der Sache her das „Jahr der Gunst" als Anspielung auf das Sabbat- und Jobeljahr begreifen lässt.[816] Das hier angekündigte „Sabbat-Erlebnis der geschenkten Freiheit" wird vom Propheten gegen allen Augenschein des Bestehenden als die Einlösung eines Heilshandelns Gottes beschrieben, das über das soziale Moment hinaus umfassend die Lebenswirklichkeit der Menschen mit Trost und Freude versieht.[817]
Die Kontinuität dieser Heil schaffenden Selbstbindung Gottes wird also in Kategorien der vom Sabbatjahr geprägten Anschauung zugesprochen. Damit wird auch deutlich, dass das alttestamentliche Denken nicht – wie Horst Dietrich Preuss meinte – die Vorstellung von Zukunft im Sinne einer dynamisch nach vorne gerichteten Geschichte verstanden

---

813   Dies nimmt die Vorstellung vom „Tag Jahwes" auf (vgl. Jes 2,12; 13,6; Joel 2,1ff), ist aber vermutlich im Kontext des hier gewählten Parallelismus „nach seiner positiven Seite zu verstehen als Wiederherstellung". Westermann, Klaus: ATD, Teilband 19, Das Buch Jesaja. Kap 40–66, Göttingen 1966, S. 292.
814   Ebd.
815   „Die *Handlungsform der Verheißungen* ist offenbar eine, die (…) *kennzeichnend für den Gott Israels* ist und die spezifisch die des Israel auf Gedeih und Verderb verbündeten Gottes ist: Verheißungen gehören zur Lebenswirklichkeit des *Bundes*. Während für einen ungebundenen Gott eher Allmachtshandlungen, Werke unberechenbarer Freiheit oder unaussprechlicher oder unausgesprochener Geheimnisse in Abgründen göttlichen Wollens bezeichnend scheinen: abscondita, sind die Verheißungen des gebundenen Gottes einerseits Versprechen einer *Selbstbindung des Gottes* an sein Volk und andererseits Versprechen verlässlicher Dauer und Kontinuität der Beziehungen." Marquardt, Friedrich-Wilhelm: Was dürfen wir hoffen?, S. 164. Marquardt führt Jes 61,1–3 ausdrücklich als Beleg für solche gebundenen Verheißungen an. Vgl. a.a.O., S. 167.
816   Vgl. Grimm, Werner: Ruhetag, S. 42.
817   A.a.O., S. 43.

hat.[818] Vielmehr kommt besonders im Sabbat- und Jobeljahr die Hoffnung und Perspektive einer regelmäßig zyklisch sich vollziehenden Wiederherstellung des Früheren zum Ausdruck. Nimmt man hinzu, dass auch der Begriff der Ruhe (*menucha*) im Kontext eschatologischer Verheißungen gewählt wird (vgl. Jes 14,3; 32,18),[819] so wird verständlich, dass der Sabbat im Judentum nicht nur ein Tag der Erinnerung an Exodus und Schöpfung, sondern auch der feiernden Antizipation des zukünftigen Heilshandeln Gottes ist. Für den Sabbat gilt: „Die Ewigkeit setzt einen Tag."[820] Abraham J. Heschel schreibt in diesem Sinne:

„Nach Aussage des Talmud ist der Sabbat *me'en 'olam ha-ba*, das heißt, etwas wie die Ewigkeit oder die zukünftige Welt. Dieser Gedanke, dass wir ein Siebtel unseres Lebens als Paradies erfahren können, ist für die Heiden ein Ärgernis und für die Juden eine Offenbarung. Und doch hat der Sabbat für Rabbi Hayim von Krasne mehr als ein Stückchen Ewigkeit. Für ihn ist der Sabbat die Quelle (*mayan*) der Ewigkeit, der Brunnen, von dem der Himmel oder das Leben der zukünftigen Welt ihren Ausgang nehmen. (...) Die jüdische Tradition gibt uns keine Definition des Begriffs ‚Ewigkeit‘; sie sagt uns, wie wir Ewigkeit oder ewiges Leben in der Zeit erfahren können."[821]

Es sollte deutlich geworden sein, dass die Implikationen der Theologie und Praxis des Sabbats wie auch des Sabbat- und Jobeljahres außer der fundamentalen Bedeutung, die sie für die ökonomischen Verhältnisse und die soziale Situation der Abhängigen haben, auch von einer erheblichen Relevanz für das Verhältnis zur und das Verständnis von Zeit sind. Diese soll im Folgenden zusammenfassend dargestellt werden:

1. Der Sabbat hat primär die Unterlassung von Arbeit und allenfalls nachgeordnet eine kultische Feier zum Inhalt. Von daher ist er unter Zeit strukturierendem Gesichtspunkt als eine Unterbrechung ökonomischer Verwendungskontinuitäten zu begreifen, die Identität stiftend Israel gilt. Damit erschließt der Ruhetag einen doppelten Aspekt des Zeitverständnisses: Durch die Unterbrechung der Arbeit wird die Zeit des siebten Tages qualitativ anders erfahren als die

---

818 Vgl. Preuss, Horst Dietrich: Jahweglaube und Zukunftserwartung, Stuttgart/Berlin/Köln/Mainz 1968. Dagegen: „Gegen historische Differenzierung indifferente kultische Aktualisierung und historische Distanz berücksichtigendes vergegenwärtigendes Gedenken lassen am vergangenen Heil partizipieren; neben ihm lässt sich keine zukunftsbezogene Form belegen." Jaeschke, Walther: Die Suche nach den eschatologischen Wurzeln der Geschichtsphilosophie. Eine historische Kritik der Säkularisierungsthese, München 1976, S. 114. Vgl.: Becker, Uwe: „Zukunft" als soziale Konstruktion – Eine Herausforderung für die Theologie, in: Becker, Uwe; Fischbeck, Hans-Jürgen; Rinderspacher, Jürgen P. (Hrsg.): Zukunft. Über Konzepte und Methoden zeitlicher Fernorientierung, Bochum 1997, S. 129–162, S. 148ff.
819 Vgl. Grimm, Werner: Ruhetag, S. 43.
820 Heschel, Abraham J.: Sabbat, S. 53.
821 A.a.O., S. 59.

sechs Tage der Arbeit und sie wird zum vermittelnden Medium sozialer Zugehörigkeit und Identifizierbarkeit. Sie hat inkludierende Funktion.

2. Das Unterlassen der Arbeit wird mehrfach mit der Kategorie der Ruhe (*menucha*) inhaltlich beschrieben. Diese Ruhepraxis ist kein Klassenprivileg der Besitzenden. Vielmehr werden diese in die Verantwortung genommen, in die Wohltat und „Lust" des Sabbats (Jes 58,13) die Abhängigen, Fremden und selbst die Nutztiere einzubeziehen. Mit dieser in Ex 23 erstmals eingeforderten Erweiterung der sozialen Gruppe, der die Zeitstrukturierung und -qualifizierung durch den Sabbat gilt, kommt ein egalitäres Moment zum Tragen. Die soziale Abhängigkeitsstrukturen zwischen „Herr" und „Knecht" werden mit dem Sabbat durch den Faktor Zeit tendenziell negiert. Dabei wird die Erinnerung an die Fronarbeit in Ägypten, also die aktive Vergegenwärtigung des Früheren in Form der Fremdverfügung über menschliche Lebenszeit, zum entscheidenden Impuls der Sabbatpraxis.

3. Diese Ruhe ist weder zweckgerichtet eine Ruhe *von* Arbeit noch eine Erholung *für* die Arbeit, sondern eine Ruhe *der* Arbeit. Der innere Zusammenhang von Arbeit und Ruhe wird in dreifach kritischer Hinsicht angezeigt: Erstens verliert Arbeit ohne diese sie abschließende Ruhe den Charakter von Arbeit, wie zweitens auch Ruhe ohne Arbeit defizitär ist. Darüber hinaus „beruhigt", drittens, die Ruhe auch nicht *alle* Arbeitsverhältnisse, sondern fordert indirekt Arbeitsverhältnisse ein, die auch schöpferische Anteile beinhalten. Zwischen beiden Zeiten besteht ein innerer Zusammenhang von „Inhalt und Würde" (Benno Jacob). Die Zeit des Sabbats ist nicht von der übrigen Zeit zu isolieren. Die Qualifizierung der Zeit, wie sie mit der Gabe des Sabbats vollzogen wird, bleibt nicht auf den Sabbat reduziert, sondern legt sich im Kontext der Verbundenheit von Arbeit und Ruhe beziehungsreich auf die übrige Zeit aus.

4. So zeigt die schöpfungstheologische Begründung des Sabbats in Ex 20 und damit die erinnernde Rückbezüglichkeit auf die Heiligung der Zeit im Sabbat (Gen 2,2) an, dass der Sabbat in seiner qualitativen Dimension als Moment der von Gott gesegneten und geheiligten Zeitgabe, die sich menschlicher Verfügung entzieht, zugleich ein anderes Verständnis von Zeit – nämlich als Gabe, nicht als Besitz oder Herrschaftsinstrument – kreiert, das aber nicht auf den Sabbat allein begrenzt bleibt.

5. Die Erzählung von der Mannaspeisung exemplifiziert, wie die Qualifizierung der Zeit den inhaltlichen Zusammenhang der sechs Tage und des Sabbats prägt. Auch in der Woche spiegelt sich in der

Gewährung des Lebensbedarfs wider, was der Sabbat in Reinkultur abbildet: Das Unterbrechen ökonomischer Verwendungslogik. Mehr zu horten, als der tägliche Bedarf abverlangt, also eine sich gerade nicht am Genügenden, sondern am ökonomisch Machbaren orientierende Verwendungslogik von Zeit wird auch innerhalb der Woche in ihrer Absurdität geradezu persifliert.

6. Sabbat- und Jobeljahr sind ein Beleg für die zeitlich die gesamte Lebensspanne des Menschen umfassende Dimension der Sabbattheologie. Durch das mit diesen Bestimmungen in Grenzen gehaltene Spekulationskalkül wird die Zeit in ihrem ökonomischen Gebrauchswert ein Stück entwertet. Da das Land Gott allein gehört, wird auch indirekt seine zeitliche Ausbeute begrenzt. Zeit ist eben nicht Medium grenzenloser Besitzakkumulation, sondern unter Verwertungsgesichtspunkten begrenzte und nur beliehene Zeit. Die im Sabbat zur Geltung kommende Unverfügbarkeit der Zeit und das damit gesetzte Ende unaufhörlicher Verwendungskontinuitäten finden auch im Sabbat- und Jobeljahr ihre soziale Anwendung: Weder Besitz in Form von Äckern und Land noch Menschen sind ungebunden in zeitlich unbegrenzte Verfügung gelegt, sondern an die von Gott gebotene Grenze des Siebenjahrerhythmus gewiesen. Die menschliche Lebenszeit wird in alledem durch eine soziale Dimension qualifiziert, die Vorrang hat vor jedem linear ausgerichteten ökonomischen Verwendungsimperativ.

7. Die mit dem Sabbat- und Jobeljahr praktizierte Befreiung aus Schuldknechtschaft und früheren Besitzverhältnisses dient auch als Trost stiftende Beschreibung zur Veranschaulichung des endgültigen, eschatologischen Heilshandeln Gottes. Gegen ein abstrakt lineares Zeitdenken wird die Zukunft im Licht der Exoduserfahrung in Kategorien der Wiederherstellung des Früheren gefasst.

Die Mittelpunktstellung des Menschen in der Sabbattheologie der hebräischen Bibel ist mit diesem exegetischen Befund reichhaltig belegt. Es geht nicht um den Sabbat an sich, sondern immer um seine Relation zum Menschen: um die Stiftung von Identität, die soziale Einbindung Notleidender, die Begrenzung von Arbeit und ökonomischer Verwendungsdiktatur, die Qualität einer humanen, schöpferischen Arbeit innerhalb der Woche und insgesamt um eine anthropologische Dimension der Heiligkeit, die im Sabbat und seinen darüber hinausgehenden Zeit strukturierenden Auswirkungen auf die Lebenszeit des Menschen ihre vornehmliche Lebenspraxis findet. Es gilt auch in der hebräischen Bibel der Satz: Der Sabbat ist um des Menschen willen da! Eine am Humanum vorbeigehende Sabbatpraxis pervertiert ihre eigentliche Intention.
In sachlicher Übereinstimmung mit diesem exegetischen Befund und auf der Basis einer umfassenden Analyse der Bedeutung von Gerechtig-

keit (*tsedaka*) und dem Erweis von Barmherzigkeit (*gemilut chassadim*) in der hebräischen Bibel und der klassischen jüdischen Tradition hat auch Klaus Müller die Mittelpunktstellung des Menschen in der Sabbattheologie konstatiert. Mit der *tsedaka* geht es für Müller um „verlässliche Sicherung des Lebensunterhalts der Armen, um ein System sozialen Ausgleichs", mithin um ein „Rechtsgut", das letztlich „effektive soziale Partizipationsrechte für die Armen" gewährleisten soll.[822] Gegen die Strukturverfestigung von Abhängigkeit zielt die *tsedaka* auf deren strukturelle und das Recht der Armen sichernde Überwindung und auf partnerschaftliche Kooperation, statt das „Geben und Nehmen (zu) kultivieren".[823]

Ist also der *tsedaka* an der verlässlichen Eröffnung und Einhaltung von Lebensrechten für die Mitmenschen gelegen, die diese aus eigener Kraft nicht herzustellen in der Lage sind, so geht es mit den *gemilut chassadim* um die „Vollzüge der zwischenmenschlichen Zuwendung",[824] um das in der Beziehung sich ereignende Geschehen umfassender, ja geradezu maßloser Hilfeleistung, Rettung und „Eröffnung von Leben",[825] das sich orientiert an der ebenso maßlosen Zuwendung Gottes. Das Aufnehmen von Fremden, die Versorgung von Waisenkindern, der Besuch von Kranken – auch und gerade am Sabbat[826] – oder das Trösten von Trauernden sind von Müller ausgeführte Beispiel für die *chässäd*-Praxis. Diese *gemilut chassadim* werden in der rabbinischen Literatur neben der Tora und dem Gottesdienst als die dritte Säule bezeichnet, auf der die Dinge der Welt stehen.[827] Sie sind Summe der Tora[828] und geradezu Identifikationspunkt der Gottesbeziehung selber.[829]

Insbesondere interessant für unseren Zusammenhang ist, dass Müller sowohl *chässäd* als auch *tsedaka* als die beiden Dimensionen der Sabbatpraxis beschreibt, die ihre humane Ausrichtung zur Geltung bringen:

> „*chässäd* und *tsedaka* sind sabbathaltig; sie operationalisieren den heiligen *schabbat* in seiner pluralen Dimensionalität, vermitteln und entfalten ihn unter den Bedingungen der gesellschaftlichen Existenz des Gottesvolkes (...) Ein Durchmustern der

---

822 Müller, Klaus: Diakonie, S. 208.
823 A.a.O., S. 213.
824 A.a.O., S. 154.
825 A.a.O., S. 150.
826 Ob der Besuch von Kranken am Sabbat erlaubt sei, war Gegenstand einer Auseinandersetzung zwischen der Schule Schammais und der Schule Hillels. „Gegenüber einer schammaitischen Linie, dem Sabbat den Ausblick auf die himmlische Freude und Erfüllung nicht zu verstellen, kann sich das hilletische Verständnis durchsetzen, demzufolge gerade auch der Sabbat dort zu Ehren kommt, wo irdisches Leid gelindert und dem Leben aufgeholfen wird." A.a.O., S. 103.
827 Vgl. a.a.O., S. 151ff.
828 Vgl. a.a.O., S. 162ff.
829 Vgl. a.a.O., S. 169.

rabbinischen Überlieferungen lässt durchgängig die ‚Sabbathaltigkeit‘ dessen erkennen, was mit *chässäd* und *tsedaka* gemeint ist."[830]

Auch wenn Nichtisraeliten, wie etwa die Fremdlinge, einbezogen werden in die Wohltat des Sabbats, so ist der Sabbat zunächst die Gabe an Israel. Bleibt diese eindeutige Geltung für Israel unstrittig, so ist darüber hinaus zu fragen, inwieweit die der Theologie des Sabbats inhärente Qualifizierung der Zeit auch für die Kirche und christliche Theologie unverzichtbar zu rezipieren ist. Schon Müller hatte unter Bezug auf Rabbi Judan differenziert zwischen dem „Halten" des Sabbats, das sich exklusiv auf Israel bezieht, und dem „Gedenken" des Sabbats, das auch für die Völkerwelt gilt. Der Hinweis Klapperts, dass wir durch den toragehorsamen Juden Jesus von Nazareth in den prophetisch verheißenen Bund Gottes mit Israel hineingenommen sind und indirekt Anteil haben an der Tora des Mose, wirft zwei Fragen auf: Bezieht sich dieser Toragehorsam Jesu auch auf den Sabbat und wenn ja, was bedeutet mit Blick auf den Sabbat diese indirekte Teilhabe der Kirche an der Tora des Mose? Bevor also die zweite Frage beantwortet werden kann, muss dargelegt werden, wie sich das Verhältnis Jesu zum Sabbat darstellt.

3.1.2.2 Jesus und der Sabbat

Die These, dass Jesus sich mit einer ihm eigenen Souveränität über den Sabbat hinweggesetzt habe, begegnet schon in der apokryphen Literatur. Im Thomas-Evangelium findet sich folgende Legende:

„Als dieser Knabe fünf Jahre alt geworden war, spielte er (…) an der Furt eines Baches. (…) Er bereitete sich weichen Lehm und bildete daraus zwölf Spatzen. Und es war Sabbat, als er dies tat. (…) Da nun ein Jude sah, was Jesus am Sabbat beim Spielen tat, ging er sofort weg und meldete dessen Vater Josef: ‚Siehe, dein Sohn ist am Bach und hat aus Lehm zwölf Vögel gebildet und (so) den Sabbat entweiht.‘ Und Josef ging zu der Stelle und, als er ihn sah, schrie er ihn an: ‚Weswegen tust du am Sabbat, was nicht erlaubt ist zu tun?‘ Aber Jesus klatschte in die Hände und rief den Spatzen zu: ‚Fort mit euch!‘ Und die Spatzen öffneten ihre Flügel und flogen mit Geschrei davon. Als aber die Juden das sahen, verwunderten sie sich und gingen weg und berichteten ihren Ältesten, was sie Jesus hatten tun sehen."[831]

Diese spannungsvolle Charakterisierung des Verhältnisses Jesu zum Sabbat ist nicht auf die Zeit der Alten Kirche begrenzt. Bis in die gegenwärtige Theologie ist bei unterschiedlich geprägten Theologen die übereinstimmende These anzutreffen, Jesus habe sich des Sabbats entledigt. So resümiert Ernst Käsemann grundsätzlich und unter inhaltlichem Bezug auf die in Mk 2,23ff. geschilderte Begebenheit vom Ährenausraufen der Jünger am Sabbat:

---

830 A.a.O., S. 477ff.
831 Zitiert nach: Schaller, Berndt: Jesus und der Sabbat, Franz-Delitsch-Vorlesung, Heft 3, Münster 1994, S. 3, (I.F.: Jesus).

„Jesus hat mit einer unerhörten Souveränität am Wortlaut der Tora und der Autorität des Mose vorübergehen können. Diese Souveränität erschüttert nicht nur die Grundlagen des Spätjudentums und verursachte darum entscheidend seinen Tod, sondern hebt darüber hinaus die Weltanschauung der Antike mit ihrer Antithese von kultisch und profan und ihre Dämonologie aus den Angeln."[832]

Und ähnlich Eduard Lohse: „Die Juden verstehen durchaus richtig (…): Jesus hat den Sabbat nicht nur durchbrochen, sondern er löst ihn auf."[833] Diese antithetische Gegenüberstellung, der Mensch oder das alttestamentliche „Gesetz", kommt laut Herbert Braun in der vermeintlich grundsätzlichen Polemik Jesu gegen das „jüdische Denken" zum Ausdruck. Gerade die Auseinandersetzung Jesu mit der Sabbatpraxis, wie sie sich in den Heilungsgeschichten und der Begebenheit vom Ährenausraufen finde, mache deutlich: „Schneidender kann die Antithese gegen jüdisches Denken kaum vorangetrieben werden: der Sabbat und seine Beobachtung ist nicht religiöser Selbstzweck; der Mensch ist der Zweck des Sabbats."[834] Noch massiver bringt Leonhard Goppelt mit Bezug auf die Sabbatbegebenheiten Jesus in eine antijüdische, die Grundlage des Judentums aufhebende Position und stellt ihn quasi außerhalb des Judentums:

„Jesus hebt *das Sabbatgebot* als selbständige Einzelsatzung in einer *überbietenden totalen Forderung* auf. (…) Er hebt das Sabbatgebot als solches und damit das Gesetz, die Grundlage des Judentums, auf."[835]

Mit diesen Belegen wird deutlich, dass zwei Thesen die diesbezügliche exegetische Diskussion geprägt haben. Die erste These besagt, mit der

---

832 Käsemann, Ernst: Exegetische Versuche und Besinnungen. Erster und zweiter Band, Göttingen 1970, S. 208. Ähnlich versucht Willy Rordorf in seinem einschlägigen Werk zur Geschichte des Sonntags die vermeintliche Abgrenzung Jesu zum nachexilischen Judentum an der Begebenheit vom Ährenausraufen der Jünger am Sabbat festzumachen: „Jesus wirft damit (…) im Grunde die ganze Sabbattheologie, die das nachexilische Judentum aufgestellt hatte, über den Haufen. (…) Die Auffassung, wonach die Juden die Aufgabe haben sollten, den Sabbat, das Bundesgeschenk Gottes, treu zu bewahren, das Sabbatgebot unter Hintansetzung der eigenen Bedürfnisse genau zu befolgen, wäre also in den Augen Jesu verkehrt gewesen, weil dadurch der Sabbat *über* den Menschen gestellt wurde." Rordorf, Willy: Der Sonntag. Geschichte des Ruhe- und Gottesdiensttages im ältesten Christentum, Zürich 1962, S. 62f.
833 Lohse, Eduard: Sabbaton, in: Theologisches Wörterbuch zum Neuen Testament VII (ThWNT VII), Stuttgart 1967, S. 1–35, S. 28. „Nicht mehr der Sabbat und die Forderung des Gesetzes stehen an erster Stelle, sondern der Mensch und seine Bedürfnisse werden höher bewertet als das Sabbatgebot." Lohse, Eduard: Jesu Worte über den Sabbat, in: Judentum, Urchristentum, Kirche. Festschrift für Joachim Jeremias, Berlin 1964, S. 79–89, S. 85.
834 Braun, Herbert: Jesus. Der Mann aus Nazareth und seine Zeit, Stuttgart, Berlin 1969, S. 81.
835 Goppelt, Leonhard: Theologie des Neuen Testaments, Göttingen 1975, S. 145f.

Mittelpunktstellung des Menschen in der Sabbattheologie Jesu sei der
Horizont des alttestamentlichen und zeitgenössischen Judentums verlassen. Zweitens und noch radikaler wird behauptet, Jesus habe letztlich
die Sabbatpraxis und -theologie insgesamt preisgegeben und damit das
Gesetz als vermeintliche Grundlage des Judentums aufgehoben. Es wird
zu zeigen sein, dass der Nährboden sachgerechter, exegetischer Forschung hier weitgehend verlassen ist. Die differenzierte Analyse dessen,
wie die Gesprächs- und Konfliktinhalte hinsichtlich der Sabbattheologie
und -praxis Jesu zu verstehen sind, weicht hier zu Gunsten einer Eintragung in die Texte, die nicht nur eine den Sabbat überwindende, sondern
eine grundsätzlich torakritische und sogar antijüdische Haltung Jesu
unterstellt. Es verwundert daher auch nicht, dass gerade jüdische Theologen, wie David Flusser und Pinchas Lapide, hervorheben, dass Jesus
als Jude gelebt und gelehrt habe und auch nur von daher seine Auseinandersetzungen über die Sabbatpraxis zu verstehen seien. Lapide
stellt unmissverständlich fest:

„Die neutestamentliche Tatsache, die anscheinend bis heute das bestbewahrte Geheimnis der christlichen Bibelforschung ist, besagt nämlich, dass Jesus ein thora-
treuer Jude war und blieb, der nie und nirgends (in Mt, Mk und Lk) gegen die
mosaische und rabbinische Gesetzgebung verstieß. Vorwürfe wegen Laxheit, wie in
den Episoden des Ährenausraufens, des Händewachens etc. betreffen juridische
Grenzfälle, in denen jedoch die Jünger Jesu, nicht ihr Meister selbst, getadelt wurden."[836]

Diesen „Grenzfällen" jüdischer Sabbatpraxis sachgerecht nachzugehen,
heißt demnach, sie nicht als Hinweis auf einen antijüdischen, torakriti-
schen Weg zu interpretieren, sondern sie im Rahmen einer innerjüdi-
schen Auseinandersetzung um die angemessene Auslegung der Tora zu
begreifen, auch da, wo sie möglicherweise das Spektrum der gängigen
Hallacha erweitern. Die Breite der Facette, mit der die Überlieferung
Jesus als einen den Sabbat befolgenden Juden darstellt, wird im synoptischen Gesamtbefund deutlich, innerhalb dessen die einzelnen Begebenheiten und „Grenzfälle" zu sichten sind: Jesus hat der synoptischen
Überlieferung nach nicht nur an den Sabbatgottesdiensten teilgenom-
men, in den Synagogen am Sabbat gelehrt (Mk 1,21; Lk 4,16), sein
eigenes Auftreten sowohl im Kontext der prophetisch-eschatologischen
Ankündigung des Gnadenjahres gedeutet und verkündet (Lk 4,18ff.),
sondern auch sein Wirken in besonderer Weise mit der Ruhe als Befreiung vom Joch der Unterdrückung in Verbindung gebracht (Mt

---

[836] Lapide, Pinchas E.: Der Rabbi von Nazareth. Wandlungen des jüdischen Jesusbildes, Trier 1974, S. 52. Ähnlich David Flusser: „Es ist kaum bekannt, dass der
synoptische Jesus nie gegen die damalige Gesetzespraxis verstößt – mit der einzigen
Ausnahme, nämlich dem Ährenausraufen am Sabbat." Aber er fügt wenig später
hinzu: „Beim Händewaschen und Ährenausraufen sind es die Jünger, nicht der
Meister, die weniger streng in der Gesetzespraxis sind. Auch das wird gewöhnlich
nicht beachtet." Flusser, David: Jesus, Hamburg 2002, S. 45; S. 48 (I.F.: Jesus).

11,28).[837] Er hat auch offenbar in aller Regel mit Rücksicht auf den
Sabbat erst nach dessen Ende Heilungen vollzogen (Lk 4,40), seine
Jünger ausdrücklich in der Wiederkunftsrede davor gewarnt, am Sabbat
zu fliehen und schließlich wird nirgendwo ein Verstoß gegen die Sabbatpraxis als Grund für seine Anklage genannt. Stattdessen suchten die
Hohenpriester und der Hohe Rat Gründe, um ihn zu töten, „und fanden
nichts" (Mk 14,55).

Es ist naheliegend, diese vielfachen Überlieferungselemente einer sab-
batkonformen Praxis Jesu als Basis für die Deutungstendenz der einzelnen Begebenheiten zu nehmen, statt mit dem Hinweis auf ihre teilweise
redaktionelle Bearbeitung das glatte Gegenteil, nämlich die Preisgabe
der Sabbatobservanz, als „ursprünglich" zu unterstellen.[838]

Aber die Heilungsgeschichten wie auch die Begebenheit vom Ährenausraufen der Jünger am Sabbat (Mk 2,23–28; Luk 6,1–6) sprechen auch
ohne diese Hinweise durchaus für sich. Was letztere anbelangt, so sei
dahingestellt, ob der ursprünglichen Begebenheit ein eher mit der Halacha konform gehender Duktus oder ob ihr ein gegenüber der Halacha
kritischer Impuls innewohnt.[839] Flusser sieht mit Blick auf die Lukas-
version einen ursprünglichen Textbestand zum Vorschein kommen, den
er im Toleranzbereich der Halacha verortet. Er bezieht sich auf die
lukanische Bemerkung, dass die Jünger die Ähren mit der Hand zerrie-
ben haben. Dies habe Rabbi Jehuda in einem im babylonischen Talmud
erwähnten Streit (bSchabbat 128a) zwischen ihm und den Weisen
durchaus als mit dem Sabbat konforme Praxis zugestanden. Dass Lukas
dennoch das auch im Talmud nicht erlaubte Abreißen der Ähren erwähnte, führt Flusser darauf zurück, dass der „griechische Übersetzer
des Urberichts (…) mit den Sitten des Volkes nicht vertraut" war. Er
habe dies hinzugefügt, ohne zu ahnen, „dass er dadurch den einzigen

---

837 Vgl. Grimm, Werner: Ruhetag, S. 45ff.
838 Diesen Hinweis auf den „redaktionellen Rahmen" bietet mehrfach Berndt
Schaller mit der zumindest nicht explizit ausgeräumten Suggestion, als sei die redaktionelle Arbeit per se als Widerspruch zur ursprünglichen Begebenheit zu bewerten. So formuliert er: „Was zunächst die Notizen anbelangt, nach denen Jesus
sich wie ein frommer Jude am Sabbat benommen hat, in die Synagoge gegangen ist
und in ihr gelehrt hat und den Anfang wie den Ausgang des Sabbat genau beachtet
hat, so kommt man nicht umhin festzustellen, dass diese Notizen allesamt als
Grundlage wenig taugen. Sie gehören alle traditionsgeschichtlich zur jüngsten
Schicht der Evangelienüberlieferung: Es sind alles Texte der redaktionellen Rah-
mung. D.h.: sie spiegeln die Sicht der Evangelisten. Als historische Quelle sind sie –
zumindest für sich genommen – nicht ohne weiteres brauchbar."Schaller, Berndt:
Jesus, S. 8. Allerdings muss hinzugefügt werden, dass gerade Schaller nicht der
Meinung ist, Jesus habe das Sabbatgebot aufgehoben.
839 So bilanziert Schaller mit Blick auf diese Perikope: „Wirklich stichhaltig ist
dieser Versuch, die Geschichte vom Ährenausraufen am Sabbat halachisch konform
zu machen, nicht. A.a.O., S. 11.

Verstoß gegen das Gesetz in die synoptische Tradition eingefügt hat".[840]

Die hinter dieser Aussage stehende Theorie, die die Markuspriorität gegenüber dem Matthäus- und Lukasevangelium bestreitet, mag zu Recht als fragwürdig betrachtet werden. Zumindest hat die Jerusalemer Schule um Flusser dafür „weder einen stringenten noch einen umfassenden Nachweis geliefert".[841] Aber die Kritik Flussers sensibilisiert dafür, zu unterscheiden zwischen der Frage, ob Jesu Sabbatpraxis unstrittig mit der Halacha konform ging, und der Frage, ob er – wie Goppelt und andere behaupten – das Sabbatgebot als solches abgelehnt hat. Gerade mit Blick auf die Perikope über das Ährenausraufen am Sabbat ist letzteres entschieden zurückzuweisen.

Es ist zu vermuten, dass die vorliegende Perikope auf einem längeren Traditionsprozess basiert, „in dessen Verlauf ihr Inhalt mehrfach verändert worden ist".[842] Ohne auf die traditions- und redaktionsgeschichtliche Fragestellung und ihre Methodik im Detail einzugehen, ist doch ihr beachtenswertes Ergebnis festzuhalten. Denn danach ist die Authentizität von Vers 27 als ein Jesus zuzuschreibendes und „in sich selbst verständliches Logion" unstrittig.[843] Interessant aber nun, dass diese „Selbstverständlichkeit" offenbar dennoch interpretationsbedürftig ist. Andreas Lindemann sieht hier zunächst ein neues (!) Selbstverständnis zum Zuge kommen, „das den Sabbat als Gabe Gottes (!) um des Menschen willen" begreift. Er schreibt:

„Im Kontext von V 23f. bedeutet das Logion V 27 eine neue Bestimmung des durch das biblische (Sabbat-) Gebot begründeten Verhältnisses zwischen Gott und Mensch: Der Sabbat wird nicht als Selbstzweck, das mit ihm verknüpfte Gebot nicht mehr primär als eine dem Menschen von außen gestellte Forderung begriffen, sondern Sabbat und Sabbatgebot erscheinen als Gabe Gottes ‚um des Menschen willen‘. Das Ährenausraufen ist die Konkretion dieser neuen auf den Menschen bezogenen Deutung des Gebotes (…)"[844]

Mit dieser Kommentierung stoßen wir erneut auf einen Beleg der von Welker beschriebenen Gegenüberstellung der beiden Testamente in Form eines Dualismus von alt und neu, Forderung und Gabe, die nun erwiesenermaßen im Widerspruch steht zum erhobenen Befund der hebräischen Schriften. In ihnen ist doch gerade – wie dargelegt – der Sabbat als eine um des Menschen, der sozialen Gemeinschaft, der Gerechtig-

---

840 Flusser, David: Jesus, S. 45.

841 Schaller, Berndt: Jesus, S. 10.

842 Lindemann, Andreas: „Der Sabbat ist um des Menschen willen geworden …". Historische und theologische Erwägungen zur Traditionsgeschichte der Sabbatperikope Mk 2,23–28 parr., in: Krämer, Helmut (Hrsg.): Wort und Dienst. Jahrbuch der Kirchlichen Hochschule Bethel, Neue Folge Bd. 15, Bielefeld 1979, S. 79–105, S. 83 (I.F.: Der Sabbat).

843 A.a.O., S. 86.

844 A.a.O., S. 101.

keit und Lebensdienlichkeit willen eingerichtete Gabe Gottes theologisch qualifiziert.

Richtig ist: Jesus hat den Sabbat als Gabe Gottes um der Menschen willen begriffen und ist offenbar streitbar für diese Dimension des Sabbats eingetreten. Aber richtig ist auch, dass er mit dieser Theologie und Praxis des Sabbats innerhalb der jüdischen Tradition nicht isoliert dasteht, auch wenn beispielsweise von Kreisen der Essener und der Tempelaristokratie teilweise die Intention des Sabbats durch eine geradezu zwanghafte Kasuistik faktisch in ihr Gegenteil verkehrt wurde.[845]

Zu Recht betont Bertold Klappert:

„Stellt nicht Jesus in den Streitgesprächen der synoptischen Tradition (Mk 2,1–3,6) deutlich das Liebesgebot und das Gutestun am Sabbat in den Gegensatz zu bestimmten kasuistischen Sabbatvorschriften? Danach tritt Jesus für die *Intention der Sabbat-Tora*, die Leben bewahrt und rettet, *gegen eine bestimmte, einengende kasuistische Sabbat-Halacha* ein. Strittig ist also zwischen Jesus und der jüdischen Tempelaristokratie die Auslegung des Sabbatgebotes, nicht dieses selbst. Im Gegenteil! Man darf am Sabbat Gutes tun (Mk 3,4), und daher ist die Heilung des ganzen Menschen wie auch die Beschneidung am Sabbat nicht eine Aufhebung, sondern der Vollzug des Sabbatgebotes (Joh 7,23)."[846]

Will man das gesamte Bild der jüdischen Lehrtradition in den Blick nehmen, dann muss man zwingend auch darauf hinweisen, dass Jesus mit dieser Äußerung durchaus in der Nähe dessen liegt, was einige Zeit später und vermutlich auf der Grundlage einer lange vorausgehenden mündlichen Tradition in der im Midrasch überlieferten Mekilta zu Exodus 31,14 formuliert wird. Denn dort heißt es: „Euch ist der Sabbat übergeben und nicht seid ihr dem Sabbat übergeben."[847]

Wir treffen hier also eine doppelt unrichtige Bestrebung an, die Originalität Jesu durch den versuchten Nachweis einer angeblich sowohl die hebräische Bibel überbietenden, als auch das zeitgenössische Judentum überwindenden Sabbattheologie zu verifizieren. Was ersteres anbelangt,

---

845 Interessant ist diesbezüglich der Hinweis von Heinz Kremers, der Jesus in großer Nähe zu den Chassidim seiner Zeit sieht. „Ihr Name weist darauf hin, dass Taten helfender Liebe für sie typisch waren (…) Auch ihr anderer Name, ‚Männer der Tat', weist in diese Richtung: Die Chassidim schätzen – wie Jesus – Taten helfender Liebe höher ein als das Studium der Tora und dem in ihm begründete exakte Halten aller kultischen Gebote und Lebensregeln." Kremers, Heinz: Die Ethik der galiläischen Chassidim und die Ethik Jesu, in: Weyer, Adam (Hrsg.): Kremers, Heinz: Liebe und Gerechtigkeit. Gesammelte Beiträge, Neukirchen-Vluyn 1990, S. 135–144, S. 137.

846 Klappert, Bertold: „Mose hat von mir geschrieben". Leitlinien einer Christologie im Kontext des Judentums, in: Ders.: Miterben der Verheißung. Beiträge zum jüdisch-christlichen Dialog, Neukirchen-Vluyn 2000, S. 183–202, S. 186 (I.F.: Mose).

847 Vgl. das Zitat bei: Lindemann, Andreas: Der Sabbat, S. 88. Selbst Lindemann sieht, dass dies formal „und in der Sache (…) zweifellos dem in Mk 2,27 überlieferten Logion" entspricht. Ebd.

soll nur am Rande erwähnt werden, dass auch schon die im Logion gewählte Formulierung „der Sabbat wurde" mit der griechischen Begrifflichkeit (*egeneto*) auf das schöpferische Handeln Gottes in Gen 1f. verweist, so dass gerade „der Wortlaut des Logions Mk 2,27" darauf hinweist, „wie sehr sein Autor im Judentum eingebettet war".[848] Aber auch die Behauptung, Jesus habe sich mit seiner Sabbattheologie gegen die vorherrschende kasuistische Sabbatobservanz und sich damit gegen breite Kreise des zeitgenössischen Judentums gewendet, muss differenziert werden. Auch wenn insbesondere im Kreis der Essener, aber auch bei manchen Pharisäern und Rabbinern, oftmals eine hartherzig anmutende Sabbatobservanz unterstellt werden kann, so ist dennoch zu fragen, ob diese überzogene Strebsamkeit nicht wenigstens auf ihre geistigen Ursache und Motivation hin zu befragen ist. Dies ist insofern wichtig, da diese kasuistische Praxis als das typisch Jüdische antithetisch der vermeintlich das zeitgenössische Judentum überbietenden, souveränen Liberalität Jesu gegenübergestellt wird. Statt also das Verbindende in der Theologie der Pharisäer, der Essener und Jesu zu suchen, wird der Fokus auf das Trennende gerichtet. Mit Blick auf das Verbindende ist der Hinweis von Abraham Heschel hilfreich, der in der Sorge um die Einhaltung des Sabbats die Kehrseite der Überzeugung sieht, dass der Sabbat in der Lage sei, „die Natur des Menschen zu veredeln und sie würdig zu machen, in der Gegenwart des königlichen Tages zu leben". Er fährt fort:

„Aber Gesetz und Liebe, Disziplin und Freude waren nicht immer eins. In ihrer wohlbekannten Sorge, den Geist des Tages zu entweihen, hoben die Rabbinen alter Zeit die Observanz auf eine Stufe, die zwar für Auserwählte erreichbar sein mag, aber nicht selten jenseits der Möglichkeiten gewöhnlicher Menschen liegt."[849]

Anders formuliert: Gerade die begeisterte Überzeugung, die zweifellos auch bei Jesus anzutreffen ist, dass der Sabbat um des Menschen willen da und für ihn eine Lebenshilfe und ein heilsame Gabe Gottes ist, schlug in manchen jüdischen Kreisen um in eine kasuistisch überdifferenzierte Observanz, die diese Zentrierung um das gute Leben des Menschen vielfach nicht mehr erkennen ließ.[850] Damit soll zumindest die

---

848 Schaller, Berndt: Jesus, S. 19.
849 Heschel, Abraham J.: Sabbat, S. 15.
850 Dass die Ermahnung zur Beachtung bestimmter Sabbatvorschriften auf einem ausdrücklich für den Menschen positiven Sabbatverständnis beruht, zeigt schon Tritojesaja (Jes 58,13ff.): „Wenn du am Sabbat deinen Fuß zurückhältst, deine Geschäfte an meinem heiligen Tag zu betreiben, wenn du den Sabbat eine Wonne nennst und den heiligen Tag Jahwes verehrungswürdig, wenn du ihn dadurch ehrst, dass du an ihm nicht deine Gänge machst noch deiner Arbeit nachgehst und keine leeren Reden führst, dann wirst du deine Freude haben an Jahwe; ich lasse dich auf den Höhen des Landes einherfahren und das Erbteil deines Vaters Jakob genießen. Denn der Mund Jahwe hat gesprochen." Vgl. Wolf, Hans Walter: Anthropologie des Alten Testaments, München 1990, S. 207 (I.F.: Anthropologie).

Notwendigkeit einer Differenzierung angezeigt werden: Auch wenn Jesus in den Auseinandersetzungen über den Sabbat, über die am Sabbat erlaubte Praxis des Ährenausraufens oder über die von ihm vollzogenen Heilungen konfliktreich diskutiert hat, so bleiben seine Aussagen bezüglich des Sabbats und das darin zur Geltung kommende Sabbatverständnis eigentümlich unkommentiert von seinen Gesprächspartnern. Es ist zu vermuten, dass bezüglich des Sabbatverständnisses der Konsens wesentlich einheitlicher ist als die Beantwortung der Frage nach der daraus resultierenden Praxis.[851] Dieses gemeinsame Verständnis wie auch die Tatsache der gemeinsamen Mühe um eine sachgerechte Auslegung der Tora sind das Verbindende, das aber Differenzen nicht ausschließt. Diese Differenz aber ist relativ, nämlich Bestandteil dieses Verbindenden, nicht aber eine absolute Differenz, schon gar nicht eine zwischen Jesus und dem zeitgenössischen Judentum schlechthin. Von einer Relativierung oder gar Aufhebung der Sabbatpraxis durch Jesus kann also keine Rede sein.[852] Vielmehr wird deutlich, dass er auf dem Nährboden eines durch die hebräischen Schriften inspirierten und mit diesen in Einklang stehenden Sabbatverständnisses Partei ergriffen hat für eine Sabbatpraxis, die den Menschen durch den Sabbat als Gabe Gottes in den Mittelpunkt stellt. Diese Bilanz wird mit Blick auf die übrigen, ausnahmslos als Konflikt um Heilungen am Sabbat überlieferten, Begebenheiten bestätigt. Im Wesentlichen sind dies die Heilung eines Mannes mit einer verdorrten Hand (Mk 3,1–6; Mt 12,9–14; Lk 6,6–11) und – nur bei Lukas – die Heilung einer verkrüppelten Frau (Lk 13,10–17) sowie die Heilung eines Wassersüchtigen (Lk 14,1–6). Auch wenn man bei diesen Heilungsgeschichten nicht von einer direkten Darstellung historischer Ereignisse ausgehen kann, so ist dennoch zu vermuten, dass „sich in den Kernsätzen der einzelnen Geschichten

---

851 In diese Richtung einer wenig dingfest zu machenden grundsätzlichen Lehrdifferenz zwischen Jesus und den Pharisäern argumentiert auch David Flusser: „Auch wenn es nicht möglich wäre, durch philologische Methoden die Retuschen in unseren Quellen leicht zu entfernen, wäre eine wahre Feindschaft der ‚Pharisäer und Schriftgelehrten' gegen Jesus, die angeblich seinen Tod mitverursacht hat, sehr schwer verständlich. Natürlich gab es unter den Pharisäern verschiedene kleine Geister – und wo gibt es solche nicht? –, denen der wunderliche Mann suspekt war und die ihn gerne bei einer verbotenen Handlung ertappt hätten, um ihn vors rabbinische Gericht zu bringen, aber Jesus gelang es immer, seine Meinung zu sagen, ohne ihnen einen Anhaltspunkt zur Verfolgung zu bieten. (…) Es wird vielfach nicht bemerkt, dass die Pharisäer, die so oft in den Evangelien als Gegner Jesu erwähnt sind, in allen synoptischen Berichten über den sogenannten Prozess Jesu abwesend sind." Flusser, David: Jesus, S. 59f.
852 „Fasst man das alles zusammen, dann kann das Jesuslogion in Mk 2,27f. schwerlich gedeutet werden als Hinweis auf die Relativierung, ja sogar grundsätzliche Absage an das Sabbatgebot. Im Gegenteil, was dieses Logion widerspiegelt, ist das grundsätzliche Festhalten am Sabbat als göttliche Ordnung." Schaller, Berndt: Jesus, S. 20.

durchaus ‚echte' Jesusworte" finden.[853] Berndt Schaller hat den methodisch plausiblen Versuch unternommen, einen Zugang zu diesem jesuanischen Kernbestand zu erschließen. Zunächst sei auffällig, dass die Gemeinsamkeit aller Texte nicht nur in der Darstellung eines Konfliktes, sondern auch in der Tatsache bestehe, dass alle Heilungen eigentlich nicht den Tatbestand der unmittelbaren Lebensrettung betreffen. Nach rabbinischer Halacha ist dieses Prinzip der *pikkuach nefesch*, nach dem Lebensrettung den Sabbat verdrängt, unstrittig.[854] Inhaltlich entspricht die Frage Jesu in Mk 3,4 (Lk 6,9) diesem Prinzip: „Ist es am Sabbat erlaubt, Gutes zu tun oder Böses, Leben zu retten oder zu töten?". Aber die hinter dieser Frage stehende Praxis Jesu zeigt den Differenzpunkt der Auseinandersetzung. Jesus reklamiert mit Mk 3,4 explizit für sich eine sabbatkonforme Praxis, womit er nicht nur den Vorwurf seiner jüdischen Gesprächspartner nicht anerkennt, sondern ihn indirekt an diese zurückgibt.[855] Seine Argumente verfahren strukturell mehrfach nach dem Schema des Steigerungsschlusses vom Kleineren auf das Größere, was typisch ist für rabbinische Argumentation.[856] Nach Schaller weist dies insgesamt auf eine bereits vorösterliche innerjüdische Auseinandersetzung zwischen Jesus und seinen jüdischen Zeitgenossen und auf einen „gemeinsamen Sitz im Leben von Disputen um Sabbatregeln und Sabbatpraxis".[857]

Die Argumentation Jesu ist aber nicht nur strukturell, sondern auch inhaltlich im jüdischen Kontext zu sehen. Wenn ein Schaf am Sabbat aus der Grube geholt werden darf, um wie viel mehr ist einem Menschen am Sabbat zu helfen? Wenn ein Ochse am Sabbat losgebunden werden darf, muss dann nicht eine verkrümmte Frau am Sabbat geheilt werden dürfen? Oder, wenn ein Ochse am Sabbat aus dem Brunnen gezogen wird, stellt sich dann noch die Frage, ob am Sabbat geheilt werden kann oder nicht? Mit diesen Fragen knüpft er inhaltlich an die aus Dtn 5,12 („Da sollst du keine Arbeit tun, auch nicht dein (...) Rind, dein Esel, all dein Vieh ...") sich ergebende, auch für das Vieh geforderte Fürsorge an. Seine Argumentationslogik schließt nun entsprechend Dtn 5,12ff. a minori ad maiorem auf die umso mehr an diesem Tag geforderte soziale Praxis gegenüber Notleidenden.[858] Mit anderen Worten: Jesu Argumentation wird „not-wendig", weil der Sabbat als Kultus der Unterbrechung von Arbeit nicht schon per se human ist. Er kann, kasuistisch verengt, zur Inhumanität pervertieren, wo er bestehende Not ignoriert und damit die Dimension von tsedaka und chässäd aus dem Blick verliert.

---

853 A.a.O., S. 21.
854 Vgl. a.a.O., S. 21; vgl. Spier, Erich: Sabbat, S. 26.
855 Vgl. Dietzfelbinger, Christian: Vom Sinn der Sabbatheilungen Jesu, in: Evangelische Theologie, 38. Jahrgang 1978, S. 281–298, S. 284 (I.F.: Sinn).
856 Vgl. Schaller, Berndt: Jesus, S. 23.
857 A.a.O., S. 25.
858 Vgl. Grimm, Werner: Ruhetag, S. 56f.

Dabei ist wichtig festzuhalten, dass Jesus sich auf die Argumentation seiner Gesprächspartner einlässt und damit „ihre Regeln für den Sabbat, ihre Sabbat-Halacha, nicht ad absurdum führt, sondern dass er mit ihrer Sabbat-Halacha und -Praxis argumentiert."[859] Wie bereits erwähnt, wird dies besonders deutlich in Mk 3,4, wo die in der Frage gesetzte These, dass es geboten sei, am Sabbat Gutes zu tun, auch von den Gesprächspartnern Jesu nicht bestritten wird. Dass Jesus das Prinzip des „Gutestun" und des „Heilens" am Sabbat über die direkte körperliche Lebensbedrohung hinaus verfolgt hat, mag in einer starken Hervorhebung der jüdisch-eschatologischen Dimension des Sabbats begründet liegen. Danach versteht er den Sabbat als einen Tag, an dem in besonderer Weise „Gottes-zur-Herrschaft-Kommen" angesagt und realisiert werden kann. „Wenn schon der Sabbat in hervorgehobener Weise der Tag Gottes ist – darin stimmt Jesus mit dem zeitgenössischen Judentum überein –, dann muss an ihm auch in hervorgehobener Weise Gottes Werk am Menschen geschehen."[860]
Zu bilanzieren ist also, dass Jesus sich in dem zu erhebenden Kernbestand seiner Aussagen zum Sabbat umfassend als toratreuer Jude erwiesen hat, der die lebensdienliche und heilschaffende Dimension des Sabbats bekräftigt hat. Seine Aussagen zum Sabbat stehen nicht der Sabbattheologie der hebräischen Bibel entgegen, sie sind in diesem Sinne nicht „neu" gegenüber einer zu überbietenden „alten" jüdischen Tradition der Schriften, sondern sie legen im Gegenteil diese nochmals frei in der erinnernden Bekräftigung, dass der Sabbat als Schöpfungsgabe Gottes und eschatologische Wegweisung um der Menschen willen geschaffen ist. Gegen eine kasuistisch verengte Sabbatobservanz betont er mehrfach, dass die kasuistische Ausgestaltung des Sabbats sich am Prinzip des Lebensdienlichen und Gutestun der Mosetora, also an chässäd und tsedaka, zu orientieren und das Humanum in Form der Befreiung von Not und der Gewährleistung einer lebenshilfreichen sozialen Praxis zu bewahren hat.

859 Schaller, Berndt: Jesus, S. 23.
860 Dietzfelbinger, Christian: Sinn, S. 297. Ähnlich auch Bertold Klappert, aber mit noch deutlicherer Betonung der jüdischen Identifizierbarkeit des Sabbathandelns Jesu: „Jesus bleibt also auch mit diesem endzeitlich-prophetischen Sabbatverständnis durchaus innerhalb Israels und des Judentums, löst also den Sabbat nicht auf, sondern ist *beteiligt am jüdischen Fragen nach der wahren endzeitlichen Erfüllung der Mosetora über den Sabbat.* Klappert, Bertold: Mose, S. 188. Ähnlich bekräftigt Klaus Müller in Anknüpfung an Berndt Schaller die Kontinuität der Sabbatpraxis Jesu: „Die Sendung Jesu ist weder Abrogation noch Relativierung des Sabbat, sondern seine Bekräftigung als ‚der von Gott für den Menschen und sein Heil geschaffene und bestimmte Tag.' Insofern ist der Sabbat wie nichts anderes Summe und Ausdruck der tatkräftigen Verkündigung Jesu. Der in den Evangelien zweifellos vorausgesetzte Konflikt um die rechte Heiligung des Sabbat ist im Kern die konkrete Auseinandersetzung um seinen schlechterdings *lebensstiftenden* Sinn." Müller, Klaus: Diakonie, S. 484.

Dass neutestamentlich betrachtet die Toratreue Jesu auch und insbesondere an seiner Sabbattheologie und -praxis zu verifizieren ist, ist der eine Legitimationsgrund, um nun weiter nach den Konsequenzen für eine kirchliche Sabbatrezeption zu fragen. Der andere ist schlichtweg die rabbinische Wegweisung. Richtig ist, dass die Rabbinen den „Sabbatbezug Israels in Begriffen ehelicher, unantastbarer Beziehung" gesehen haben. Von daher verbietet sich ein christlicher „Habitus des Enteignens und Enterbens".[861] Auf der anderen Seite ist die Lehre Rabbi Judans, der den Völkern das „Gedenken" des Sabbattages gegeben sieht, genau der Differenzpunkt zu dem für Israel vorbehaltenen „Halten" des Sabbats, der nun positiv nach gebotenen Inhalten und Strukturen dieses Gedenkens in der christlichen Theologie und kirchlichen Praxis fragen lässt.

3.2 Zeitpolitische Explikationen

3.2.1 Einleitung

Dass die Kirche in der verheißungsvollen Bestimmung steht, durch Jesus Christus und seine Toratreue hineingenommen zu sein in den prophetisch verheißenen Bund Gottes mit seinem Volk Israel und damit indirekt Anteil zu haben an der Tora des Mose, war das grundlegende Fazit der Ausführungen Klapperts, dem diese Arbeit folgt. Wie gezeigt, lässt sich der Toragehorsam Jesu auch in seiner Rückbindung an das Sabbatverständnis und die Sabbattheologie der hebräischen Bibel verifizieren. Eine völlige Dichotomie zwischen der Lehre Jesu und dem zeitgenössischen Judentum oder den Schriften der hebräischen Bibel zu exegesieren, wurde als unsachgemäße, antijüdische Eintragung in den Textbestand aufgedeckt, auch wenn nicht geleugnet werden kann, dass die Sabbattheologie und -praxis Jesu offenbar hinreichend Anlass für innerjüdische Auseinandersetzungen bot.

Die Wirkungsgeschichte jener antijüdischen Stoßrichtung christlicher Theologie, die der Sabbatpraxis Jesu eine Verabschiedung vom Judentum attestierte, wurde – wie dargestellt – schon sehr früh in den sabbatfeindlichen und gegen die sabbatliche Ruhe polemisierenden Ausführungen der Alten Kirche relevant und fand über weite Jahrhunderte bis in Teilen der gegenwärtigen Theologie ihre Fortsetzung. Noch in den synodalen Auseinandersetzungen des letzten Jahrhunderts schwankte die theologische Sabbatrezeption, wie sie im Rahmen der vielfältigen zeitpolitischen Voten zur „Sonntagsfrage" bemüht wurde – abgesehen von wenigen Ausnahmen –, zwischen einer ausdrücklich sich vom Sabbat abgrenzenden und einer ihn vereinnahmenden, enteignenden Verhältnisbestimmung zum Sonntag. Dabei war die hauptsächliche Sorge

---

861 A.a.O., S. 485.

um die Erhaltung eines von Arbeit und sonstigen Störungen freigehalte-
nen Gottesdienstes einem gewissen kultischen Reduktionismus des
Sonntagsverständnisses zuzuschreiben, dem das Votum für die Aufrechterhaltung des Sonntags als arbeitsfreiem Tag vielfach erst nachgeordnet war. Ein über den Sonntag hinausgehendes Votum der Kirchen, das auf der Grundlage einer theologischen Würdigung der Zeit
auch Zeit strukturierende Impulse für die Gestaltung des Wochenendes,
der Arbeitswoche oder gar der Lebens(arbeits)zeit geltend gemacht
hätte, ist in diesen Diskussionen kaum zu finden.

Diese Arbeit hat einen doppelten Befund erhoben: Erstens ist die Konstruktion der gesellschaftlichen Organisation von Zeit dominant geprägt
von einem ökonomisch orientierten Zeitverständnis, das Zeit als zu
verwertende Ressource begreift. Diesem Zeitverständnis geht ein breites
Spektrum von anhängigen Kontinuisierungs- und Flexibilisierungstendenzen einher, das kairotische Zeitmomente tendenziell negiert und die
Organisation sozialer Zeiten erschwert. Entscheidender Movens dieser
Entwicklung ist der Faktor Erwerbsarbeit, der sich aber – in seiner in-
kludierenden wie exkludierenden Wirkung – prägend auf alle Lebensbereiche und damit auch auf Anforderungen an die private und soziale
Organisation von Zeit auslegt. Die exkludierende Wirkung der Erwerbsarbeit wurde negativ am „Status" der Erwerbslosigkeit festgemacht, dem die Zeitordnungen von Arbeitswoche und Sonntag, von
Jahresarbeitszeit und Urlaub und von Erwerbsbiografie und Rentenalter
als Zeit strukturierende Momente abhanden kommen.

Je mehr die Woche unter dem Verwendungsimperativ der Zeitökonomi-
sierung steht, desto weniger sind die „freie" Zeit und der Sonntag hingegen eine qualitativ andere Zeit. Äußere Faktoren, wie etwa der Druck
auf den Sonntag, als Kompensationstag – zunehmend ohne den vorge-
schalteten arbeitsfreien Samstag als Bestandteil des ehemals arbeitsfreien Wochenendes – zu fungieren und Reproduktionsarbeit, Familien-
organisation, Freizeitgestaltung, Erholungsbedürfnisse und Sozialkon-
takte zu gestalten, perpetuieren diesen Verwendungsimperativ. Hinzu
kommt ein sich mental festsetzendes Zeitverständnis, das sich – im
Kontext der Erwerbsarbeit gewachsen – nicht innerhalb der Freizeit ab-
legt. Es setzt sich durch die Internalisierung dieses ökonomisch ausgerichteten Zeitverwendungsmusters vielfach auch innerhalb der „Freizeit" fort und ist zudem an den Entgrenzungstendenzen von Arbeit und
Freizeit, wie sie unter dem Stichwort der Informalisierung beschrieben
worden sind, nachweislich zu erheben.

Diese tendenzielle Egalisierung bezüglich der Organisation gesellschaftlicher Zeit wie auch des Zeitverständnisses gibt nun die Frage auf,
ob die Kirche einen gestaltenden Einfluss geltend machen soll und
kann. Deutlich jedenfalls ist, dass die Zeit strukturierende Wirkung der
Kirche und ihre Rolle als Zeittakt gebende Institution immer mehr ver-
lustig gehen. Das latente Schwinden der öffentlichen Aufmerksamkeit
auf kirchliche Sonntags- und Feiertagsvoten ist beispielsweise im Ver-

gleich zwischen der politischen Reaktion auf die kirchlichen Stellungnahmen zur gleitenden Arbeitswoche und den Jahrzehnte später ver-
öffentlichten Voten zur Streichung des Buß- und Bettages eklatant. Die
Nutzerkonkurrenz der Zeitverwendung am Sonntag, in denen die Kirche
ihre Gottesdienstangebote stets als eben nur ein „Angebot" unter der
Menge vieler Sinnanbieter der Sport- und Freizeitkultur zu behaupten
hat, scheint, mit Blick auf die sinkenden Gottesdienstbesucherzahlen
insbesondere in den Metropolen, nicht zu Gunsten der Kirchen auszugehen. Dahinter kommt ein drohender Plausibilitätsverlust zur Geltung,
den die Protagonisten der Theorie der reflexiven Modernisierung,
Anthony Giddens und Ulrich Beck, wie ausführlich dargestellt, der Ero-
sionstendenz der großen Institutionen zuschreiben, dem nicht mit
selbstreferentiellem Rückbezug auf Traditionen, sondern nur durch eine
argumentative und gestaltende Offensive der Neubegründung von Traditionen begegnet werden kann.
Mit anderen Worten: Die Kirche muss sich mit der Plausibilität eines
sinnstiftenden und lebensdienlichen „Angebots" als hilfreiche und all-
tagsprägende Institution in ihrer Relevanz unter Beweis stellen lassen.
Eine entscheidende Frage ist, ob sie dies nur aus funktionalen, eigeninstitutionellen Interessen einer traditionsreichen Institution heraus tun
sollte, oder ob hier auch innertheologische Argumente greifen, die diese
Relevanz nicht – quasi machtpolitisch – um der Kirche, sondern um der
Menschen willen einfordern. Es ist die hier zugrunde liegende Überzeugung, dass allein letzteres dafür die Legitimationsbasis bietet. Einen
Beitrag zu dieser lebensdienlichen und zudem biblisch begründbaren
und legitimierten Profilierung der Kirche stellt m.E. eine kirchliche
Zeitpolitik dar.
Damit ist der zweite Befund dieser Arbeit angezeigt: Dem Bedeutungs-
schwund der die Zeit strukturierenden und das Zeitverständnis prägenden Funktion der Kirche steht eine biblische Sabbattheologie gegenüber, die sich mit einem dezidiert theologischen Verständnis der Zeit
und mit einer Sabbatpraxis umfassend in die Konstruktion der gesellschaftlichen Zeitordnung eingebracht hat. Dabei beinhaltet die Sabbattheologie eine Reihe von sozialen, ökologischen und wirtschaftsethischen Implikationen jener Zeitkonstruktion, die weit über eine Reduktion auf den Kultus oder die pure Unterbrechung von Arbeit am Sabbat
hinausgehen. Die theologisch und methodologisch zu beantwortende
Frage ist nun die, inwieweit dieser Befund für Theologie und Kirche
fruchtbar zu machen ist. Dass hier Brückenschläge zu bauen sind, ergibt
sich aus dem exegetischen Ergebnis: Dass der Jude Jesus von Nazareth,
der von der Kirche geglaubte Messias Israels, dessen Auferstehung im
sonntäglichen Gottesdienst bekannt und gefeiert wird, als toratreuer
Jude seine Sabbatpraxis im Rückbezug auf das Sabbatverständnis der
hebräischen Schriften gelebt hat, ist der normative Ausgangspunkt für
die theologische Reflexion, wie Kirche sich diesem Sachverhalt angemessen zu stellen hat. Jedenfalls – nochmals gesagt – nicht, indem sie

den Sonntag als Ersatz für den Sabbat oder den Sabbat als im Sonntag aufgehoben erklärt. Die Antwort darauf, wie sie sich dieser Tatsache der mit den hebräischen Schriften in Deckung stehenden Sabbatpraxis Jesu zu stellen hat, wird im Folgenden noch zu entwickeln sein. Es sind Kriterien einer kirchlichen Zeitpolitik, deren Entwicklung sich einerseits dem Satz Wyschogrods verpflichtet weiß: Nicht-Juden mussten und müssen nicht Juden werden. Aber andererseits muss auch die Toravergessenheit überwunden werden, wie sie vielfältig in der kirchlichen Positionierung zu Fragen der Konstruktion gesellschaftlicher Organisation von Zeit zu Buche geschlagen ist. Das „Gedenken des Sabbattages" ist hier das innerjüdische Angebot, das es konkret mit Inhalt zu füllen gilt. Um auf der Basis dieser Eckpunkte die methodologische Herleitung einer kirchlichen Zeitpolitik zu entfalten, erscheinen Aspekte der wirtschaftsethischen Differenzierungen, wie sie der Schweizer Systematiker Arthur Rich vorgenommen hat, hilfreich.

3.2.2 Die Lebensdienlichkeit als sabbattheologisches Kriterium

Im Eingangskapitel ist die zeitsoziologische Grundaussage entfaltet worden, dass die zeitliche Organisation der Gesellschaft einem differenzierten Konstruktionsprozess erwächst, der Zeitinstitutionen, Zeitordnungen wie auch das Zeitverständnis generiert, die wiederum Wechselwirkungen auf diesen Konstruktionsprozess haben. Diese entwicklungsgeschichtliche Verankerung bei der Erklärung dessen, was Zeit bedeutet, enthält sich einer ontologischen oder transzendentalphilosophischen Bestimmung von Zeit.

Zugleich galt die Bemühung des ersten Kapitels dem Nachweis, dass die von Benjamin Franklin eingeführte monetaristische Definition von Zeit mit ihrer Äquivalenz von Zeit und Geld und der Definition von Zeit als knappem Gut zwar grundsätzlich als eine Form des Zeitverständnisses legitim ist, sich aber zunehmend mit einer Dominanz behauptet hat, die diesem Zeitverständnis einen nahezu ontologischen Charakter verliehen hat. Was als historisch nachvollziehbarer Konstruktionsprozess eines dominant ökonomisch ausgerichteten Zeitverständnisses zu begreifen wäre, durch den Zeit als zu bewirtschaftende Ressource funktionalisiert wird, wurde durch seine enorme Prägekraft zu einem Status erhoben, der naturgesetzliche Qualitäten annimmt. Dass aber Menschen dieses Zeitverständnis und die entsprechende Strukturierung und Beziehungsdynamik von Zeit konstruieren, dass es durchaus alternative Deutungsmuster und Konstruktionsansätze von Zeit gibt und dass vorhandene Strukturmuster der zeitlichen Organisation der Gesellschaft auch einem in jeder Hinsicht offenen Veränderungsprozess unterliegen können, ist die diesem naturgesetzlichen Anspruch widersprechende und hier vertretene zeitsoziologische Grundannahme. Diese grundsätzliche Zurückweisung eines naturgesetzlichen Zeitver-

ständnisses wird nun – inhaltlich orientiert an dem exegetischen Befund
– durch die normative These ergänzt, dass die zeitliche Organisation der
Gesellschaft sich durch ihre Lebensdienlichkeit auszuweisen hat. Beides, sowohl die grundsätzliche Kritik am quasi naturgesetzlichen Zeitverständnis als auch seine Korrektur auf der Basis der Fokussierung auf
die Lebensdienlichkeit stehen in sachlicher Nähe zu dem, was Arthur
Rich bezüglich der Illegitimität eines naturgesetzlichen Wirtschaftsver-
ständnisses ausführt.
Für ihn ist die Wirtschaft

„kein ehernes Naturprodukt, sondern ein geschichtliches Kulturerzeugnis. Mit anderen Worten: sie ist ein von Menschen geschaffenes Gefüge von Institutionen, das
aber oft genug wie eine sachliche Gewalt auftritt, die ihn beherrscht, dergestalt, dass
sich die Wirtschaftssubjekte vermeintlich objektiven Zwängen ausgesetzt sehen, die
ihren Handlungsspielraum unter Umständen sehr eng begrenzen. Die ‚Objektivität‘
solcher Zwänge ist jedoch prinzipiell von anderer Art als die Objektivität der Natur-
gesetze, eben keine von Menschen unabhängig entstandene, sondern eine durch ihn
gewordene, darum geschichtliche und so auch letztlich von ihm zu verantwortende
Objektivität. Kurzum: der Mensch selbst setzt diese Objektivität und unterstellt sich
ihr.“[862]

Rationalität, Gewinninteressen, Effizienz und Produktionssteigerung
schaffen ein „Netz von Zwängen", die den „Anschein von harten Sach-
notwendigkeiten" gewinnen, „auch wenn es sich um Zwänge handelt,
die nur in der Struktur einer durch bestimmte, zumeist uneingestandene
Wertentscheidungen bedingten Wirtschaftsordnung oder Wirtschaftspolitik begründet sind".[863] Daher gelte es zu unterscheiden zwischen
„wirklichen und vermeintlichen Sachgesetzlichkeiten".[864]
Die Balance des Wirtschaftens muss laut Rich im ausgewogenen Pendelschlag zwischen dem Sachgerechten und Menschengerechten zur
Geltung kommen, ohne dass beides zueinander im Widerspruch steht.
Im Gegenteil sind beide gegenseitiges Korrektiv. Denn es gelte, *„dass
nicht wirklich menschengerecht sein könne, was nicht sachgemäß ist,
und nicht wirklich sachgemäß, was dem Menschengerechten wider-
streitet."*[865] Daher wendet er sich gegen eine „utopische Vernachlässigung des Sachgemäßen in Wirtschaftsfragen" ebenso wie gegen „die
Ausscheidung des Menschengerechten als sozialethisches Postulat aus
dem Bereich des Ökonomischen unter Bezug auf die vielangerufene
‚Eigengesetzlichkeit‘ in der Wirtschaft.“[866] Es geht Rich darum, eine
unfruchtbar diastatische Polarisierung zwischen Faktischem und Nor-
mativem zu verhindern und stattdessen eine „relative Rezeption des

---

862 Rich, Arthur: Wirtschaftsethik, Band I. Grundlagen in theologischer Perspek-
     tive, Gütersloh 1984, S. 77.
863 A.a.O., S. 79f.
864 A.a.O., S. 80.
865 A.a.O., S. 81.
866 Ebd.

Relativen, Unvollkommenen, Vorletzten" einzugehen.[867] Abgesehen
von den Fällen, wo sich Relatives als Absolutes aufspielt, sei keine fun-
damentaloppositionelle Kritik geboten, weil diese letztlich keine Gestaltungskraft hat.[868] Theologisch betrachtet sei hier eine Bescheidenheit geboten, nicht schon eine eschatologische Dimension zu bemühen,
in der „die Weltwirklichkeit menschengerecht und das Menschengerechte weltwirklich sein" wird, also mit anderen Worten, „Letztes" und
„Vorletztes" deutlich voneinander zu unterscheiden.[869]
Die Tatsache an sich, dass hier einem Eigengesetzlichkeit beanspru-
chenden Ökonomismus die normativ gebotene Orientierung am
Menschengerechten entgegengesetzt wird, bezeichnet zwar einen
grundsätzlich korrigierenden Anspruch, jenem Ökonomismus entgegenzutreten, der aber wenig aussagefähig ist, wenn er nicht wirtschafts-
ethisch differenziert und konkretisiert wird. Rich entwickelt nun innerhalb der dialektischen Anlage, der Durchdringung von faktischen Wirt-
schaftsverhältnissen mit normativ hergeleiteten Gestaltungsansprüchen
auf der Basis der skizzierten Zweigliedrigkeit von Menschengerechtem
und Sachgemäßem die Unterscheidung zwischen Kriterien und Maximen, um zu konkreten wirtschaftsethischen Aussagen zu gelangen.

„Die Kriterien des Menschengerechten (...) sind die obersten Kriterien der Sozialethik. Sie haben die kritische Frage nach dem Menschengerechten im Sachgemäßen
gesellschaftlicher Strukturen und Prozesse zu leiten, aber sie sind nicht schon selbst
die konkrete Antwort auf diese Frage. Handlungsrichtlinien, die das Menschengerechte oder, bescheidener gesagt, das Menschengerechtere inmitten der Strukturen
und Prozesse gesellschaftlichen Geschehens zur Geltung bringen wollen, sind nicht
einfach aus Prinzipien zu deduzieren, wie sich mathematische Lehrsätze aus Axio-
men deduzieren lassen. (...) Derartige Handlungsrichtlinien, die hier ‚Maximen'
heißen, müssen von den ‚Kriterien' klar unterschieden werden. Kriterien haben sich
als Normen von rein präskriptiver Art auszuweisen. Sie sagen im Horizont einer
bestimmten Erfahrungsgewissheit aus, was im prinzipiellen Sinne ethisch zu gelten
hat. Maximen dagegen stellen Normen von zugleich präskriptivem als auch expli-
kativem Charakter dar. Sie sind präskriptiv, soweit sie sich von den Kriterien leiten
lassen. Und sie sind explikativ, sofern sie sich im Interesse des Sachgemäßen an
sozialwissenschaftlichen Erkenntnissen orientieren."[870]

Während die Kriterien also die rein normativen Inhalte auf den Begriff
bringen, haben die jenen Kriterien verpflichteten Maximen zugleich die
Vermittlungsfunktion, das Sachgemäße explikativ und handlungsbezogen zu entwickeln.
Dieses Gefälle zwischen der rein normativen Ebene der Kriterien und
den zusätzlich einer theologischen Vorläufigkeit und kontextgebunde-
nen Pragmatik verpflichteten Entwicklung von Maximen erscheint auch

---

867 A.a.O., S. 182.
868 Vgl. ebd.
869 Rich, Arthur: Wirtschaftsethik II, S. 173.
870 Rich, Arthur: Wirtschaftsethik I, S. 103.

für die kirchliche Zeitpolitik eine sinnvolle Differenzierung. Zwischen der biblischen Normativität der Sabbattheologie und ihrer „Anwendung" im Kontext der gesellschaftlichen Konstruktionsprozesse von Zeit gilt es einen Brückenschlag zu schaffen, der sowohl theologisch als auch mit Blick auf die kirchliche Operationalisierbarkeit hin geboten ist. Das von Rich genannte Kriterium der relativen Rezeption, das also – theologisch gesprochen – einen eschatologischen Vorbehalt geltend macht, gilt gewissermaßen auch für den Sabbat selber und ist Bestandteil der Sabbatliturgie. Denn diese sieht seine Verabschiedung in die Welt des Profanen mit den Worten vor:

„Gelobt seist du, HERR, unser Gott, König der Welt,
der unterscheidet zwischen Heiligem und Profanem,
zwischen Licht und Finsternis,
zwischen Israel und den Völkern,
zwischen dem siebten Tag und den sechs Tagen der Arbeit.
Gelobt seist du, HERR, der unterscheidet zwischen Heiligem und Profanem."[871]

Eine Rezeption der Sabbattheologie ist also aus dieser selber heraus gehalten, ihre Normativität im „Profanen" zu einer gewissen pragmatischen Anwendung zu bringen. Allerdings gilt auch: Die Verabschiedung des Sabbats „wehrt bei allem Pathos des Unterscheidens doch entschieden einer Scheidung der Zeiten, einer Trennung der Räume (...) Die Werkwoche – und mit ihr alle Arbeit und jeder Dienst, die in ihr geschehen – sind nicht sich selbst überlassen, sondern messianisch ausgerichtet auf den Tag des Heils und mit ihm auf den ewigen Sabbat in der Fülle des Gottesreiches".[872]

Was das maßgebliche Kriterium der Sabbattheologie für die normative Ebene der Konstruktion gesellschaftlicher Zeit anbelangt, so ist – ähnlich wie Richs Kriterium der Humanität – die *Lebensdienlichkeit* die Kategorie, die dem exegetisch erhobenen Fazit entspricht: Dass die von Jesus nochmals freigelegte Sabbattheologie und -praxis der hebräischen Bibel primär „um des Menschen willen" entwickelt und gestaltet wird und dass sie angetrieben ist von *chässäd* und *tsedaka*, verdeutlicht die vielfältig differenzierte Mittelpunktstellung des Menschen, wie sie mit der Gabe des Sabbats und der in ihr wirkmächtigen Heiligung der Zeit und des Menschen vollzogen wird. Auf dieser Grundlage soll das Kriterium der Lebensdienlichkeit im Folgenden in dreifacher Hinsicht differenziert werden: Es geht erstens um die mit dem Sabbat praktizierte *soziale Inklusion*, zweitens um das im Sabbat zur Geltung kommende Zeitverständnis, das Zeit in die *relative Verfügbarkeit* des Menschen stellt, und schließlich betrifft die Lebensdienlichkeit die Dimension der *Freiheit*, die sich auch in der Frage der Zeitgestaltung niederschlägt.

871 Zitiert nach Müller, Klaus: Diakonie, S. 504.
872 A.a.O., S. 506.

3.2.2.1 Die soziale Inklusion

Die Aussage, dass der Sabbat um des Menschen willen da ist, ist nur mit Blick auf die damit angesprochene soziale Dimension angemessen zu begreifen. Diese hat drei Aspekte: Erstens werden in den Sabbat unterschiedslos alle mit einbezogen, insbesondere aber auch diejenigen, die seine Wohltat nicht selbstbestimmt in Anspruch nehmen können, sondern nur durch die Gewährleistung Dritter. Zweitens ist der Sabbat seinem inneren Wesen nach vorgehaltener Freiraum für die erlebte Sozialität der Gemeinschaft, und drittens besteht seine soziale Dimension darin, dass sich die mit ihm gesetzte Qualifizierung der Zeit auf das ganze Leben, auch jenseits von Leistungsfähigkeit und Arbeit, bezieht. Was den ersten Aspekt anbelangt, so wurde bereits dargelegt, dass die Unterbrechung der Arbeit am Sabbat im biblischen Kontext Besitzenden und Tagelöhnern galt, Israeliten und Fremden, Männern und Frauen und sogar dem vom Menschen abhängigen Nutzvieh. Durch die im Siebenerrhythmus konstruierte und qualifizierte Zeitordnung von Sabbat, Sabbatjahr und Jobeljahr werden entstandene Exklusionen von Abhängigen, Fremden und in Verschuldung lebenden Menschen von gesellschaftlicher Teilhabe durchbrochen und freie und von Verschuldung und Armut befreite Lebenskontexte ermöglicht. So wie am Sabbat mit der Erinnerung an den Exodus eine Identität stiftende kollektive Erfahrung des ganzen Volkes vergegenwärtigt wird, vollzieht sich real am Sabbat in der Rückbindung an das Frühere die Bewahrung der Freiheit ausnahmslos auch für alle. Diese Freiheit weist legitimerweise die Verfügungsansprüche Dritter über die eigene Lebenszeit zurück, was wiederum die Befreiungserfahrung des Exodus spiegelt, der Fremdverfügung über die eigene Lebens- und Arbeitszeit entronnen zu sein. Die von Jesus vollzogenen Heilungen am Sabbat knüpfen an das soziale Moment an, sofern mit der Überwindung von Krankheit und Gebrechen auch diejenigen gesellschaftlich integriert werden, deren Krankheit zur latenten oder effektiven gesellschaftlichen Marginalisierung führt. Der Sabbat um des Menschen willen gebietet es gerade wegen seiner sozialen Bedeutung, „Leben zu retten". Das Leben ist aber nicht nur durch die akute Krankheit gefährdet, sondern auch durch den damit verbundenen Ausschluss aus dem sozialen Netzwerk und damit beispielsweise dem Verlust der Fähigkeit, einer Arbeit nachzugehen, also Sorge für sein Leben tragen zu können.
Bindet demnach die soziale Dimension des Sabbats ihrem Anspruch nach nicht nur den einzelnen Menschen, sondern das ganze Volk ein, so ist damit noch ein weiterer, wenn auch nicht explizit genannter Aspekt der biblischen Sabbattheologie angezeigt: Mit der Aufkündigung unendlicher und unangefochtener Verfügungsansprüche über den eigenen Besitz und das Leben anderer und mit der Freigabe des Ertrages im siebten Jahr für die Notleidenden wird nicht nur das Leben der gegenwärtigen, sondern auch das der kommenden, zukünftigen Generation

ermöglicht. Mit der Herstellung von Lebensmöglichkeiten, die mittelbar mit der Entlassung aus Schuldknechtschaft, der Überlassung des Ertrages und der Wiederherstellung von früheren Besitzverhältnissen verbunden ist, kommt ein Aspekt der Sabbattheologie indirekt zur Sprache, den man gegenwärtig als soziale Nachhaltigkeit bezeichnet.

Die soziale Dimension des Sabbats wäre nun verkürzt und damit falsch verstanden, wenn die Inklusion nur auf die umfassende Quantität der Zielgruppe bezogen würde und nicht auch auf den Gestaltungsaspekt der Gemeinschaft. Die Synchronität der Unterbrechung der Arbeit ist auf diese gemeinsame Gestaltung der Zeit angelegt, hier liegt ihr tieferer Sinn. Der Ermöglichungsraum für die Gestaltung gemeinsamer Zeit ist die aus biblischer Perspektive unverzichtbare Kollektivität der Arbeitsunterbrechung. Mit Blick auf die Dekalogfassung in Ex 20 schreibt Jürgen Ebach in diesem Sinne:

„Da ist zunächst die Anrede, die sich an ein ‚du' wendet, aber gerade nicht an einen isolierten einzelnen. Du und deine Familie, du mit Haus und Hof, du und die Fremdlinge in deinem Ort. Hier geht es nicht in erster Linie um das Ausspannen, um die Erholung der einzelnen müden Menschen, sondern um die Ruhe der Gemeinschaft, der Gesellschaft, auch – ich denke an die ausdrücklich genannte Ruhe der Tiere – um die Ruhe mit der Natur."[873]

Die soziale Dimension bleibt schließlich nicht auf den Sabbat begrenzt, sondern erstreckt sich im sabbatlichen Siebenjahresrhythmus auf die komplette Lebenszeit des Menschen. Durch das Sabbatjahr werden durch die Zueignung des Ertrages der Ackerbrache Tagelöhner, Witwen und Waisen mit einer verlässlichen und nachhaltigen „Fürsorge" bedacht, die ihnen das Überleben sichert, unabhängig vom Alter und von eigener Leistungsfähigkeit. Die Lebensdienlichkeit der sabbatlichen Zeitkonstruktion bewährt sich – besonders durch das Jobeljahr – in der umfassenden Neubegründung von Lebensmöglichkeiten. Die Kategorie der Unterbrechung ist also keine rein zeitliche und als diese schon gar nicht reduzierbar auf einen Tag in der Woche, sondern sie erstreckt sich sachlich auch auf die umfassende Unterbrechung von Herrschaftskontinuitäten zu Gunsten der Gestaltung von Lebensmöglichkeiten anderer.

3.2.2.2 Die relative Verfügbarkeit

Wie dargestellt, steht die Arbeitszeit insofern in einer inhaltlichen Korrelation zum Sabbat, als dass Ruhe nicht nur integraler Bestandteil der Arbeit ist, sondern durch diese Ruhe auch eine Arbeit beansprucht wird, die dem Sabbat den Charakter einer zweckfreien „dritten Zeit" jenseits von Arbeit und Erholung belässt. Der Sabbat ist also nicht für die Arbeit im Sinne der „Zurüstung" instrumentalisierbar. Umgekehrt werden dadurch Arbeitsverhältnisse beansprucht, deren Humanum sich gerade

---

873 Ebach, Jürgen: Feiertag, S. 86.

darin zu beweisen hat, dass sie dem Sabbat nicht den Charakter eines Freiraums nehmen. Folglich ist der Sabbat Impulsträger und Korrektiv für die Gewährleistung von Arbeitsbedingungen, die nicht einen gegenüber der Ruhe völlig diastatischen Charakter haben, sondern den erwähnten Zusammenhang von Inhalt und Würde zwischen Sabbat und Arbeit erkennen lassen. Die Begebenheit vom Mannawunder hat gezeigt, wie sich dieser Zusammenhang in Form einer sabbathaltigen Disziplinierung ökonomischer Verwendungskontinuitäten auch innerhalb der Woche beanspruchend auslegt.

Dass in der Schöpfungsgabe des Sabbats auch die Zeit geheiligt wird, ist somit nicht nur *Erinnerungs*moment des Sabbats, sondern auch *Gestaltungs*impuls für alle übrige Zeit. Eine Ökonomie des Genug, die nicht primär auf die menschliche Machbarkeit und grenzenlose Ausnutzung von Zeit setzt, sondern aus dem Vertrauen auf die Fürsorge Gottes erwächst, setzt sich auch innerhalb der Woche fort. Das dahinter zur Geltung kommende Verständnis von Zeit disqualifiziert diese als Medium grenzenloser Besitzakkumulation zu Gunsten des sabbatlichen Gedankens, Zeit als Schöpfungsgabe Gottes zu begreifen und folglich ihrem Verwertungscharakter nur sehr bedingten Raum zu lassen.

Mit diesen Phänomenen ist zugleich der theologische Kern des biblischen Zeitverständnisses angezeigt, das eben nur in dieser Relationaliät als Schöpfungsgabe begriffen werden kann. Ihr Charakter einer relativen, nämlich aus der Relation einer von Gott geschenkten Gabe resultierenden, Verfügbarkeit begründet die Intention, vor jeder Form der Instrumentalisierung der Lebenszeit zu bewahren. *Relative* Verfügbarkeit heißt dabei, dass die Verfügbarkeit eine von Gott geschenkte und nur in dieser Relation eine theologisch angemessen zu begreifende ist. Die Fremdverfügung über die Lebens- und Arbeitszeit findet da ihre Grenze, wo diese Relation als Zeitgabe destruiert wird. Die relative *Verfügbarkeit* der Zeit wiederum bedeutet, dass die Relation zu Gott gerade eine freie Verfügbarkeit über die Zeit begründet. Es ist Bestandteil ihres Gabecharakters, in Freiheit die Gestaltung der Zeit vornehmen zu können, was wiederum da pervertiert wird, wo das Maß der Fremdverfügung diese geschenkte Verfügbarkeit negiert.

Relevant wäre dieses Kriterium beispielweise in der Diskussion um die 1994 erfolgte Novellierung des Arbeitszeitgesetzes geworden bei der Frage, ob aus theologischer und kirchlicher Perspektive rein wirtschaftliche Gründe hinreichend sein können für die Beanspruchung von Sonntagsarbeit, ob also der begründete Hinweis auf die internationale Konkurrenzsituation zeitliche Verfügungsansprüche über Menschen legitim geltend machen kann. Qualitativ völlig anders stellt sich hingegen die Sonntagsarbeit dar, wo sie – wie etwa im Gesundheits-, aber auch im Kultur- und Freizeitsektor – der sozialen Zuwendung und der Ermöglichung von sozialer Kultur, Begegnung und Erholung dient.

Der Sabbat spiegelt nun diesen Gabecharakter über sich selbst hinaus auf das Leben schlechthin und damit seiner vollständigen zeitlichen

Dimension. Dass das Leben, die Lebenszeit Gabe Gottes ist, erinnert und vergegenwärtigt der Sabbat. Der Beziehungsreichtum, mit dem sich die Gabe des Sabbats auf die ganze Lebenszeit des Menschen auslegt, wurde in mehreren Stufen dargestellt. Anders als in der Geschichte der kirchlichen Sonntagsheiligung belegbar, ist er nicht nur kein primär kultischer Tag und kennt keine „heilige" Zeit innerhalb dieses Tages. Sondern die Heiligkeit gilt dem Tag als ganzem und darüber hinaus in ihm der Lebenszeit des Menschen. Das spricht in keiner Weise gegen den Kultus, sondern macht deutlich, dass ein kultischer Reduktionismus, der das Primat jenes Tages ausschließlich im Gottesdienst sieht, sabbattheologisch nicht gedeckt ist.

Im Gegenteil: Da, wo sich die relative Verfügbarkeit der Zeit gegenüber der Fremdverfügung nur auf einen Tag oder gar nur auf die Zeit des Gottesdienstes reduziert, besteht die Gefahr der missbräuchlichen Instrumentalisierung. Die von Arbeit freie Zeit droht zum Kalkülbestandteil eines Zeitverwendungssystems zu degenerieren, das die „Zeit der Erholung" zur Perpetuierung ihrer eigenen Verwendungslogik missbraucht. Würde der Anspruch der relativen Verfügbarkeit auf den „freien Tag" reduziert, so wäre die Diastase zwischen dem Reich der Freiheit – Sabbat beziehungsweise Sonntag oder gar nur der Gottesdienst – und dem Reich der Notwendigkeit – die übrige Zeit, insbesondere die wöchentliche Arbeitszeit – festgeschrieben.

Weit darüber hinaus greifen theologische Maximen, die das Kriterium der relativen Verfügbarkeit über diesen Wochentag hinaus auch auf die wöchentliche und jährliche Arbeitszeit mit den genannten Faktoren der Flexibilisierung und Verdichtung, mithin also auf die Qualität der Arbeitsverhältnisse, auf die Lebensarbeitszeit und insgesamt auf die Fremdzwangmechanismen der gesellschaftlichen Konstruktion der Zeit, beziehen.

3.2.2.3 Die Freiheit

Das Kriterium der relativen Verfügbarkeit zielt primär auf eine rechtliche Regelung der Verfügungsansprüche von Beschäftigten über ihre arbeitsfreie Zeit, wie sie in der grundgesetzlichen Sicherung des sonntäglichen Ruhetages fixiert und im Arbeitszeitgesetz Gegenstand weiterer Ausdifferenzierungen – und tendenzieller Erosionen – ist. Wenn man so will, basiert dieses Kriterium auf der *tsedaka*-Dimension des Sabbats, also der Gewährung einer für alle gleichermaßen geltenden Rechtssicherheit. Im Zusammenspiel der Kriterien der sozialen Inklusion und der relativen Verfügbarkeit sind die Grundlagen für eine im Detail konkret zu entwickelnde kirchliche Zeitpolitik gesetzt. Hier gilt es, in der Dynamik der gesellschaftlichen Konstruktion von Zeit beispielsweise bezogen auf den Sonntag, abzuwägen, wie die Balance zwischen der Zustimmung zu den für die gesellschaftliche Sozialität hilfreichen und erforderlichen Arbeiten und Dienstleistungen und dem Protest gegenüber Regelungen, die einer rein ökonomischen Logik verpflichtet sind, zu gewährleisten ist.

Insofern bezieht sich das Kriterium der relativen Verfügbarkeit auf den äußerlichen Rahmen, also die notwendige Bedingung der Zur-Verfügung-Stellung von freier Zeit. Aber auch die formale und rechtliche Absicherung solcher Freizeiträume tangiert nicht die aus der individuellen Autonomie erwachsende Möglichkeit, jene relative Verfügbarkeit durch Selbstausbeutung zu destruieren. Die Perpetuierung einer in der Erwerbsarbeit habituell gewordenen Rastlosigkeit in der Freizeit, die individuelle Produktion einer ununterbrochen ökonomisch ausgerichteten Verwendungslogik von Zeit, die Negierung kairotischer Zeitqualität, aber schlichtweg auch die in Familien oftmals überlastende Koordination von Zeitverwendungsansprüchen, beispielsweise wenn Kinder und zu pflegende Angehörige in einem Haushalt zu versorgen sind – das sind die lebensweltlichen und zumindest teilweise der Selbstbestimmung der Individuen unterliegenden Faktoren der Gestaltung von Zeit. Nicht zu leugnen ist jedoch auch, dass sich in diesem privaten Lebenskontext durchaus zeitliche Zwänge und Überforderungen einstellen, die – etwa was die öffentliche Betreuungssituation von Kindern anbelangt – aus Regelungsdefiziten resultieren.

Korrekturen, wie sie diesbezüglich aus der Perspektive eines theologisch geprägten Zeitverständnisses lebenshilfreich und entlastend wären, kann die Kirche sowohl über den Diskurs, argumentativ und auf der Basis der Vermittlung ihres Zeitverständnisses als auch praktisch im Kontext pastoraler Angebote innerhalb der Gemeinde einbringen. Grundsätzlich geht es hier um die zeitliche Gestaltungsfrage, wie aus der „Freizeit" auch die Erfahrung von „Freiheit" wird. Diese Freiheit ist aber doppelt gefährdet: Zum einen durch Fremdverfügungsansprüche, beispielsweise innerhalb von Arbeitsprozessen, zum anderen aber auch durch die Selbstproduktion von Unfreiheit, durch die Verzweckung der Zeit, anstatt „aus Freiheit Möglichkeiten ungenützt" zu lassen.[874] Eine entscheidender Impuls für diesen Umschlag setzt aber bei der Vermittlung und Vergewisserung eines Zeitverständnisses an, das Zeit eben als geschenkte Gabe begreift.

Die Entlastung eines derartigen Zeitverständnisses liegt auf der Hand: Die Wertigkeit der Zeit orientiert sich nicht primär an dem, was vom Menschen geschaffen und erzielt worden ist, sondern sie gewinnt ihren Wert vorlaufend aus dem Charakter einer von Gott geschenkten Gabe. Die Zeit der Arbeit und das in ihr vollbrachte Werk werden nicht entwertet, aber die eigentliche Hochschätzung der Zeit vollzieht sich im und durch den Sabbat als eine Zeit, in der das Loslassen und Unterbrechen erst der Arbeit Sinn und Grenze zugleich vermitteln. Nach bibli-

---

874 „Vielleicht wird die wahre Gesellschaft der Entfaltung überdrüssig und lässt aus Freiheit Möglichkeiten ungenützt, anstatt unter irrem Zwang auf fremde Sterne einzustürmen." Adorno, Theodor W.: Minima Moralia, Frankfurt/M. 1981, S. 207.

schem Verständnis destruiert eine Arbeit, die sich als Fetisch in rastloser Weise ungebunden durch das Leben zieht, die Lebenszeit als ganze, weil sie den Menschen in jene Unfreiheit zurückwirft, der er durch den Exodus entronnen ist. Dieses Zeitverständnis hält demnach den Menschen in einer lebensdienlichen Balance, im Wechsel von Arbeit und Ruhe, nicht das Letzte herauszuholen, weder aus sich selbst noch aus seinen Mitmenschen. Mit anderen Worten: Dieses Verständnis von Zeit schafft soziale Wirklichkeit, die wiederum das ihr zugrunde liegende Zeitverständnis untermauert.

Mit diesen drei Aspekten ist das sabbattheologische Kriterium der Lebensdienlichkeit näher entfaltet. Die nun in dieser Arbeit abschließend zu beantwortende Frage lautet: Welche Gestaltungsimpulse bieten diese Kriterien für eine kirchliche Zeitpolitik, die weder einer leichtfertigen und arglosen Aneignung noch einer Vergessenheit der Tora das Wort reden möchte, sondern sich – nochmals gesagt – an dem Distanzgedanken Wyschogrods orientiert: Nicht-Juden müssen nicht Juden werden, ohne den Gedanken der indirekten Teilhabe der Kirche an der Tora Israels preiszugeben. Einige dieser Gestaltungsfelder sollen im Folgenden konkret benannt werden.

3.2.3 Aspekte kirchlicher Zeitpolitik

Die folgenden Ausführungen zielen auf die Entwicklung einiger Gestaltungsfelder kirchlicher Zeitpolitik, die einerseits dem genannten sabbattheologischen Kriterium verpflichtet sind, sich aber andererseits im Kontext der dargestellten ökonomisch geprägten Organisation der gesellschaftlichen Zeit handlungsorientiert bewähren. Auf der Basis einer theologischen Verhältnisbestimmung von Sabbat und Sonntag wird dies zunächst in einem praktisch-theologischen Ansatz, der insbesondere die Gestaltung des Sonntags betrifft, entfaltet. Darüber hinaus soll an einem Beispiel, nämlich im Zusammenhang der Diskussion über das arbeitsfreie Wochenende, zu einer Maxime hingeführt werden, wie sie auf der Basis der sabbattheologischen Kriterien und unter Berücksichtigung der komplexen Zeitgestaltungsaspekte, die mit dem Wandel der Wochenendqualität verbunden sind, kirchlich opportun wäre. Das Plädoyer für eine Aneignung der Zeitpolitik als kirchliches Reflexions- und Gestaltungsfeld schließt diese Arbeit ab.

3.2.3.1 Sonntag und Sabbat – eine innertheologische Differenz

Das von Rich ausgeführte Kriterium der „relativen Rezeption" lässt sich für unseren Zusammenhang auch auf eine theologische Relativität anwenden, die der erwähnten Differenz von Judentum und Christentum, von Israel und Kirche geschuldet ist. Um es deutlich zu sagen: Es kann nicht um den – auch aus pragmatischen Gründen schon – abwegigen

Gedanken gehen, die Kirche müsse sich nun konsequent für die Etablierung des Sabbats innerhalb der Kirche einsetzen. In der Tat ist die gebotene Rezeption der Sabbattheologie für die kirchliche Praxis eine nur relative. Auch wenn es durchaus begrüßenswert wäre, wenn, wie Jürgen Moltmann es vorschlägt, eine kirchliche Feier der Sabbatruhe am Samstagabend die Verbundenheit mit Israel zum Ausdruck bringt,[875] so wäre dies allein einerseits eine zu stark kultisch reduzierte Rezeption der Sabbattheologie, andererseits aber wäre ein Unterfangen, den Sabbat in kirchlichen Kreisen im jüdischen Sinne zu begehen, ein Höchstmaß an kirchlicher Enteignung jüdischer Tradition und Identität. Nochmals: Es geht im kirchlichen Kontext um das „Gedenken" des Sabbats, nicht um das „Halten" des Sabbats.

Die Differenz, dass Nicht-Juden nicht Juden sein müssen, gilt auch für den Sabbat. Gleichwohl ist es unbestreitbar, dass es zwischen dem Sabbat und dem Sonntag Parallelen gibt, die auch als solche benennbar sind, ohne damit schon die sabbattheologisch fundierten Gestaltungsoptionen kirchlicher Zeitpolitik erschöpfend benannt zu haben. Sabbat wie Sonntag sind zeitstrukturell geprägt durch den Siebenerrhythmus, an beiden Tagen wird Gottesdienst gefeiert, wobei die Gewichtung des Gottesdienstes gegenüber der Arbeitsunterbrechung, wie hinlänglich belegt, im kirchlichen Kontext meist primär vorgenommen worden ist. Beide Tage sind mit einem Ruhetag verbunden, der Sabbat ist dies aus seinem ursprünglichen und primären Verständnis heraus als Tag der Unterbrechung von Arbeit. Der Sonntag hingegen verdankt die Entstehungsgeschichte seiner Ruhe einer staatlichen Gesetzgebung durch Kaiser Konstantin, ein Grund, warum die Kirche zu diesem Mußetag lange ein gespaltenes Verhältnis hatte und sich in der verlegenen Abgrenzung zum Sabbat nur sehr zurückhaltend mit der Ruhe als eigenständiger theologischer Qualifizierung des Tages identifizieren konnte. Dieser Differenzpunkt wurde ja dann auch zur Einflugschneise entweder für eine sich vom Sabbat abgrenzende oder ihn geschichtstheologisch enteignende Theologie des Sonntags, mit der der Sabbat als im kirchlichen Sonntag aufgehoben behauptet wurde.

Ein Ausweg aus diesem Dilemma liegt in der konsequenten Benennung der Differenz von Sabbat und Sonntag, die zugleich die Basis bietet für eine ebenso konsequente Ergänzung der kirchlichen Zeitpolitik um sabbattheologische Implikationen, also für eine relative Rezeption der Sabbattheologie für die kirchliche Praxis.

Dass die Kirche im Gottesdienst den Primat des Sonntags sieht, resultiert zunächst einmal aus einer theologisch traditionsreichen Fokussie-

---

875 „Es ist eine christliche Form der Sabbatheiligung zu finden. Dafür wäre es in der Praxis sinnvoll, den „Sonn*abend*" vor dem „Sonn*tag*" in eine Sabbatstille ausmünden zu lassen. (…) Der Sonntag wird dann wieder zum authentischen Tag des *christlichen Auferstehungsfestes*, wenn es gelingt, einem *christlichen Sabbat* am Abend zuvor zu feiern." Moltmann, Jürgen: Schöpfung, S. 298.

rung auf den Kultus, durch den der „Tag des Herrn" gefeiert und mit
dem gemeinsamen Mahl begangen wurde. Dies macht den Sonntag aus
der Perspektive der Kirche zu „ihrem" Tag und lässt ihm eine binnen-
kirchlich besondere Wertschätzung zukommen. Dem wird auch in der
Confessio Augustana mit der Benennung der Verkündigung und Sakra-
mentsverwaltung als vornehmliche Erkennungszeichen der Kirche Ausdruck verliehen.[876] Das hat zunächst einmal nichts mit dem eher historisch zufällig gewachsenen Charakter dieses Tages als Ruhetag zu tun,
eine Einsicht, die bereits Luther deutlich zum Ausdruck gebracht hat,
weshalb er diese Ruhe auch nicht theologisch, sondern eben nur rein
funktional als Tag der Erholung legitimiert sah.[877]
Kann man aber der hier vertretenen theologischen Einsicht zustimmen,
dass der von der Kirche am Sonntag gefeierte auferstandene Christus als
geglaubter Messias Israels und der Völkerwelt auch zugleich der Jude
Jesus von Nazareth ist, der die Sabbatpraxis und Sabbattheologie der
hebräischen Schriften freigelegt hat, dann wäre doch weiter zu fragen,
ob diese auf den Gottesdienst konzentrierte Theologie des Sonntags
nicht zu ergänzen wäre um eine Rezeption des sabbattheologisch begründeten Verständnisses der Zeit, das nicht nur aber doch in besonderem Maße für die Sonntagsgestaltung der Gemeinde eine Rolle spielen
sollte.
Dieses sabbattheologisch Hinzukommende mit dem sich dort niederschlagenden Zeitverständnis würde dann eine theologisch eindeutig gebotene und eine auch auf den Sonntag durchaus anwendbare Kultur der
Unterbrechung auch von kirchlicher Seite begründen und der Hervorgehobenheit des Sonntags als „Tag der Kirche" ein möglicherweise deutli-
cheres Profil geben. Es wäre dann keine aus dem Sonntag allein, sondern eine aus der Rezeption des sabbattheologischen Zeitverständnisses
erwachsende Option für die Unterbrechung der Arbeit, die – wenn auch
nicht ausschließlich – am Sonntag ihre Anwendung findet. Dafür sprechen auch rein pragmatische Gründe, denn dieser Tag als ein – wenn
auch nicht unangefochtener – gesetzlich geschützter Ruhetag verlangt
der Kirche eigentlich nur die Reklamierung der Einhaltung dieser gesetzlichen Gewähr und der Begrenzung von Ausnahmeregelungen ab.
Aber darüber hinaus besteht auch ein theologischer Anknüpfungspunkt:
Wie dargestellt, ist die Sabbatpraxis Jesu nur in ihrer Rückbindung an
den Dekalog und die dort im Sabbatgebot zur Geltung kommende Dimension der Bewahrung von Freiheit richtig zu bewerten. Versteht man
diese Praxis als Kommentar zu seiner Rede von der kommenden Got-

---

876 „Es wird auch gelehrt, dass alle Zeit musse ein heilige christliche Kirche sein
und bleiben, welche ist die Versammlung aller Glaubigen, bei welchen das Evangelium rein gepredigt und die heiligen Sakrament lauts des Evangelii gereicht werden." Die Bekenntnisschriften der evangelisch-lutherischen Kirche. Herausgegeben
im Gedenkjahr der Augsburgischen Konfession 1930, Göttingen 1979, S. 61.
877 Vgl. Kap 2.2.1.

tesherrschaft, die durch die Auferstehung bestätigt wird, dann steht der Sonntag mit seiner Feier der Auferstehung und der Befreiung zum Leben in einem inneren Zusammenhang mit der Befreiungs-Intention des Sabbat. „*Diese Dimension der Befreiung, der von Gott geschenkten Freiheit, ist auch der innere theologische Zusammenhang von Sabbat und Sonntag.*"[878] Zugleich aber muss deutlich gemacht werden: Dass diese Affinität in der Befreiungsdimension besteht, bedeutet nicht, dass der Sabbat im Sonntag aufgehoben ist, sondern lediglich, dass es durchaus in der Fluchtlinie der theologischen Dimension des Sonntags liegt, ihn um die sabbattheologischen Aspekte zu ergänzen.[879] Diese möglicherweise ungewöhnlich erscheinende Option für eine ergänzende sabbattheologische Prägung des Sonntags im Sinne der deutlichen Votierung für die Arbeitsunterbrechung vermeidet in jeder Hinsicht den theologisch fragwürdigen Versuch, dem Sonntag einen eigenständigen Sabbatcharakter zu geben, ohne die „Beleihung" des jüdischen Erbes auch als solche zu benennen.

3.2.3.2 Die Sonntagskirche – ein Beitrag zur sozialen Inklusion

Folgt man dem Plädoyer für eine sabbattheologische Ergänzung der „Theologie des Sonntags", dann ergäbe sich daraus eine zunächst gleichberechtigte kirchliche Votierung für den zeitlich geschützten Gottesdienst, wie sie mehrfach gegenüber einer konkurrierenden Sport- und Freizeitindustrie erfolgt ist, und einem offensiven Eintreten für den Ruhetag. Auch letzteres ist, wie die synodalen Auseinandersetzungen seit 1948 belegen, durchaus erfolgt, wenn auch die theologische Be-

---

878 Becker, Uwe: Die ‚menucha'. Eine theologische Begründung des arbeitsfreien Samstags, in: Pastoraltheologie. Monatsschrift für Wissenschaft und Praxis in Kirche und Gesellschaft, 85. Jahrgang, Heft 9, September 1996, S. 346–365, S. 362 (I.F.: menucha).

879 Insofern ist auch den Ausführungen von Wolfgang Huber zu widersprechen, der zwar ähnliche Berührungspunkte zwischen Sabbat und Sonntag sieht, letztlich aber den Sabbat im Sonntag aufhebt: „Der Sabbat bindet Gottvertrauen, soziale Sensibilität und Mitkreatürlichkeit zusammen. In drastischer Kürze ruft Jesus diese Verknüpfung in Erinnerung, wenn er allen verselbständigenden Kultvorschriften gegenüber einschärft, dass der Sabbat um des Menschen willen gegeben ist (Markus 2,27f). Durch Jesus selbst aber findet die Tradition des Sabbat Eingang in den christlichen Sonntag, der für die Christen – als Tag der Erinnerung an Jesu Auferstehung – an die Stelle des Sabbat tritt." Huber, Wolfgang: Freiheit und Ruhe, in: Albertz, Heinrich (Hrsg.): Die zehn Gebote. Eine Reihe mit Gedanken und Texten. 4. Gedenke des Sabbattages, dass du ihn heiligest …, Stuttgart 1986, S. 13–19, S. 16. Der Sabbat findet eben gerade nicht „Eingang" in den Sonntag, sondern zwischen beiden Tagen besteht eine theologisch verbindende Dimension, die aber nicht darüber hinwegtäuschen kann, dass die Sabbattheologie in ihrer Zeit strukturierenden Wirkung und ihrem Zeitverständnis mehr Aspekte bietet, als die Kirche durch ihr Plädoyer für den Sonntag entfaltet hat.

gründung sich stärker auf den Gottesdienst konzentriert hat und die Argumente für eine theologische Qualifizierung der Ruhe, wenn überhaupt vorhanden, dann meist nachgeordnet waren.

Ein bedeutsamer Unterschied zwischen beiden Aspekten des Sonntags besteht darüber hinaus darin, dass die Kirche in aller Regel lediglich den Sonntagvormittag in Form des Gottesdienstes als Gestaltungszeitraum ihres kirchlichen Präsenzanspruchs nutzt. Der Rest des Tages wird zwar vielfach als von Arbeit frei zu haltender Zeitraum eingefordert, was, wie geschildert, auch zur Diskussion über die Vermeidung kirchlicher Sitzungstermine am Sonntag geführt hat, aber die Frage nach einem kirchlichen Gestaltungsanspruch an den ganzen Tag ist bislang in der Diskussion nur vereinzelt zu finden. Jene Forderungen haben somit üblicherweise den argumentativen Charakter von Appellen und kirchenpolitischen Verlautbarungen, auf deren Inhalt in dieser Arbeit ausführlich eingegangen worden ist. Eine ganz andere Ebene der Auseinandersetzung hingegen ist die Frage, ob und inwieweit die Kirche als Organisation mit ihren Kirchengemeinden vor Ort gestaltende Prozesse der sozialen Dimension des Sonntags angehen kann.

Die Analyse des ersten Kapitels hat ergeben, dass zwar die reguläre Erwerbsarbeit am Sonntag in den vergangenen Jahren keine signifikante Steigerung erfahren hat, andere Faktoren aber durchaus den Sonntag immer stärker als Kompensationszeitraum (dis)qualifizieren. Die Flexibilisierungstendenzen der wöchentlichen Arbeitszeit, der erhebliche Anstieg der Samstagsarbeit und die Tatsache der Zunahme informalisierter Arbeit, die sich – ohne regulär als Sonntagsarbeit erfasst zu sein – auch auf den Sonntag legt, sind die ausgeführten Fakten, die deutlich gemacht haben, dass die Gewährleistung sozialer Zeiten, die Reproduktions- und Beziehungsarbeit, Familien- und Freizeitorganisation mit teilweise in Nutzerkonkurrenz zueinander stehenden Ansprüchen den Sonntag überfrachten. Angesichts dessen stellt sich die Frage, ob die Kirche nicht Gestaltungselemente entwickeln kann, die möglichst passgenau auf die Bedarfslage der betroffenen Menschen zugeschnitten sind. Zumindest ist zu fragen, ob nicht eine Spurensuche des kirchlichen Handelns vollzogen werden müsste, die berücksichtigt, dass die zu gestaltende Ruhe dieses Tages sich primär durch ihre soziale Dimension auszeichnen sollte.

Die teilweise zu beobachtende Stadtflucht am Sonntag, der in der Regel mit Kommerzialisierungsangeboten des Einzelhandels in Form von sonntäglicher Ladenöffnung entgegengewirkt wird, kann als Indiz gewertet werden, dass hier durchaus eine auf den Sonntag projizierte Sehnsucht nach einer sich positiv zum Alltag abgrenzenden sozialen Gegenkultur zum Ausdruck kommt, der aber bislang im kirchlichen Raum wenig begegnet wird. Es ist die hier vertretene These, dass jedenfalls der faktischen „Konkurrenz" im Freizeit- und Sportsegment durch die Kirche nicht länger durch die Reklamierung eines „Angebotsmonopols" und mit der Reduktion ihrer Sonntagsgestaltung auf den morgendlichen Gottesdienst begegnet werden kann. Aber nicht nur aus solchen funktionalen Aspekten heraus, sondern weil es sabbattheologisch geboten erscheint, wären von den Kirchengemeinden Konzepte zu prüfen, die dem Sonntag als ganzem Tag eine sozial integrierende Rolle kirchlicher Prägung zukommen lassen.

Zur Gewinnung von Kriterien, die bei der Gestaltung einer solchen „Sonntagskirche"[880] eine Rolle spielen könnten, ist es hilfreich auf die homiletische Forschung des Niederländers Hans van der Geest zurückzugreifen, der bereits in den 70er Jahren eine Analyse der Gottesdiensterwartung vorgenommen hat.[881] Van der Geest kommt auf der Basis einer Wirkungsanalyse von mehr als 200 Gottesdiensten zu dem Ergebnis, dass drei Dimensionen für einen gelingenden Gottesdienst erfüllt sein müssen: Die Dimension der Geborgenheit, der Befreiung und der Erkenntnis. Die Geborgenheit, die nur dann entstehen kann, wo nicht die Vernachlässigung persönlicher Anrede zu Gunsten der Fokussierung auf die Vermittlung reiner Inhalte gelegt wird, muss ergänzt werden um ein am Alltag und den konkreten Problemen der Gottesdienstbesucher orientiertes Aufbrechen von Perspektivlosigkeit und Enge. Nur so kann ein Stück Befreiung erfahrbar werden. Die Dimension der Erkenntnis schließlich kann sich nicht einstellen, wenn die vermittelten Inhalte ihre Plausibilität nicht im existenziellen Kontext unter Beweis stellen.

Greift man diese homiletische Analyse der Erwartungshaltung auf, um sie als potenzielle Erwartung an den Sonntag als ganzes zu unterstellen, dann wäre die Frage, wie sich diese Dimensionen der Geborgenheit, der Befreiung und der Erkenntnis als konzeptioneller Ansatz für das zeitliche und inhaltlich strukturierte Angebot einer sozial integrativ wirkenden Sonntagskirche umsetzen ließe. Danach ginge es im Kern

„um die Einrichtung einer *komplexen und vernetzten öffentlichen Infrastruktur*, die mit vielfältigen Angeboten, von der Meditation und dem Gottesdienst, der Beratung für pflegende Angehörige oder für die Partnerschaft im Trennungskonflikt, sportlichen und kulturellen Aktivitäten bis hin zu einem – für die Verweilkultur nicht unerheblichen – einladenden Sonntagsessen den unterschiedlichen sozialen Gruppen zugänglich ist. Damit sind in je spezifischer Weise die klassische Familie wie auch Jugendliche und ältere Menschen, die gerade am Sonntag Kontakt finden möchten, gemeint. Im Idealfall wäre die Kirche der zentrale Anbieter in diesem Geflecht sonntäglicher Infrastruktur, vielleicht so etwas wie die ideelle Taktgeberin, um die herum sich die Aktivitäten am Sonntag zeitlich und räumlich gruppieren. Nicht zuletzt im Bereich der Gemeinwesenarbeit könnte die Gemeinde dabei eine vorbildli-

---

880 Der hier nur kurz skizzierbare Impuls der „Sonntagskirche" ist an anderer Stelle ausführlicher dargestellt. Vgl. Becker, Uwe; Rinderspacher, Jürgen P.: Die Sonntagskirche, in: Roth, Ursula; Schöttler, Heinz-Günther; Ulrich, Gerhard (Hrsg.): Sonntäglich. Zugänge zum Verständnis von Sonntag, Sonntagskultur und Sonntagspredigt. Festgabe für Ludwig Mödl zum 65. Geburtstag, München 2003, S. 134–147 (I.F.: Sonntagskirche).
881 Vgl. Van der Geest, Hans: Du hast mich angesprochen. Die Wirkung von Gottesdienst und Predigt, Zürich 1983.

che Rolle spielen. Bei der Umstrukturierung eines Ortsbezirks, dem zu beobachten-
den Sterben des Einzelhandels, dem angekündigten Bau einer Schnellstraße oder
weiteren Fragen des lokalen öffentlichen Lebens, könnte die Sonntagskirche ein
Forum für politische Aussprache und basisdemokratische Aktivitäten sein."[882]

Dass mit diesem Konzept hier nicht weiter zu behandelnde Provokatio-
nen verbunden sind, die etwa die Vorhaltung von zusätzlichen kirchlichen Dienstleistungen am Sonntag betreffen, ist naheliegend. Aber die
entscheidend zu beantwortende und gegebenenfalls zu gestaltende Frage
sollte mit Blick auf die soziale Implikation der sabbattheologischen
Dimension des Sonntags die sein, wie jene Ruhepraxis sich in ihrem
sozialen Charakter ausnehmen und welchen Beitrag dazu die Kirche
leisten kann.

3.2.3.3   Das arbeitsfreie Wochenende – die Gewährleistung der „Dritten Zeit"

Wie erwähnt, stehen laut Rich die Maximen in der doppelten Verantwortung, einerseits ihre an die Kriterien gebundene präskriptive Rückbindung nicht aus dem Blick zu verlieren und andererseits das Sachgemäße, das sich durch eine empirische Analyse und sozialwissenschaftliche Fundierung auszuzeichnen hat, nicht zu vernachlässigen.
Was die empirische, sozialwissenschaftliche und auch ökonomische
Ebene anbelangt, so ist bezüglich der Entwicklung des Wochenendes
Folgendes zu bilanzieren.
Was den Samstag betrifft, so hat dieser, wie dargelegt, über einige Jahrzehnte als integrativer Bestandteil des arbeitsfreien Wochenendes ein
hohes Maß an Akzeptanz innegehabt, die primär einer ökonomischen
Referenz zuzuschreiben ist, denn die Entwicklung zum arbeitsfreien
Wochenende vollzog sich im Kontext einer prosperierenden volkswirtschaftlichen Gesamtsituation. Aber auch andere Gründe, das mit dem
„weekend" identifizierte Leitbild des American way of life, das innerhalb der Ost-West-Konkurrenz der politischen Systeme mit dem arbeitsfreien Wochenende die westliche Überlegenheit des gesetzten Zeitwohlstandes zelebrierte, das Bedürfnis der Beschäftigten nach einer
Humanisierung ihres Arbeitslebens und schließlich auch betriebswirtschaftliche Aspekte einer optimaleren Auslastung der Produktionsmittel
waren Gründe, die das arbeitsfreie Wochenende zum Status einer vermeintlich fest etablierten Zeitinstitution verholfen haben.[883]
Inzwischen ist diese jedoch in einer deutlichen Erosion begriffen, was
sich nicht nur im faktischen Anstieg der regelmäßigen Samstagsarbeit
auf etwa 35 bis 40 Prozent festmacht, sondern auch in den politischen
Forderungen, die beispielsweise eine völlige Aufgabe der Laden-

---

882   Becker, Uwe; Rinderspacher, Jürgen P.: Sonntagskirche, S. 143f.
883   Vgl. Kap 2.3.1.

schlusszeiten in der Woche inklusive des Samstags das Wort reden.[884]
Gleichwohl muss gesagt werden, dass der freie Samstag auch in seinen
Hochzeiten immer nur als selektiv frei zu bezeichnen war, was bezüglich der Forderung nach einem „arbeitsfreien" Samstag deutlich zu differenzieren ist. Der Einzelhandel, die Gastronomie, Sport- und Freizeit-
sektoren hatten ihre Dienstleistungen konsequenterweise gerade am
Samstag vorgehalten, um angesichts der Palette der Freizeitwünsche an
diesem Tag eine bedarfsgerechte Gestaltung anbieten zu können.

Die entscheidend zu bewertende Frage ist insofern nicht, ob samstags
gearbeitet werden soll oder nicht, sondern in welchem Ausmaß und mit
welchen damit jeweils verbundenen Folgen ökonomischer und lebensweltlicher Art. Wenn der Druck auf den Samstag derart steigt, dass auch
durch Bandbreitenmodelle die Schichtplanung des industriellen Sektors
auf diesen Tag zugreift, dann sind in einem ersten Schritt der Abwägung
sowohl die Plausibilität als auch die Konsequenzen zu erörtern.

Was die ökonomische Ebene anbelangt, so ist zu unterscheiden zwischen der rein betriebswirtschaftlichen und der volkswirtschaftlichen
Ebene. Es steht außer Frage, dass im Einzelfall insbesondere im
Schichtbetrieb akute, also konjunkturell bedingte Gründe es nahe legen
können, den Schichtbetrieb auf den Samstag auszudehnen, etwa um der
Auftragslage gerecht zu werden, Wettbewerbsvorteile anderer Anbieter
auszugleichen und letztlich Arbeitsplätze zu erhalten. Dass die mittel-
und langfristigen Effekte einer Ausdehnung der Maschinenlaufzeit für
die Produktivität und diese wiederum für die Fähigkeit zur Investition in
noch rationellere Produktionsmittel auch mit Blick auf den Abbau von
Arbeitsplätzen zu bewerten sind, soll zumindest andeuten, dass das
Argument der Arbeitsplatzerhaltung immer auch auf seine Nachhaltigkeit hin zu überprüfen ist. Darüber hinaus wächst hier ein nicht zuletzt
auch ökonomischer Zielkonflikt innerhalb der Branchen. Denn die Vorhaltung des erwähnten konsumtiven und freizeitorientierten Angebots
macht nur Sinn, wenn andererseits der samstägliche Zeitwohlstand vorhanden ist, um diese Angebote auch zu nutzen. Schlicht gesagt: Wenn
alle samstags arbeiten, bleibt zu fragen, wer dann noch die Zeit zum
Konsumieren und der Inanspruchnahme von Freizeitangeboten hat. Dies
ist deshalb wichtig zu erwähnen, weil gelegentlich der Eindruck erweckt
wird, als könne man sich das arbeitsfreie Wochenende angesichts des
internationalen Konkurrenzdrucks nicht mehr „leisten". Der freie
Samstag barg bislang die Eigentümlichkeit, einen gewissen Zeitwohlstand und wirtschaftliche Belange in einer Art Interessenausgleich
zu halten, dessen Preisgabe daher auch beide Aspekte tangiert.

Hinzu kommt, dass die gegenwärtige Arbeitsorganisation gegenüber
den 60er Jahren, also der Zeit, in der der freie Samstag sich zu etablieren begann, eine völlig andere ist. Die Verdichtungseffekte der Arbeit
wie auch ihre an den Flexibilisierungserfordernissen der Produktion und

---

884 Vgl. Kap 1.6.2.

Vorhaltung von Dienstleistungen orientierte Organisation von Arbeitszeit haben dieser ein erhebliches Maß an Verlässlichkeit genommen, wodurch die Organisation der privaten Zeiten zu einer immer weniger kalkulierbaren, abhängigen Variablen wird. Die weitere Kontinuisierung der Arbeitszeit produziert eine weitere Verstärkung des Drucks auf die Flexibilisierung. Die dadurch steigenden Organisationsanforderungen in der Koordination privater Zeiten, sei es bei der Kinderbetreuung, der Pflege von Angehörigen oder der Wahrnehmung von Ehrenämtern, sind also eine Externalisierung von Effekten jener Kontinuisierung. Folglich ist mit einem weiteren erheblichen Anstieg der Samstagsarbeit auch zu regeln, wie denn öffentliche Bildungs-, Betreuungs-, Beratungs- und Pflegesysteme sich dann auf die veränderte Arbeitszeitlage einstellen, um den Einbruch in der privaten Dienstleistungsorganisation zu flankieren. Zu prognostizieren ist, dass der Druck auf veränderte Öffnungszeiten von Kindergärten, Schulen und öffentlichen Ämtern im Zuge einer zunehmenden samstäglichen Arbeitszeit im industriellen Sektor wächst, was nicht zuletzt auch ein ökonomische „Kostenseite" mit sich bringt. Insofern wäre es zumindest geboten angesichts leichtfertiger Voten, dass man sich den „arbeitsfreien" Samstag nicht mehr leisten könne, zu diskutieren, welche Konsequenzen letztlich dies für das gesellschaftliche Gesamtgefüge, den sozialen Zusammenhalt, die Bereithaltung ökonomischer Ressourcen, die Lebensqualität und den Verlust von Zeitwohlstand hat.

Letzteres weist darauf hin, dass mit dem Samstag, wie immer der Einzelne – wenn er denn „frei" hat – ihn auch füllt, sei es mit Sport, Hausarbeit, Muße, Gartenarbeit, Tourismus oder der Pflege sozialer Kontakte, als „Tag der Selbstorganisation"[885] ein Stück Autonomie und Utopie zur Geltung kommt. Die Autonomie besteht gerade darin, dass der freie Samstag als moderne Zeitinstitution im Grunde durch keine Organisation inhaltlich geprägt wird – wie der 1. Mai von den Gewerkschaften oder der Sonntag von den Kirchen, unabhängig davon, wie man sich auf diese Prägung einlässt –, sondern primär auf die selbstbestimmte Gestaltung des Einzelnen abzielt. Denn die hinter dem freien Samstag als integraler Bestandteil des Wochenendes liegende Zielsetzung ist, zumindest, wenn man sich die öffentlichen Argumentationsmuster während seiner Entstehung vergegenwärtigt, die Sozialutopie der „Verfügung über Zeit"[886] als Ausdruck eines Wohlstandsmodells, das eben nicht nur Güter- sondern auch Zeitwohlstand zum Inhalt hat.

Ist damit die Komplexität der Sachgemäßheit wenigstens skizziert, wenn es um die Diskussion über die Entwicklung des Wochenendes

---

885 Rinderspacher, Jürgen P.: Der freie Samstag: Ein Phänomen als Untersuchungsgegenstand, in: Fürstenberg, Friedrich; Herrmann-Stojanov, Irmgard; Rinderspacher, Jürgen P. (Hrsg.): Der Samstag. Über Entstehung und Wandel einer modernen Zeitinstitution, Berlin 1999, S. 17–68, S. 21 (I.F.: Der freie Samstag).
886 A.a.O., S. 33.

geht, so bleibt zunächst auf der Kriterienebene zu fragen, ob die Kirche in dieser Frage eine präskriptiv-normative Rückbindung aufzuweisen hat, von der sie in Abwägung sowohl der Sachzusammenhänge als auch ihrer Kriterien ihre Maxime ableiten kann. Aus der Perspektive der sabbattheologischen Implikationen ist m.E. zu bilanzieren, dass es durchaus theologisch fundierte Argumente gibt, die die normative Ebene vergewissern. Aus dem bisherigen Ergebnis dieser Arbeit ergeben sich zwei Argumente, die in dieser Frage eine theologische Basis der Argumentation nahe legen.

Zum einen gilt – im Grund genommen unabhängig vom Sonntag –, dass der freie Samstag mit den genannten Aspekten der Autonomie und Sozialutopie der frei verfügbaren Zeit durchaus anknüpfungsfähig ist an den sabbattheologischen Gedanken der Unterbrechung einer rein ökonomischen Logik, der selbstbestimmten Verfügung über die Zeit und der Ermöglichung sozialer Zeiten, auch wenn diese Aspekte immer nur näherungsweise eingelöst werden. Zudem: Der freie Samstag bietet einen nicht unerheblichen Beitrag zur Humanität der Arbeitsbedingungen in Form der zeitlichen Begrenzung der wöchentlichen Arbeitszeit oder zumindest der wertvollen Konzentration der Freizeit auf einen Block. Damit leistet er aber gerade – bezogen auf den Sonntag – den Brückenschlag zwischen dem, was Benno Jacob als inneren Zusammenhang von Inhalt und Würde der Arbeit und des Sabbats meinte sabbattheologisch eingefordert zu sehen. Eine kirchliche Gleichgültigkeit gegenüber dem potenziellen Gestaltungsfreiraum des Samstags, die wiederum nur aus der Fixierung auf den Sonntag und insbesondere auf den Gottesdienst resultiert, entwertet die schlichte Tatsache, dass der Samstag für viele Menschen ein in sich wertvoller, von der Arbeit entlastender zeitlicher Freiraum ist, den diese Menschen für die aus ihrer Sicht maßgeblichen Gestaltungselemente einer verbesserten Lebensqualität nutzen können. Das Kriterium der relativen Verfügbarkeit der Zeit erfährt hier eine näherungsweise Konkretion. Statt also negativ – wie dies in manchen kirchlichen Verlautbarungen erfolgt ist – gegen die Freizeitaktivitäten, den Sport und Wochenendtourismus zu polemisieren, gäbe es gute theologische Gründe für die Kirche, diesen Freiraum, der ja die Kehrseite der Unterlassung von Arbeit und zugleich Element verbesserter Arbeitsbedingungen ist, positiv zu würdigen.

Das zweite Argument greift auf den inneren Zusammenhang von Samstag und Sonntag zurück. Der arbeitsfreie Samstag hat, neben den genannten Aktivitäten, unter anderem faktisch auch die Funktion wahrnehmen können, als eine Art Pufferzone einerseits die in der Woche unerledigt gebliebenen Reproduktions- und privaten Organisationsarbeiten im häuslichen Bereich zu bewerkstelligen. Andererseits hat er dadurch für den Sonntag eine davon weitgehend unbelastete Qualität gewährleistet. Wie auch immer die private Organisation am Wochenende ihre selbstbestimmte Gestaltung findet, ist doch die Wahrscheinlichkeit, dass dieses Wochenende Aspekte der dem Sabbat vergleichbaren Qualität der „dritten Zeit" einlösen kann, mithin also das Kriterium der relativen Verfügbarkeit seine lebensweltliche Entsprechung findet, zweifellos größer im Kontext eines freien Wochenendes als in der nur reduzierten Form des freien Sonntags.

Stehen also beide Tage in einem inneren Zusammenhang der Ermöglichung der einen sabbatlichen Ruhe (*menucha*), so ist die zur Gewährleistung dieser Ruhe erforderliche Zeitspanne eher als eine jeweils abzuwägende Variable zu betrachten. Denn mit Blick auf die jeweiligen Veränderungsprozesse der gesellschaftlichen Organisation der Zeit kann

„gegenüber einer nomadisch oder agrarisch ausgerichteten und wenig differenzierten Gesellschaftsstruktur (…) *die Aufrechterhaltung der ‚menucha' eine zeitliche Verlängerung der erwerbsarbeitsfreien Zeit erforderlich machen.* Dies ist in der Tat der Fall, wo das soziokulturelle Gebilde des arbeitsfreien Wochenendes sich zu einer gesellschaftlichen Institution herausgebildet hat, die eine gegenseitige Abhängigkeit der Wochentage in ihrer gestalteten Praxis aufweist."[887]

Das bedeutet aber, dass die skizzierte Bewertung des Samstags, es gäbe für diesen als arbeitsfreiem Tag keine theologischen Gründe wie für den Sonntag, aus sabbattheologischer Perspektive in doppelter Weise nicht gilt. Die mit dem Samstag verbundene Intention, eine frei verfügbare Zeit vorzuhalten, knüpft – wenn auch nicht bewusst und explizit – an sabbattheologisches Gedankengut an. Zudem ist die Ruhe als „dritte Zeit" mit Blick auf die Flexibilisierungstendenzen innerhalb der Woche und dem, was im Zuge dessen an privater Zeitorganisation erforderlich ist ganz offensichtlich einfacher erlebbar im Kontext des arbeitsfreien Wochenendes.

Gleichwohl ist damit nur die Ebene der Kriterien beschrieben, eine Art Ausgangsbasis, von der her die kirchliche Argumentation ihre Rückbindung erfährt. Es wäre zu schlicht verstanden, wenn kirchliche Voten auf dieser Basis einem Unternehmen, das aus zwingenden Gründen der Standorterhaltung und Arbeitsplatzsicherung zur Samstagsarbeit übergeht, ein solches Kriterium der Verfügbarkeit über die Zeit kategorisch entgegenhalten würden. Aber jenseits solcher Naivitäten wäre sicher einerseits vor Ort zu diskutieren, ob das betriebliche Argument wirklich stichhaltig ist, oder ob hier eher eine leichtfertige Unternehmenspolitik zum Zuge kommt, die letztlich den arbeitsfreien Samstag als Relikt einer überholten, antiliberalen Regelungsmentalität abschreibt. Vor Ort, aber auch im kirchenpolitisch-synodalen Kontext, zu thematisieren, welche Auswirkungen von Samstagsarbeit auf die sozialen Zusammenhänge entstehen, welche familienfeindlichen Belastungen bei der Organisation von Betreuung und Pflege sich auftun oder welche Defizite bezüglich der erforderlichen Vorhaltung öffentlicher Dienstleistungen sich bemerkbar machen, wären Ansätze zur zeitpolitischen Maximenbildung, die sich auf der Basis des sabbattheologischen Kriteriums der relativen

---

887 Becker, Uwe: menucha, S. 363.

Verfügbarkeit von Zeit wesentlich umfänglicher in die Zeitgestaltungsfragen einbringen, als dies mit der Reduzierung auf die „Sonntagsfrage"
bislang erfolgt ist. Die Kirche könnte vor Ort in den Gemeinden oder
auch auf synodaler Ebene als Impulsträgerin einer Thematisierung dieser Frage auftreten, die der Komplexität dieser Zeitgestaltungsheraus-
forderung gerecht wird.

3.2.3.4 Die Gabe der Zeit – Plädoyer für die Politisierung eines alternativen Zeitverständnisses

Während sich die Ausführungen zur „Sonntagskirche" auf einen Aspekt
der kirchlichen Zeitpolitik beziehen, der unmittelbar ihre Gestaltungs-
relevanz durch die Kirchengemeinden betrifft, so hebt das Plädoyer für
einen sabbattheologischen begründeten Einsatz für die Zeitinstitution
des arbeitsfreien Wochenendes auch auf die kirchenpolitische Ebene des
öffentlichen Diskurses ab. Wie im Eingangskapitel ausgeführt, ist die
Konstruktion gesellschaftlicher Zeitorganisation jedoch kein Prozess,
der in seinem Ergebnis lediglich der Plausibilität der besten Argumente
folgt, sondern auch und insbesondere ein Prozess, der im Kräfteverhältnis der zeitpolitisch handelnden Institutionen und Organisationen auch
machtpolitisch entschieden wird. Dass wir beispielsweise gegenwärtig
einen wieder erstarkenden Druck auf eine Verlängerung von Arbeitszeiten, die Abschaffung des Ladenschlussgesetzes und gar die Aufhebung der Sonntagsruhe zu verzeichnen haben, ist unter anderem auch
Ergebnis einer Schwächung der Arbeitnehmerseite und ihrer gewerkschaftlichen Interessenvertretungen im Kontext einer exorbitant hohen
Arbeitslosenquote, die das Verhältnis von „Kapital und Arbeit" deutlich
zu Ungunsten der letzteren aus der Balance bringt.
Andererseits wurde auch deutlich, dass die Konstruktion der gesellschaftlichen Organisation von Zeit nicht unerheblich von dem zugrunde
liegenden Zeitverständnis beeinflusst wird. Eine der Hauptthesen dieser
Arbeit ist die Konstatierung eines dominant monetaristischen Zeitverständnisses, dessen ökonomische Logik sich in einem Verwendungsimperativ niederschlägt, der die Zeit eindimensional als zu verwertende
Ressource in den Blick nimmt. Dieses Zeitverständnis generiert nicht
nur mental eine Machbarkeitsphantasie, als unterlägen die Effekte dieser Verwertung in jeder Hinsicht menschlichem Kalkül und seiner Berechenbarkeit – was sich auf dem dieser Logik verschriebenen Börsen-
markt in der Tat nicht immer bestätigt –, sondern es konstruiert beziehungsweise destruiert wiederum Zeitordnungen, soweit dies diesem
Verwertbarkeitsinteresse dienlich ist.
Die Verfügungsansprüche über die Zeit, das wurde an der Darlegung
der Flexibilisierungs- und Kontinuisierungsprozesse deutlich, sind aber
nicht abstrakt zeitlich, sondern immer konkrete Zugriffe auf die
menschliche Lebenszeit anderer. Sie sind von latent monopolistischer
Art, weil sie sich eben nicht nur auf die Arbeitszeit, sondern auf die Le-

benszeit und die Organisation privater Zeiten erstrecken und sie tendenziell zu einer abhängigen Variablen degradieren. Selbst die dem widerstreitenden Interessenformationen der Beschäftigten, die gegen diese Art der Fremdverfügung die „Zeitsouveränität" des Einzelnen als Forderung entgegensetzen, entgehen nicht gänzlich der Logik ihrer Widersacher. Denn auch der Begriff der Zeitsouveränität, der – wie gezeigt – im Kontext der Zeitkontendiskussion und der Vertrauensarbeit sogar bewusst von der Arbeitgeberseite als Anreizbegriff eingesetzt wurde, suggeriert eine Souveränität, also Herrschaftskompetenz im Umgang mit der Zeit, an deren faktischer Einlösung viele scheitern. Das Leitbild der Zeitsouveränität wird umso mehr zum Belastungsfaktor, wo seine Umsetzung der individuellen Strategie unterliegt und das Zeitmanagement zu einer Art Wettbewerb in der Darstellung von Lebenskompetenzen vor allen Dingen diejenigen zum Scheitern verurteilt, die nicht in der finanziellen Lage sind, sich diese Souveränität auch leisten zu können. Die Kinderbetreuung und Pflege von Angehörigen, die sich jenseits des Netzes öffentlicher Angebotsstrukturen oder Refinanzierungsregeln bewegen, sind als privat zu organisierende Dienstleistungen spätestens dann kostenträchtig, wenn der dazu erforderliche Zeitaufwand die eigenen Möglichkeiten übersteigt.

Das sabbattheologisch geprägte Zeitverständnis, hält – jenseits dieses faktischen Scheiterns der Zeitsouveränität – grundsätzlich einem solchen Zeitverständnis ein alternatives entgegen. Weder ein reduziert ökonomisch noch ein individuell an der Zeitsouveränität ausgerichtetes Verständnis von Zeit ist mit dem in Deckung zu bringen, was aus biblischer Sicht das Wesen der Zeit ausmacht: Zeit versteht sich primär als eine von Gott geschenkte Gabe, wenn man so will also als ein „Gegenstand" der Relation zwischen Gott und Mensch. Zwar wird einerseits nicht dem nutzlosen und unproduktiven Verstreichen-Lassen der Zeit das Wort geredet, im Gegenteil ist die Arbeit auch in der Ruhe gewürdigt und Ruhe ohne Arbeit eine „Un-ruhe", aber gleichzeitig ist die Arbeit nicht Medium einer erst durch ihr Ergebnis zu erzielenden Wertigkeit und Würde des Menschen. Ihre Gelassenheit findet die Arbeit und die mit ihr verbrachte Verwendung von Zeit in der ihr inhärenten Affinität zur Ruhe als Gabe Gottes und damit zu einer „Zeit-Ökonomie des Genug", die sich eben nicht auf nur einen Tag, sondern letztlich auf die Lebenszeit als ganze ausdehnt. Die Erzählung von der Mannaspeisung legt auf ironische Weise aus, wie die Überschreitung dieser Grenze in ein unproduktives und geradezu lächerliches Akkumulationstreiben ausartet, dessen Ergebnis schlichtweg zum Himmel stinkt.[888] Dieser Ge-

---

888 Nicht ganz so ironisch, sondern mit tödlichem Ausgang endet das neutestamentliche Gleichnis vom reichen Kornbauern. Gemeinsam mit der „Mannerzählung" ist ihm die Tatsache der bemühten Absicherung durch ein kalkuliertes Horten von Gütern und eine ebenso kalkulierte Zeitplanung, die in die Worte mündet: „Liebe Seele, du hast einen großen Vorrat für viele Jahre; habe nun Ruhe, iss, trink

danke liegt nahe bei dem, was auch in den Proverbien auf den Begriff gebracht wird, wenn es dort heißt: „Der Segen des Herrn allein macht reich, und nichts tut eigene Mühe hinzu." Dieses Denken ist weit davon entfernt, zum Nichtstun aufzurufen, aber gleichzeitig findet sich in ihm nichts von einer auf das menschliche Werk reduzierten Philosophie der souveränen Machbarkeit.[889]

Zu diesem entlastenden Moment des Zeitverständnisses als Gabe Gottes tritt ein gewissermaßen tabuisierendes, das sich an dem mit dieser Gabe gesetzten Aspekt der Unverfügbarkeit festmacht. Die von Welker skizzierte Erwartungssicherheit, die mit dem alttestamentlichen Recht vor allen Dingen für die latent als rechtlos behandelten Personen gesetzt wird, betrifft auch das Sabbatgebot. Die Mithineinnahme der Lohnabhängigen, der Fremden und Tagelöhner in die Gewähr der Unterbrechung von Arbeit unterstreicht, dass diese Gabe Gottes nicht durch menschliche Setzung entzogen werden kann. Sie gilt ausnahmslos allen und beansprucht insofern eine Gleichheit, die auch menschliche Herrschaftsstrukturen an ihre Grenzen verweist und Zeit zum Medium sozialer Teilhabe macht. Dieser Gedanke der Unverfügbarkeit der Zeit ist auch außerhalb der Sabbattheologie biblisch zu finden und betrifft das Wesen der Zeit an sich. Die einleitenden Worte der berühmten Verse des Predigers (Pred 3,1–15) „ein jegliches hat seine Zeit" bezeichnen den „Leitton" dieser das menschliche Planen konterkarierenden Unverfügbarkeit.[890]

Die Entwicklung von Maximen, die aus diesen Aspekten des sabbattheologischen Zeitverständnisses resultieren, muss sich diskursiv im Kontext der aktuellen zeitpolitischen Auseinandersetzungen bewähren. Diese im Einzelnen sachgerecht und differenziert zu vollziehen, würde den Rahmen dieser Arbeit sprengen. Aber die Freilegung der genannten und dafür hilfreichen Kategorien des sabbattheologisch geprägten Zeitverständnisses kann dazu einen wegweisenden Richtungspfad bieten: Eine Kirche, die in Reaktion auf die Konstruktionsprozesse der gesellschaftlichen Zeit durchdekliniert, dass Zeit als geschenkte Gabe Gottes zu begreifen ist, dass die Kultur der Unterbrechung ein dieser Gabe ebenso wesensmäßiger Inhalt ist wie die Hervorhebung der grundsätzli-

---

und habe guten Mut." Der Vorrat war zwar – anders als in der Mannageschichte – erfolgreich gehortet, aber die Zeit, ihn zu verwerten, wurde abrupt beendet. Vgl. Lk 12,16–21.

889 Dazu kommentiert Hans Walter Wolff: „Des Menschen Zeit ist vor allem geschenkte Zeit. Nutzlos und sinnlos wird sein Schaffen, wenn er das vergisst. Ruft die alttestamentliche Weisheit zwar deutlich aus der Faulheit heraus. So warnt sie doch noch strenger vor dem Missverständnis, der Mensch werde erst durch seine eigenen Werke beschenkt." Wolff, Hans Walter: Anthropologie, S. 198.

890 Ebach, Jürgen: … und Prediger 3 auslegen hat seine Zeit. Über Zusammenhänge von Exegese und Zeit, beobachtet beim Auslegen von Koh 3,1–15, in: Marquardt, Friedrich-Wilhelm; Schellong, Dieter; Weinrich, Michael (Hrsg.): Einwürfe 6. Die Bibel gehört nicht uns, München 1990, S. 95–123, S. 100.

chen Unverfügbarkeit der Zeit auch in ihren sozialen Implikationen, dass uns Zeit aus sabbattheologischer Perspektive gegeben ist, um sie in Formen sozialer Nachhaltigkeit erlebbar zu machen, eine solche Kirche wird sich nicht länger in ihren zeitpolitischen Bemühungen nur für die Bewahrung des arbeitsfreien Sonntags einsetzen können, sondern sich umfänglich in den politischen Diskurs über die „Zeiten der Gesellschaft" einzubringen haben. Die diesbezüglichen Gestaltungsfelder sind breit: Die gegenwärtige Diskussion über die Verlängerung der Lebensarbeitszeit, über das Massenphänomen der Arbeitslosigkeit und damit der Entwertung von Lebenszeit, über die immer enger werdenden Zeitmodule für die Zuwendung in den „Zeiten der Pflege", über die belasteten „Zeiten der Familie" oder über den zeitlich auf ein halbes Jahrhundert prognostizierten demografischen Wandel – das sind nur einige Beispiele dafür, dass es an Gestaltungsfeldern für diesen (kirchen)politischen Diskurs, für eine kirchliche Zeitpolitik, nicht mangelt. Es wäre „an der Zeit", dass sich die Kirche diese Gestaltungsfelder auch aus der Perspektive ihres Zeitverständnisses zu Eigen macht.

Literaturverzeichnis

Literatur zu Kapitel 1

Anders, Günter: Die Antiquiertheit des Menschen, Band 2. Über die Zerstörung des Lebens im Zeitalter der dritten industriellen Revolution, München 1988

Bauer, Frank; Schilling, Gabi: Arbeitszeit im Überblick, Zentrale Ergebnisse der Arbeitszeitberichterstattung des ISO zu Betriebszeiten, Arbeitszeiten und Arbeitszeitwünschen, Köln 1994

– Ders.; Groß, Hermann; Schilling, Gabi: Arbeitszeit '95. Arbeitszeitstrukturen, Arbeitszeitwünsche und Zeitverwendung der abhängig Beschäftigten in West- und Ostdeutschland, Köln 1996 (Arbeitszeit '95)

– Ders.; Groß, Hermann; Munz, Eva; Sayin, Suna: Arbeits- und Betriebszeiten 2001. Neue Formen des betrieblichen Arbeits- und Betriebszeitmanagements. Ergebnisse einer repräsentativen Betriebsbefragung, Köln 2002 (Arbeits- und Betriebszeiten 2001)

Beck, Ulrich: Risikogesellschaft. Auf dem Weg in eine andere Moderne, Frankfurt/M. 1986

– Ders.: Die Erfindung des Politischen, Frankfurt/M. 1993 (Die Erfindung)

– Ders.; Beck-Gernsheim, Elisabeth: Individualisierung in modernen Gesellschaften -Perspektiven und Kontroversen einer subjektorientierten Soziologie, in: Beck, Ulrich; Beck-Gernsheim, Elisabeth: Riskante Freiheiten. Individualisierung in modernen Gesellschaften, Frankfurt/M. 1994, S. 10–39 (Individualisierung)

– Ders.: Jenseits von Stand und Klasse, in: Beck, Ulrich; Beck-Gernsheim, Elisabeth: Riskante Freiheiten, S. 43–60 (Jenseits)

– Ders.; Giddens, Anthony; Lash, Scott (Hrsg.): Reflexive Modernisierung. Eine Kontroverse, Frankfurt/M. 1996 (Reflexive Modernisierung)

– Ders.: Das Zeitalter der Nebenfolgen und die Politisierung der Moderne, in: Beck, Ulrich; Giddens, Anthony; Lash, Scott (Hrsg.): Reflexive Modernisierung, S. 19–112 (Zeitalter)

Becker, Uwe: Flexible Arbeitszeiten – veränderte Zeitrhythmen – Arbeitsumverteilung. Perspektiven für eine neue arbeitszeitpolitische Initiative, in: Becker, Uwe; Segbers, Franz; Wiedemeyer, Michael (Hrsg.): Logik der Ökonomie – Krise der Arbeit. Impulse für eine solidarische Gestaltung der Arbeitswelt, Mainz 2001, S. 119–145

– Ders.; Wiedemeyer, Michael: Zwischen Verunsicherung und Gestaltungsanspruch: Gewerkschaftliche Arbeitszeitpolitik am Scheideweg, in: WSI-Mitteilungen, 10/2001, S. 595–601 (Verunsicherung)

– Ders.: Arbeit ohne Grenzen, in: Neue Wege wagen. Dokumentation des IG Metall Zukunftskongresses vom 13.-15. Juni 2002 in Leipzig, S. 45–47 (Arbeit ohne Grenzen)

– Ders. (Hrsg.): Nachtruhe ist Menschenrecht, Köln 2003, S. 5f., erhältlich im Sozialwerk des Evangelischen Stadtkirchenverbandes Köln

– Ders.; Fischbeck, Hans-Jürgen; Rinderspacher, Jürgen P. (Hrsg.): Zukunft. Über Konzepte und Methoden zeitlicher Fernorientierung, Bochum 1997

Blumenberg, Hans: Lebenszeit und Weltzeit, Frankfurt/M. 1986 (Lebenszeit)

Ders.: Die Legitimität der Neuzeit, Frankfurt/M. 1988

Böhm, Sabine; Herrmann, Christa; Trinczek, Rainer: Löst Vertrauensarbeitszeit das Problem der Vereinbarkeit von Familie und Beruf ?, in: WSI-Mitteilungen 8, 2002, S. 435–441

Bundesmann-Jansen, Jörg; Groß, Hermann; Munz, Eva: Arbeitszeit '99. Ergebnisse einer repräsentativen Beschäftigtenbefragung zu traditionellen und neuen Arbeitszeitformen in der Bundesrepublik Deutschland, Köln 2000 (Arbeitszeit '99)

Dahm, Karl-Wilhelm: Einheit in Gegensätzen: Indonesien, in: Rinderspacher, Jürgen P.; Henckel, Dietrich; Hollbach, Beate (Hrsg.): Die Welt am Wochenende. Entwicklungsperspektiven der Wochenruhetage – Ein interkultureller Vergleich, Bochum 1994, S. 215–227

Döhl, Volker; Kratzer, Nick; Sauter, Dieter: Krise der NormalArbeit(s)Politik. Entgrenzung von Arbeit – neue Anforderungen an Arbeitspolitik, in: WSI-Mitteilungen 1, 2000, S. 5–17

Dohrn-van Rossum, Gerhard: Zeit der Kirche – Zeit der Händler – Zeit der Städte: Die mechanische Uhr und der Wandel des Zeitbewusstseins im Spätmittelalter, in: Zoll, Rainer (Hrsg.): Zerstörung und Wiederaneignung von Zeit, Frankfurt/M. 1988, S. 89–119

Dollase, Rainer; Hammerich, Kurt; Tokarski, Walter: Temporale Muster. Die ideale Reihenfolge der Tätigkeiten, Opladen 2000

Dux, Günter: Die Zeit in der Geschichte. Ihre Entwicklungslogik vom Mythos zur Weltzeit, Frankfurt/M. 1998

Eberling, Matthias; Henckel, Dietrich: Kommunale Zeitpolitik, in: Bundesforschungsanstalt für Landeskunde und Raumordnung (Hrsg.): Stadträume und Zeitpolitik. Informationen zur Raumentwicklung, Heft 10 (1997), S. 691–698 (Kommunale Zeitpolitik)

Eberling, Matthias; Henckel, Dietrich: Kommunale Zeitpolitik. Veränderungen von Zeitstrukturen – Handlungsoptionen der Kommunen, Berlin 1998

Eberling, Matthias; Henckel, Dietrich: Alles eine Frage der Zeit? Die Städte auf dem Weg zur kontinuierlichen Aktivität, Berlin 2002 (Alles)

Elias, Norbert: Über die Zeit. Arbeiten zur Wissenssoziologie II, Frankfurt/M. 1992 (Zeit)

Engelmann, Jan; Wiedemeyer, Michael (Hrsg.): Kursbuch Arbeit. Ausstieg aus der Jobholder-Gesellschaft – Start in eine neue Tätigkeitskultur, Stuttgart/München 2000

Entwurf der Koalitionsvereinbarung von CDU und FDP zur Bildung einer neuen Landesregierung in Nordrhein-Westfalen, Düsseldorf, 16. Juni 2005

Fels, Gerhard; Heinze, Rolf G.; Pfarr, Heide; Streeck, Wolfgang: Arbeitszeitpolitik. Bericht der Benchmarking-Gruppe des Bündnisses für Arbeit, Ausbildung und Wettbewerbsfähigkeit, 2000

Fürstenberg, Friedrich; Herrmann-Stojanov, Irmgard; Rinderspacher, Jürgen P. (Hrsg.): Der Samstag. Über Entstehung und Wandel einer modernen Zeitinstitution, Berlin 1999 (Samstag).

Garhammer, Manfred; Gross, Peter: Synchronisation von Sozialzeit: eine moderne Gestaltungsaufgabe der Familie, in: Forschungsforum Bamberg, Nr. 3/1991, S. 92–98

Giddens, Anthony: Leben in einer posttraditionalen Gesellschaft, in: Beck, Ulrich; Giddens, Anthony; Lash, Scott (Hrsg.): Reflexive Modernisierung, Frankfurt, S. 113–194 (Leben)

– Ders.: Risiko, Vertrauen und Reflexivität, in: Beck, Ulrich; Giddens, Anthony; Lash, Scott (Hrsg.): Reflexive Modernisierung, Frankfurt, S. 316–337 (Risiko)

– Ders.: Konsequenzen der Moderne, Frankfurt/M. 1999 (Konsequenzen)

Glißmann, Wilfried: Mechanismen sozialer Ausgrenzung, in: Glißmann, Wilfried; Peters, Klaus: Mehr Druck durch Freiheit. Die neue Autonomie in der Arbeit und ihre paradoxen Folgen, Hamburg 2001, S. 60–80

– Ders.; Peters, Klaus: Die Frage der Solidarität, in: Glißmann, Wilfried; Peters, Klaus: Mehr Druck durch Freiheit. Die neue Autonomie in der Arbeit und ihre paradoxen Folgen, Hamburg 2001, S. 41–52

Gortz, André: Arbeit zwischen Misere und Utopie, Frankfurt/M. 2000

Gronemeyer, Marianne: Das Leben als letzte Gelegenheit. Sicherheitsbedürfnisse und Zeitknappheit, Darmstadt 1993

Heckmann, Friedrich: Arbeitszeit und Sonntagsruhe. Stellungnahme zur Sonntagsarbeit als Beitrag kirchlicher Sozialkritik im 19. Jahrhundert, Essen 1986 (Arbeitszeit)

Heitkötter, Martina: Das Modellprojekt Zeitbüro in Bremen Vegesack – ein Werkstattbericht, in: Mückenberger, Ulrich (Hrsg.): Zeiten der Stadt. Reflexionen und Materialien zu einem neuen gesellschaftlichen Gestaltungsfeld, Bremen 2000, S. 273–281

– Dies.: Lokale Zeitpolitik und die Bedingungen der Gestaltbarkeit lokaler Zeitkonflikte. Untersucht am Beispiel des Modellprojekts ZeitBüro, Bremen Vegesack, Dissertation HWP, Hamburg 2003 (Lokale Zeitpolitik)

Held, Martin: Zeitwohlstand und Zeitallokation. Eine Einführung in die ökonomische Diskussion, in: Rinderspacher, Jürgen P. (Hrsg.): Zeitwohlstand. Ein Konzept für einen anderen Wohlstand der Nation, Berlin 2002, S. 15–36

Herrmann, Christa; Promberger, Markus; Singer, Susanne; Trinczek, Rainer: Forcierte Arbeitszeitflexibilisierung. Die 35-Stunden-Woche in der betrieblichen und gewerkschaftlichen Praxis, Berlin 1999 (Arbeitszeitflexibilisierung)

Herrmann-Stojanov, Irmgard: Der gesellschaftliche Diskurs über den Samstag in seiner Entstehungsphase, in: Fürstenberg, Friedrich; Herrmann-Stojanov, Irmgard; Rinderspacher, Jürgen P. (Hrsg.): Der Samstag. Über Entstehung und Wandel einer modernen Zeitinstitution, Berlin 1999, S. 101–163 (Diskurs)

Hielscher, Volker: Entgrenzung von Arbeit und Leben? Die Flexibilisierung von Arbeitszeiten und ihre Folgewirkungen für die Beschäftigten. Eine Literaturstudie, Berlin 2000 (Entgrenzung), erhältlich im Wissenschaftszentrum Berlin für Sozialforschung

– Ders.; Hildebrandt, Eckart: Zeit für Lebensqualität. Auswirkungen verkürzter und flexibilisierter Arbeitszeiten auf die Lebensführung, Berlin 1999

Hildebrandt, Eckart (Hrsg.): Reflexive Lebensführung. Zu den sozialökologischen Folgen flexibler Arbeit, Berlin 2000

Hohn, Hans-Willy: Zyklizität und Heilsgeschichte. Religiöse Zeiterfahrung des europäischen Mittelalters, in: Zoll, Rainer (Hrsg.): Zerstörung und Wiederaneignung von Zeit, Frankfurt/M. 1988, S. 120–142

Jahoda, Marie; Lazarsfeld, Paul, F.; Ziesel, Hans: Die Arbeitslosen von Marienthal. Ein soziologischer Versuch, Frankfurt/M. 1978

Jakobsen, Heike; Hilf, Ellen: Beschäftigung und Arbeitsbedingungen im Einzelhandel vor dem Hintergrund neuer Öffnungszeiten. Gutachten im Auftrag des Bundesministeriums für Arbeit und Sozialordnung, Sozialforschungsstelle Dortmund, Dortmund 1999 (Beschäftigung)

Jansen, Hans; Lang, Klaus: Überwintern oder Überleben? Gewerkschaftspolitische Schlussfolgerungen aus dem Arbeitskampf um Arbeitszeitverkürzung, in: Ferlemann, Erwin; Jansen, Hans u.a. (Hrsg.): Existenz sichern, Arbeit ändern, Leben gestalten. Gewerkschaften im Kampf um Arbeitszeitverkürzung, Hamburg 1985, S. 7–37 (Überwintern)

Jurczyk, Karin; Voß, Günter G.: Entgrenzte Arbeitszeit – reflexive Alltagszeit. Die Zeiten des Arbeitskraftunternehmers, in: Hildebrandt, Eckart (Hrsg.): Reflexive Lebensführung. Zu den sozialökologischen Folgen flexibler Arbeit, Berlin 2000, S. 151–205 (Entgrenzte Arbeitszeit)

Kamp, Lothar: Telearbeit. Analysen und Handlungsvereinbarungen, edition der Hans-Böckler-Stiftung 31, Düsseldorf 2000

Klein, Martina; Worthmann, Georg: Das Weekend und der „American Way of Life", in: Fürstenberg, Friedrich; Herrmann-Stojanov, Irmgard; Rinderspacher, Jürgen P. (Hrsg.): Der Samstag. Über Entstehung und Wandel einer modernen Zeitinstitution, Berlin 1999, S. 323–352 (Weekend)

Klenner, Christina: Diktat der Ökonomie oder mehr Selbstbestimmung? Eine Analyse neuer betrieblicher Regelungen und Ansatzpunkte für eine sozialverträgliche Gestaltung von Zeitkontenmodellen, in: Klenner, Christina; Seifert, Hartmut (Hrsg.): Zeitkonten – Arbeit à la carte? Neue Modelle der Arbeitszeitgestaltung, Hamburg 1998, S. 111–139 (Diktat)

– Dies.; Pfahl, Svenja; Seifert, Hartmut: Ehrenamt und Erwerbsarbeit – Zeitbalance oder Zeitkonkurrenz? MASQT Düsseldorf 2001 (Ehrenamt)

Koselleck, Reinhart: Vergangene Zukunft. Zur Semantik geschichtlicher Zeiten, Frankfurt/M. 1992 (Vergangene Zukunft)

Kurz-Scherf, Ingrid: Normalarbeitszeit und Zeitsouveränität. Auf der Suche nach den Leitbildern für eine neue Arbeitszeitpolitik, in: Seifert, Hartmut (Hrsg.): Jenseits der Normalarbeitszeit. Perspektiven für eine neue bedürfnisgerechtere Arbeitszeitgestaltung, Köln 1993, S. 9–79

Le Goff, Jacques: Wucherzins und Höllenqualen. Ökonomie und Religion im Mittelalter, Stuttgart 1988

Linne, Gudrun (Hrsg.): Flexibel arbeiten – flexibel leben? Die Auswirkungen flexibler Arbeitszeiten auf Erwerbschancen, Arbeits- und Lebensbedingungen, Düsseldorf 2002 (Flexibel arbeiten)

Löwith, Karl: Weltgeschichte und Heilsgeschehen, Stuttgart/Berlin/Köln 1953

Luhmann, Niklas: Funktion der Religion, Frankfurt/M. 1992

Lyotard, Jean François: Das postmoderne Wissen. Ein Bericht, Wien 1999 (Das postmoderne Wissen)

Maurer, Andrea: Alles eine Frage der Zeit? Die Zweckrationalisierung von Arbeitszeit und Lebenszeit, Berlin 1992 (Frage der Zeit)

Mückenberger, Ulrich (Hrsg.): Zeiten der Stadt. Reflexionen und Materialien zu einem neuen gesellschaftlichen Gestaltungsfeld, Bremen 2000

– Ders.: „Zeiten der Stadt": Netzwerke von kommunalen Experimenten und Wissen, in: Mückenberger, Ulrich (Hrsg.): Zeiten der Stadt. Reflexionen und Materialien zu einem neuen gesellschaftlichen Gestaltungsfeld, Bremen 2000, S. 12–22

– Ders.: Zeitwohlstand und Zeitpolitik. Überlegungen zur Zeitabstraktion, in: Rinderspacher, Jürgen P. (Hrsg.): Zeitwohlstand. Ein Konzept für einen anderen Wohlstand der Nation, Berlin 2002, S. 117–142 (Zeitwohlstand)

Münch, Thomas: Raum – Globalisierung und Produktion sozialer Wohlfahrt, Dissertation im Fach Soziologie des Fachbereichs 1 der Universität Duisburg Essen, 2003

Munz, Eva; Bauer, Frank; Groß, Hermann: Regelung und Praxis von Arbeitszeitkonten, in: WSI-Mitteilungen 6/2002, S. 334–340 (Regelung)

Nassehi, Armin: Die Zeit der Gesellschaft. Auf dem Weg zu einer soziologischen Theorie der Zeit, Opladen 1993

Negt, Oskar: Arbeit und Menschenwürde, Göttingen 2001 (Arbeit)

Nowotny, Helga: Eigenzeit. Entstehung und Strukturierung eines Zeitgefühls, Frankfurt/M. 1995

Nuß, Berthold S.: Der Streit um den Sonntag. Der Kampf der Katholischen Kirche in Deutschland von 1869–1992 für den Sonntag als kollektive Zeitstruktur. Anliegen – Hintergründe – Perspektiven, Idstein 1996 (Streit)

Pongartz, Hans J.; Voß, Günter, G.: Arbeitskraftunternehmer. Erwerbsorientierungen in entgrenzten Arbeitsformen, Berlin 2003 (Arbeitskraftunternehmer)

Rammstedt, Otthein: Alltagsbewusstsein von Zeit, in: Kölner Zeitschrift für Soziologie und Sozialpsychologie, 27. Jahrgang 1975, S. 47–63

Rapp, Friedrich: Fortschritt. Entwicklung und Sinngehalt einer philosophischen Idee, Darmstadt 1992

Rinderspacher, Jürgen P.: Gesellschaft ohne Zeit. Individuelle Zeitverwendung und soziale Organisation der Arbeit, Frankfurt/M. 1985 (Gesellschaft)

– Ders.: Wochenruhetage im interkulturellen Vergleich, in: Rinderspacher, Jürgen P.; Henckel, Dieter; Hollbach, Beate (Hrsg.): Die Welt am Wochenende. Entwicklungsperspektiven der Wochenruhetage – Ein interkultureller Vergleich, Bochum 1994, S. 259–282 (Wochenruhetage)

– Ders.: Zeitpolitik. Gegenstand, Gestaltbarkeit, Akteure, in: Stadträume und Zeitpolitik, Informationen zur Raumentwicklung, Heft 10 (1997), S. 677–689 (Zeitpolitik)

– Ders.: Das Zeitkonto als Zeitproblem. Überlegungen zur Haltbarkeit von Langzeitkonten, in: Klenner, Christina; Seifert, Hartmut (Hrsg.): Zeitkonten – Arbeit à la carte? Neue Modelle der Arbeitszeitgestaltung, Hamburg 1998, S. 27–52

– Ders.: Der freie Samstag: Ein Phänomen als Untersuchungsgegenstand, in: Fürstenberg, Friedrich, Herrmann-Stojanov; Irmgard; Rinderspacher, Jürgen P. (Hrsg.): Der Samstag. Über Entstehung und Wandel einer modernen Zeitinstitution, Berlin 1999, S. 17–68 (Der freie Samstag)

– Ders.: „Ohne Sonntag gibt es nur noch Werktage". Die soziale und kulturelle Bedeutung des Wochenendes, Bonn 2000 (Ohne Sonntag)

– Ders.: Zeitwohlstand – Entstehungszusammenhänge eines erweiterten Verständnisses vom Ziel des Wirtschaftens, in: Rinderspacher, Jürgen P. (Hrsg.): Zeitwohlstand. Ein Konzept für einen anderen Wohlstand der Nation, Berlin 2002, S. 59–93 (Entstehungszusammenhänge)

Riffkin, Jeremy: Das Ende der Arbeit und ihre Zukunft, Frankfurt/M. 1997

Scharf, Günter: Zeit und Kapitalismus, in: Zoll, Rainer (Hrsg.): Zerstörung und Wiederaneignung von Zeit, Frankfurt/M. 1988, S. 143–159 (Zeit und Kapitalismus)

Schellong, Dieter: Wie steht es um die ‚These‘ vom Zusammenhang von Calvinismus und ‚Geist des Kapitalismus‘? Paderborner Universitätsreden 47, Paderborn 1995

Seifert, Hartmut: Modellwechsel durch Arbeitszeitkonten, in: Klenner, Christina; Seifert, Hartmut (Hrsg.): Zeitkonten – Arbeit à la carte? Neue Modelle der Arbeitszeitgestaltung, Hamburg 1998, S. 9–26 (Modellwechsel)

Sennett, Richard: Der flexible Mensch. Die Kultur des neuen Kapitalismus, Berlin 1999

Siemens, Stephan: Meine Zeit ist mein Leben, in: Denkanstöße, IG Metaller in der IBM, Dokumentation Februar 1999, S. 11–19

Strasser, Johanno: Wenn der Arbeitsgesellschaft die Arbeit ausgeht, Zürich, München 1999

Tucholsky, Kurt: Der Zeitsparer. Grotesken, in: Gesammelte Werke 1, 1907–1918, Reinbek 1989

Ulrich, Peter: Integrative Wirtschaftsethik, Grundlagen einer lebensdienlichen Ökonomie, Bern, Stuttgart, Wien 1997

Vaskovics, Laszlo A.; Rost, Harald: Väter und Erziehungsurlaub, Stuttgart 1999
Voß, Günter G.; Pongartz, Hans J.: Der Arbeitskraftunternehmer. Eine neue Grundform der „Ware Arbeitskraft"?, in: Dostal, Werner; Kupka, Peter (Hrsg.): Kölner Zeitschrift für Soziologie und Sozialpsychologie, Jahrgang 50, 1998, S. 131–158
Wagner, Alexandra: Arbeiten ohne Ende? Über die Arbeitszeiten hochqualifizierter Angestellter, in: Institut Arbeit und Technik: Jahrbuch 1999/2000, Gelsenkirchen 2000, S. 258–275
Welsch, Wolfgang: Topoi der Postmoderne, in: Fischer, Hans Rudi; Retzer, Arnold; Schweitzer, Jochen (Hrsg.): Das Ende der großen Entwürfe, Frankfurt/M. 1992, S. 35–55
Wendorff, Rudolf: Zeit und Kultur. Geschichte des Zeitbewusstseins in Europa, Opladen 1985 (Zeit)
– Ders.: Tag und Woche, Monat und Jahr. Eine Kulturgeschichte des Kalenders, Opladen 1993 (Tag)
WSI-Mitteilungen 10/2001, Schwerpunktheft Arbeit:Leben:Zeit
Zapf, Wolfgang: Entwicklung und Zukunft moderner Gesellschaften seit den 70er Jahren, in: Korte, Hermann; Schäfers, Bernhard (Hrsg.): Einführung in die Hauptbegriffe der Soziologie, Opladen 1992, S. 195–210

Zeitungsartikel (chronologisch)

Revolte gegen die Zeit. Ein Gespräch mit Swatch-Präsident Nicolas Hayek jun., der ein neues Zeitmaß vorschlägt, in: DIE ZEIT Nr. 1, 30. Dezember 1998, S. 22f.
Kritik am Sonntagssport, in: Kölner Stadt-Anzeiger, 12.9.2002, S. 12
Jakobsen, Heike; Hilf, Ellen: Offen für das Shoppen. Das Ladenschlussgesetz ersetzt keine Branchenpolitik für den Einzelhandel, in: Frankfurter Rundschau, 16.1.2003, Dokumentation, S. 14

Literatur zu Kapitel 2

Kirchliche Quellen (chronologisch)

Verhandlungen der achten Generalsynode der Evangelischen Kirche der Altpreußischen Union 1925, Berlin 1926 (Verhandlungen 1925)
Verhandlungen des dritten Deutschen Evangelischen Kirchentages 1930, Berlin 1930 (Evangelischer Kirchentag 1930)
Verhandlungen der ersten Rheinischen Landessynode. Tagung vom 8. bis 13. November 1948 zu Velbert, Neuwied 1950 (Rheinische Landessynode 1948)
Beckmann, Joachim (Hrsg.): Kirchliches Jahrbuch der Evangelischen Kirche in Deutschland 1945–1948, 72.-75. Jahrgang, Gütersloh 1950
Espelkamp 1955. Bericht über die erste Tagung der zweiten Synode der Evangelischen Kirche in Deutschland vom 6. bis 11. März 1955, Hannover 1955 (Espelkamp 1955)
Verhandlungen der fünften Rheinischen Landessynode. Tagung vom 23. bis 28. Oktober 1955 zu Rengsdorf, Mühlheim 1955 (Verhandlungen 1955)
Beckmann, Joachim (Hrsg.): Kirchliches Jahrbuch für die Evangelische Kirche in Deutschland 1956, 83. Jahrgang, Gütersloh 1957 (Jahrbuch 1956)
Die gleitende Arbeitswoche. Denkschrift des Sozialethischen Ausschusses der Evangelischen Kirche im Rheinland, März 1957 (Die gleitende Arbeitswoche)

Beckmann, Joachim (Hrsg.): Kirchliches Jahrbuch für die Evangelische Kirche in Deutschland 1957, Gütersloh 1958

Verhandlungen der siebten ordentlichen Rheinischen Landessynode. Tagung vom 5. bis 9. Januar 1958 zu Rengsdorf, Mühlheim 1958 (Verhandlungen 1958)

Verhandlungen der achten ordentlichen Rheinischen Landessynode. Tagung vom 10.-15. Mai 1959 in Bad-Kreuznach, Mülheim 1959

Bericht über die vierte Tagung der zweiten Synode der Evangelischen Kirche in Deutschland vom 21. bis 26. Februar 1960, Berlin 1960 (Berlin 1960)

Beckmann, Joachim (Hrsg.): Kirchliches Jahrbuch für die Evangelische Kirche in Deutschland 1965, 92. Jahrgang, Gütersloh 1967

– Ders. (Hrsg.): Kirchliches Jahrbuch für die Evangelisch Kirche in Deutschland 1967, 94. Jahrgang, Gütersloh 1969

Berlin-Spandau 1968. Bericht über die regionale Tagung (West) der 4. Synode der Evangelischen Kirche in Deutschland vom 6. bis 11. Oktober 1968: „Die Zukunft der Kirche und die Zukunft der Welt", Hannover 1969

Beckmann, Joachim (Hrsg.): Kirchliches Jahrbuch für die Evangelische Kirche in Deutschland 1968, 95. Jahrgang, Gütersloh 1970

– Ders. (Hrsg.): Kirchliches Jahrbuch für die Evangelische Kirche in Deutschland 1969, 96. Jahrgang, Gütersloh 1971

Aufgaben und Grenzen kirchlicher Äußerungen zu gesellschaftlichen Fragen. Eine Denkschrift der Kammer für soziale Ordnung der Evangelischen Kirche in Deutschland, Gütersloh 1970

Beckmann, Joachim: Kirchliches Jahrbuch für die Evangelische Kirche in Deutschland 1971, 98. Jahrgang, Gütersloh 1973

Ders. (Hrsg.): Kirchliches Jahrbuch für die Evangelische Kirche in Deutschland 1972, 99. Jahrgang, Gütersloh 1974 (Jahrbuch 1972)

Hauschild, Wolf-Dieter; Wilkens, Erwin (Hrsg.): Kirchliches Jahrbuch für die Evangelische Kirche in Deutschland 1976/77, 103./104. Jahrgang, Gütersloh 1981

„Leistung und Wettbewerb". Sozialethische Überlegungen zur Frage des Leistungsprinzips und der Wettbewerbsgesellschaft. Eine Denkschrift der Kammer der Evangelischen Kirche in Deutschland für soziale Ordnung, Gütersloh 1978 (Leistung)

Grundwerte und Gottes Gebot. Gemeinsame Erklärung des Rates der EKD und der Deutschen Bischofskonferenz, Gütersloh/Trier 1979

Studie der Kammer der Evangelischen Kirche in Deutschland für soziale Ordnung: „Solidargemeinschaft von Arbeitenden und Arbeitslosen" – Sozialethische Probleme der Arbeitslosigkeit, Gütersloh 1982 (Solidargemeinschaft)

Berlin-Spandau 1982. Bericht über die fünfte Tagung der sechsten Synode der Evangelischen Kirche in Deutschland vom 7. November bis 12. November 1982, Hannover 1983 (Berlin-Spandau 1982)

„Den Sonntag feiern" (1984), in: EKD-Texte 22, Hannover 1988, S. 11–15 (EKD-Texte 22)

„Der Sonntag muss geschützt bleiben" (1985), in: EKD-Texte 22, Hannover 1988, S. 16–18 (EKD-Texte 22)

Hauschild, Wolf-Dieter; Wilkens, Erwin (Hrsg.): Kirchliches Jahrbuch für die Evangelische Kirche in Deutschland 1985, 112. Jahrgang, Gütersloh 1988

Brief des Landeskirchenamtes vom 16. Oktober 1985 an die Superintendenten (Az: 39401/C 7–16), einzusehen im Archiv des Landeskirchenamtes der Evangelischen Kirche von Westfalen, Bielefeld (Stellungnahme)

20. Landessynode der Ev.-lutherischen Landeskirche Hannovers, X. Tagung vom 26. bis 29. April 1987, Hannover 1987 (20. Landessynode)

Verhandlungen der Landessynode der Evangelischen Landeskirche in Baden. Ordentliche Tagung vom 26. April bis 30. April 1987

Presse- und Informationsstelle der Ev-luth. Landeskirche Hannovers (Hrsg.): „dia" – Daten, Informationen, Argumente. Hannover, Heft 2/1987

„Unsere Verantwortung für den Sonntag", in: EKD-Texte 22, Hannover 1988, S. 2–10 (EKD-Texte 22)

Verhandlungen der 2. (ordentlichen) Tagung der 11. Westfälischen Landessynode vom 13. bis 17. November 1989, Bielefeld 1990 (Westfälische Landessynode 1989)

Ledeganck, Rainer; Moll, Hans-Hermann: Die Diskussion um das Wochenende. Argumente und Gegenargumente. Der Diskussionsstand. Einzusehen im Archiv der Evangelischen Kirche im Rheinland, Düsseldorf 1989

Evangelische Kirche im Rheinland: Was ist uns das Wochenende wert? Erklärung zur Samstags- und Sonntagsarbeit, in: Kirchlicher Dienst in der Arbeitswelt. Zeitschrift für evangelische Arbeitnehmer und evangelische Industrie- und Sozialarbeit, Nr. 1/1990, S. 7f.

„Ein hohes Gut". Wort der Bischöfe der Nordelbischen Ev.-Luth. Kirche zum Thema „Schutz des Sonntags", in: Kirchlicher Dienst in der Arbeitswelt. Zeitschrift für evangelische Arbeitnehmer und evangelische Industrie- und Sozialarbeit, Nr. 2/1990, S. 42

Zeitsouveränität contra Flexibilisierung. Erklärung des Kirchlichen Dienstes in der Arbeitswelt zur Tarifrunde 1990, in: Kirchlicher Dienst in der Arbeitswelt. Zeitschrift für evangelische Arbeitnehmer und evangelische Industrie- und Sozialarbeit, Nr. 2/1990, S. 43f. (Kirchlicher Dienst 2/1990)

Osnabrück 1993. Bericht über die vierte Tagung der achten Synode der Evangelischen Kirche in Deutschland vom 7. bis 12. November, Hannover 1994 (Osnabrück 1993)

Gemeinsame Initiative – Arbeit für alle! Eine Studie der Kammer der EKD für soziale Ordnung als Beitrag zum Konsultationsprozess über ein gemeinsames Wort der Kirchen zur wirtschaftlichen und sozialen Lage in Deutschland, Hannover 1995

Friedrichshafen 1995. Bericht über die sechste Tagung der achten Synode der Evangelischen Kirche in Deutschland vom 5. bis 10. November 1995, Hannover 1996 (Friedrichshafen)

Verhandlungen der 45. ordentlichen rheinischen Landessynode. Tagung vom 7. bis 11. Januar 1996 in Bad Neuenahr, 1996

Die Situation im Einzelhandel. Eine Problemskizze zum Thema Ladenöffnungszeiten, vorgelegt vom Sozialethischen Ausschuss der Evangelischen Kirche im Rheinland, Düsseldorf 1996, einzusehen im Archiv der Evangelischen Kirche im Rheinland, Düsseldorf

12. Evangelische Landessynode, Stuttgart 4. Juli 1996, 2. Sitzung, Stuttgart 1996 (12. Landessynode)

12. Evangelische Landessynode, Stuttgart, 28. November 1996, 8. Sitzung, Stuttgart 1996

Verhandlungen der 46. ordentlichen rheinischen Landessynode, Tagung vom 5. bis 11. Januar 1997 in Bad Neuenahr, Düsseldorf 1997 (Verhandlungen 1997)

Verhandlungen der Landessynode der Evangelischen Landeskirche in Baden. Ordentliche Tagung vom 13. April bis 16. April 1997, Karlsruhe 1997

22. Landessynode der Ev.-luth. Landeskirche Hannovers, IV. Tagung vom 28. bis 31. Mai 1997, Band 4, Hannover 1997 (22. Landessynode, IV)

Wetzlar 1997. Bericht über die zweite Tagung der neunten Synode der Evangelischen Kirche in Deutschland vom 2. bis 7. November 1997, Hannover 1998 (Wetzlar 1997)

22. Landessynode der Ev.-luth. Landeskirche Hannovers, V. Tagung vom 25. bis 28. November 1997, Band 5, Hannover 1997 (22. Landessynode, V)

Für eine Zukunft in Solidarität und Gerechtigkeit. Wort des Rates der Evangelischen Kirche in Deutschland und der Deutschen Bischofskonferenz zur wirtschaftlichen und sozialen Lage in Deutschland, Hannover/Bonn 1997 (Zukunft)

Verhandlungen der 47. ordentlichen rheinischen Landessynode. Tagung vom 11. bis 16. Januar 1998 in Bad Neuenahr, 1998

Der Sonntag in Gefahr. Probleme & Positionen. Eine Studie des Kirchlichen Dienstes in der Arbeitswelt, Einwürfe II/1999, Bochum 1999 (Sonntag)

„Sonntagsruhe ist eine heilsame Unterbrechung des Alltags", Pressemitteilung vom 16. August 1999, einzusehen beim Öffentlichkeitsbeauftragten der Evangelischen Kirche in Berlin-Brandenburg, Berlin

Menschen brauchen den Sonntag. Gemeinsame Erklärung des Rates der Evangelischen Kirche in Deutschland und der Deutschen Bischofskonferenz, 1999, in: Epd-Dokumentation 40/99, 1999, S. 23–26 (Menschen)

Leipzig 1999. Bericht über die vierte Tagung der neunten Synode der Evangelischen Kirche in Deutschland vom 7. bis 11. November 1999 (Leipzig 1999)

EKD, Kammer für soziale Ordnung: Arbeitszeitpolitik gegen Arbeitslosigkeit? – Strategien zwischen Wachstum und Umverteilung, in: Epd-Dokumentation, Nr. 48/00, 6. November 2000, S. 31–62 (Arbeitszeitpolitik).

Braunschweig 2000. Bericht über die fünfte Tagung der neunten Synode der Evangelischen Kirche in Deutschland vom 5. bis 9. November 2000, Hannover 2001 (Braunschweig 2000)

Sekundärliteratur

Abschaffung des Sonntags in der deutschen Stahlindustrie?, in: Herder-Korrespondenz 11/1956/57, S. 236 (Abschaffung)

Achten, Udo: „... Denn was uns fehlt ist Zeit." Geschichte des arbeitsfreien Wochenendes, Köln 1988

Arbeitskreis Evangelischer Unternehmer in der Bundesrepublik Deutschland (Hrsg.): Der Sonntag ist für alle da – ein Wort zum rechten Gebrauch des Sonntags in unserer Gesellschaft, in: Epd-Dokumentation, Nr. 2/1989, S. 1–16

Barth, Karl: Kirchliche Dogmatik III, 4, Zürich 1969 (KD III, 4)

Becker, Uwe: Die ‚menucha'. Eine theologische Begründung des arbeitsfreien Samstags, in: Pastoraltheologie. Monatsschrift für Wissenschaft und Praxis in Kirche und Gesellschaft, 85. Jahrgang, Heft 9, September 1996, S. 346–365

– Ders.; Wiedemeyer, Michael: Zwischen Verunsicherung und Gestaltungsanspruch: Gewerkschaftliche Arbeitszeitpolitik am Scheideweg, in: WSI-Mitteilungen, 10/2001, S. 595–601

Beckmann, Joachim: Der Sonntag in der Geschichte der Kirche, in: Karrenberg, Friedrich; Von Bismarck, Klaus (Hrsg.): Verlorener Sonntag? Heft 22 der Schriftenreihe „Kirche im Volk", Stuttgart 1960 S. 37–60

Bergengruen, Hermann: Sinn in der Freizeit: Wählen, was uns weiterbringt, in: Lutherische Monatshefte, Dezember 1971, S. 612–614

Bonhoeffer, Dietrich: Widerstand und Ergebung. Briefe und Aufzeichnungen aus der Haft. Herausgegeben von Eberhard Bethge, München 1977

Brakelmann, Günter: Kirche, soziale Frage und Sozialismus. Kirchenleitungen und Synoden über soziale Frage und Sozialismus 1871–1914, Gütersloh 1977 (Kirche)

– Ders.; Jähnichen, Traugott (Hrsg.): Die protestantischen Wurzeln der Sozialen Marktwirtschaft. Ein Quellenband, Gütersloh 1994 (Die protestantischen Wurzeln)

– Ders.: Sonntagruhe aus theologischer Sicht. Arbeit und Ökonomie machen nicht das ganze Leben aus, in: Soziale Ordnung und christliche Ethik. Materialien zu wirtschaftsethischen Grundfragen und zu aktuellen Problemen wie ‚Sonntagarbeit'. Epd-Dokumentation Nr. 15/1998, S. 53–54

Calvin, Johannes: Der Katechismus der Genfer Kirche, in: Jacobs, Paul (Hrsg.): Reformierte Bekenntnisschriften und Kirchenordnungen, Neukirchen 1949

Cordes, Cord: Mit dem Mangel an Arbeit leben. Alle müssen beisteuern, um die Lage zu meistern, in: Lutherische Monatshefte, März 1976, S. 203–205

Daiber, Karl-Fritz: Die Situation ist unverändert ernst. Arbeitslosigkeit als Herausforderung an die Kirche, in: Lutherische Monatshefte, August 1983, S. 359–362

Dahm, Karl-Wilhelm; Mattner, Andreas; Rinderspacher, Jürgen P. (Hrsg.): Sonntags nie? Die Zukunft des Wochenendes, Frankfurt/New York 1989

Dehn, Günther: Sonntagsheiligung, in: Karrenberg, Friedrich (Hrsg.): Evangelisches Soziallexikon, Stuttgart 1974, Sp. 912–914 (Sonntagsheiligung)

Deutschmann, Christoph: Zeitflexibilität und Arbeitsmarkt. Zur Entstehungsgeschichte und Funktion des Normalarbeitstages, in: Offe, Claus; Hinrichs, Karl; Wiesenthal, Helmut (Hrsg.): Arbeitszeitpolitik. Formen und Folgen einer Neuverteilung der Arbeitszeit, Frankfurt/New York 1983, S. 32–45

Dibelius, Otto: Das Wochenende, in: Das Evangelische Deutschland. Kirchliche Rundschau für das Heimatgebiet des Deutschen Evangelischen Kirchenbundes, Berlin 1927, S. 148f.

Donath, Martin: Das berufsfreie Wochenende, in: Kirche in der Zeit. Evangelischer Informations- und Nachrichtendienst, 12. Jahrgang Januar 1957, S. 18–20

Ein Gutachten zur gleitenden Arbeitswoche, in: Herder-Korrespondenz 11, 1957, S. 346–348

Evangelisch-lutherische Kirchenzeitung, 10. Jahrgang 1956, Nr. 1

Frey, Martin; Schobel, Paul (Hrsg.): Konflikt um den Sonntag. Der Fall IBM und die Folgen, Köln 1989 (Konflikt)

Hanselmann, Johannes: Arbeit ist kein Wert an sich. Rechtfertigung geschieht vor aller Leistung, in: Lutherische Monatshefte, Juni 1976, S. 309–311

Heckmann, Friedrich: Arbeitszeit und Sonntagsruhe. Stellungnahme zur Sonntagsarbeit als Beitrag kirchlicher Sozialkritik im 19. Jahrhundert, Essen 1986 (Arbeitszeit))

Heienbrok, Klaus: Ein Stück verweigerten Lebens. Ans Arbeitslossein soll sich niemand gewöhnen müssen, in: Lutherische Monatshefte, Oktober 1980, S. 593–595

Herrmann, Christa; Promberger, Markus; Singer, Susanne; Trinczek, Rainer: Forcierte Arbeitszeitflexibilisierung. Die 35-Stunden-Woche in der betrieblichen und gewerkschaftlichen Praxis, Berlin 1999 (Arbeitszeitflexibilisierung)

Herrmann-Stojanov, Irmgard: Auf dem Weg in die Fünf-Tage-Woche, in: Fürstenberg Friedrich, Herrmann-Stojanov, Irmgard; Rinderspacher, Jürgen P.(Hrsg.): Der Samstag. Über Entstehung und Wandel einer modernen Zeitinstitution, Berlin 1999, S. 69–100 (Fünf-Tage-Woche)

Hertel, Peter: Freizeit-Thesen: Mehr als Platitüden?, in: Lutherische Monathefte, August 1977, S. 484–487

Hieronimus, Ekkehard: Sammelpunkte der Gemeinde. Antwort an K.F. Müller, in: Lutherische Monatshefte, März 1972, S. 147f.

Hinrichs, Karl: Motive und Interessen im Arbeitszeitkonflikt. Eine Analyse der Entwicklung von Normalarbeitszeitstandards, Frankfurt/New York 1988 (Arbeitszeitkonflikt)

Holly, Johannes: Sonntagsheiligung: „Tag des Herrn", Gebot der Kirche, in: Weiler, Rudolf Hrsg.): Der Tag des Herrn. Kulturgeschichte des Sonntags, Wien 1998, S. 41–93 (Tag des Herrn)

Honecker, Martin: Arbeit VII 18. – 20. Jahrhundert, in: Theologische Realenzyklopädie (TRE), Band III, Berlin/New York 1978, S. 639–657

Industrielle Sonntagsarbeit, Flambert Verlag Zürich/Stuttgart 1960 (Industrielle Sonntagsarbeit)

Jansen, Hans; Lang, Klaus: Überwintern oder Überleben? Gewerkschaftspolitische Schlussfolgerungen aus dem Arbeitskampf um Arbeitszeitverkürzung, in: Ferlemann, Erwin; Jansen, Hans u.a. (Hrsg.): Existenz sichern, Arbeit ändern, Leben gestalten. Gewerkschaften im Kampf um Arbeitszeitverkürzung, Hamburg 1985, S. 7–37 (Überwintern)

Jeziorowski, Jürgen: Wort und Sakrament am Bildschirm. Mediale Übertragung und Übertragbarkeit von Gottesdiensten, in: Lutherische Monatshefte, November 1982, S. 548–550

Jürgens, Kerstin; Reinecke, Karsten: Zwischen Volks- und Kinderwagen. Auswirkungen der 28,8-Stunden-Woche bei der VW AG auf die familiale Lebensführung von Industriearbeitern, Berlin 1998

Kaiser, Jochen-Christoph: Von der christlichen Liebestätigkeit zur freien Wohlfahrtspflege. Zur Genese und Organisation konfessionellen Sozialengagements in der Weimarer Republik, in: Rauschenbach, Thomas; Sachße, Christoph; Olk, Thomas (Hrsg.): Von der Wertgemeinschaft zum Dienstleistungsunternehmen. Jugend- und Wohlfahrtsverbände im Umbruch, Frankfurt/M. 1996, S. 150–174

Karrenberg, Friedrich; Von Bismarck, Klaus (Hrsg.): Verlorener Sonntag? Heft 22 der Schriftenreihe „Kirche im Volk", Stuttgart 1959

Karrenberg, Friedrich; Von Bismarck, Klaus (Hrsg.): Warum Freizeit zum Problem wurde? Heft 23 der Schriftenreihe „Kirche im Volk", Stuttgart 1959

Klinghardt, Matthias: „… auf dass du den Feiertag heiligest". Sabbat und Sonntag im antiken Judentum und frühen Christentum, in: Assmann, Jan (Hrsg.): Das Fest und das Heilige. Religiöse Kontrapunkte zur Alltagswelt, Gütersloh 1991, S. 206–233 (Sabbat und Sonntag)

Knoll, Jürgen: Funke der Freiheit im Alltag. Der Sinn des Sonntags in industrieller Gesellschaft, in: Lutherische Monatshefte, Juni 1972, S. 292–296 (Funke der Freiheit)

Koch, Herbert: Woche ohne Sonntag? Die Wirtschaft, die Kirchen und das Sabbatgebot, Hannover 1989 (Woche)

Kranich, Sebastian: Die „Heiligkeit des ganzen Tages". Das deutsche Ringen um Sonntagsruhe vom Vormärz bis zur Mitte der 1850er Jahre, in: Friedrich, Martin; Friedrich, Norbert; Jähnichen, Traugott; Kaiser, Jochen-Christoph (Hrsg.): Sozialer Protestantismus im Vormärz, Münster, Hamburg, London 2001, S. 43–56 (Heiligkeit)

Kreck, Walter: Was heißt: „Du sollst den Feiertag heiligen!" für die christliche Gemeinde?, in: Verhandlungen der siebten ordentlichen Rheinischen Landessynode. Tagung vom 5. bis 9. Januar 1958 zu Rengsdorf, Mühlheim 1958, S. 99–113

Kühne, Heinz: Fünf-Tage-Woche – oder?, in: Zeitschrift für Evangelische Ethik. 3. Jahrgang 1959, S. 180–185

Lang, Klaus: Gewerkschaftliche Arbeitszeitpolitik – 35-Stunden-Woche und was danach?, in: Seifert Hartmut (Hrsg.): Jenseits der Normalarbeitszeit. Perspektiven für eine bedürfnisgerechtere Arbeitszeitgestaltung, Köln 1993, S. 249–270 (Gewerkschaftliche Arbeitszeitpolitik)

Ledeganck, Rainer: Wochenende gesichert, in: Kirchlicher Dienst in der Arbeitswelt. Zeitschrift für evangelische Arbeitnehmer und evangelische Industrie- und Sozialarbeit, Nr. 4/1990, S. 77f. (Wochenende gesichert)

Lehndorf, Steffen: Zurück zur 40-Stunden-Woche? – Wirksamkeit und Krise der tariflichen Arbeitszeitregulierung, in: WSI-Mitteilungen 6/2004, S. 306–311

Lohse, Eduard: Sabbat und Sonntag im Neuen Testament, in: Karrenberg, Friedrich; Von Bismarck, Klaus (Hrsg.): Verlorener Sonntag? Heft 22 der Schriftenreihe „Kirche im Volk", Stuttgart 1960, S. 25–36

Luther, Martin: Der große Katechismus, in: Die Bekenntnisschriften der evangelischen-lutherischen Kirche. Herausgegeben im Gedenkjahr der Augsburger Konfession 1930, Göttingen 1979

Luther, Pfarrer Dr.: Kirche und Wochenende, in: Das Evangelische Deutschland, 4. Kirchliche Rundschau für das Gesamtgebiet des Deutschen Evangelischen Kirchenbundes, Berlin 1927, S. 162–164

Meldungen aus der katholischen Welt, in: Herder-Korrespondenz 7, 1952

Moltmann, Jürgen: Gott in der Schöpfung. Ökologische Schöpfungslehre, München 1985 (Schöpfung)

Müller, Karl Ferdinand: Gottesdienst und Öffentlichkeit. Zur Frage der Kommunikation des Evangeliums heute, in: Lutherische Monatshefte, Dezember 1971, S. 648–654

Mumm, Reinhard: Ein brennendes Volksanliegen. Um Sonntagsruhe und Sonntagsheiligung, in: Das Evangelische Deutschland, 4. Kirchliche Rundschau für das Gesamtgebiet des Deutschen Evangelischen Kirchenbundes, Berlin 1927, S. 221–222 u. S. 231–233 (Ein brennendes Volksanliegen)

Neundörfer, Konrad: Sonntagsarbeit aus wirtschaftlichen Gründen, in: Welche Grenzen beschränken den Griff nach dem freien Sonntag? Epd-Dokumentation Nr. 37/1989, S. 5–18

Nuß, Berthold S.: Der Streit um den Sonntag. Der Kampf der Katholischen Kirche in Deutschland von 1869–1992 für den Sonntag als kollektive Zeitstruktur. Anliegen – Hintergründe – Perspektiven, Idstein 1996 (Streit)

Offe, Claus; Hinrichs, Karl; Wiesenthal, Helmut (Hrsg.): Arbeitszeitpolitik. Formen und Folgen einer Neuverteilung der Arbeitszeit, Frankfurt/New York 1983

Otto, Karl A.: Wie viel wurde in unterschiedlichen Epochen gearbeitet? – Ein quantitativer Vergleich, in: König, Helmut; von Greiff, Bodo; Schauer, Helmut (Hrsg.): Sozialphilosophie der industriellen Arbeit, Leviathan. Zeitschrift für Sozialwissenschaft, Sonderheft 11, Opladen 1990, S. 51–76

Przybylski, Hartmut; Rinderspacher, Jürgen P. (Hrsg.): Das Ende gemeinsamer Zeit? Risiken neuer Arbeitszeitgestaltung und Öffnungszeiten, Bochum 1988

Przybylski, Hartmut: Schutz der übrigen Zeit vor dem weiteren Zugriff der Gegenwart. Einige kirchliche Positionen im gegenwärtigen Streit um die Wochenendarbeit, in: Arbeitsrecht der Gegenwart, Band 26, Berlin 1989, S. 105–120 (Schutz)

Reich, Herbert: Gottesdienstliche Sendungen im Fernsehen, in: Kirchenzeitung der Lutherischen Kirche Deutschlands, März 1961, S. 76–78

Rinderspacher, Jürgen P.: Am Ende der Woche. Die soziale und kulturelle Bedeutung des Wochenendes, Bonn 1987

Risse, Heinz Theo: Der christliche Sonntag in der „gleitenden Arbeitswoche", in: Frankfurter Hefte. Zeitschrift für Kultur und Politik, 12. Jg. 1957, S. 314–322 (Christlicher Sonntag)

Röhm, Eberhard: Freizeit-Raum für die Jugend. Konsequenzen aus einer empirischen Untersuchung, in: Lutherische Monatshefte, November 1971, S. 567–569

Rordorf, Willy: Der Sonntag. Geschichte des Ruhe- und Gottesdiensttages im ältesten Christentum, Zürich 1962

Rybczynski, Witold: Am Freitag fängt das Leben an. Eine kleine Geschichte der Freizeit, Reinbek 1993

Scharf, Günter: Geschichte der Arbeitszeitverkürzung. Der Kampf der deutschen Gewerkschaften um die Verkürzung der täglichen und wöchentlichen Arbeitszeit, Köln 1987 (Geschichte)

Schelsky, Helmut: Beruf und Freizeit als Erziehungsziele in der modernen Gesellschaft (1956), in: Schelsky, Helmut: Auf der Suche nach der Wirklichkeit. Gesammelte Aufsätze, Düsseldorf-Köln 1965, S. 160–181

Schlösser-Kost: Evangelische Kirche und soziale Frage 1918–1933. Die Wahrnehmung sozialer Verantwortung durch die rheinische Provinzialkirche, Köln 1996 (Evangelische Kirche)

Schmiede, Rudi: Die Entwicklung der Arbeitszeit in Deutschland. Eine Übersicht, in: Jacobi, Otto; Müller-Jentsch, Walther; Schmidt, Eberhard (Hrsg.): Arbeitskampf um Arbeitszeit. Kritisches Gewerkschaftsjahrbuch 1979/80, Berlin 1979, S. 71–87 (Entwicklung)

Schmidt, Klaus: Begrenzte Ausnahmen vom Gebot der Sonntagsruhe: Kriterien und Leitlinien aus der Sicht von Gesamttextil, in: Welche Grenzen beschränken den Griff nach dem freien Sonntag? Epd-Dokumentation Nr. 37/1989, S. 24–34

Schneider, Michael: Streit um Arbeitszeit. Geschichte des Kampfes um Arbeitszeitverkürzung in Deutschland, Köln 1984 (Streit)

Seitz, Manfred: Auf der Suche nach Bestätigung. Einsichten aus der VELKD-Umfrage zum Gottesdienst, in: Lutherische Monatshefte, März 1973, S. 132–134

– Ders.: Kirchgänger mit Vorbehalten. Erste Auswertung einer Repräsentativumfrage, in: Lutherische Monatshefte Januar 1973, S. 11–13

Spier, Erich: Der Sabbat, Berlin 1989 (Sabbat)

Springe, Christa: Belastete Zeit, in: Karrenberg, Friedrich; Von Bismarck, Klaus (Hrsg.): Warum Freizeit zum Problem wurde? Heft 23 der Schriftenreihe „Kirche im Volk", Stuttgart 1959, S. 4–16

Stammler, Eberhard: Freizeit als Frage an die Gemeinde, Karrenberg, Friedrich; Von Bismarck, Klaus (Hrsg.): Warum Freizeit zum Problem wurde? Heft 23 der Schriftenreihe „Kirche im Volk", Stuttgart 1959, S. 48–53

Steinjan, Werner: Die gleitende Arbeitswoche, in: Kirche in der Zeit. Evangelischer Informations- und Nachrichtendienst, 12. Jahrgang Nummer 3, März 1957, S. 62–64 (Gleitende Arbeitswoche)

– Ders.: Die gleitende Arbeitswoche, in: Zeitschrift für Evangelische Ethik, 1. Jahrgang 1957, S. 234–238

Von Bismarck, Klaus: Die Kirche als Gestaltungsfaktor, in: Karrenberg, Friedrich; Von Bismarck, Klaus (Hrsg.): Warum Freizeit zum Problem wurde? Heft 23 der Schriftenreihe „Kirche im Volk", Stuttgart 1959, S. 54–63

Von der Ohe, Werner: Weekend in den USA, in: Rinderspacher, Jürgen P.; Henckel, Dietrich; Hollbach, Beate (Hrsg.): Die Welt am Wochenende. Entwicklungsperspektiven der Wochenruhetage – ein interkultureller Vergleich, Bochum 1994, S. 119–135

Von Hehl, Ulrich: Nationalsozialistische Herrschaft, München 1996

– Ders.: „Sonntag ist Dienst". Versuche nationalsozialistischer Vereinnahmung, in: Am siebten Tag. Geschichte des Sonntags. Begleitbuch zur Ausstellung im Haus der Geschichte, Bonn 2002, S. 34–39

Welche Grenzen beschränken den Griff nach dem freien Sonntag? Epd-Dokumentation Nr.37/1989 (Grenzen)

Winkler, Tilmann: Der Schutz des Sonntags aus sozialethischer Sicht, in: Welche Grenzen beschränken den Griff nach dem freien Sonntag? Epd-Dokumentation Nr. 37/1989, S. 19–23

– Ders.: Begrenzte Ausnahmen vom Gebot der Sonntagsruhe – Kriterien und Leitlinien aus sozialethischer Sicht, in: Welche Grenzen beschränken den Griff nach dem freien Sonntag? Epd-Dokumentation Nr. 37/1989, S. 35–36

Zwickel, Klaus, in: Industriegewerkschaft Metall/Vorstand (Hrsg.): „Die Zeiten ändern sich – Arbeitszeit verkürzen und gestalten – gegen Arbeitslosigkeit."

Arbeitszeitpolitische Konferenz der IG Metall vom 7.-9. Mai 1998 in Hannover, S. 10–21 (Zeiten)

Zeitungsartikel (chronologisch)

Berliner Sonntage sind lang, dank ganz neuer Traditionen, in: Frankfurter Rundschau 14.8.1999, S. 6

Franz, Wolfgang; Peters, Ralf Henning; Steiner, Viktor: Arbeitszeitverkürzung – ein unheilvoller Evergreen, in: Frankfurter Allgemeine Zeitung, 11. März 2000, S. 15

Spitzley, Helmut: Kurze Vollzeit für alle, in: Frankfurter Rundschau, 10. September 2003, S. 9

Massarrat, Mohssen: Die 30-Stunden-Woche für Europa, in: Frankfurter Rundschau, 17. Dezember 2003, S. 9

Industrie fordert kürzeren Urlaub, in: Frankfurter Rundschau, 9. Juli 2004, S. 9

Politiker wollen Feiertage streichen, in: Frankfurter Rundschau, 12. Juli 2004, S. 1

Vorstoß für längere Arbeitszeiten, in: Frankfurter Rundschau, 29. September 2004, S. 7

Geißler, Heiner: „Wo bleibt euer Aufschrei?", in: DIE ZEIT, 11. November 2004, S. 26

Internetartikel (chronologisch)

Jürgensen, Claus: Ein Rückblick auf den Volksentscheid zur Wiederherstellung des Buß- und Bettages als gesetzlicher Feiertag in Schleswig-Holstein, in: CuS-Heft 1/1998, gefunden in: www.brsd.de/archiv.

Verfassungsgericht billigt Ladenschlussgesetz, in: AFP Agence France-Presse GmbH, 9. Juni 2004, gefunden in www.123recht.net.

www.stern.de 8. November 2004

Literatur zu Kapitel 3

Adorno, Theodor W.: Minima Moralia, Frankfurt/M. 1981

Albertz, Rainer: Religionsgeschichte Israels in alttestamentlicher Zeit, Teil 2. Vom Exil bis zu den Makkabäern, Göttingen 1997 (Religionsgeschichte)

Aristoteles: Nikomachische Ethik, München 1992, Buch X, 6

Baeck, Leo: Aus Drei Jahrtausenden. Das Evangelium als Urkunde der jüdischen Glaubensgeschichte, in: Friedlander, Albert H.; Klappert, Bertold; Licharz, Werner (Hrsg.): Leo Baeck Werke, Band 4, S. 403–447, Gütersloh 2000 (Das Evangelium)

Barth, Karl: Kirchliche Dogmatik I/2 Zollikon 1938

Becker, Uwe: Die ‚menucha'. Eine theologische Begründung des arbeitsfreien Samstags, in: Pastoraltheologie. Monatsschrift für Wissenschaft und Praxis in Kirche und Gesellschaft, 85. Jahrgang, Heft 9, September 1996, S. 346–365 (menucha)

– Ders.: „Zukunft" als soziale Konstruktion – Eine Herausforderung für die Theologie, in: Becker, Uwe; Fischbeck, Hans-Jürgen; Rinderspacher, Jürgen P. (Hrsg.): Zukunft. Über Konzepte und Methoden zeitlicher Fernorientierung, Bochum 1997, S. 129–162

– Ders.; Rinderspacher, Jürgen P.: Die Sonntagskirche, in: Roth, Ursula; Schöttler, Heinz-Günther; Ulrich, Gerhard (Hrsg.): Sonntäglich. Zugänge zum Verständnis von Sonntag, Sonntagskultur und Sonntagspredigt. Festgabe für Ludwig Mödl zum 65. Geburtstag, München 2003, S. 134–147 (Sonntagskirche)

Braun, Herbert: Jesus. Der Mann aus Nazareth und seine Zeit, Stuttgart, Berlin 1969

Crüsemann, Frank: Bewahrung der Freiheit. Das Thema des Dekalogs in sozialgeschichtlicher Perspektive, München 1983 (Bewahrung)

– Ders.: Der größere Sabbat – oder die Weisung, sich nicht zu Tode zu arbeiten. Bibelarbeit über 3. Mose 25,1–13, in: Albertz, Heinrich (Hrsg.): Die zehn Gebote. Eine Reihe mit Gedanken und Texten. 4. Gedenke des Sabbattages, dass du ihn heiligest ..., Stuttgart 1986, S. 91–105

– Ders.: „Ihnen gehören ... die Bundesschlüsse" (Röm 9,4). Die alttestamentliche Bundestheologie und der christlich-jüdische Dialog, in: Kirche und Israel 1, 1994, S. 21–38

– Ders.: Die Tora. Theologie und Sozialgeschichte des alttestamentlichen Gesetzes, Gütersloh 1997 (Tora)

– Ders.: Maßstab: Tora. Israels Weisung für christliche Ethik, Gütersloh 2003 (Maßstab)

Die Bekenntnisschriften der evangelisch-lutherischen Kirche. Herausgegeben im Gedenkjahr der Augsburgischen Konfession 1930, Göttingen 1979

Dietzfelbinger, Christian: Vom Sinn der Sabbatheilungen Jesu, in: Evangelische Theologie, 38. Jahrgang 1978, S. 281–298 (Sinn)

Ebach, Jürgen: Ursprung und Ziel. Erinnerte Zukunft und erhoffte Vergangenheit. Biblische Exegesen, Reflexionen, Geschichten, Neukirchen-Vluyn 1986

– Ders.: Den Feiertag heiligen, in: Albertz, Heinrich (Hrsg.): Die zehn Gebote. Eine Reihe mit Gedanken und Texten. 4. Gedenke des Sabbattages, dass du ihn heiligest ..., Stuttgart 1986, S. 82–89 (Feiertag)

– Ders.: ... und Prediger 3 auslegen hat seine Zeit. Über Zusammenhänge von Exegese und Zeit, beobachtet beim Auslegen von Koh 3,1–15, in: Marquardt, Friedrich-Wilhelm; Schellong, Dieter; Weinrich, Michael (Hrsg.): Einwürfe 6. Die Bibel gehört nicht uns, München 1990, S. 95–123

– Ders.: Über „Freiheit" und „Heimat". Aspekte und Tendenzen der *menucha*, in: Daniels, Dwight R.; Gleßmer, Uwe; Rösel, Martin (Hrsg): Ernten, was man sät. Festschrift für Klaus Koch zu seinem 65. Geburtstag, Neukirchen-Vluyn 1991, S. 495–518

Flusser, David: Jesus, Hamburg 2002 (Jesus)

Goppelt, Leonhard: Theologie des Neuen Testaments, Göttingen 1975

Grimm, Werner: Der Ruhetag. Sinngehalt einer fast vergessenen Gottesgabe, Frankfurt M./ Berlin 1980 (Ruhetag)

Heschel, Abraham J.: Der Sabbat. Seine Bedeutung für den heutigen Menschen, Neukirchen-Vluyn 1990 (Sabbat)

Huber, Wolfgang: Freiheit und Ruhe, in: Albertz, Heinrich (Hrsg.): Die zehn Gebote. Eine Reihe mit Gedanken und Texten. 4. Gedenke des Sabbattages, dass du ihn heiligest ..., Stuttgart 1986, S. 13–19

Hüttermann, Aloys: Die ökologische Botschaft der Thora. Die mosaischen Gesetze aus der Sicht eines Biologen, in: Naturwissenschaften 80, 1993, S. 147–156

Iwand, Hans-Joachim: Predigt-Meditationen, Band 1, Göttingen 1977

Jacob, Benno: Das Buch Exodus, Stuttgart 1997 (Exodus)

Jaeschke, Walther: Die Suche nach den eschatologischen Wurzeln der Geschichtsphilosophie. Eine historische Kritik der Säkularisierungsthese, München 1976

Käsemann, Ernst: Exegetische Versuche und Besinnungen. Erster und zweiter Band, Göttingen 1970

Kegler, Jürgen: „Was ist am Sabbat erlaubt?" (Lk 6,9). Das Ringen um den Sabbat in den biblischen Schriften, in: Füssel, Kuno; Segbers, Franz (Hrsg.): „... so lernen die Völker des Erdekreises Gerechtigkeit". Ein Arbeitsbuch zu Bibel und Ökonomie, Luzern/Salzburg 1995, S. 240–256 (Sabbat)

Kessler, Rainer: Das Sabbatgebot. Historische Entwicklung, kanonische Bedeutung und aktuelle Aspekte, in: Georgi, Dieter; Heimbrock, Hans-Günter; Moxter, Michael (Hrsg.): Religion und Gestaltung der Zeit, Den Haag 1994, S. 92–107 (Sabbatgebot)

Klappert, Bertold: „Mose hat von mir geschrieben". Leitlinien einer Christologie im Kontext des Judentums, in: Ders.: Miterben der Verheißung. Beiträge zum jüdisch-christlichen Dialog, Neukirchen-Vluyn 2000, S. 183–202 (Mose)

– Ders.: Die Wiederentdeckung des alten Evangeliums. Eine Einführung in Leo Baecks Schrift „Das Evangelium als Urkunde der jüdischen Glaubensgeschichte", in: Von Dobbeler, Axel; Erlemann, Kurt; Heiligenthal, Roman (Hrsg.): Religionsgeschichte des Neuen Testaments. Festschrift für Klaus Berger zum 60. Geburtstag, Tübingen/Basel 2000, S. 161–190 (Die Wiederentdeckung)

– Ders.: Israel und die Völkerwelt. Stadien der Israeltheologie Hans-Joachim Iwands, in: Ders.: Miterben der Verheißung. Beiträge zum jüdisch-christlichen Dialog, Neukirchen 2000, S. 241–258

– Ders.: Israel und die Kirche in einem Gottesbund. Umstrittenes im jüdisch-christlichen Verhältnis, in: Ders.: Miterben der Verheißung. Beiträge zum jüdisch-christlichen Dialog, Neukirchen-Vluyn, 2000, S. 348–370

– Ders.: Tora und Eschatologie. Auf dem Schulweg der Tora. Mose-Tora – Cristus-Tora – noachidische Völkertora und die neue Welt Gottes. Friedrich-Wilhelm Marquardt zum Gedenken, in: Licharz, Werner; Zademach, Wieland (Hrsg.): Treue zur Tradition als Aufbruch in die Moderne. Visionäre und mahnende Stimmen aus Judentum und Christentum, Waltrop 2005, S. 188–263 (Tora)

Kremers, Heinz: Die Ethik der galiläischen Chassidim und die Ethik Jesu, in: Weyer, Adam (Hrsg.): Kremers, Heinz: Liebe und Gerechtigkeit. Gesammelte Beiträge, Neukirchen-Vluyn 1990, S. 135–144

Lapide, Pinchas E.: Der Rabbi von Nazareth. Wandlungen des jüdischen Jesusbildes, Trier

Lindemann, Andreas: „Der Sabbat ist um des Menschen willen geworden ..." Historische und theologische Erwägungen zur Traditionsgeschichte der Sabbatperikope Mk 2,23–28 parr., in: Krämer, Helmut (Hrsg.): Wort und Dienst. Jahrbuch der Kirchlichen Hochschule Bethel, Neue Folge Bd. 15, Bielefeld 1979, S. 79–105 (Der Sabbat)

Lohfink, Norbert: Der neue Bund und die Völker, in: Kirche und Israel 6, 1991, S. 115–133

Lohse, Eduard: Sabbaton, in: Theologisches Wörterbuch zum Neuen Testament VII (ThWNT VII), Stuttgart 1967, S. 1–35

– Ders.: Jesu Worte über den Sabbat, in: Judentum, Urchristentum, Kirche. Festschrift für Joachim Jeremias, Berlin 1964, S. 79–89

Luther, Martin: An einen guten Freund Martinus Luther Doctor, in: Martin Luther, Schriften wider Juden und Türken, Ausgewählte Werke, Band 3 der Ergänzungsreihe, München 1938, S. 29–60

Marquardt, Friedrich-Wilhelm: Von Elend und Heimsuchung der Theologie. Prolegomena zur Dogmatik, München 1992

– Ders.: Was dürfen wir hoffen, wenn wir hoffen dürfen? Eine Eschatologie, Band 1, Gütersloh 1993 (Was dürfen wir hoffen?)

Miskotte, Kornelis Heiko: Wenn die Götter schweigen. Vom Sinn des Alten Testaments, München 1966

Moltmann, Jürgen: Gott in der Schöpfung. Ökologische Schöpfungslehre, München 1985 (Schöpfung)

Müller, Klaus: Tora für die Völker. Die noachidischen Gebote und Ansätze zu ihrer Rezeption im Christentum, Berlin 1998 (Tora)

– Ders.: Diakonie im Dialog mit dem Judentum. Eine Studie zu den Grundlagen sozialer Verantwortung im jüdisch-christlichen Gespräch, Heidelberg 1999 (Diakonie)

Preuss, Horst Dietrich: Jahweglaube und Zukunftserwartung, Stuttgart/Berlin/Köln/Mainz 1968

Rich, Arthur: Wirtschaftsethik, Band I. Grundlagen in theologischer Perspektive, Gütersloh 1984 (Wirtschaftsethik I)

– Ders.: Wirtschaftsethik, Band II. Marktwirtschaft, Planwirtschaft, Weltwirtschaft aus sozialethischer Sicht, Gütersloh 1990 (Wirtschaftsethik II)

Rinderspacher, Jürgen P.: Der freie Samstag: Ein Phänomen als Untersuchungsgegenstand, in: Fürstenberg, Friedrich; Herrmann-Stojanov, Irmgard; Rinderspacher, Jürgen P. (Hrsg.): Der Samstag. Über Entstehung und Wandel einer modernen Zeitinstitution, Berlin 1999, S. 17–68 (Der freie Samstag)

Rordorf, Willy: Der Sonntag. Geschichte des Ruhe- und Gottesdiensttages im ältesten Christentum, Zürich 1962

Schaller, Berndt: Jesus und der Sabbat, Franz-Delitsch-Vorlesung, Heft 3, Münster 1994 (Jesus)

Schreiner, Stefan: Leo Baeck und das Neue Testament. Anmerkungen zur Methodologie seiner neutestamentlichen Studien, in: Mühlstein, Verena; Krüger-Day, Helga; Nagorni, Klaus (Hrsg.): Leo Baeck – Zwischen Geheimnis und Gebot. Auf dem Weg zu einem progressiven Judentum der Moderne, Karlsruhe 1997, S. 192–221 (Leo Baeck)

Segbers, Franz: Die Herausforderung der Tora. Biblische Impulse für eine theologische Wirtschaftsethik, Luzern 1999 (Tora)

Ders.: Gedenke des Sabbattages! Impulse aus einer Ökonomie des Sabbat für eine lebensdienliche Wirtschaftsweise, in: Dialig-Du Siach, Nummer 55, Juni 2004, S. 20–39 (Gedenke)

Spier, Erich: Der Sabbat, Berlin 1989 (Sabbat)

Van der Geest, Hans: Du hast mich angesprochen. Die Wirkung von Gottesdienst und Predigt, Zürich 1983

Welker, Michael: Erwartungssicherheit und Freiheit. Zur Neuformulierung der Lehre von Gesetz und Evangelium, in: Evangelische Kommentare. Monatszeitschrift zum Zeitgeschehen in Kirche und Gesellschaft, 18. Jahrgang 1985, S. 680–683 und 19. Jahrgang 1986, S. 39–42 (Erwartungssicherheit)

Wellhausen, Julius: Prolegommena zur Geschichte Israels, Berlin 1927

Westermann, Klaus: ATD, Teilband 19, Das Buch Jesaja. Kap 40–66, Göttingen 1966

Wolff, Hans Walter: Anthropologie des Alten Testaments, München 1990 (Anthropologie)

Wyschogrod, Michael: Nachwort, in: Schweitzer, Wolfgang: Der Jude Jesus und die Völker der Welt. Ein Gespräch mit Paul M. van Buren, Berlin 1993, S. 215–221

Zenger, Erich: Israel und Kirche im gemeinsamen Gottesbund. Beobachtungen zum theologischen Programm des 4. Psalmbuchs (Ps 90–106), in: Marcus, Marcel; Stegemann, Ekkehard W.; Zenger, Erich (Hrsg.): Israel und Kirche heute. Beiträge zum christlich-jüdischen Dialog, Festschrift für Ernst Ludwig Ehrlich, Freiburg 1991, S. 246–253